|光明社科文库|

教师教学实践感研究

李本东◎著

光明日报出版社

图书在版编目（CIP）数据

教师教学实践感研究 / 李本东著 . -- 北京：光明日报出版社, 2024.3

ISBN 978-7-5194-7892-6

Ⅰ.①教… Ⅱ.①李… Ⅲ.①教学研究 Ⅳ.①G420

中国国家版本馆 CIP 数据核字（2024）第 070360 号

教师教学实践感研究
JIAOSHI JIAOXUE SHIJIANGAN YANJIU

著　　者：李本东	
责任编辑：李　倩	责任校对：李壬杰　温美静
封面设计：中联华文	责任印制：曹　净

出版发行：光明日报出版社
地　　址：北京市西城区永安路 106 号，100050
电　　话：010-63169890（咨询），010-63131930（邮购）
传　　真：010-63131930
网　　址：http://book.gmw.cn
E - mail：gmrbcbs@gmw.cn
法律顾问：北京市兰台律师事务所龚柳方律师

印　　刷：三河市华东印刷有限公司
装　　订：三河市华东印刷有限公司

本书如有破损、缺页、装订错误，请与本社联系调换，电话：010-63131930

开　　本：170mm×240mm	
字　　数：390 千字	印　　张：24
版　　次：2024 年 3 月第 1 版	印　　次：2024 年 3 月第 1 次印刷
书　　号：ISBN 978-7-5194-7892-6	

定　　价：99.00 元

版权所有　　翻印必究

我站在教师的立场上感觉到什么,我就是什么;我是什么,我就感觉到什么,就感觉到教学是什么、教师是什么。

——题记

目 录
CONTENTS

绪论 教学实践感是教师专业化成长的基石 ⋯⋯⋯⋯⋯⋯⋯⋯⋯ 1

一、作为国家行动的新课程改革离不开教师教学活动的实践支持 ⋯⋯ 1

二、新课程改革的深化、推进与教学创新呼唤有效的教师研究 ⋯⋯⋯ 2

三、真正有效的教师教育必须重视教师的教学实践感 ⋯⋯⋯⋯⋯⋯⋯ 5

四、学界缺少对教师教学实践感的关注和系统研究 ⋯⋯⋯⋯⋯⋯⋯⋯ 9

五、前哲先贤的诸感觉学说提供了丰富的学术资源 ⋯⋯⋯⋯⋯⋯⋯⋯ 11

六、教学实践感研究在理论上也是感觉理论研究的深化和具体化 ⋯ 18

七、教学实践感研究在实践上有助于重建教师主体性、弥合教学理论与实践的裂缝 ⋯⋯⋯⋯⋯⋯⋯⋯⋯⋯⋯⋯⋯⋯⋯⋯⋯⋯⋯⋯⋯ 20

第一章 教学实践感界说 ⋯⋯⋯⋯⋯⋯⋯⋯⋯⋯⋯⋯⋯⋯⋯⋯⋯ 24

第一节 作为实践的教学：教师的生命"示范"活动 ⋯⋯⋯⋯⋯⋯ 24

一、既有"教学"界说评析 ⋯⋯⋯⋯⋯⋯⋯⋯⋯⋯⋯⋯⋯⋯⋯⋯⋯ 25

二、基于汉语词源学考察的"教学"界定 ⋯⋯⋯⋯⋯⋯⋯⋯⋯⋯⋯ 28

1

三、教学作为一种实践的特殊性 ······ 33

第二节　实践感：掌握世界之感觉方式的实践性深化和具体化 ······ 40
　　一、感觉是人类掌握世界的最基本实践形式 ······ 41
　　二、实践感是感觉发展的最高级形态 ······ 43
　　三、实践感是人把握实践的主要方式 ······ 51
　　四、实践感是人对实践的理性化直觉思维能力 ······ 53

第三节　教学实践感是教师理性化的对象性直觉思维能力 ······ 56
　　一、教学实践感是教师把握教学实践的主要方式 ······ 57
　　二、教学实践感是教师职业生存的最小生命单元 ······ 58
　　三、教学实践感的"感官形态" ······ 61

第四节　教学实践感辨正 ······ 64
　　一、教学实践感不是教师的教学知识 ······ 64
　　二、教学实践感不是教师的教学机智或教学智慧 ······ 67
　　三、教学实践感不是人在实践过程中的情绪反应 ······ 70

第二章　教学实践感的特征 ······ 72

第一节　感性与理性的统一 ······ 72
　　一、感性与理性的界限问题 ······ 73
　　二、理性的生成及其对感性的扬弃 ······ 75
　　三、感性的发展及其对理性的制约 ······ 76
　　四、教学实践感是感性与理性的统一 ······ 77

第二节　主观性与客观性的统一 ······ 79
　　一、教学实践感的主观性 ······ 79
　　二、教学实践感的客观性 ······ 84
　　三、教学实践感是主观性与客观性的统一 ······ 85

第三节　科学性与人文性的统一 …………………………………… 86
  一、教学实践感的科学性 ……………………………………………… 86
  二、教学实践感的人文性 ……………………………………………… 87
  三、教学实践感是科学性与人文性的统一 …………………………… 88
第四节　历史继承性与创造发展性的统一 …………………………… 91
  一、教学实践感的历史继承性 ………………………………………… 91
  二、教学实践感的创造发展性 ………………………………………… 92
  三、教学实践感是历史继承性与创造发展性的统一 ………………… 94

第三章　教学实践感的属性 ……………………………………………… 96
第一节　教学实践感生成发展的非逻辑性 …………………………… 96
  一、实践思维机制及其与理论思维的划界 …………………………… 99
  二、实践思维的非逻辑性决定了教学实践感生成发展的非逻辑性 … 102
第二节　功能发挥的直接性和实时监控性 …………………………… 103
  一、教学实践感功能发挥的直接性 …………………………………… 103
  二、教学实践感功能发挥的实时监控性 ……………………………… 109
第三节　把握教学实践的有机整体性 ………………………………… 112
  一、教学实践感把握教学实践的有机整体性是感觉整体性发展的
　　结果 ………………………………………………………………… 112
  二、教学实践感整体把握教学之可能及其确证 ……………………… 114

第四章　教学实践感的机制 ……………………………………………… 116
第一节　一个前提：对象化 …………………………………………… 117
  一、对象化是一切人类实践活动生成的前提 ………………………… 117
  二、教学实践感是教学实践各构成要素及其整体对象化的结果 …… 120

第二节　生成机制 ·· 123
　　一、生理性机制：神经活动习性化 ··························· 123
　　二、社会性机制：实践思维意志化与小群体交往 ··········· 130
第三节　作用机制 ·· 146
　　一、生理感官和社会感官的分工协作 ······················· 146
　　二、以普遍统率特殊和以个别体现整体相统一 ············ 150

第五章　教学实践感的影响因素 ································ **155**

第一节　主观性因素 ··· 156
　　一、教师身份角色意识：教学实践感的内在动力源 ········ 156
　　二、教师教学生活体验：教学实践感的主观内容源 ········ 168
　　三、教师专业文化素养：教学实践感的主观内环境 ········ 173
　　四、教师教育教学理念：教学实践感的内在指南 ··········· 181
　　五、教师职业生存理想：教学实践感的精神旨归 ··········· 185
第二节　客观性因素 ··· 189
　　一、教学环境：教学实践感生成的客观时空 ··············· 189
　　二、教学理论：教学实践感的客观化主观性事实基础 ····· 199
　　三、教学形式：教学实践感的客观对应物 ·················· 216

第六章　教学实践感的培养构想 ································ **236**

第一节　培养原理 ·· 236
　　一、感性思维与理性思维互补发展原理 ····················· 238
　　二、感官感觉之间的叠加代偿、互渗互扩、互核互证原理 ···· 244
　　三、感知目标孤立化与对象要素、属性呈现多元化互补原理 ···· 246
第二节　培养内容与目标 ··· 249

一、教师角色感 ································· 250
　　二、教学对象感 ································· 254
　　三、教材感 ····································· 259
　　四、教学环境感 ································· 262
　　五、教学形式感 ································· 264
　　六、教学理论感 ································· 266
　第三节　培养策略 ··································· 270
　　一、工具掌握："三习"交互并举 ··················· 270
　　二、本体追求："四化"同步升华 ··················· 271
　　三、培养方式："五步"螺旋优化 ··················· 278

第七章　教学实践感：教师教育的新路标 ················· 290
　第一节　教师教育的"知识中心论"现实审视 ············ 291
　　一、囿限于"知识中心论"的指导思想 ··············· 292
　　二、游离于教师成长规律的"知识中心论"课程观、教学观 ···· 296
　　三、偏于知识人培养的"知识中心论"教师学习评价观 ······ 300
　第二节　"教学实践感基点论"诠释 ···················· 306
　　一、"教学实践感基点论"的内容 ··················· 306
　　二、"教学实践感基点论"的哲学、心理学和教育学诠释 ······ 310
　第三节　教学实践感基点论与教师教育 ················· 325
　　一、教师教育：一个创造教学实践感的工程 ··········· 325
　　二、教师教育贯彻教学实践感基点论的原则 ··········· 329

结语　展望走向基于教学实践感的教师教育 ··············· 334
　　一、回到教师本身：教师教育转向的时代态势 ········· 335

二、基于教学实践感的教师教育：教师教育发展的必然趋归 ……… 342
　　三、基于教学实践感的教师教育展望 …………………………… 344

参考文献 ………………………………………………………………… 347
　　一、中文文献 ……………………………………………………… 347
　　二、英文文献 ……………………………………………………… 365

后　记 …………………………………………………………………… 368

绪论

教学实践感是教师专业化成长的基石

立意教师教学实践感研究,是笔者对教师专业发展之反思与探索的结果,是审视迄今为止教师教育及其研究状况后的总结,更是对教师专业化水平提升、教师教学实践创新的一种现实体认和理论回应。

一、作为国家行动的新课程改革离不开教师教学活动的实践支持

在"教育改革犹如'政策流行病'席卷全球"[①]的大形势下,我国新课程改革已走过了二十多年。每一次教育改革都源自我们对某种新的教育理念的理性设定,改革的每个环节、每个因素都凝聚着我们实现教育理念的期望。回顾这二十多年来的艰苦历程,我们感到还有很多不尽如人意之处,在这诸多不如意中,最引人注目的,是教学这一实现教育理念的根本途径的实践。新课程改革之风吹到哪里,哪里就有关于教学的热烈讨论。如在读秀学术搜索的"期刊""标题"栏,或中国知网的"中文""篇名"栏,以"教学活动"为关键词,就可"找到相关的中文期刊论文"数万篇。这些论文所探讨的"教学",从学段上说,学前教育、初等教育、中等教育和高等教育无所不及;从学科上讲,涵盖了现今教育领域所有学科。其中,关于教学的一般理论性探讨主要集中在高等学校教师和教育理论工作者身上,而幼儿园、中小学教师则关注教学的策略、方法以及具体课程内容的教学活动设计及其拓展、优化等。然而,这种准方法论的自觉,并没能为新课程改革带来理想的收获。这是因为,在新课程改革这个大工程上,即使我们认同"成功属于找到方法的

---

① 鲍尔.教育改革:批判和后结构主义的视角[M].侯定凯,译.上海:华东师范大学出版社,2002:1.

人"，也不能不承认，方法总是人的方法，重视方法的关键在于人，在于找到方法的人能否对方法本身进行反思，"把它变成原则，变成一种自然法则""透彻地理解它""掌握它的规律性""这一次获得了效果，下一次还能获得效果""能够推广它"[①]。也就是说，新课程改革成功的关键在人，尤其是在教师。

意识到这一点，我们不难发现：人们对教学实践的关注，最终聚焦到了教学这一实践的主体，即教师身上。教育是人的教育，是教师凭教育人，教的目标是学，教学是教师的教学。没有教师，就谈不上教学，更谈不上教育。教师作为实践主体的确立，是教学实践产生、发展的前提条件。人类教育发展的历史表明，近代以来国外教育改革经验的先进性就在于充分尊重了教学这一实践活动的主体——教师。于是，对教师的关注成为教育研究中极其重要的部分，教师成了"教育改革与教育研究的焦点"[②]。"教育改革和教育研究的21世纪就是教师的21世纪"这一观念日益深入人心。正因为此，我们今天的教育研究中，教师的地位呈现出了超过课程、教学的态势。

二、新课程改革的深化、推进与教学创新呼唤有效的教师研究

对教师的关注和研究暴露了诸多教师问题，也深化了我们对教师问题的认识。在这一过程中，为了尽快实现教育理念，我们对教师现状越来越不满，这种日益强烈的不满推动着我们进一步研究。我们尽可以对新课程改革推进过程中出现的各种问题，如新课程改革至今仍没能从根本上改变中国基础教育整体发展和学生发展的不平衡、不充分状况，新课程改革过程中作为教学实践主体的教师本身存在种种问题而不自觉，教育研究中教师研究仍给力不足，等等，表达某种程度的不满，但无论如何，我们不能无视新课程改革二十多年来所取得的教育研究成果，尤其是教师专业发展的研究成果。而且，既定的事实是，只有在批判地继承这些成果的基础上继续进一步研究，我们的研究才可能在更短的时间内取得新的进展。

新时期以来国内的教师研究，在对外开放的大好形势下积极引进国外教

---

① 邓晓芒. 哲学史方法论十四讲［M］. 重庆：重庆大学出版社，2015：18.
② 佐藤学. 课程与教师［M］. 钟启泉，译. 北京：教育科学出版社，2003：384.

师研究成果及教师教育实践方式，几乎浓缩了西方300多年来的教师研究发展史。然而，20世纪八九十年代，中国有独立的教学论研究，也有独立的课程论研究，就是没有独立的教师研究，教师的身影只在课程论研究和教学论研究中偶或出现一下，仿佛只要构建出应然的课程和教学，教师就能自然"制造"成功。这无疑与长期以来课程与教学由国家统一管理的政策下形成的思维惯性有关。在近三十年的教师研究中，已涌现了一大批令人欣慰的研究成果。在教师研究领域年均上百部专著、上千篇论文中，有的立足于社会需求，努力厘清教师职业专业性的内涵，借鉴国外"教师专业化"研究成果，努力探索"教师专业（化）发展"路径，并开始上升到"教师专业成长"的观照高度；有的着眼于教师从教条件，并结合教师在实际教学实践中真正发挥的作用进行考察，提出教师专业发展的知识结构中除了学科知识外还必须具有"实践（性）知识"，从而生成属于教师自己的"实践智慧""教育智慧""教学智慧"，同时教师应该加强"教学反思"及其研究，注意批判地省察自己业已形成的"教学惯习（习惯）"，扬长避短；有的沿着教学理论与教学实践关系的长期讨论，突破教学理论转化、应用论的局限，提出了建构教师"个人理论"、"个人实践理论"、"个人知识"、"个人实践知识"、教师职业"去理论化"等主张；有的从教学本身的要求出发，开展了教学病理学研究，讨论了教师的"教学认识""教学惯习（习惯）""教学灵感"等；有的明确将教师作为教学的主体对待，重视教师主体性，提倡教师带动并参与教育教学研究，一起探讨"行动研究""校本研究"（"校本教研"）的理论和路径并付诸实践；等等。一些很早就出现却一直没有得到重视的成果也获得了重新评价和功能定位，为一线教学做出了切实的贡献。其中，"教师职业专业性""教师专业化""教师专业（化）发展"等概念，虽语言表述有差异，但出发点都是"专业性"，是立足于社会分工对教师职业要求的研究选择，也是教师群体对社会分工赋予教师角色的职业功能标准自觉趋奉的结果。诚如有人指出："教师研究的发展并不遵循线性的逻辑，但一种教师研究能够取代前一种研究的鼎盛地位而受到研究者的瞩目，既是因为社会的发展使这种研究的价值凸显了出来，也与它恰好弥补了前一种研究的不足具有至关密切的关系。"[①]

---

① 岳欣云. 西方教师研究发展中的问题及其转换［J］. 外国教育研究，2006（10）.

综观既有教师研究成果，我们不难发现，学界对教师队伍状况已有较充分的了解和认识。面对日益增长的教育需求，我国教师专业发展明显滞后。一方面是因为社会观念影响了师范生生源质量，另一方面是由于教师教育基本着眼于专业（学科）知识教育，而忽视了教师的职业教育（如教育思想、教育观念、教育方法、儿童心理学、教师职业伦理等）。过去的在职培训主要是解决学历达标问题，虽然在一定的历史阶段这是必然的，但其后就应该根据新课程改革提出的新要求，针对原师范教育中的不足、教师教学实践中存在的主要问题，着重解决体现教师职业特性的教师职业意识、教育观念、教育方法的转变和更新等问题。进修培训方式上普遍采用的"观摩—模仿"操作模式，其"公开课""样板课"多是经过准备的，不能真实反映日常教学的实际，是否对其他教师有指导价值，还值得商榷。总之，过去的教师教育观念没有从根本上把教师的教学看作是一种创造性的主体性实践。

与此同时，学界也已经充分认识到，过去的教师研究在方法上借鉴各种流派的哲学、社会学、人类学、文化学、心理学以及文学、美学等学科成果，所取得的成绩固然给我们进一步的研究带来了一些启示，但总体来说，正如马克思批判费尔巴哈唯物主义流于直观、机械[1]那样，一方面对教师的教学活动只是从直观的形式去理解，而不是把它当成作为人的教师的感性活动，不是从教师主观方面去理解；另一方面对教师也只是从直观的形式上作了客体化的理解，从而把教师普遍化、抽象化，而不是把教师当作现实的、具体的、感性的个人和群体来理解。这种理解不仅没能把握到教学活动的"革命性"和"实践批判"意义，没有把作为教学实践对象的学生作为学习主体，没有把作为教学实践主体的教师作为实践主体来对待，而且还割裂了教师和教学活动之间的天然关系，直接导致当前教学研究中教学存在着实践属性缺失的危机，教师研究中教师丧失了实践主体地位。在此基础上的教师专业发展研究，不仅效果有限，而且在很大范围内会造成低效乃至负效，不但不能促进教师专业发展，还反过来阻碍、遏制教师专业成长。而新课程改革的深化推进与教学实践创新依靠教师的有效教学来实现，教师教学的有效性来自健康

---

[1] 中共中央马克思恩格斯列宁斯大林著作编译局.马克思恩格斯选集：第1卷[M].北京：人民出版社，1995：93.

的教师专业发展，健康的教师专业发展又以有效的教师研究为前提，有效的教师研究必须将教师首先看作是现实的、具体的、感性的人，才能揭示其专业化成长的奥秘。

三、真正有效的教师教育必须重视教师的教学实践感

教育界已较充分地认识到，有效的教师教育实现的基本前提是正确认识教师本身，这主要体现在教师教育研究上。

纵观人类社会对教师的认识的基本发展进程，直到20世纪中后期，人们对教师的主流认识基本上仍停留在前述的普遍化、抽象化水平上。这种教师观从实质上看，一方面只注重了教师的工具性、手段性，而忽略了教师作为人的主体性，忽略了教师首先是人然后才能成为教师；另一方面只注重教师的理性能力，把教师看成人类理性在教育中的物化载体，而忽略了教师作为人，其理性能力也有一个从感性能力发展起来的历程，忽略了教师作为人终其一生也不能离开其感性能力即通常所说的感觉而存在。这昭示我们，恢复教师的实践主体地位是教师研究的新方向。只有回到教师本身，把教师当作现实的、具体的个人和群体来对待，重视作为教师形象构成因素和教师角色知觉的教师自我感觉，[①]才可能形成正确的教师观。

值得注意的是，前述教师研究成果中"教师专业成长"概念的提出，标志着教师研究真正从意识上回到了教师本身，自20世纪80年代开始的"教师专业化"研究至此真正获得了质的飞跃。教师"实践（性）知识""个人理论""个人知识"和"实践智慧""教育智慧""教学智慧"乃至"教学灵感"等研究虽然凝结着教师"实践经验知识"的"教学习惯"，却仍然停留于对教师的"应然"观照。教师"行动研究""校本研究"（"校本教研"）主张必须将教师的主体性还给教师，却总是难以摆脱将教师物化的主体—客体思维模式。与之相较，教师专业成长研究和更为宏观的"教师成长""教师生命""教师生存"研究，以及"教师生活""教师教学生活""教师专业生活"研究，已经触及了"教师体验""教师感觉"等深层的微观世界。虽然这些理解存在

[①] 小林利宣. 中学教育心理学［M］. 杨宗义，金竞明，刘世龙，译. 成都：四川辞书出版社，1991：235.

明显的不足，如有明显的"哲学化"痕迹，因而在一定程度上将教师的主体性模糊于"成长""生命""生存"和"生活"等概念本身不可消解的抽象性中，但它们也实实在在地为"被客体化"了的教师的主体性增添了几分生动。总体上看，正如岳欣云博士所概括的："从关注教师特征和行为的教师效果研究，再到关注教师认知加工过程和教师个人实践知识的教师认知研究，以及关注教师与教师之间关系的教师生态文化研究，人们越来越感受到教师个体的不可还原性和教育实践的复杂性。教师研究经历了从外在到内在、从个体到关系的重大转换和发展，对教师的认识也越来越丰富和深化。"[①]

然而，回到教师教育的现实，这一概括并不能给教师主体性回归带来多少希望。因为新课程改革已经二十余年，从职前教师教育到在职教师教育，从国家级教师培训到省（市）级、州级、县级教师培训，都没能实现最初的愿望。从一线教师到教育专家学者，都普遍反映，既有的教师教育仍然陷于"经院"的泥淖之中，教师教育的老大难问题即"重知识轻能力、重理论轻实践""师范教育不了解中学教育改革的现状和问题，以致高师教学内容纯理论的东西多，结合中学教育实际的少"[②]仍然非常突出。同时，社会对教师的期望也越来越显出纯粹的工具性。这主要表现为："国家设立学校是为了进行教学，而不是为了教师本人"[③]，国家只需要教师培养能满足社会、经济、政治和科学发展需求的人才，家长只需要教师把自己的孩子带上大学成龙成凤；教师只是培养国家人才的工具，只是受雇用的孩子发展的全权责任人；教师什么角色都应该扮当，知识传授者、安全保证者、心理治疗师、人生引路人、教育政策宣讲人；教师仅仅"是帮助其他人收集资料的工具"[④]；等等。当然，我们不能、也不应该把这一切全部归咎于教师教育研究所取得的诸多先进成果没有转化出应有的现实意义。

然而，对于新课程改革现实对精神条件的迫切要求，教师这个社会职业角色从群体到个体其作为主体的精神条件之生成的复杂性，在既有教师教育

---

① 岳欣云. 教师研究的反思与再探究［D］. 上海：华东师范大学，2005.
② 胡相峰，段作章. 高师素质教育导论［M］. 长春：吉林人民出版社，2001：169.
③ 第斯多惠. 德国教师培养指南［M］. 袁一安，译. 北京：人民教育出版社，2001：27.
④ 普林. 教育研究的哲学［M］. 李伟，译. 北京：北京师范大学出版社，2008：119.

研究中还没有得到清晰的描述。这是因为，一方面，精神变革归根到底并不是观念的"移植"，而是人作为主体创造自我生命的内在体验表达。作为社会要求的体现的教师规范、涵括课程与教学在内的教育文化新质等外来因素的输入，固然可以给我们某种启发，但却不能够替代教师自我精神的内部发展。一种新的文化和教育现象最终能够在我们的教育生活之中生成和发展，比如教育专家学者对新课程的创造，一定是因为它以某种方式进入了我们自己的"结构"，并受命于我们自己的滋生机制。换句话说，它已经成为我们从主体意识出发对自我传统的某种创造性的调整。另一方面，教师作为具体的个人，其完整的人性包括理性和感性，但教师的感性能力远远没有得到应有的关注。不重视教师的感性生命，就不可能真正走出理性主义、技术主义的思维陷阱，就不可能摆脱主体—客体的思维方式，就不可能真正回到教师本身的感性存在来探讨教师问题，而只会继续模糊教师职业角色的本真存在。而重视教师的感性生命，最具体的表现就是重视教师作为人的感觉，以及这种感觉在教学活动中的实践性发展。在人的主体性包括职业角色主体性的确立和发展中，感觉处于基础地位。感觉所指向的，并不是对象的纯粹自在的属性，而是对象所蕴涵或体现的人的情感内容和人的生命活动。人不能离开感觉而生存，因为"人的感觉是人反映现实的最初因素，是一切知识的源泉，是人的认识锁链（系列）的开端"[1]，"除了经过感觉，我们既不能知道任何物质的形态，也不能知道任何运动的形态"[2]。我们"要从事一门职业，首先就要有从事那门职业的工具"，而"我们的四肢、我们的感觉和各种器官""就是我们的智慧的工具"[3]。实践感是人的感觉发展的必然结果。人的感觉与其他动物的感觉一样是上天赋予的，但又与其他动物的感觉不同，人的感觉不是一成不变的，而是不断发展的，并且是可以通过自觉训练主动发展的。人的感觉，总是具体个人的具体感官的感觉。人的感觉的发展体现为人的感官的发展。而人的感官的发展，是在人的劳动实践中发生和完成的，人的自觉的实践活动需要感官训练做基础并且本身也构成了专门的感官训练。社会分工的形成又

---

[1] 文艺论丛：第16辑[M].上海：上海文艺出版社，1982：202.

[2] 列宁.唯物主义与经验批判主义[M].曹葆华，译.北京：人民出版社，1956：309.

[3] 让·雅克·卢梭.爱弥儿[M].李平沤，译.上海：上海人民出版社，2001：149.

加速了人的劳动实践的分化发展，其结果是职业化。在职业化的劳动实践中，人的感官发展必然会带有具体实践的特殊印迹，从而显出实践性特征。这决定了在社会分工高度发达且日趋精细化发展的当今时代，具体个人的感觉及其发展必然要打上职业实践的烙印。这种打有职业实践烙印的感觉，或者说是为职业实践所塑造的感觉，在以实践为感知对象时表现出超常的敏锐性，在进一步的实践活动中发挥着重要作用。这种感觉就是实践感，具体到从事教学实践活动的教师个人，就是教学实践感。马克思所谓"感觉通过自己的实践直接变成了理论家"[1]，因其必定是具体的某一范围内的理论和理论家，这"感觉"也必定是在某种实践中发展起来了的感觉。教师作为人，和任何其他行业的任何人一样，"不仅通过思维，而且以全部感觉在对象中肯定自己"[2]，教师的教育思想、教学理念更新与教学活动创新等精神条件的创造问题，只能由教师凭借其感觉，尤其是作为教师职业实践感的教学实践感，对社会规范、新的教育文化观念等输入因素进行筛选、过滤甚至改造而实现。所谓教师的专业成长问题，虽以教师与社会和教育专家学者之间的教育文化交流为中介，但却属于作为教学实践主体的教师自我的内在精神活动。

新课程改革的深化与教学创新需要有效的教师研究，有效的教师研究要求我们首先把教师作为人来看待，尊重教师的完整人性，不但要尊重教师的理性能力，还必须尊重教师的感性能力。

新课程改革的深化与教学创新更需要有效的教师教育。有效的教师教育要求我们对教师的认识，也应该遵循人类认识发展的规律，即"感性认识—理性认识—再感性认识—再理性认识"的螺旋循环上升规律，相信他们的生命感觉拥有不可替代的潜力，用教学实践活动去激发、唤醒他们的生命感觉，使之带上教学活动的特殊印迹并使教学活动发展成有鲜明的职业化特征的实践感，即教学实践感。这就是说，我们必须重视教学实践感，它作为教师感性能力发展的必然结果，又反过来支配着教师教学实践。

---

[1] 中共中央马克思恩格斯列宁斯大林著作编译局.马克思恩格斯全集：第42卷［M］.北京：人民出版社，1979：124.

[2] 中共中央马克思恩格斯列宁斯大林著作编译局.马克思恩格斯全集：第42卷［M］.北京：人民出版社，1979：125.

四、学界缺少对教师教学实践感的关注和系统研究

随着新课程改革实践的深入，人们已经认识到，一味侈谈课程和教学是没有用的，课程必须通过教学来落实，教学总是教师的教学。教学是一门艺术，是教师的艺术。作为教学艺术的主体，教师所特有的生命感觉虽远远没有文学、音乐的主体即作家、音乐家的生命感觉那样广受关注，但却早已引起人们的注意。如1945年绿嘉写的《我初次做教师的感觉和遭遇》；[1] 又如清泉2001年发表的新诗《教师的感觉》，描绘教师的感觉有时酸得像啃半青不黄的杏子，有时咸得像品尝绿壳盐鸭蛋，有时苦得像咀嚼青青的炒苦瓜，有时辣得像嚼山野里的红辣椒，有时甜得像咬玲珑剔透的糖葫芦，总之是"浸透了人生的滋味"，"感觉爽极了"[2]！人们已经认识到，教师的生存实感是有效教学的基石，"教师找不到'感觉'，是阻碍他们专业发展的内在原因"[3]，一些学校领导基于这样的认识，已经把帮助教师找"感觉""让每一位教师都找到感觉"作为一项重要工作抓起来，把"让每一位教师找到工作的感觉、生活的感觉、成长的感觉"当作奋斗的目标，并积极探索、采取了各种措施，力争"让教师在人文光芒中找到温暖的感觉、创设平台让教师在展现自我中找到充实的感觉、创新机制让教师在积极竞争中找到成功的感觉、开展活动让教师找到厚积薄发的感觉"[4]，从而让教师焕发出创造力，幸福、愉悦地生活，同时完成育人的伟大使命。

然而，学界对教师的教学实践感，乃至对人的感觉及其实践性发展的关注和系统研究，都比较晚。尽管翻开任何一本普通心理学著作，都能看到"感觉"的专门章节，强调"人的知觉、记忆、思维等复杂的认识活动，必须借助于感觉提供的原始资料"[5]。即使是人们通常说得最多的"体验"，也必须以感觉为基础，必须通过感觉来实现。因为"体验"这个心理学概念，作为一

---

[1] 绿嘉.我初次做教师的感觉和遭遇[J].民主教育，1946(5)：6-10，24.
[2] 清泉.教师的感觉[J].四川教育，2001(12)：46.
[3] 李瑞艳.帮助教师找"感觉"[J].人民教育，2010(21).
[4] 孙恭恒.于"细腻"处找寻教师管理的真谛——体味王月玲《让每一位教师都找到感觉》[J].中小学校长，2007(3)：40-41.
[5] 彭聃龄.普通心理学（修订版）[M].北京：北京师范大学出版社，2004：79.

种只能个体地发生的心理行为过程,指的是意识对身体感觉过程及其结果本身的捕捉过程。这捕捉有自发的,也有自觉的。"体验"作为一种心理行为结果,则指意识所捕捉到的感觉过程及其结果所形成的心理表象,通常以记忆的方式保存在人脑中。普通心理学对"感觉"的界说黏着于感官功能,有明显的科学主义倾向,有把"人脑"机械化的意思,割裂了它和身体的关系及其"人"的属性,也忽略了人的各种感觉之间的交叉、融合和替代,以及感觉与精神、观念的相互渗透与融合,[①]远远没有揭示出人的感觉的复杂性、丰富性和发展性。而事实上,感官总是人的感官,感官感觉不属于感官本身而只属于人,脱离人的感官感觉研究,即使做得再深入也终归难逃片面之弊。只有回到人本身,把感觉作为活生生的现实的具体的人的感觉进行系统的研究,才可能获得对感觉的具体、清晰的认识,人的感觉的丰富性才可能展现出来。教师作为人的感觉亦然。即使追溯到更广泛的"教师学"和"教师心理"等研究成果,也只有教师个人"从教生涯"的故事中经常出现的"对……教学的感觉"一类零星的感性描述,这是远远不够的。教师教学实践感还亟待系统、深入的研究。

就感觉的实践性发展来看,尽管20世纪30年代郭本道就在其《黑格尔》中介绍了黑格尔精神哲学及其中的"实践感觉"[②],但其中关于人的感觉,尤其实践感觉的思想,一直没能受到关注。马克思有关人的"感觉""实践感觉"的论说,通过《马克思恩格斯选集》和《马克思恩格斯全集》及其他形式传入中国的时间不短,但也长期没有受到关注,更没有进入一直在寻求哲学支持的国内教育学界的视野。直到2003年法国社会学家皮埃尔·布迪厄的《实践感》出版后,这种状况才有所改变。在这样的情形中,我们只能期待有人对教师教学实践感进行全面、系统而深入的研究。

放眼既有教育文献,尽管出现了诸如"教育实践感""教育理论言说中实

---

① 文艺论丛:第16辑[M].上海:上海文艺出版社,1982:202.
② 郭本道.黑格尔[M].上海:世界书局,1934:189.

践感的差异"[①]"教育研究的问题感、实践感"[②]等新的提法,和"教育实践工作者的知识观应遵循'实践逻辑',具有强烈的'实践感'"[③]"在教育生活中,教师面临着'教室里的压力'和'实践感'(布迪厄)的催促"[④]"最佳的教学研究观测位置提供更为真实的教学实践感"[⑤]等新的观点,还有陈向明将布迪厄"实践感"这一概念扩展到对教师实践性知识的探讨,认为教师的实践性知识具有强烈的实践感和行动性的特征。[⑥]但这些"实践感"的概念内涵既不是源于黑格尔精神哲学的"实践感",也不是对马克思关于人有"丰富、全面而深刻的感觉"观点的继续拓展,而是沿用法国社会学家布迪厄所著《实践感》中所阐发的社会学意义,间或有不同理解,其关注的焦点还明显局限于借用布迪厄对实践感的特征描述和模糊逻辑等佐证自己关于教师的实践性知识,或教育(教学)智慧,或教育(教学)机智,或个人理论等的界说与分析。但是,大多学者对实践感的这些关注都如流星般转瞬即逝而没见下文,即使是明确了"教学实践感"概念,并提出"'教学实践感'是研究者进行理论积淀和创生的前提"[⑦]这样崭新观点的吉标和徐继存,也没能例外。

这种状况,表明在当前的教师研究中,教师作为人的感觉以及教学实践感,虽然已经引起了关注,但仍缺少足够的重视和系统的探讨;这提醒我们,进一步系统探索教师的教学实践感,不仅迫切,而且有着巨大的学术空间。

五、前哲先贤的诸感觉学说提供了丰富的学术资源

幸运的是,前哲先贤的诸感觉学说,为教学实践感的研究提供了丰富的学术资源。借助这些资源,我们可以从态度悖论、功能论争来重新认识感觉,

---

① 闫旭蕾. 关于教育理论与教育实践阻隔的反思[J]. 教育理论与实践,2004(11):1-5.
② 李娟,刘立德. 对教育史学科发展几个问题的探析[J]. 河北师范大学学报(教育科学版),2009(3):5-9.
③ 任永泽. 教育实践工作者应该如何看待自己的教育知识[J]. 国家教育行政学院学报,2009(1):53-58.
④ 龙宝新. 教师文化:基于生活世界的概念重构[J]. 当代教育与文化,2009(5):25-31.
⑤ 肖学文,黄争春,李鸿伟. 教学论[M]. 延吉:延边大学出版社,2017:187.
⑥ 陈向明. 实践性知识:教师专业发展的知识基础[J]. 北京大学教育评论,2003(1):104-112.
⑦ 吉标,徐继存. 困惑与抉择:当前教学论研究三问[J]. 教育理论与实践,2007(2):37-40.

重新认识作为感觉着的人的教师的专业发展，以及教学实践感之于教师专业化成长的地位和作用。

继教学、课程之后，教师专业发展已经成为今天世界各国教育改革的焦点。教师专业发展的具体落实，就是教师个人专业化成长。而在教师如何实现自己的专业化成长这个问题上，当前最普遍的观点是，教师要实现个人专业化成长，首先是加强教育教学理论学习以提升自己的教育理念，其次是认真做好教学实践以提高教学水平，再次是参与教学研究提高科研能力，最后反思总结形成自己的教学风格。这是典型的理性论思路，也是目前在教师中间传播最广的一种思路。然而，当我们走进中小学校、幼儿园跟教师们亲密接触时，得到的却是另一种答案，其最典型者如同是刚刚走出师范院校踏上三尺讲台的新教师，有的人很快就能自如地完成课堂教学工作，教学成绩可与老教师比肩甚至超过老教师而赢得诸多赞赏；有的人却迟迟进入不了状态，教学成绩自然也不理想，究其原因，前者说是"找到了当教师的感觉"，后者说是"找不到感觉"。值得注意的是，这种答案常常因为"感觉"的"个别性""片面性"而得不到我们的重视和思考。

这一现象表明，人们对感觉的态度有一个悖论：一方面，教师个人专业化成长自然地得益于感觉；另一方面，大多数教师又一味寄希望于理论学习，而对感觉置若罔闻。进一步反思，我们不难发现，这一悖论里隐藏着一个事实，即长期以来我们在单一理性教化下似乎已不能正视自己的感觉，因而也不能看清，在自己真正想要走的和真正取得实质性成就的道路上，所谓理性的指引往往只是一种方向，朝着这个方向前进的每一步都离不开感觉的引领；但是我们的生命本性仍然顽强地展开着，让我们"跟着感觉走"。当然，教师的感觉已不是纯粹的五官的感觉，而是与医生相对于病人特别敏锐的感觉、纺织工人相对于纱线特别敏锐的感觉都打上了职业烙印一样的，教师相对于学生和相应教学手段、教学条件特别敏锐的职业化感觉，即所谓的"教学实践感"，它是教师专业化成长必须找到的特殊感觉。这一悖论启示我们，在教师专业发展的理性路径普遍得到教育专家学者和广大教师一致认同的今天，我们更应该重视和深入认识教师的教学实践感，厘清这种教师作为人对教学实践本身的感觉在教师个人专业化成长中所具有的重要意义。

关于人的感觉功能自古至今一直存在争论。感觉本身的主题化，即人类对自身感觉的自觉，是从意识到感觉的功能开始，并最终体现为对感觉的认识论价值确认，始于人们在寻求外部世界的普遍规定性认识中对感觉功能及其认识论地位的反省。在古希腊哲学家中，既有人贬低感觉，也有人重视且高度评价感觉。贬低者认为感觉只能认识事物的个别属性。如赫拉克利特认为"眼睛和耳朵对人们乃是最坏的见证"[①]，柏拉图认为"感觉只是理性把握理念的媒"[②]。重视者，如恩培多克勒把思想和感觉看成了相同的东西，[③]认为"思想和感觉之所以能把握存在，对客体做出明确的规定""人们思想和感觉到快乐和痛苦"[④]，是因为它们都是人以自身由水、土、气、火元素构成的感官通道对于对象事物的"流射物"的反映。高度评价甚至尊崇感觉者，如德谟克利特认为感觉和思想有区别，无论感觉还是思想都有某种不确定性却又都可靠，"真理和显现于感觉中的东西毫无区别"[⑤]；普罗泰戈拉强调"知识就是感觉"[⑥]"个人的感觉是万物的尺度"[⑦]；亚里士多德指出，"从认识论的意义上说，灵魂的主要功能是感觉和灵魂"，把感觉和思维并列为人的灵魂的两种功能，[⑧]而且，"除了视觉、听觉、味觉、嗅觉之外，……还有一种'公共的感觉'，……它存在于各种特殊的感觉能力之中。它的作用是把诸种感觉综合起来，构成完整的经验"[⑨]。伊壁鸠鲁说，"一切感官都是真理的报道者""没有什么东西能够驳倒感性的知觉"，哲学的追求就是"以感触为标准来判断一切的善"[⑩]。此

[①] 北京大学哲学系外国哲学史教研室. 古希腊罗马哲学 [M]. 北京：生活·读书·新知三联书店，1957：29.

[②] 朱德生，冒从虎，雷永生. 西方认识论史纲 [M]. 南京：江苏人民出版社，1983：44.

[③] 朱德生，冒从虎，雷永生. 西方认识论史纲 [M]. 南京：江苏人民出版社，1983：25.

[④] 朱德生，冒从虎，雷永生. 西方认识论史纲 [M]. 南京：江苏人民出版社，1983：24-25.

[⑤] 北京大学哲学系外国哲学史教研室. 古希腊罗马哲学 [M]. 北京：生活·读书·新知三联书店，1957：104.

[⑥] 北京大学哲学系外国哲学史教研室. 古希腊罗马哲学 [M]. 北京：生活·读书·新知三联书店，1957：133.

[⑦] 朱德生，冒从虎，雷永生. 西方认识论史纲 [M]. 南京：江苏人民出版社，1983：34.

[⑧] 朱德生，冒从虎，雷永生. 西方认识论史纲 [M]. 南京：江苏人民出版社，1983：55.

[⑨] 朱德生，冒从虎，雷永生. 西方认识论史纲 [M]. 南京：江苏人民出版社，1983：55.

[⑩] 北京大学哲学系外国哲学史教研室. 古希腊罗马哲学 [M]. 北京：生活·读书·新知三联书店，1957：367.

后的经验论者，如弗朗西斯·培根、霍布斯、洛克，以及孔狄亚克、拉美特里、狄德罗、爱尔维修、霍尔巴赫，再到贝克莱和休谟，又都不同程度地发展和弘扬了古希腊先哲的这些观点。

关于感觉功能的争论不只发生在不同哲学家之间，也发生在哲学家自身内部。如德国近代哲学家康德，虽然在"承认经验、感觉是我们知识的唯一源泉时，他是在把自己的哲学引向感觉论，并且在一定条件下通过感觉论而引向唯物主义"；但是，"在承认空间、时间、因果性等的先验性时，他就把自己的哲学引向唯心主义"[①]，其局限性是明显的。又如美国哲学家马·克莱因，他坦言："为了试图改善自己生存的物质条件，我们不得不要扩充我们关于外部世界的知识，这迫使我们最大限度地调动自己的感官。可惜感官不仅局限于自己的可能性，而且可能把我们引入迷途。如果我们仅仅依赖于我们的感官，那么其后果可能是最不乐观的。不难举出感官蒙骗了我们的例子。""应当首先检验一下在什么范围内可以信得过它。"[②]他意识到感官的局限，指出不能唯感觉是从，但没有做深入反思，未能客观地看待感官功能的有限性。因而，在我们不自觉地对感觉寄予绝对性依赖而陷入认识迷途之时，仍怪罪于感觉。要言之，在认识论的视角下，感觉只是人的认识器官的感觉。

总之，在感觉功能论争中，无论对感觉是贬低还是尊崇，都是在（包括科学心理学的）认识论视角下展开的。关于长期争论的原因，一方面，持论者未能如马克思、恩格斯那样从感性认识与理性认识之间的辩证关系来认清感觉的中介性地位和作用；另一方面，对感觉功能寄予不切实际的期望而不得就认为感觉具有欺骗性，置既有理性认识成果对感觉的干扰于不顾，或者因过于依赖理性认识方式而不能正确对待感觉功能反而将责任全部推给感觉。

事实上，"我们'所知道的'，其实比我们所不知道的是更大的障碍，陌生阻止我们认识陌生的事物，熟悉妨碍我们理解熟悉的事物"[③]。我们既不能无

[①] 中共中央马克思恩格斯列宁斯大林著作编译局.列宁选集：第2卷[M].北京：人民出版社，1972：200.
[②] 马·克莱因.数学真理论[M].郭思乐，译.广州：广东教育出版社，1993：24–25.
[③] 黄怀宁.一生的保证 中国人自己的成功哲学[M].北京：中国友谊出版公司，2006：254.

视感觉和理性的功能区别，也不能夸大感觉功能，反之亦然；因此需要辩证地看待感觉及其功能。如果我们对"感觉"这个概念的理解能突破认识论的局限，从人的现实生存出发，就不难发现，感觉并不是万能的，但没有感觉，或者找不到感觉却是非常危险的。教师自然也不例外。

为此，我们必须重新认识人的感觉，重新认识教师作为人的感觉及其发展。重新认识人的感觉，意味着我们对感觉问题的任何讨论都不能忘记是在讨论人的感觉，否则，就会犯费尔巴哈式的机械主义错误。回到人本身来重新认识感觉，不难发现，既有感觉诠释的单一认识论视角遮蔽了感觉理解的丰富可能性。

从古至今，最常见的对感觉的界定是："人脑对事物的个别属性的认识"，"它提供了内外环境的信息"，"保证了机体与环境的信息平衡"，"是一切较高级、较复杂的心理现象的基础，是人的全部心理现象的基础。……没有感觉，一切较复杂、较高级的心理现象就无从产生"，"感觉虽然简单，但却能使个体获得正常生存的必要信息，在人的生活和工作中有重要的作用"[1]。普通心理学的这种解释，是对既有认识论解释传统的继承，但没有意识到人的五官感觉、实践感觉、精神感觉以及观念之间，会发生"交叉、融合和替代"[2]，机械地、孤立地对待人脑和感官，忘记了人脑和感官总是属于具体个人的脑和感官，并且是随着个人的成长、衰老而发展、退化而非一成不变的，因而是用单一的认识论解释排斥了对感觉进行别样理解的可能性，不能揭示感觉的复杂性、丰富性。

真正回到人本身，而又超越认识论视角，对感觉予以全新解释的第一个人是黑格尔。他在《精神现象学》以及《精神哲学》里，不仅把感觉作为人的精神的最初阶段，即"感觉自我"阶段，而且作为人的存在形态。他认为在感觉灵魂阶段，感觉就是人作为"沉没在特殊感觉中的主体"[3]的主体性存在形态。并且，由于人总是作为有机体存在的，在人此后的"感觉自我""理

---

[1] 彭聘龄. 普通心理学 [M]. 北京：北京师范大学出版社，2018：84-85.
[2] 文艺论丛：第16辑 [N]. 上海：上海文艺出版社，1982：229.
[3] 黑格尔. 精神哲学——哲学全书·第三部分 [M]. 杨祖陶，译. 北京：人民出版社，2006：23.

性自我""精神自我"形成和发展的更高级阶段中,感觉也始终在场,只不过是被扬弃于其中的,并没有消失。因而,即使在"精神自我"发展阶段,感觉在实践意志统率下作为主体的"理论性行为"行动着并成为实践的主要形态,"实践的"感觉就是主体自我存在的一种特殊形态。即使到了客观精神追求阶段,感觉仍然是主体实践着的一种生存状态。而且,正是当人作为实践主体以感觉的实践方式把适意、幸福作为追求时,人作为主体才开始过渡到自由精神发展水平。也就是说,在黑格尔看来,人从蒙昧到走出混沌的整个过程中,感觉始终是、也首先是一种生存形态。[1]这种诠释不仅突破、超越了认识论局限,而且真正回到了人本身,闪耀着唯物主义的思想光辉。

马克思终生致力于扬弃私有制以解放全人类,明确指出:"私有财产的扬弃,是人的一切感觉和特性的彻底解放","人不仅通过思维,而且以全部感觉在对象世界中肯定自己"[2]。这不仅发扬了黑格尔的感觉论思想,而且达到了迄今为止人类感觉自觉的最高水平。

概括起来,先贤前哲的研究表明,感觉作为最基本的认识论生命单元,与人的记忆、注意、想象、思维、情感、意志、语言等其他生命单元相比,"感觉的发展实质上领先于更高一级智能的提高"[3]。没有或失去感觉,记忆、注意等其他生命单元将无从生成、知识将无从获得。"人类如果没有感觉,生存就面临着危机;没有感觉的培养和训练就无法掌握生存的能力;没有生存的能力就不可能产生社会的组成和进步。"[4]还有研究指出,作为一种认识能力的感觉,首先是人的物质性身体的一种特性,这种特性在人的发展中永远作为一种生命存在形态展开着。一句话,人活着,就是在感觉着,就是在实践地感觉着。感觉是我们实践性生存的先天本原形态,实践感是我们生存的本原形态。同时,人的各种实践活动,尤其是导致社会分工的职业化实践,本身以感觉为基础,又反过来规范着人的感觉发展,换句话说,职业实践对象

---

[1] 黑格尔. 精神哲学——哲学全书·第三部分[M]. 杨祖陶,译. 北京:人民出版社,2006.
[2] 中共中央马克思恩格斯列宁斯大林著作编译局. 马克思恩格斯全集:第42卷[M]. 北京:人民出版社,1979:124,125.
[3] 蒙台梭利. 发现孩子[M]. 刘亚莉,邱宏,译. 天津:天津社会科学院出版社,2010:92.
[4] 张红兵. 感觉教育理论与实践[M]. 北京:北京理工大学出版社,2007:3.

在实践中塑造着人的感觉。因此，现实中人的感觉，常因其从事的职业实践不同而表现各异，如纺织工人对纱线的色泽、质地极其敏感却拙于人体脉动，中医师敏于人体脉动的感觉掌握却拙于纱线质地、色泽的分辨。用法国社会学家皮埃尔·布迪厄的话说，不同职业的从业者作为人的感觉，因其职业实践对象各异而发展成为不同的实践感。反之，我们可以根据一个人的感觉的实践性特征来辨识、区分其职业，从而将他（她）与其他行业的人区别开来。

人的认识形式包括感性和理性两种，教学实践感是感性力量发挥作用的成果，教学理论是理性力量发挥作用的成果。但理论从中产生的实践无疑属于"过去"，因而理论本身就是一种"回忆"。重识感觉，尤其是感觉的实践性发展，我们可以推知，从历史的、实践的、发展的观点来看，教育是一种远较其他职业复杂得多的职业，其从业者即教师作为人的感觉，必然为其感觉对象即教学实践所塑造而发展成为教学实践感；所以一个教师是否具有教学实践感，理当是我们判断其教师角色身份的重要依据之一。罗森诺夫指出："我们的过去则不再行动，但有可能行动，并且会通过将自身插入一个当前感觉而从中借取活力。的确，从回忆借助于这种方式将自己现实化的那一刻起，它就不再是回忆，而再次变成感觉了。"[1] 这感觉在教学理论就是教学实践感。不经感觉化过程，再好的教学理论也发挥不了作用。只有经过感觉化的教学理论才能"提供在必然性中、在全面关系中、在自在自为的矛盾运动中的客体"。马克思哲学关于感觉产生和发展的对象化原理指出，一方面"人的感觉、感觉的人性，都只是由于它的对象的存在，由于人化的自然界，才产生出来的"[2]，另一方面"只有通过人类存在中对象方面展开来的丰富性，才能培养出或创造出主观方面人的感觉的丰富性"[3]。这已昭示我们：感觉发展的实践性注定教学实践感是教师作为人的感觉发展的必然趋归。教学实践感在教师对教学实践活动的感知过程中生成，离开教师自我的教学活动，离开教师对

---

[1] 南希·罗森诺夫. 跟着直觉走[M]. 杨炜，扬春丽，曾冰颖，译. 广州：花城出版社，2004：218.

[2] 中共中央马克思恩格斯列宁斯大林著作编译局. 马克思恩格斯全集：第42卷[M]. 北京：人民出版社，1979：126.

[3] 朱光潜. 朱光潜全集：第10卷[M]. 合肥：安徽教育出版社，1993：200.

自我教学实践活动的感知过程,教师就无法获得教学实践感。教学实践感是教师职业生存本质的丰富性的现实展开,这决定它本身就是教师现实的职业化生存形态。与以理论创新建构为主要任务的教育理论工作者相比,对以从事教学实践实现育人目标为天职的教师,教学实践感显然在其个人专业化成长中具有更为重要的基石意义。

值得一提的是,中国古代始自《周易》、成于《乐记》、深化于《淮南子》、发达于汉魏六朝的"物感论"[①],以及由中国古代先贤揭橥而最早记载于《礼记·乐记》并在《孟子》《荀子》《孔子家语》《列子》《文子》等中国古籍中频频出现,[②]又经现代刘师培专文探讨的"心感论",从概念表述上给了笔者启发。而当代语文教育思想家王尚文先生的专著《语感论》,对人类最重要的实践感之一即语感进行了系统研究,其结构宏富、思想深刻和行文畅亲,成为本书进行教学实践感研究最近的也是最亲切的借鉴资源。

诸先贤前哲的感觉学说,不仅昭示了教学实践感在教师专业发展中的基石地位,而且为我们研究教师的教学实践感指明了方向,构成了教学实践感研究不可或缺的重要理论资源。

六、教学实践感研究在理论上也是感觉理论研究的深化和具体化

承前所述,教学实践感研究在理论上也是感觉理论研究的深化和具体化。首先,"人身上的一切都是感觉;因此肉体的感受性乃是人的需要、感情、社会性、观念、判断、意志、行动的原则"[③]。感觉本身的主题化源于人们在寻求外部世界的普遍规定性认识中对感觉功能及其认识论地位的反省。从古希腊罗马时代到近代康德、黑格尔、马克思、布迪厄、雷蒙德·威廉斯等人关于感觉的论说,呈现了一种历史的不间断的深化过程,尤其是布迪厄对实践感的研究、雷蒙德·威廉斯对感觉结构的研究,更是对人的感觉研究的深化。

---

① 陈良运.跨世纪论学文存[M].上海:上海远东出版社,2003:85-88.
② 郁龙余."通感",还是"心感"?——兼谈传统学术遗产保护[J].中国比较文学,2006(4):63-71.
③ 北京大学哲学系外国哲学史教研室.西方哲学原著选读(下卷)[M].北京:商务印书馆,1982:180.

然而，正如不存在人可以直接品尝的水果，而只存在着具体的苹果、梨、桃子和香蕉等，他们的实践感研究均因其不同的研究背景和目的，只完成了对实践感的某种程度的抽象。黑格尔是在对精神自身发展历程的清理中发现了实践感；马克思是在感觉的产生和发展上认识实践感；即便是布迪厄关于棒球、游戏、仪式等具体活动中当事人实践感的分析，也还因黏着于实践功能的玄奥，而落脚于实践逻辑，仍处于抽象水平。只有继续完成从抽象到具体的研究，人的感觉世界才可能更敞亮。教学实践感是教师所特有的实践感，是由于教学实践活动作为对象存在而生成的一种具体的实践感，对它进行研究有利于开显人的感觉世界。

其次，教学实践感研究还可为进一步探讨其他教师理论问题提供理论支持。一切教师理论问题如教师教学能力的提高问题、教师课堂教学技巧的艺术化问题、教师主体性的重建问题、教师发展的专业化问题、教师教育问题、教师研究问题等，要想得到正确有效的解决，都必须回到教师本身，从教学活动中教师个人的生存实感出发。这表明，"'教学实践感'是研究者进行理论积淀和创生的前提"[①]。

再次，教学实践感研究还有利于深化对教师专业成长及教师教育的整体认识。如前所述，长期以来对教师的认识注重教师的理性能力，而忽略了教师作为人的感性能力，教师人性的完整性没有得到应有的尊重，教师研究也因此而不可避免地存在某种偏颇。教学实践感是教师作为人的感觉在职业化生存中发展的深化和具体化，它并不拒绝教师作为人的理性能力研究成果，所以要正视感觉发展过程为理性所渗透的事实，以及理性能力在教师教学实践感的生成及其功能发挥过程中的重要地位。这种理论立场，无疑可为我们重新审视教师教育的历史与现状提供全新的理论参照，从而为教师教育中如何尊重教师的人性完整性，建构相应的新课程体系和展开相应的教学活动，指明新的方向。换言之，教学实践感研究不仅在根本上体现出对教师的人性完整性的尊重，而且有利于深化对教师专业成长及教师教育的整体认识。

[①] 吉标，徐继存. 困惑与抉择：当前教学论研究三问[J]. 教育理论与实践，2007（2）：37–40.

七、教学实践感研究在实践上有助于重建教师主体性、弥合教学理论与实践的裂缝

首先,教学实践感研究是重建教师主体性、确立教师教育价值的基础。前面说过,由于理性主义的强势,主观—客观思维方式的盛行,教师在教育改革和教育研究中存在着丧失其实践主体地位的危机,说到底是因为教师主体性的匮乏。教师必须作为教学实践的主体来从事教学活动,才能保证教学活动的实践属性。也就是说,当前教育研究和教师教育改革的重要任务之一就是重建教师的主体性,确保教师在教学活动中的主体地位。重建教师主体性本身是确立教师教育价值的前提。而人的主体性由社会性和理性两个因素组成,并以感性(主要指自然感性)为其存在的基础,而感性又通过主体性的形式表现自己。主体感性就是以感性活动为中介的自然感性、社会感性和理性化感性三者的统一。主体感性就是现实的人的存在展开状态,人的本质亦显现于其中。主体感性的完善程度和实现程度标志着个人的全面发展程度。[1]而"人身上的一切都是感觉;因此肉体的感受性乃是人的需要、感情、社会性、观念、判断、意志、行动的原则"[2]。显而易见,教师教育要实现教师主体性的重建,就必须尊重教师作为人的完整人性,就必须以教师作为人的感觉为基础,尤其要以教师为其教学实践塑造而发展着的感觉,即教学实践感为基础。

其次,教学实践感研究有利于从思维上弥合教学理论与实践的裂缝。教育学界长期存在的教学理论与教学实践之间关系问题还没有得到解决的原因之一,就是既有研究不同程度地忽视了教师的实践主体属性,对教师作为人的人性理解偏于理性能力而不完整。事实上,理论与实践之间的关系问题,在教学本身,归根到底就是教师和教学实践的关系,即教师的理性认识与其教学实践感性现实之间的关系问题。在目前教育变革中,要恢复教师的实践主体地位和教学活动的实践属性,只有在突出当下课程问题、课程改革问题

---

[1] 周春生. 感性的荒野——寻找人的存在根基[M]. 上海:学林出版社,1995:3.
[2] 北京大学哲学系外国哲学史教研室. 西方哲学原著选读(下卷)[M]. 北京:商务印书馆,1982:180.

研究重要性的同时，进一步把张扬教学问题、教学变革问题，推进到以教师主体性的生命存在为核心的教学实践研究，才能突显教学理论研究存在的现实价值。

事物本身的存在是没有理论和实践之分的，在人的感觉中亦然。但教学作为人类的实践活动之一，其存在有所不同。教师在教学实践活动中感觉着他自身，他是自己的对象，教师作为人"只有通过感觉一个对象才能在真实的意义下存在"，"感觉的对象不只是'外在的事物'。人只有通过感觉而成为认识的对象——他是作为感觉的对象而成为自己的对象"①。作为自主性中介，教师从来不是正式课程（制度课程）的被动消费者，而总是要根据他的"理解前结构"对正式课程进行理解与解释而生成"领悟的课程"，教师作为实践者总是要根据自己理解的课程与实际教学情境生成展开"运作的课程"。无论如何，教学作为人类以自我生命为对象、以完善自我生存为目的的意志性活动，"教"永远对"学"执行着或直接或间接的控制、规范，是"学"的活动的向导；同时，教师作为教学活动的生成者，自然是主体。诚然，我们不能无视独立于教师自身之外的社会对教学的规范力量支配着教师的事实，但这种支配必须先经过教师的感觉内化，并在教学活动的生成上发挥作用，才有切实的实践意义。

现实中，有许多教师无法用明确的话语来系统地表达自己的课程与教学理念、思维方式，即便是接受了专门的课程与教学理论培训的教师，在实际的教学实践过程中，也并不是一味屈服于理论的控制，而是有意无意地"跟着感觉走"，去创造、去生成作为他们生命存在方式的教学活动。我们可以怀疑他们的教学实践能否产生良好的教育效果，但却不能否认他们"跟着感觉走"而创造生成的教学活动的真实存在。马克思曾指出，作为"以往全部世界史的产物"的人化的"感觉"——五官感觉、精神感觉、实践感觉（意志、爱等）——是最难以被异化的，它因而总是充当着人反抗异化的最为直接也最为内在的动力。②因此，我们与其把自己的理论成果强硬地塞给教师，不如

---

① 费尔巴哈. 费尔巴哈哲学著作选集（上卷）[M]. 北京：商务印书馆，1984：166，172.
② 张曙光. 生存哲学：走向本真的存在[M]. 昆明：云南人民出版社，2001：128.

顺应"教育实践工作者的知识观应遵循'实践逻辑',具有强烈的'实践感'"[①]的主张,在与教师的平等交往中展示理论成果,呈现它们作为理论主体生命征象的感性魅力,唤醒教师作为人的"丰富、全面而深刻"的感觉,尤其是他们作为教师的教学实践感觉。若能如此,我们大有希望迎来教学理论与实践的双丰收。

就基础教育新课程改革的实现来说,回到现实中来,从教师出发,从审视研究他们对自我教学活动的内在直觉感知体验即教学实践感出发,远比过多地纠缠于课程与教学理论关系的科学的理论剖析实在,也更有利于从思维上弥合教学的理论与实践的裂缝。在新课程改革进入阶段性总结并面临如何进一步深化与创新的今天,尝试对教师教学实践感进行研究,即便只是肤浅的理论性审视,也显得更加切实些。

最后,本书作为对教师教学实践感的一次系统化研究尝试,拟遵循"先从理论上厘清教学实践感的内涵、特征、属性、机制、影响因素,再结合实际探索教学实践感的培养策略"的思路,综合而又各有侧重地使用教育科学的理论研究法(发生学、逻辑思辨、历史—逻辑法、系统科学法)、历史研究法、调查研究法等,努力做到以下几点:

第一,作为继黑格尔、马克思和布迪厄等人的实践感研究之后对人的感觉研究之进一步具体化和深化,本书把教学实践感研究的首要任务确定为厘清教学实践感的内涵、属性、特征及其作用机制,以期提供一个清晰的理解框架。

第二,结合教师的教学实践,探索教学实践感的现实价值及其培养策略,为自觉建构教师教学实践感、充分利用教师教学实践感服务于教学实践,提供相应的依据。

第三,鉴于教师教育在教师专业成长中的重要作用,进一步探讨教学实践感与教师教育之间的关系,提出教师教育的"教学实践感基点论",为教师教育的新发展提供参考。

第四,明确教师教育贯彻"教学实践感基点论"的基本原则,为教师教

[①] 任永泽.教育实践工作者应该如何看待自己的教育知识[J].国家教育行政学院学报,2009(1):53-58.

育实践转向提供科学的理念依据。

第五，昭明基于教师教学实践感培养的教师教育展望，为教师教学实践感的进一步研究打下基础。

而在当前学术背景下从以上五个方面展开教师教学实践感研究，大致可在三个方面实现创新：

第一，努力做好对教师教学实践感的第一次系统剖析。选择教师教学实践感为研究对象，虽然新颖性突出，但也是一次极大的冒险。既然是冒险，胜数难定，只好摸着石头过河，先努力做好所有能做的工作。

第二，努力构建一个教师教学实践感的培养框架。作为对教师教学实践感的理论摸索，为突出其现实意义，构建一个教师教学实践感培养的框架，当属分内目标。

第三，努力昭明基于教师教学实践感的教师教育展望，为教师教育提供一种新参照。

第一章

教学实践感界说

实践感研究关注人对实践活动的感知、领悟和把握,涉及实践活动的生成、发展以及改造实践对象的实践目的的实现,最重要的是它直接关系着实践主体的专业化生存发展。而为了交代清楚本书所探讨的教学实践感的基本内涵,了解教学实践感的基本内容,从整体上把握教学实践感的理论框架,明确研究教学实践感的目的和意义,首先对教学实践感做界说无疑是必要的。心理学研究指出:"人的感受性是在日常生活中和劳动实践中发展起来的。人的工作性质不同,使人的感受性具有很大的差异,并带有一定的职业特点。"[①]据此,探索教师特有的教学实践感必须遵循这样一个思路:要知道什么是教学实践感,必须先确定什么是教学实践和什么是实践感。在明确不同实践感的共同性的基础上,通过探索教师的实践感的独特性表现,就可以大致确定教学实践感是什么了。

第一节 作为实践的教学:教师的生命"示范"活动

在"教学实践"中,"教学"是中心,"实践"作为补充说明旨在规定我们必须把"教学"当作"实践"来理解。之所以要这么强调,一是因为现实中的教学往往由于教师主体地位不同程度地丧失而不成其为实践,二是为了辨明教学作为一种实践与其他人类实践不同的特殊性。换句话说,我们无论

[①] 十二院校《心理学》编写组. 心理学[M]. 哈尔滨:黑龙江教育出版社,1984:43.

在哪儿说"教学是一种实践活动",大致不会有人反对,可现实中教学常常丧失其实践属性,这表明教学的实践这一特殊性还有待厘清。

那么,教学实践究竟有什么特殊之处呢?这实际上是在追问教学的本质。

一、既有"教学"界说评析

不止一种教育学教材中写道:教学是教育的根本途径。然而,"根本途径"只道出教学的地位,并没说明教学究竟是什么。有人认为:"我们承认教与学已是教学论中最基本的概念,可以对其作种种的描述,……但不再在严格逻辑意义下给它下个什么定义了。"[①]但或许是因为确定性追求的社会性本能,作为教育学的基本概念的教学,在世界范围内,对其内涵探讨由来已久,且仍将继续下去。汉语中"教学"一词,由"教"和"学"复合构成。人们对"教学"的代表性理解,借用汉语构词法的术语,可以概括为如下三种:

其一,是偏义式理解,即要么仅从学生、学习者的角度来理解而把教学只等于学,要么仅从教师、教育者的角度来理解而把教学只等于教。前者认为,教学即学习,就是学生在教师的引导下,有计划有目的地积极主动地发展自己,使自己的发展水平逐步达到培养目标要求的行为过程。如陈桂生[②]、洪宝书[③]、郝森林[④]、严成志[⑤]、张武升[⑥]、吴立岗[⑦]等人的共同观点,可概括为"教学是学生……的活动"。后者则主张教学即教,教授,是"教师引起、维持与促进学生学习的所有行为"。如崔允漷、蔡勇强等[⑧]人的观点。崔允漷在《教学理论:课堂教学的原理、策略与研究》中给教学下的规定性定义中表明

[①] 张楚廷. 教学论纲 [M]. 北京:高等教育出版社,2008:23.
[②] 陈桂生. "教育学视界"辨析 [M]. 上海:华东师范大学出版社,1997:144.
[③] 洪宝书. 教学过程本质若干问题之我见 [J]. 教育研究,1984(11).
[④] 郝森林. 教学过程本质的再认识 [J]. 教育研究,1988(9).
[⑤] 严成志. 教学本质的对比研究 [J]. 四川师大学报(社会科学版),1995(4).
[⑥] 张武升. 教学论问题争鸣研究 [M]. 天津:南开大学出版社,1994:20.
[⑦] 吴立岗,夏惠贤. 现代教学论基础 [M]. 南宁:广西教育出版社,2001:14.
[⑧] 蔡勇强,黄清,李建辉. 基础教育学 [M]. 厦门:厦门大学出版社,2006.

了这种观点,并进而规定"教的行为"是教学理论的中心问题。[①]再往前追溯,国民政府1912年公布的《师范学校规程》和1913年公布的《高等师范学校规程》中规定教育学科包含"教授法",应该是这一理解最早的制度化明确。值得重视的是,崔允漷在将教学规定性理解为教师的教授的同时,还指出了教学可以引起、维持和促进学生的学习,并强调:"教的概念是在学的概念的规定性中加上了又一层规定性。"[②]

其二,是联合式理解,即把教学理解为包含"教师的'教'"和"学生的'学'"两方面的所谓"双边活动",认为教学是教师的教与学生的学双边相统一的共同活动。王策三[③]、顾明远[④]、李秉德[⑤]、刘克兰[⑥]、叶澜[⑦]、吴文侃[⑧]、张广君[⑨]以及日本学者佐藤正夫[⑩]、苏联教育学家凯洛夫[⑪]等人,都持这种观点。

其三,即兼语式理解,即把教学理解为"教师教学生学"。第一个明确这种理解的是陶行知。1917年留美归国的著名教育家陶行知经考察发现当时国内学校因"先生只管教,学生只管受教"而沦为"教校",指出"教的法子必须要根据学的法子,……先生的责任不在教,而在教学,教学生学"[⑫],形成"教学即教学生学"的观点。在联合式理解中,虽然持论者都明确教与学不可分离,但其中,有的只是在表面的双边活动上理解教学;有的则不仅认同教学中教与学的共同性或统一性,还特别强调教学中教与学的关系是教师"教"

---

① 施良方,崔允漷. 教学理论:课堂教学的原理、策略与研究[M]. 上海:华东师范大学出版社,1999:11-14.
② 施良方,崔允漷. 教学理论:课堂教学的原理、策略与研究[M]. 上海:华东师范大学出版社,1999:5.
③ 王策三. 教学论稿[M]. 北京:人民教育出版社,1985:88-89.
④ 顾明远. 教育大辞典[Z]. 上海:上海教育出版社,1990:178.
⑤ 李秉德. 教学论[M]. 北京:人民教育出版社,1991:2.
⑥ 刘克兰. 现代教学论[M]. 重庆:西南师范大学出版社,1993:46.
⑦ 叶澜. 新编教育学教程[M]. 上海:华东师范大学出版社,1991:276.
⑧ 吴文侃. 比较教学论[M]. 北京:人民教育出版社,1996:117.
⑨ 张广君. 教学本体论[M]. 兰州:甘肃教育出版社,2002:303.
⑩ 佐藤正夫. 教学原理[M]. 钟启泉,译. 北京:教育科学出版社,2001:39-55.
⑪ 伊·阿·凯洛夫. 教育学[M]. 陈侠,等,译. 北京:人民教育出版社,1950:130.
⑫ 方与严. 陶行知教育论文选辑[M]. 北京:生活·读书·新知三联书店,1947:20.

学生"学"，而非"教师教和学生学"，如李秉德。这后一种又属于兼语式理解。

比较之下就不难发现，三种理解各有合理之处，对人们正确理解教学、正确对待教学有所帮助，但同时也存在明显的不足。兼语式理解不否认教与学二者之间相互依存的关系，还指明了教对学的规范作用。可进一步审视，可以发现，常常有论者在具体论述中一面在区分教与学的基础上肯定教与学的关系，一面却又认同教与学经常是通用的，明显自相矛盾。与此相比较，偏义式理解体现了教学中"学生中心论"和"教师中心论"两种不同观点，虽然都有失偏颇，却较联合式理解，尤其那种停留在表面双边活动而抹杀了教学作为一种实践活动的自觉特征的理解，更值得注意。明末清初思想家王夫之早已指出："教非学，学非教，义之必不可通"，"夫学以学夫所教，而学必非教；教以教人之学，而教必非学。学者，有事之词也；教者，成法之谓也"[①]。教师之教与学生之学不是一回事，也不可互相替代，二者甚至也不是同一事物的两个不同侧面，因为学是教的对象。据此，对"教学"的兼语式理解最为合理。

但是，三种理解中，教师的教本身始终没有得到明确的解释。即便认同了教学过程中教师的教是在"被动的"主动中统一着学生的学，也只是或现象或性质的描述；即便是"规定"或"规范"，"引起、维持、促进"和"传授""指导"，也只是一种功能描述，都只表达了教的意向性，其具体内容究竟是什么，本身也还需要进一步阐明。教学概念的内涵还应该得到进一步的追问，追问的目的是厘清"教学"（教）究竟是一种什么样的活动。在"教学"即"教学生学"这一兼语式理解中，"教"是教，"学"是学，学必非教，教必非学，固然正确，但作为教育的根本途径的实践活动，"教学"这一语言表达已然成为习惯，若再重新启用"教授"或"教"来表达，反而容易引起新的混乱。

有鉴于此，本书中的"教学"，采取偏义式理解，以明确笔者这里要追溯的"教学"，是偏指教师的"教"，因这"教"与学生的"学"不无关系，又

---

① 王夫之. 船山遗书：第5卷[M]. 北京：北京出版社，1999：2395.

同时汲取兼语式理解突出"学"是"教"的目标所在的含义，由此，"教学"还可以直接作动宾式的理解，以强调教的对象是学生的学而非其他。

至此，我们不难发现，学界的既有"教学"界说，还停留在"教"与"学"的外在关系层面上，对于提升教学实践的自觉化程度而言，其局限是显而易见的。要厘清"教学"的概念内涵及其作为人类自觉实践之一的特殊性，还需在初步弄清"教"与"学"的关系的基础上，进一步探明二者各自的内涵及其发展，明确"教学"（教）到底是一种什么样的活动。这里且作一基于汉语词源学的考察尝试。

二、基于汉语词源学考察的"教学"界定

英国教育学者普林指出："任何活动的意义都不是自我显现的。人们从事的任何活动都处在具有统一目标的更广谱系的一组活动之中。""使教学活动能够被人理解的，是一组互相联系的活动和赋予这些活动的价值所组成的更为广阔的图景。""这种活动只有在更大的框架内才显示出它的'教育性'意义。"[①] 其所谓"更为广阔的图景""更大的框架"，概言之即教育文化。钱冠连先生指出："人对于语言须臾不离的依赖状态即人类的基本生存状态之一是：人活在语言中，人不得不活在语言中，人活在程式性语言行为中。正是以这三种样式的基本生存状态，我们如其所为地活着，我们如其所是地是我们自己，尤其是，我们以言说使世界中的一物（实体或虚体）现身的同时，也使自己在世上出场或现身。词语缺失处，无人出场。"[②] 语言是人类栖居的家园，语言及其物化形态即文字，是一个民族的文化化石，中国教育文化自然也与教育概念用语紧密联系。我们对教学概念内涵的追溯，理当放在中国教育文化这一"更为广阔的图景"中来进行。词"是言语，但同时也是思维"[③]。紧紧抓住对教师教学行为的既有表达形式即"教"，沿波讨源，追溯教学概念的原初内涵，也不失为一种权宜之计。"教"字的汉语词源学创造，或许就隐藏着教学本质的线索。

---

① 普林. 教育研究的哲学［M］. 李伟，译. 北京：北京师范大学出版社，2008：27.
② 钱冠连. 语言：人类最后的家园［M］. 北京：商务印书馆，2005：337.
③ 维果茨基. 维果茨基教育论著选［M］. 余震球，译. 北京：人民教育出版社，2004：12.

《说文解字》解释"学"为"觉悟也"。而"学"又作"斅",即领悟占卦,包括占卦活动本身及其结果。这里"教"与"学"各自的主体不同,但面对的是同一对象即占卦活动。在古汉语中,"学"是"学","习"是"习",二者相关而不同。"学"是觉悟,是内在的直观思维;"习"是觉悟的结果外现为模仿性实践,即"效"。人能"学而自化"。学是人的天赋能力,是人作为高级生物所具有高级水平的反映特性超前发展的产物。一般而论,人类最初对任何事物的学习模仿都是自发的,其动力机制是无意识自身中心化的直接生存需要。人是能动的生命存在物,能"使自己的生命活动本身变成自己的意志和意识的对象",这种能动性就是超越生物本能的人的本质力量,它决定人能够意识到自己的学习及其功用,由此促成人的学习需要的产生,进而促使人自觉地寻求学习对象。这使古人以一种源于直接生存需要又超越了直接生存需要的方式——学习主动参与到占卦活动里。当古代打卦操作者即女巫男觋(也就是最早的教师)意识到自己的占卜活动成为学习对象,以及由此而产生的功能后,也开始自觉地扮演起示范角色,从而使其卜筮操作活动成为有意为之的示范,进而有意识地利用占卦活动的示范功能为现实目的服务,并逐渐根据示范效果修正、调整、设计自己的占卦活动,以适合学习需要,或达成其他目的。这时,经由"教"作为"上所施"和"下所效"的对象所起的中介联结,"教"与"学"就自然合一了。这一开始只可能是偶然发生的情况,由于社会化生存的要求而逐渐普遍化,其结果就是自觉的"教"与"学"的广泛迁移,最终形成共同体的"教学"需要,并演化成为共同体生命存在的主要优化方式。"教"的含义也随之发生变化,逐渐由占卦操作活动变成一切自觉示范的代称。"教"也从名词转化为动词,由古人占卦活动的操作行为引申而超越占卦活动,转喻为明确的"示范"的意思。无疑,当"教"突破其原初内容即占卦时,"教的概念是在学的概念的规定性中加上了又一层规定性"[1]。根据人类实际活动一般先于观念产生的规律,一开始时,这种对学(能力)的规范利用是自发性的,其规范也是无意识的,甚至是模糊的。只有当它本身作为一种活动被意识到并对象化时,"教"才开始转化为自觉的实践

---

[1] 施良方,崔允漷. 教学理论:课堂教学的原理、策略与研究[M]. 上海:华东师范大学出版社,1999:5.

活动。与此相应，其对学（能力）的规范也越来越明确，同时这规范又得遵循"学"的规律，只有这样才能得到"教化"的效果。《说文解字》解释"教"为"上所施，下所效也"，没有明确"施"什么和"效"什么，扬弃了"教"的各种实际内容，而只保留了"施""效"的活动形式及二者的关系，从形式逻辑看，这应该是教学认识上的一大飞跃。

《说文解字》解释"教"为"上所施，下所效"，"教"作为"效"的对象，在学生就是一种榜样；作为"施"的行为，在教师就是一种示范。历史告诉我们，当"教"原本的占卦活动的含义逐渐消隐的时候，其"示范"这一作用方式的内涵便被保留下来，只是随着历史发展，行为内容已突破单一的占卦行为而不断更新、发展了，而且这种更新、发展还会继续下去。人类进化发展的历史表明，对人的成长而言，文化环境即经验、知识环境远比自然环境重要得多。人类的教育都是利用传统文化模式来塑造人，即利用已经获得的经验知识思想技能来影响人，助其成长。作为"可教的动物"[①]，人只有通过"教"的养"育"才能成长为人，"教"的功能因此超越了具体的经验、知识、技能层面，而上升到了育人境界。汉语里的"教育"一词，就是从"借教育人"到"立教育人"再到"凭教育人"之思维自觉的成果。语言的存在就是如此鲜明地反映着教育文化的发展。

"教"字的创造、使用历程，最终凸显的是社会性的规范意义。语言先于文字，决定"教"字之创造的生命取向——关注生命存在，指向生命发展。可以说，"教"字的产生不是偶然的，它的创造包含着我们民族祖先生命自觉的多重规定性内涵：第一，以自身的示范有目的地引起学习；第二，对教学内容的择取标准——重要性、中介性，对生命未来发展的创造性；第三，学习的终极对象不是知识本身而是人，是在知识整体上所显示出的人对自我生命发展主动权的掌握方式，是对命运的掌握；第四，对命运掌握方式的学习，并不抽象地、孤立地着眼于掌握方式本身，而是着眼于教师的生命存在——操演占卦的活动中鲜活、生动而放射着生命本体性光辉的生命存在；第五，掌握了掌握命运的方式，只预示掌握了自我发展的某种可能性。

---

① 夸美纽斯. 大教学论 [M]. 傅任敢，译. 北京：教育科学出版社，1999：24.

考察分析表明,"教"作为一种主体性行为,其育人功能的实现,最初依赖于主体自身这个中介,即主体的身体力行,显然,"教"最初只能以主体自身为中介的方式即身教方式实现,即所谓"以身作则"。这时,教师与教的内容是一体存在的,可以说教的内容就是教师生命的自然构成,二者浑然天成,不可分割,未存在相互脱离的现象,这是直接经验知识的生成规律使然。然而,到语言尤其是书面语言即文字产生并日渐成熟以至于成为信息载体(工具)并开始主宰人们的日常生活交流时,情况发生了变化——言教出现,并日渐取代了身教的中心地位。这时,教学内容与教师本人的生命的关系发生了变化,教学内容可能更多是在教师生命之外生成的,对教师和学生都一样,是间接知识——具有了当下所谓"文本"的地位,在形式上与教师生命之间存在着或大或小的距离。这样,教师自己首先必须是学习者,然后才可能成为教师。教学活动也随之发生了根本变化,并面临一系列新问题:教师个人对教学内容的学习结果的理解和认识,在多大程度上可以独立发挥作用?又在多大程度上可成为社会规范性的代表?学生个人对教学内容的认识、理解的独立性在何种程度上可以获得认可?在何种程度上不算违背社会规范?随着语言文本形态的知识独立出来且作为中介的重要性与日俱增,教师与学生的关系也更趋复杂化:在身教阶段,学生与教师之间是生命与生命的关系;在言教阶段却变化成了(教师)生命——(语言)知识——(学生)生命的关系。

身教是人类最早的最基本的育人方式,明末清初思想家王夫之视之为教育根本,是所谓"立教有本,躬行为起化之原"[1]。身教是教师生命完整的现实的感性存在,具有不可替代的亲和力,如清代梁章钜所谓"言教不如身教之易于感人"[2]。言教的出现,并不会消灭或取代身教,而会推动身教的发展,使身教的内容更加丰富,在生命自然的经验性直接知识之外,增加了以语言载体为表征的间接知识,从而使身教不只直接表现自我生命,还要间接表现类生命,和表达自己对社会规范的生命态度、体验和立场乃至实践行动。在社

---

[1] 王夫之. 船山遗书: 第4卷 [M]. 北京: 北京出版社, 1999: 2152.
[2] 李燕杰, 郭海燕. 教师论赞 [M]. 北京: 北京理工大学出版社, 1995: 16.

会性面前，教师和学生个人的主观意志都处于遵从地位，教师的教本身要表现出对社会性的体认与践行，才可能对学生产生实在的影响。这很容易被误解，并因误解把身教与言教对立起来。言教与身教在现实中有所分离，弄清二者的关系有助于深化对教学本质的认识。近代以来由于教学技术现代化发展，产生了种种先进教具如多媒体等，但正如言教出现并不会消灭或取代身教而只会推动身教的发展一样，现代化乃至自动化程度再高的教具不会也不可能取代身教、言教，而只会推进身教、言教的进一步丰富和发展。因而，"教"实际上可以概括为一种以教师自身既有知识经验及其意义环境为中介，对学生作为人的学习能力加以规范性利用的实践活动，用作名词；同时因其功能性常被抽象而分化出来而超越它独立地发挥作用，它又兼有功能概念，活用作动词。要言之，以教师自身为中介，或者以活在其语言中的教师自身为中介，都昭示我们，"教"的行为本质即示范，任何具体教的行为在根本上都是以示范的方式起作用的。示范就构成了"教"的社会性内核。"教"的这种社会性本质一经产生，就独立于个体的人而存在，并对个体的人有约束作用。教师专业化就是这种独立性在新的历史情境中的新发展、新表现。对于每一个教师，和每一个有志于做教师的人，教的这种优先性都是无法否认也无法回避的。正如德国教育家第斯多惠所指出的："国家设立学校是为了进行教学，而不是为了教师本人的缘故。谁渴望得到教师的职务，谁就得首先把自己看成是达到追求这一职务的手段，就要达到一定的受教育程度。……只有这样的人才能被录用为教师。"[1]直面教师专业化发展的时代要求，任何人要做教师，要做一个优秀教师，就得清楚并遵从教学行为的示范性本质规定。

总之，教学作为一种以育人为本职的实践，就是一定社会历史文化情境中的教师，根据时代发展的育人要求和规定，基于自我与社会关系的主观认识理解和现实社会的支持，遵循并利用人的天赋学习能力及其发展规律，通过呈现与自然、与社会和与自我三重关系中的自我个体生命，示范性地激发、引导、促进学生的主体性学习，助其成长为人的实践活动。身教和言教是其最基本的两种方式，并可以有无限的、多样的变体。

---

[1] 第斯多惠. 德国教师培养指南 [M]. 袁一安，译. 北京：人民教育出版社，2001：27.

三、教学作为一种实践的特殊性

实践活动的独特性直接关系到它的专业化发展，从而决定其从事者所获得的实践感的专业性。在社会分工高度发达、高度精细化的今天，在人类种种职业实践活动中，教学活动是教育的根本途径，也因教育要求的特殊性而显得极其特殊。基于对教学实践的认识，我们可以从以下几个方面来认识它的特殊性：

（一）教学活动有其特殊的实践主体、实践对象、实践中介、操作方式和实践目的。

1. 教学实践的主体是教师。教师作为教学的主体具有两种相互联系的内涵。一是教师作为人成为教学实践活动的主体，在根本上，教学活动是教师作为人的实践活动，而不是教学这个"主体"的"活动"，也不是对非人对象的"作用"或活动，而是人以理想自我为目的、以现实自我为对象的探索自我、改造自我、建构自我、发展自我的实践活动。只有从自我出发并为自我而进行的自我决断的活动，才能称得上是主体的主体性活动。二是作为教学实践主体的教师之所以为教师，是因其作为人具有教学能力，即一种凭借自我个体生命的呈现来示范性地激发、引导、促进学生学习，助其成长为人的能力。人是教学实践活动的对象与目的所在。不同于物质生产实践活动，教学实践活动是直接着眼于人（学生）的发展和改造，是从人出发的，最终还是为了人，"教师教学生学"就是育人，即"人是教育的对象"，"人是教育的目的"，即人以自我为对象，主动对自己进行改造，实现自我价值。作为教育的根本途径，教学的本性实际上是人的本性在教学这种特殊的实践活动中的反映，这种对人的本性的反映必须也只能通过教师个人来完成。而从事教学活动的教师应该是教学实践主体，但由于政策或个人原因，并非所有教师都是真正意义上的教学实践主体。只有真正自觉自主的、把自己的全部生命当作教学中介的教师，才能始终保持其实践主体的地位。

2. 教学实践的对象，通常用"学生"这个词来表达，从抽象的人类层面来看，是人类自身；从具体的个人层面来讲，则是现实的感性地生活着的个人。而学生作为教学实践的对象又有两层意蕴：第一，在施教育人的层面，学生作为人就是教学实践的终极对象；第二，在实践活动区别于实践结果的层面，学生的学习才是教学实践的直接对象。之所以要做这种具体实践对象的层次性分析，是因为人类以自身为对象的实践活动很多，除教育外还有医疗、法律等。一个人在社会生活中可能是学生，也可能是病人，或者诉讼对象，等等。很显然，教育、医疗和法律这些不同的实践活动的对象，在具体的个人身上必然体现在不同方面。医生的医疗针对的是人所患的疾病，法律针对的是人的权利，教学针对的是人的学习。正因如此，各种不同的实践活动往往根据其对象的特殊性来命名进入其范围的人。"学生"这一称谓，表明教师的教学实践对象的特殊性在于学生作为人的学习。为便于理解学生作为教学实践对象的这种特殊性，且对"学生"做一番词源学的溯源探本。

"学生"这个词由"学"和"生"两个单音词合成。"学"的本义是对占卜操作有所领悟，引申后表达对一切新的重要事物领会于心，常用"效"即"爻"这一占卜工具来解释为"模仿"，而"模仿"实为"心有所悟，身遂随形"的举动，即"习"，"学习"一词也由此生成。"生"的本义是草木初生，借以形象地表达生长之意，后派生出"生育""生存""活"（与死相对）、"养生"以及"天生""新鲜""生疏"等多种意思。"学"和"生"的联结，首见于《庄子·达生》，"田开之见周威公，威公曰：'吾闻祝肾学生，吾子与祝肾游，亦何闻焉？'"唐代陆德明释文引用司马彪的话说："学养生之道也。"这里的"学生"是指"学习养生"，属动宾结构。而作为教师教的服务对象的"学生"，从词法上来看，通常认为是偏正结构，由此，今天对"学生"的理解，最普遍的便是"学习者""学习的人"。追究起来，这种理解以"生"为"人"，由草木初生到初生草木再到以草木比喻初生之人乃至新手，是无可非议的。但笔者以为，"生"的原义重"生长"而非重"草木"，"草木"只是符号，人和草木之间可资类比的，当在"生长"。因此，"学生"一词，直接讲来应有"学而生"的意思；再扩大些，可以将"为生而学""凭学而生""求学以生""正学以生"等意思包含在内；引申开来，就可指正在"求学以生"的人。正是在这个意义上，"学会生存"作为现代学习目标又分化为学知识、学做事、学协同生活和学做人四个方面。前面说过，教的产生是以学为前提的，教是对人的学习禀赋的自觉利用，更是对学的一种规定，这种规定就是"正学以生"，就是凭教正学以助人生长，也即育人。教决定学的方向，是学的条件，但教必须尊重和遵循学的规律和实际。"教学"之所以能"育人"，是因为"真正的教育是自我教育"，自我教育是教育的制高点，任何外在的教育力量和因素，只有通过学生的学习内化为学生的自觉需要才可能真正奏效，任何教育过程在本质上都是客观因素向主观因素转化的过程。任何人要想成为真正的教师，必须首先研究学生，把研究学生作为自己教师专业成长和发展的起点。既把学生作为教学实践的对象来研究，又把学生作为富于主体性的人来研究，就有可能全面把握学生这一特殊对象，从而也就可能在遵循其特殊性的规定下感知教学的专业性，洞悉自我作为教师的专业化成长方向。

确定某一对象的特殊性，角度不同、目的不同，结果就会不同。在教育范围内，与教师同为人的学生，作为教学活动的实践对象，其特殊性主要表现在三个方面：

首先，学生是在学习中发展着的人。与其他动物相比，人是未完成性的，不仅在生命机体发育上未完成，而且在意识发展上也是未完成的。正是这种未完成性，注定人必须通过自我发展以确保自身在自然界激烈的竞争中能够生存。也是这种未完成性，赋予了人超过其他动物若干倍的学习能力，从而使人获得了发展的可能性。人因此能通过自己的学习获得发展。发展是一个不断取得进步的过程，发展的过程总是与克服原有的缺陷与不足联系在一起的。没有缺陷和不足，没有矛盾，便没有发展的动力和方向。因而，在现实中，学生作为发展中的人，存在种种不完善是极其正常的，如果期望学生十全十美，那反倒不正常了。因为学生是发展中的人，所以发现错误，纠正错误，发现问题，解决问题，也是学生获得进步所必不可少的环节。如果说学生学习是"困而学之""学而知之"，那么教师就得把学生在学习中表现出来的种种问题作为财富，引导学生正视它们，帮助学生把它们转化为学习的动力，引导学生自己走向人性完善。

其次，学生主要通过自己的学习活动来确证自己作为人的本质力量，从而确证自己是人。人的一生，就是人的本质的丰富性、人作为主体的感性的丰富性客观地展开的过程。学习在学生的生命存在中只是一种人类特化发展的认知活动,但是,学习虽然"只是学生全部精神生活的一部分"[①],但所占比重大,学生年龄越小所占比重越大,这使得学生在某种程度上只能依赖自己的学习活动来确认自我。如苏霍姆林斯基很欣赏其笔下两个学生在这一点上的高度自觉。18岁的女生微拉说:"我决心把法语学好,以便能够读雨果的原著。我想做到这一点,首先是要证明:我是一个真正的人。"中学毕业当了挤奶员后又考上大学某文科系的安娜认为自己"并不是想离开牛奶场",而是确信"知识多了才会觉得自己是个真正的人"[②]。尽管学生在学习过程中必定会表现出种种问题和不足,但他们取得的每一点滴成绩,甚至对自己的问题和不足的发现之豁然开朗,都会带给他们找到自我的喜悦,获得自我的幸福体验,这种喜悦和幸福中的成就感,又会化作他们继续学习继续发展自我的强大动力。

最后,学生是作为整体的个人在自主学习和发展的。这一点很容易被忽视。无论中医"整体辨证施治"强调"机体自身整体性及人与自然和内外环境的统一性"的整体观念,[③]还是西方心理学尤其西方医学驳斥"将身体和精神,以及作为主体的人与作为客体的世界分离开来"的笛卡儿式认识,"把人这个特殊的研究对象从孤立的物质领域或者说'客观'领域中重新整合到人类存在的整体领域中去"以"让医学家们领会人类真正尊严"[④]的主张都表明:整体性是人的根本特性之一。西方有句古老的格言说:"文明在每个孩子身上复生。"还有人把孩子的成长过程看作人类历史的浓缩。马克思主义哲学研究更明确指出:"要整体地理解人,首先要把人理解为自然存在物、社会存在物和精神存在物的统一体。……'人直接地是自然存在物','是有意识的存在物',……人的本质是'一切社会关系的总和'。""人是历史的人,应从人的

---

① 瓦·阿·苏霍姆林斯基. 智育思想与《论智育》选读[M]. 北京:中国环境科学出版社,2006:18.
② 瓦·阿·苏霍姆林斯基. 智育思想与《论智育》选读[M]. 北京:中国环境科学出版社,2006:11.
③ 柴可夫. 中医基础理论[M]. 2版. 北京:人民卫生出版社,2007:6.
④ 孙平,郭本禹. 从精神分析到存在分析:鲍斯研究[M]. 福州:福建教育出版社,2011:348-349.

历史性方面来理解人。"①这些都表明，孩子首先是作为整体的个人存在的，并因其人性的完整而成为人类自身整体的一种象征。作为整体的人，学习的禀赋就会自然而然地推动学生展开自主学习。新课程反对旧教育对人性认识的片面性，要求我们放弃主宰自然、社会的欲求，贯彻自然、社会与自我有机统一的原则，致力于人的自然性、社会性和自主性的和谐、健康的持续发展，实现整体的人的发展目标，以培养人格完整的人。而这一特殊性提示我们，培养学生作为人的整体性是教育分内之事，仅以知识、技能为目的的学习是片面的，仅以成才为目标的教育是片面的，我们必须关注学生作为"整体的人"的发展，将知识学习、技能训练与人才开发有机地统一到人性的完善上来，服务于学生作为人的本质的、主体的、人的感性丰富性发展。

3．教学实践赖以进行的特殊中介就是教师自身。在生产实践等人类实践活动中，人运用自己创造出来的工具、手段和方法去认识和改造对象世界，以追求应然的理想状态。与此不同，教学虽然以教材、教具、多媒体等现代技术手段为中介，但在根本上，如果这些中介不能与教师自身达成某种一致，而且作为教师自身的一部分生动地表现出来，就不称其为教学中介。因为对于学生而言，他们学习的不是知识和技能本身，而是教师自我生命中的知识和技能。知识和技能本身只是外在事物，甚至只表现为抽象的符号形式，本身并不显示任何生命特征。只有当学生在知识、技能生命化的过程中发现，并感觉、体验到它们的生命意义的时候，它们才会成为学习的对象。知识、技能的生命化过程，就是教师的教学实践过程，就是教师以自身生命为中介活化知识、技能的过程。同时，学习只能由学生自我自主地进行，教师的教只能以"示范"的方式作用于学生，"身教"大于"言教"。这就是王夫之所谓的"躬行为起化之原"。

4．教学实践的直接目的是要激发学生的学习禀赋，帮助学生充实自我、自我完善、自我成长，最终目的是育人。当然，这里指的是培育整体的人、人性完整的人，而不只是人的某一方面。人类自我建构的理想使人类关注学生，由此生成了"育人"活动，并发展、甄选出了"教"作为根本手段。于

---

① 刘远传. 社会本体论［M］. 武汉：武汉大学出版社，1999：213，214.

是，任何具体的教育过程就体现为这样一种关系过程，即"育"规定着教师的"教"，"教"规定着学生的"学"，"学"促进着学生成长为人的发展。

5. 教学有着特殊的实践方式，即有机性的实践方式。所谓有机性的实践方式，在此指"做人"方面，即在基于自然血缘关系或拟血缘关系的共同体交往中，人的活动一般并不改变对象本身，而只是顺应对象的存在规律，从外部予以照料、改善。[①] 按王南湜先生的说法，这种实践方式是与自然经济相应存在的。但教育是个例外，不管自然经济时代，还是市场经济时代，教育都必须而且只能采用这种有机性的实践方式。学习总是学生自己的学习，任何人都不能替代，同学不能替代，教师也无法替代。这一学习的自主性规律，决定了教育只能顺应学生的现实性生命存在而开展，教师只能根据学生的年龄、心理特征、既有知识结构水平以及学生主观的学习追求等方面的实际状况，实施相应的课堂教学。这也是中国古代教育思想中"因材施教"原则本身就有的一种内涵。

此外，教学实践活动的成效不是靠物质产品，而是靠实践对象即学生在教学前后的变化来体现。这种体现是多层次的，最浅层的是知识记忆和技能的形式模仿及其量的增长，其次是知识理解和技能要领掌握，再其次是知识和技能的基本运用，最深层次的是学生经过教师的教学培育成为有效的学习者。成为有效的学习者，意味着学生学会了学习，成为新知识、新技能的自觉的、主动的探索者，自觉把学习当成作探索世界、探寻自我、改造自我、建构自我、发展自我的生命行动来付诸实践。

（二）与教学的特殊对象、中介、目的及其有机性实践方式相应，教学还是一种自身构成目的的实践活动。

亚里士多德将人类活动划分为三种，除了其对象为"出于必然而无条件存在的东西"即"必然的""永恒的东西"之理论活动，还包括以"可变事物为对象"的创制（或制作）和实践。创制主要指生产技艺，特别是物质生活资料的生产活动，其目的在活动之外，即创制活动总要生产出某种产品，其目的在产品的好。与此不同，实践主要指伦理与政治行为，是一种自身构成

[①] 王南湜. 追寻哲学的精神——走向实践哲学之路 [M]. 北京：北京师范大学出版社，2006：384.

目的的活动，即实践活动无须产生自身之外的任何产品，实践活动自身就构成其产品，其目的只在自身的好。①马克思哲学从现实的个体的人出发，扩大了实践概念的内涵，区分了生产性实践和服务性实践。教学作为一种服务性实践，既符合亚里士多德关于实践活动的特征规定，又是一种目的上非伦理性、非政治性的活动。②这种情况在人类所有实践活动中，不能不说是一个特例。

（三）教学不是人类学习的唯一法门，但却是教师自我确证其作为人的本质的唯一中介。

人的高度发达的自我意识，决定了人有确证自己是人的需要。人是通过"有意识的活动"把自己和动物区别开来的。易中天指出，这"区别"也就是"确证"，有两个途径，要么"创造一个对象，并在这个对象上或通过这个创造的过程证明自己是人，……为自我确证"，要么"通过和他人的关系，在他人那里确证自己是人，……为相互确证"，"你是不是确确实实证明了自己是人，靠什么来证明？靠你的确证感。这个确证感很简单地说就是表现在我们学习、工作和劳动中的那种快感"。"几乎所有的劳动者、创造者，他都要出示、展览、炫耀自己的作品和产品。……为什么？因为人的确证需要证据"③。教师作为人的教学活动，既是教师的创造成果，也是一种活动过程，这种创造过程产生的东西，是教育服务，即"证据"，服务的对象是学生，教师既要通过自身教学活动实现自我确证，也要通过与学生的特殊交往关系实现相互确证。这是因为，没有教师的"教"，学生仍然可以"学"；而没有学生及其学习问题需要帮助解决，教师的"教"就失去了存在的必要性。一个教师开展教学活动，只要学生听了有收获，获得了启发，或者听出了问题、毛病，那么对他来说就是实现了自我确证。与此相应，一个人从事教学活动几十年，退休后无课可上、无作业批改、无学生可指导，也没有成绩可供领导或同事

---

① 徐长福. 走向实践智慧——探寻实践哲学的新进路［M］. 北京：北京师范大学出版社，2008：90-96.

② 自然，任何社会任何时代的教学，作为教育的根本途径，本身必然渗透着特定社会伦理规范，也必然受到当时的政治力量的影响和制约。但这种渗透、影响、规范并不能使教学活动转变成为伦理活动、政治活动。

③ 杨永富，桂平. 世纪大讲堂：第5辑：凤凰卫视强档栏目［M］. 沈阳：辽宁人民出版社，2003：137，139.

欣赏，于是就感觉很无聊、没意思，这从另一个方面证明，教师作为人，不能没有"确证感"。因此，一个人一旦选择从事教师职业，教学活动就成为其现实的生存方式，并作为其现实生命存在的本质的表现，成为其以教师身份确证自己作为人的"类本质"的唯一中介。

总之，教学作为教育的根本途径，目的在于化育人才，是所谓"有教而无化，无以格顽；有化而无教，无以格愚"[①]。但其目的是否能实现，却取决于学生是否能"学而自化"，学生是否能学而自化又取决于教师之教是否能"以神相感"。身教之所以亲于言教，言教之所以不如身教易于感人，就在于身教鲜活生动地显出教师作为人的精神。精神，科学地说，就是人的意识、思维活动以及心理状态，泛化开来，可指人的灵魂所在、事物的精微所在；直观地讲，就是精力体气、人格气质、精神面貌、风采神韵。北宋思想家李觏说："善之本在教，教之本在师。"[②] 其所谓"本"，归根结底就是教师作为完整的人的精神。教学是以教师的身教为最基本方式来培育学生成为人的人类实践活动，在主体、中介和对象上都有自己的特殊性，这种特殊性集中体现为教师自身完整生命是教学不可或缺的中介。一句话，教学作为人的一种实践活动，就是教师"以神相感"的生命"示范"活动。

第二节 实践感：掌握世界之感觉方式的实践性深化和具体化

我们要探究的教学实践感，只是教学这一种特殊的人类实践塑造给作为人的教师的实践感觉。不同实践活动带给人们不同的实践感觉。不同的实践感之间应该有共性。想要深入理解教师的教学实践感，得先认识作为感觉实践性发展结果的"实践感"。

---

① 魏源. 魏源集（上）[M]. 北京：中华书局，1976：69.
② 李觏. 李觏集[M]. 北京：中华书局，2011：237.

一、感觉是人类掌握世界的最基本实践形式

实践感的"感",简单说就是感觉,一种给人"片面"印象但确实是"整体"地把握世界的方式。马克思1857年在《〈政治经济学批判〉导言》中写道:"整体,当它在头脑中作为思维整体而出现时,是思维着的头脑的产物,这个头脑用它所专有的方式掌握世界,而这种方式是不同于对世界的艺术精神的、宗教精神的、实践精神的掌握的。"[①] 由此提出了掌握世界方式的问题。掌握,现代汉语词典解释为"熟知并能运用"。在我看来,熟知才是掌握的本义,也就是说,掌握主要是指对于对象在观念上的熟知。至于运用,则是基于熟知的进一步实践。据此,人类掌握世界的方式,首先是指人类熟知世界的方式。有人指出:"考察掌握世界的方式,核心问题是探讨人类的心灵能力以及它与文化世界的关系。""人类掌握世界的基本方式植根于人类心灵的基本能力,在一定意义上可以看成是心灵能力的外化。"[②] 人的心灵能力不外乎感性和理性两种认识能力。感性能力和理性能力的产生和发展均源于人的心灵意志。意志是人和其他动物所共有的,以保存自我为基本内容,并包含着以保存自我为基础而发展起来的各种不同水平的目的。意志的原始表现形式是本能的自发性,它构成心灵能力产生和发展的原动力,同时也是人身体(感官)运动的内在驱动力和指挥。其中,感性认识是基础,其基本形式就是感官感觉。前面已指出,普通心理学一般把"感觉"解释为"人脑对事物的个别属性的认识"[③]。实际上,"个别属性"是事物作为整体的"个别属性",但并不是人脑直接形成这种"整体性"认识,而是人脑对人的感官对外界刺激的反应信息进行加工而形成的。"人的感觉是人反映现实的最初因素,是一切知识的源泉,是人的认识锁链(系列)的开端。"[④] "任何一个对象对我的意义(它只是对那

---

① 中共中央马克思恩格斯列宁斯大林著作编译局.马克思恩格斯全集:第42卷[M].北京:人民出版社,1995:19.
② 胡家祥.文艺的心理阐释[M].武汉:武汉大学出版社,2005:26,30.
③ 彭聃龄.普通心理学(修订版)[M].北京:北京师范大学出版社,2004:78.
④ 文艺论丛:第16辑[M].上海:上海文艺出版社,1982:202.

个与它相适应的感觉说来才有意义)都以我的感觉所及的程度为限。"[1]马克思还指出:"只要人对自然界的感觉,自然界的人的感觉,因而也是人的自然感觉还没有被人本身的劳动创造出来,那么,感觉和精神之间的抽象的敌对就是必然的。"[2]这就是说,"人对自然界的感觉,自然界的人的感觉,因而也是人的自然感觉"一旦"被人本身的劳动创造出来","感觉和精神之间的抽象的敌对"就可以消除,感觉和精神之间就可能实现具体的转化或统一。而人创造其自然感觉的过程,就是作为人的自发性的能动的实践之感觉过程本身。[3]人的"感觉通过自己的实践直接变成了理论家"[4]。感觉所指向的,并不是对象的纯粹自在的属性,而是对象所蕴涵或体现的人的情感内容和生命活动。人"不仅通过思维,而且以全部感觉在对象中肯定自己"[5],确立自己、确证自己。可以说,在起源意义上,人和其他动物一样,在外部世界面前是被动的,在这种被动中,人以自身感官的感觉作为对外界刺激的最初整体反应。

人对世界的掌握,首先是熟知,其次才是在熟知基础上的实践,实践只是一种对熟知是否真知的检验。感觉作为人类感性认识的基本形式,本身是精神性的,其发展自然只能在感觉实践的过程中实现。感觉总是发生在人(的感官)与感觉对象相互作用的过程中,离开了相互作用的感觉活动,就谈不上感觉,感觉具有即身即物的直接性特征,"是意识和外部世界的直接联系,是外部刺激力向意识事实的转化"[6]。在马克思所说四种掌握世界的方式中,实践-精神的方式如果有不止一种具体形态,那么,感觉实践无疑是最原始也

---

[1] 中共中央马克思恩格斯列宁斯大林著作编译局.马克思恩格斯全集:第42卷[M].北京:人民出版社,1979:126.

[2] 中共中央马克思恩格斯列宁斯大林著作编译局.马克思恩格斯全集:第42卷[M].北京:人民出版社,1979:139.

[3] 中共中央马克思恩格斯列宁斯大林著作编译局.马克思恩格斯全集:第42卷[M].北京:人民出版社,1979:139,127.

[4] 中共中央马克思恩格斯列宁斯大林著作编译局.马克思恩格斯全集:第42卷[M].北京:人民出版社,1979:124.

[5] 中共中央马克思恩格斯列宁斯大林著作编译局.马克思恩格斯全集:第42卷[M].北京:人民出版社,1979:125.

[6] 中共中央马克思恩格斯列宁斯大林著作编译局.唯物主义与经验批判主义[M].北京:人民出版社,1960:37.

最典型的那一种。换句话说，感觉是人类掌握世界的最基本的实践形式。

二、实践感是感觉发展的最高级形态

由于意志的驱动，人的感性认识能力不断发展，并在发展过程中为理性所渗透，最终发生质的飞跃，成为理性认识。这种发展实际上就是感觉的发展。感觉发展会形成感觉的高级形态，如知觉、表象等，其最高级形态是实践感。

（一）重新认识感觉的发展

首先，在理性上，感觉的发展常常被忽视。这种忽视与人们对感觉的观念认识有关。如前所述，人对世界的掌握实质上是熟知，感觉具有即身即物的直接性特征。这一特征是感觉作为人掌握世界方式中的实践精神方式在其质变为理性认识之前的任何高级阶段都具有的。即使在理性认识阶段，感觉也始终在场，只不过被理性扬弃于自身之内。由于即身即物的直接性特征，一般情况下，人们会承认感觉"提供了内外环境的信息"，"保证了机体与环境的信息平衡"，"是一切较高级、较复杂的心理现象的基础，是人的全部心理现象的基础"，"人的知觉、记忆、思维等复杂的认识活动，必须借助于感觉提供的原始资料"，"它在人的生活和工作中有重要的意义"[1]，因为"除了经过感觉，我们既不能知道任何物质的形态，也不能知道任何运动的形态"[2]。同样由于这一特征，人们常常误以为感觉只是人的感官的感觉，并不知不觉地在观念中把感官与人割裂开来，形成感觉属于感官而不是属于人的看法，并引出了知觉、表象等与感觉密切相关的术语。尽管在历史上"许多人没有区分感觉与知觉的不同含义，他们常常……把两者作为含义相同的词汇来使用"[3]，但如今绝大多数心理学论著对感觉和知觉有明确区分。就二者作为结果来看，"感觉和知觉都是当前事物在脑中的反映，其差别在于：感觉是对外界事物的个别属性（如颜色、气味、温度等）的反映，知觉是对事物的各种

---

[1] 彭聃龄. 普通心理学（修订版）[M]. 北京：北京师范大学出版社，2004：78-79.
[2] 列宁. 唯物主义与经验批判主义[M]. 曹葆华，译. 北京：人民出版社，1956：309.
[3] 李伯聪. 选择与建构：大脑和认知之谜的哲学反思[M]. 北京：科学出版社，2008：26.

属性、各个部分及其相互关系的综合的、整体的反映"[1];就二者的关系来看,"人的知觉、记忆、思维等复杂的认识活动,必须借助于感觉提供的原始资料","离开了事物对感官的直接作用,既没有感觉,也没有知觉","知觉以感觉为基础,但它不是个别感觉信息的简单总和。知觉是按一定方式来整合个别的感觉信息,形成一定的结构,并根据个体的经验来解释由感觉提供的信息。它比个别感觉的简单相加要复杂得多"[2]。诚然,用知觉、表象等术语表达感觉发展的高级形态,有利于实现对感觉的科学考察。但这样区分,会形成一些不可避免的遮蔽,一方面使人把感觉看成是纯粹感官的刺激反应的印象,而遮蔽了感觉的真相,即任何感官都是具体的人的感官,离开了人,感官就空有形式而不再成其为感官。感官有选择刺激的功能,是人的身体应对环境多样刺激的工具性特化发展的结果——任何工具的功能都是有限的,感官的感性力也不例外——感觉虽由感官获得,却同样不为感官所有而只能是具体的人的感觉;另一方面使人把感官多样性及其每一感官刺激反应或操作反应的单元性孤立地看待并迁移到感觉上,把感觉行为及其内容(结果)孤立起来对待,进而把个别性认为是感觉认识的不变的本性,而忽略了感觉作为具体的人的感觉,因人能记忆并且记忆具有连续性,连续性累积的成果经过选择性发展,就形成对事物属性的整体认识、系统性认识。知觉、表象是感觉的高级形态,只是高水平的感觉而已,是感觉发展的结果。虽然知觉、表象等术语的使用常常遮蔽了感觉发展的真相,但同时也让我们认识到,感觉发展还形成了较知觉、表象更高级的形态,就是实践感。

其次,感觉的发展是一种对象性、实践性的发展。马克思曾指出,人作为一种实践性的存在者,在本质上是一切社会关系的总和。如前所述,感觉本身作为人本原性的实践行为方式,是人类掌握世界的最基本的实践形式,其发展与人类实践活动的发展是一体的。人的感觉是人本身创造出来的,是人通过作为人的自发性的能动的感觉实践活动创造出来的。这一创造过程本身就是感觉过程,感觉的发展是在感觉过程中实现的。心理学研究成果告诉

---

[1] 曹日昌. 普通心理学:上册 [M]. 北京:人民教育出版社,1980:147.

[2] 彭聃龄. 普通心理学 [M]. 北京:北京师范大学出版社,2004:170.

我们，感觉和感觉过程［即物理（或化学）阶段、神经生理阶段、感觉心理阶段］"在本质上是被动性和主动性的统一、发现性和创造性的统一、选择与建构的统一"[1]。这就是说，没有感觉的实践就没有感觉的发展。感觉的发展直接受到感觉实践对象的属性特征的"规范"和制约。联系马克思主义哲学关于感觉产生的对象化理论，即"只有音乐才能激起人的音乐感"，"人的感觉、感觉的人性，都只是由于它的对象的存在，由于人化的自然界，才产生出来的"[2]，我们可以看到，每一种实践活动既依靠从事该实践活动的人的感觉，又对人们感觉的发展起着塑造作用，因其不同的实践对象而赋予人们的感觉以不同的现实特征。这一点突出表现为：在各种实践活动的发展越来越专业化的分工社会里，从事不同职业的人，就因其职业实践的专业性而在其感觉（感觉体系）的发展上与从事其他职业的人有差别。医生、建筑工人、教师等莫不如此。而且，即便是同一职业内部，也因个体差异而有差异，如中医和西医。出于实践对象的特殊性，不同行业的实践活动赋予其从业者作为人的感觉发展以不同的实践性特征，形成不同的实践感。在这个意义上，我们可以说，实践感在根本上是一种对象感。

再次，感觉的发展是自然感觉的一种社会历史性发展。在人的感觉、记忆、注意、思维、想象、情感、意志、语言等生命单元中间，"感觉的发展实质上领先于更高一级智能的提高"[3]。这种"领先"源于自然感官感觉的先天性，因自然感觉的后天社会化发展而得以巩固。因此，感觉的发展就以自然感官感觉，和以自然感官感觉为基础发展起来的各级感官感觉的多重融合、互渗、交叉或是遮蔽、替代为其基本方式。感官感觉的这种融合、互渗、交叉或是遮蔽、替代，总是发生在一定社会历史中的人身上。因此，感觉总是在历史中展开着的感觉，如果离开了社会历史也就不可能完整地认识主体感觉。社会历史中的人不只有生理感官感觉，还有社会感官感觉。人类感觉的发展缘于意志的驱动，是以自我保存为中心为基础的发展。人的感觉发展，不是感

---

[1] 李伯聪. 选择与建构：大脑和认知之谜的哲学反思［M］. 北京：科学出版社，2008：29-41.
[2] 中共中央马克思恩格斯列宁斯大林著作编译局. 马克思恩格斯全集：第42卷［M］. 北京：人民出版社，1979：126，128.
[3] 蒙台梭利. 发现孩子［M］. 刘亚莉，邱宏，译. 天津：天津社会科学院出版社，2010：92.

官的感觉发展，但通过感官的发展体现出来。任何具体的感官感觉，如视觉、触觉、听觉往往不是独立地发挥作用，而是在人脑或者说心灵的统帅下与其他感官感觉协同发挥作用的。这表明，人的感觉发展是超越人的具体感官的发展的，感觉发展过程就是人的各种感觉之间发生的交叉、融合和替代，以及感觉与精神、观念的相互渗透与融合[1]的过程。这种对具体生理感官的超越，体现为人对社会感官的创造。马克思在阐明"人的一切感觉和特性的彻底解放"时指出："除了这些直接的器官以外，还以社会的形式形成社会的器官。例如，直接同别人交往的活动等，成了我的生命表现的器官和对人的生命的一种占有方式。"[2]这启示我们，绝不能停留在自然禀赋的生命机体感官水平上来讨论人的感觉及其发展问题，只有站到人的本质即真正的社会关系的高度，才有可能认识到感觉的真相，因为"五官感觉的形成是以往全部世界历史的产物"[3]。

最后，感觉的发展还是一种理性化发展。人的感觉有自然感觉和社会感觉之分，但在整体上，只有作为一种主体性感觉的社会感觉才是人之为人的标志，换个说法，即"作为人的本质的感性是一种主体感性"[4]。"主体性由社会性和理性两个因素组成，并以感性（主要指自然感性）为其存在的基础，而感性又通过主体性的形式表现自己。主体感性就是以感性活动为中介的自然感性、社会感性和理性化感性三者的统一。这样的主体感性就是现实的人的存在展开状态，人的本质亦显现于其中。主体感性的完善程度和实现程度标志着个人的全面发展程度。"[5]人的主体感性的基本形式就是主体性感觉，就是人的社会感觉。前面刚说过，感觉的发展是自然感觉的社会化发展。在社会性构成中理性是核心要素。"理性也只是我们灵魂中的一种神奇而不可理解的本能，……这种本能诚然是由过去的观察和经验发生的；但是，任何人都

---

[1] 文艺论丛：第16辑[M].上海：上海文艺出版社，1982：202.

[2] 中共中央马克思恩格斯列宁斯大林著作编译局.马克思恩格斯全集：第42卷[M].北京：人民出版社，1979：132.

[3] 中共中央马克思恩格斯列宁斯大林著作编译局.马克思恩格斯全集：第42卷[M].北京：人民出版社，1979：126.

[4] 周春生.感性的荒野——寻找人的存在根基[M].上海：学林出版社，1995：23.

[5] 周春生.感性的荒野——寻找人的存在根基[M].上海：学林出版社，1995：3.

无法举出最后的理由,来说明为什么过去的经验和观察产生那样一个结果。"[1]虽然"人身上的一切都是感觉;因此肉体的感受性乃是人的需要、感情、社会性、观念、判断、意志、行动的原则"[2],虽然在具体实践情境中"理性是完全没有主动力的,永远不能阻止或产生任何行为或感情"[3],虽然"如果人类的保存仅仅依赖于人们的推理,则人类也许久已不复存在"[4],但亚里士多德早就昭示我们,"认识不可能是孤立的感官感知或孤立的抽象思维,认识的发展过程始终是在理性与感性的相互作用中进行的"[5]。国内学者也早已指出,既有的"认识的真理性成果还向认识系统过程的感觉阶段转化,人们的感觉活动决不是感官对客体事物的机械反射,感官的感觉能力也不是天生具有的、一成不变的东西。人类的感觉能力因凝聚了越来越多的真理性成果而不断发展。……从感觉到知觉,从知觉到表象,原有的知识在这些过程中都进行了干预"[6]。人类感觉的发展缘于意志的驱动,是以自我保存为中心、为基础的发展。但正如黑格尔所指出:"人达到了理性意志,并不就意味着人对感性生命本能的抛弃,而只是在更高的阶段上实现人的感性生命本能,或者说意志是感性生命本能在理性基础上的复归。"[7]没有理性化的感觉,总带有天然的缺陷。人要成为主体的人,其感觉就必须发展成为一种堪当人的本质的主体感觉,而要做到这一点就必须使感觉通过实践变成理性化的感觉。因此,只有通过理性化的过程将感觉铸为主体感觉,才可能有人的世界。

感觉的理性化发展,关键在于人凭借感官感觉的直观能力在感觉实践中发展,并最终质变成为一种直接理解能力。生物智力的进化史表明,从单细胞的低级生物到最高级的人类,智力的进化发展经历了从"简单的感应"到

---

[1] 休谟. 人性论[M]. 关文运,译.北京:商务印书馆,1980:204-205.
[2] 北京大学哲学系外国哲学史教研室.西方哲学原著选读(下卷)[M]. 北京:商务印书馆,1982:180.
[3] 休谟. 人性论[M]. 关文运,译.北京:商务印书馆,1980:497-498.
[4] 卢梭. 论人类不平等的起源和基础[M]. 李常山,译. 北京:商务印书馆,1962:103.
[5] 周春生. 感性的荒野——寻找人的存在根基[M]. 上海:学林出版社,1995:71.
[6] 全国辩证唯物主义研究会. 真理问题论集[C]. 上海:上海人民出版社,1987:146.
[7] 周春生. 感性的荒野——寻找人的存在根基[M]. 上海:学林出版社,1995:79.

"无意识的感觉"再到"意识的活动"的历史过程,并且越来越趋向理性化,其中"意识的活动"只有人类和较高级的脊椎动物才能达到。人的感觉能力作为一种直接理解能力,只不过是人的感官对作用于感官的事物的直接反映能力。随着人类感觉能力的不断发展,感觉逐渐受到意识的控制和指导而积淀为理性,就导致人的感官感觉从原来的感受能力发展为直接理解能力,人对客观事物本质的把握就有可能不经过逻辑判断、分析证明,也就是说,不经过一般的自觉逻辑思维(判断、分析、证明)过程,人也可以认识客观事物。感觉也因其理解客观事物的这种"直接性",而被称为直觉。直觉既不是单纯的直观的感性认识,也不是纯粹的理性的思维活动,而是人所特有的一种高级感觉能力,这一术语通常强调的是人单凭感官能力直接理解、认识对象本质的"无中介性"。实际上,在对同一对象或同类对象的重复感知过程中,先前的感受经过记忆、注意、体验等心理加工,已经不同程度地理性化,以理性成果形式积淀在感官感觉中,并作为理解事物的意识对感官感觉起着某种指导、规范作用。因此,当感受和理解融为一体并升华为直觉能力后,人才能在感受客体现象的同时,迅速而不经思索、分析、判断地跨越一般的逻辑思维阶段,直接领悟到客体的本质意义——"任何一个对象对我的意义(它只是对那个与它相适应的感觉说来才有意义)都以我的感觉所及的程度为限"[①]。

(二)实践感是人类感性认识的最高级形态

如前所述,人类感觉的发展是客观的,感觉发展会形成它的高级形态,如知觉、表象等。人总是感知着自我的实践活动而生存的具体的个人,总是在感知着自己的实践活动的过程中创造自己的主体感觉的人。感觉的发展是一种对象性、实践性的发展。每一种实践活动既依靠从事该实践活动的人的感觉,又对人的感觉的发展起着塑造作用,因其不同的实践对象而赋予人的感觉以不同的现实特征。人的感觉在实践过程中打上了实践烙印,就变成了实践感。

[①] 中共中央马克思恩格斯列宁斯大林著作编译局.马克思恩格斯全集:第42卷[M].北京:人民出版社,1979:126.

感觉发展的这种实践性，决定了实践感是人的感觉发展的必然趋归。较之知觉、表象，实践感处在一个特殊的位置。一方面，它不光以自然感觉为基础，还以知觉、表象为必要条件，只能在实践表象的基础上才能生成；另一方面，它是作为实践主体的人的感性与理性的界线所在，跨越它，人的认识就由感性升华为理性，理性认识虽由感性认识发展而来，但它把感性形式扬弃在自身之内了，因而不再以感性形态出现。离开实践活动，没有感觉，也没有感觉的发展，也就不会有实践感；超越实践进入理性认识，实践感将因失去感性形式而不再是实践感，实践也将不成其为实践。因此，我们可以说，实践感是人的感性认识的最高级形态。

把实践感界定为人的感性认识的最高级形态，还因为它是人感觉的丰富性在现实中最大限度的感性展开。实践感并不是某一感官感觉，而是基于人的实践活动的目的要求和客观存在的法则规定，是自然感觉和以自然感觉为基础发展起来的各级感官感觉的专业化的多重融合、互渗、交叉或是遮蔽、替代的产物。实践感只能在实践着的人对实践活动的感知过程中生成，这也决定了它本身就是人现实的生存形态，在分工社会就是人现实的职业化生存形态。根据感觉产生和发展的对象化原理，实践感就是人对实践活动的感知，是实践活动对象化的结果。而作为对象的实践，不仅形态多样，除本原形态的现场实践活动、实践活动记录，还有知识形态的实践；而且内容丰富，尤其是认识性实践，包括实践活动方方面面的知识，如实践主体、实践中介、实践对象，等等。在具体实践的历史优先性面前，一个人成长的过程，首先是一个对实践进行感知的过程。而且在这种感知过程中，仅有书面记录的或者音像记录的实践案例和各种实践知识还远远不够，因为这些案例毕竟是别人的实践，这些知识是对既有实践活动进行不同程度抽象的产物，它们虽然有助于人们在观念想象中实现自我实践活动的对象化，但代替不了人们自我的实践活动。因为感觉只能是具体的个人的感觉，而且只能是自我的感觉，不同人之间的感觉可以相似相通，但决不可以互相替代。在实践活动的感知过程中，起决定作用的对象只能是自我的实践。只有自我的实践活动的对象化，才能产生自我的实践感。由于"只有通过人类存在中对象方面展开来的丰富性，才能培养出或创造出主观方面人的感觉的丰富性"[1]，实践感的丰富性只有通过人自我的实践活动这一对象本身的丰富性的展开，才能生成。承前所述，实践主体只有通过自我的实践活动才能创造自我，实践活动本身又是实践主体自我的创造物，因而，实践活动的丰富性就是实践主体作为人的本质的客观地展开的丰富性，作为实践主体，人的感觉的丰富性只有通过人类存在中的实践活动这一对象来展开。

不仅如此，实践感还是人肯定自我、确立自我、确证自我的唯一方式。如前所述，实践是人的感觉的对象化发展，实践感就以实践本身的对象化为生成的前提。马克思早就指出："只有当对象对人说来成为人的对象或者说成为对象性的人的时候，人才不致在自己的对象里面丧失自身。只有当对象对人说来成为社会的对象，人本身对自己说来成为社会的存在物，而社会在这个对象中对人说来成为本质的时候，这种情况才是可能的。""随着对象性的现实在社会中对人说来到处成为人的本质力量的现实，成为人的现实，因而成为人自己的本质力量的现实，一切对象对他说来也就成为他自身的对象化，成为确证和实现他的个性的对象，成为他的对象，而这就是说，对象成了他自身。对象如何对他说来成为他的对象，这取决于对象的性质以及与之相适应的本质力量的性质；因为正是这种关系的规定性形成一种特殊的、现实的肯定方式。眼睛对对象的感觉不同于耳朵，眼睛的对象不同于耳朵的对象。每一种本质力量的独特性，恰好就是这种本质力量的独特的本质，因而也是它的对象化的独特方式，它的对象性的、现实的、活生生的存在的独特方式。因此，人不仅通过思维，而且以全部感觉在对象世界中肯定自己。"[2]这里所说的"全部感觉"，由于"社会的人的感觉不同于非社会的人的感觉"，并且人"囿于粗陋的实际需要的感觉只具有有限的意义"[3]，只能是指"由于人的本质

---

[1] 朱光潜. 朱光潜全集：第10卷 [M]. 合肥：安徽教育出版社，1993：200.
[2] 中共中央马克思恩格斯列宁斯大林著作编译局. 马克思恩格斯全集：第42卷 [M]. 北京：人民出版社，1979：125.
[3] 中共中央马克思恩格斯列宁斯大林著作编译局. 马克思恩格斯全集：第42卷 [M]. 北京：人民出版社，1979：126.

的客观地展开的丰富性"才"一部分发展起来,一部分产生出来的""那些能成为人的享受的感觉即确证自己是人的本质力量的感觉"[①],包括音乐感、语感以及"矿物学的感觉"等,都是由作为人的本质对象化实践活动对人的自然感觉塑造而成的,"同人的本质和自然界的本质的全部丰富性相适应的人的感觉",因为"任何一个对象对我的意义(它只是对那个与它相适应的感觉说来才有意义)都以我的感觉所及的程度为限"[②]。

总之,感觉的发展是客观的,是以实践性为基本特征的。实践感是人的感觉发展的必然趋归,是作为实践主体的人的感觉对象性、实践性、理性化发展的社会历史性产物,处于认识的感性与理性分界的特殊位置,其生成、发展和展开的过程,就是人现实生存本质的丰富性在现实中最大限度的感性展开。在分工社会里,不同的职业实践对象造就不同的职业化生存形态。离开实践活动,没有感觉,就没有感觉的发展;超越实践进入理性认识,实践也不成其为实践。实践感是人感性认识的最高级形态。正因如此,我们把实践感看成是人的感觉发展的最高级形态。

三、实践感是人把握实践的主要方式

承前所述,感觉是人类掌握世界的最基本的实践形式,可并不存在一个抽象的世界等着人类来把握。人类要掌握的世界,是具体的世界,是人类处身其中的人的世界。马克思主义哲学告诉我们,实践是人与世界相互作用的中介,是主观见之于客观的活动,是实践把人的目的、理想、知识、能力等本质力量对象化为客观实在,实践活动中不仅要反映客观世界及其规律,而且要依据自己的目的,利用客观规律去改变客观世界的现存状态,使之成为符合人的目的的新的状态,创造出一个人的对象世界。作为人的对象世界,人类世界与人的实践活动不可分离,是人的实践活动的对象化,正是在人的实践活动中生成的人化自然和人类社会及其统一,构成了人类世界。人通过

---

① 中共中央马克思恩格斯列宁斯大林著作编译局.马克思恩格斯全集:第42卷[M].北京:人民出版社,1979:126.
② 中共中央马克思恩格斯列宁斯大林著作编译局.马克思恩格斯全集:第42卷[M].北京:人民出版社,1979:126.

自己的实践活动在自在世界的基础上建造了人类世界，这世界既是本原性的存在，又是对象性的存在。换句话说，人通过自己的实践活动使世界变成了人类世界，从而人的实践活动本身就构成了一种物质活动，构成了一种直接而现实的客观实在。所以，马克思认为，不仅要从客体方面，而且要从主体方面，从"感性的人的活动"即实践方面，去理解"对象、现实、感性"，同时要"把人的活动本身理解为客观的活动"[①]。在这个意义上，正是人类的若干具体实践活动构成了人类世界。因此，我们可以说，人类掌握世界实际上是对具体实践活动的把握，这种把握虽同样以感觉为其最基本的形式，但真正实现这种把握的，是感觉本身在作为实践的感觉过程中发展而成的、把感觉扬弃在自身之内的最高级感觉，即实践感。

正如人只能在游泳过程中学会游泳，人对实践的把握只有在实践过程中才能实现，离开了实践，人将不成其为实践主体，无法感知实践，也就无从把握实践。感觉作为我们把握具体实践、掌握世界的最基本形式，必然随着实践的发展而发展。而感觉的发展是一种实践性发展，而且只能在实践活动中获得发展，在发展过程中必然为具体实践活动所塑造，其结果必然产生感觉的最高级形态即实践感。根据社会存在决定社会意识的原理，从起源意义上看，作为实践主体的人的感觉是通过实践活动的塑造才提升为实践感的。根据意识有能动作用的原理，意识一旦产生，就可能对物质具有能动作用。实践感，是感性形态的意识，它作为感觉的最高级形态，又是比知觉、表象更高级的认识能力，一旦形成，就会能动地反作用于实践本身。我们说意识能动性的一个表现就是使实践变成有目的的实践，变成自觉的实践。然而，事实是在对实践活动进行设计时，理性思维的参与不仅必要，而且往往占主要地位；可是在具体操作实践时，却往往是"跟着感觉走"的——这感觉是已然有理性积淀在内的。在"跟着感觉走"的实践过程中，实践对象的现实状况，包括其变化状况，都规范着实践的走向。而对实践对象现实状况的及时把握，只有依靠实践感来完成。也正是在这一意义上，实践感不仅能动地反映实践，而且成为人把握实践的主要方式。

---

① 中共中央马克思恩格斯列宁斯大林著作编译局.马克思恩格斯全集：第3卷[M].北京：人民出版社，1960：3.

四、实践感是人对实践的理性化直觉思维能力

人的行为能力、行为活动、行为对象、行为结果在实践中是无法割裂的一个整体，但却能够在观念上、思维中分开考察。因此，"感觉"这一术语，有时指感觉行为本身，有时指感觉的对象，有时指感觉的结果即感受，有时指人的感觉能力——与康德所谓"感性""感受性"同义。这对我们理解实践感的内涵造成了一定程度的干扰。黑格尔曾指出："对于感受和感觉在用语上恰好没有提供一个透彻的区别；可是，例如，我们大约不会说权利感受、自身感受等，而说权利感觉、自身感觉，而敏感性是和感受联系在一起的；因而我们可以认为，感受更多地强调感觉活动中的被动性方面，发现的方面，即规定性的直接性方面，感觉则同时更多地指向那存在于感觉活动中的自身性。"[①] 据此，只有当感觉表示感觉活动中的被动性方面即感觉的结果时，感受才可与之相互换用。虽然我们也可以说，实践感就是人对于实践的感知能力、感知行为、感知过程、感知结果等方面的一体性存在，但在起源意义上，没有实践活动及其对象化，根本就不会有什么实践感结果。因此，较之实践感对象、实践感结果、实践感能力，实践感作为感知实践活动的行为这一意义最为基础。同时，没有实践感能力，就谈不上实践感行为活动。如前所述，实践感作为感觉对象性、实践性、理性化发展的最高级形态，是人把握实践的主要方式，以即身即物为其本质特征，以直觉为其思维形式，有了它，人可以只凭借感官感觉直接理解客观事物。"直觉既不是单纯的直观的感性认识，也不是纯粹的理性的思维活动，而是人所特有的一种高级感觉能力。"[②] 直觉思维可看成实践感在心理学领域的归属，但仅限于一种思维形式的意义。据此，实践感作为一种富于实践性特征的理性化直觉，其独特性就表现在其思维主体是人，其思维对象是实践。这里的实践既包括具体实践知识和规律，也包括实践活动及其创造物。实践感作为一种对实践的可发展的理性化的直接感知理解能力，只有在对象性的实践活动中才能表现出来。人类认识（能力）的发展出实践的需要而起，最终是为满足实践需要服务的。感觉是人感性认

---

① 黑格尔. 精神哲学——哲学全书·第三部分 [M]. 杨祖陶，译. 北京：人民出版社，2006：117.
② 王国全. 艺术直觉：非自觉的审美透视力 [J]. 当代文坛，1986（6）：13-16.

识的最基本形式，实践感是感觉发展的最高级形态，其价值最终就在于为实践服务。为此，我们这样定义"实践感"：实践感是人对实践的理性化直觉思维能力。

在实践范围内，实践感作为人对实践的可发展的理性化的直觉思维能力，内涵十分丰富。

第一，实践感是人们对实践的一种感性的直接理解和认识，这是实践感得以形成的前提和基础。不同的实践，决定人们实践需求的内容和程度。一个人只有在对实践有或多或少的认识之后，才可能会有追求、创生实践的愿望和需求。当然，对实践本身的认识，是从对实践的直觉感知开始的。而且，一个人对实践理解的深浅，直接决定其对实践需求的内容及其实践体验的层次。实践感的生成以经验累积和既获知识为依据，是一种理性化了的实践性直觉，囊括了实践主体感、实践对象感、实践中介感、实践规律感、实践情境感等多方面的范畴——其中，实践对象感是处于中心地位的。

第二，实践感是人们对具体实践状况的感知，这是实践感的主要内容。人在一定实践认识指导下追求、创生、体验实践的过程中，直接或间接地接受实践对象关于其实践本身的反馈，感受实践对象关于实践的反应，做出既有实践是否有效的判断，进而验证已有的实践认识，并进一步修正和提高这种认识。

第三，实践感是人们对客观实践状况的能动反映，这是实践感的价值根本所在。有学者指出："'实践感'在前对象、非设定性的层面上运作。在我们设想那些客体对象之前，实践感所体现的那种社会感受性就已经在引导我们的行动。"[①]实践感不是机械被动的，而是积极能动的，其最高价值体现为人在感知客观实践的基础上对客观实践状况做出能动反映，即为人对实践进行观念的改造提供新的实践认知参照。

第四，实践感在表现形态上以直觉思维为核心形式。直觉思维作为转入潜意识的情感和理念以表象和概念共同反映事物本质的认识形式，以一种类似于条件反射的生理感官和传统习俗式的或"集体无意识"的本能感觉为基

---

① 刘少杰. 当代国外社会学理论 [M]. 北京：中国人民大学出版社，2009：71.

础，但却是依靠体验即意识对身体感觉过程和结果本身的捕捉过程，来"以身体之，以心验之"，"找感觉"地形成的感性思维方式，其中包含了对事物的本质的深刻认识，是一种升华了的理性化感性认识。实践感的能动性在形式上表现为人在实践活动过程中的直觉思维。在实践活动中，人们凭借实践感解决实践问题的那一瞬间，不是借助于完整的逻辑推理过程，而是凭借感觉直接实现对对象的理解。因此，日常实践中的实践感表现为不考虑实践规则、逻辑，而能快速正确地实践，体现为每一个实践行为都达到了不需要有意识地加以注意监控的自动化程度，甚至每一个实践行为都是知其然而不知其所以然，即所谓"心知其意，口不能言"的。

第五，实践感作为个体的人与实践活动的直接联系，表现出了三种具体能力。一是个体的人对作用于他的实践活动的内在反应能力，即人经由生理感官（其中眼和耳尤为重要）对作为外界刺激的实践活动的领悟、理解，是一种被动的认知能力，即直觉感知力；二是个体的人对更符合情境变化的实践需要的超越性自发感知，是一种主动的判断能力，即直觉判断力。在这一意义上，"通过自发地预见所在世界的内在倾向，实践感将世界视为有意义的世界加以建构。这种自发预见的方式与球类比赛中具有良好的'场地大局观'的运动员颇为类似。……这些沉浸在行动的狂热之中的运动员，凭着直觉对他的队友和对手的活动迅速做出判断，他们的行动和反应的方式都是'灵感式'的，无须事后认识和计算理性的助益"[1]。无论是直觉认知力，还是直觉判断能力，都不是单独存在的，二者辩证统一构成实践感的具体内容，并且都只在实践活动过程中直觉地表现出来。而这两种能力的一体表现过程，往往就是同时"将世界视为有意义的世界加以建构"的过程，也就是新的实践活动得以建构的过程。于是，实践感表现出了第三种能力，即直觉构形能力。凭借这种直觉构形能力，实践主体在新的情境中往往能够即兴建构新的实践活动，并且迅速而有效。

借鉴语文教育思想家王尚文关于人的最重要的实践感之一即语感的研究成果，对一个人的实践感能力，我们可以从四个向度进行考察，即广度、深

---

[1] 刘少杰. 当代国外社会学理论［M］. 北京：中国人民大学出版社，2009：71.

度、美度和敏度。广度是指实践感所把握到的某一实践作为对象的量的多寡、面的宽窄。深度即质的高低,是指实践感对某一实践作为对象的形式与内涵感受的深浅程度。美度是指实践感对某一实践作为对象之美丑的识别、判断的正确程度,是对实践对象在情感上的把握,居于实践感品质的最高层次。敏度是指人在某一实践作为对象作用于他时做出反应的速度,即实践感对作为对象的某一实践的操作效率。[①]当然,更进一步,对一个人的某种实践感的广度、深度、美度和敏度究竟如何测量评定,还需要更具体地研究。

最后,实践感作为人的一种实践性直觉思维能力,是属于人在自我实践中发展起来的个性心理特征,和其他能力一样,实践感在人的一生中有一个形成、发展和衰退的过程。因此,人的实践感虽存在个体差异,但无论任何人,只要具备先天的生理基础,就可以通过后天培养和发展其实践感。

第三节　教学实践感是教师理性化的对象性直觉思维能力

人的感觉会发展,这是个客观事实。作为感觉发展之最高级形态的实践感,是人的感觉在社会历史中对象化、理性化的实践性发展产物,是人对实践的理性化直觉思维能力。任何实践在根本上都是实践感的实践,这种实践又因其对象始终处在不断地变化、丰富之中而永远是未完成的。因而,实践感还是自为的、开放的和历史的。换句话说,是从生理感官感觉到社会器官感觉之间各级生命单元自为的、开放的、历史的统一。然而,实践感,作为一个总称,不免流于抽象。虽然这种抽象本身在某些场合是必需的,不可或缺的。但如果我们回到现实的实践活动来描述、阐释该实践活动本身,这种抽象可能就是障碍了,因为现实的实践活动都是感性地存在着的,它排斥任何遮蔽或扭曲它的真实的抽象。因此,抽象的实践感是不存在的,正如我们吃不到"水果",而只能吃到苹果、香蕉、梨子一样。作为具体的现实的个人

[①] 王尚文. 语感论 [M]. 上海:上海教育出版社,2006:146-149.

在现实性的实践活动中所获得的实践感,只能是与这种实践活动相适应的具体的实践感,并且只能在这种实践活动中获得发展,也只有在这种实践活动中才显得有用,才为我们所感知,才有了客观性质。不同的实践活动,因其对象殊异,其实践主体所塑造的实践感也不同。如教学实践感,就是由于教学实践作为对象的存在才产生出来的,由教学活动赋予教师的一种实践感。

教学实践的特殊性决定了教学实践感的独特性。教学实践感是教师作为人的感觉发展的最高级形态,其价值最终就在于为其主体即教师开展新的教学实践服务。这种服务的现实化取决于教学实践感的独特性,也就是把教学实践感和其他实践感区别开来的特殊性。

教学实践感的特殊性,可以从宏观和微观两个层面来理解。在宏观层面,教学实践感是把握教学实践的主要方式;而在微观层面,教学实践感则是教师职业生存的最小生命单元,有着复杂多样的具体"感官形态"。

一、教学实践感是教师把握教学实践的主要方式

第一,教学活动首先带给人对教师角色的感觉体验,正是这种教师角色体验形成了教师成长专业化的最初观念意识。教师之所以选择成为教师,或多或少跟他(她)早年对教师角色的感觉体验有关。学校是所谓的正式教育场所,在这里,我们才第一次感觉到了"教师"的角色形象。明证之一是,几乎所有的孩子常常会玩"扮老师"游戏,且这种游戏往往要在他们的兴趣中持续很多年后才淡出。伽达默尔指出,"游戏活动本身就具有一种独特的、甚而是神圣的严肃"[1],其"最突出的意义就是自我表现"[2]。"扮老师"游戏,在根本上就是孩子们自我创造的杰作。而在孩子们那里,没有教学活动的"好",就没有教师的"好";反之亦然。正是在自己与教师这个崭新角色的关系中,即那种"生命—生命"关系中,孩子感觉到了某种全新的、对自己极为重要的生命存在。

---

[1] 伽达默尔. 诠释学 I: 真理与方法——哲学诠释学的基本特征 [M]. 洪汉鼎,译. 北京: 商务印书馆, 2007: 144.

[2] 伽达默尔. 诠释学 I: 真理与方法——哲学诠释学的基本特征 [M]. 洪汉鼎,译. 北京: 商务印书馆, 2007: 153.

第二，对教师这个职业角色的认识，只能从对实际的教学活动的感知开始。教学作为由远祖创生、前人发展的实践活动，其对于教师的优先性，要求教师以专业态度感知教学活动之所以为教学活动的本质，以获得教师资格。其感知达到了怎样的真理性，他就可能为胜任教师工作而做到怎样的努力；这种感知越是能真实地反映教学实际，他对教学的认识进展就越快，就越是能够有针对性地达成教师角色的专业性要求。

第三，在最严格的意义上，一个教师只存在于他的教学活动中，存在于他对自己的教学活动的感知中，而不在教学活动之外。这是因为，只有在对自己一次次的教学活动的感知过程中，他才能确证自己作为人的教师身份。

第四，教学作为一种实践活动的感性属性，决定了我们对教学的把握必须首先依靠我们的感官感觉，而不是教学理论或者教师实践性知识。

第五，现实中教师真正的专业成长的发展道路，不是教学活动的客观作用所造成的，而是由教师自身生存实感的重要变化所铸就的。因为教师真正的专业成长始于其自我教学活动的建构。明证之一是，师范生在学生立场上对教学活动的感受，结束于其"教师意识"的觉醒和教师角色的担当。我们应该在一个更深更高的层次上来认清，教学活动作为一种实践，作为教师第一次的职业角色感觉体验之所在，带给了教师一种新的生存方式，它对于一个教师的专业成长的影响是关键的。在教师对教学实践的掌握上，理论方式及其他一切方式固然起作用，但都得以教学实践感为中介才能实现。人对教学实践的感觉，只能是教学实践中的教师作为人"实践地"获得的感觉，因而也就是教师作为人的教学实践感。只要教学实践感还没有被教师本身的劳动创造出来，那么，对教学实践本身的把握就必然是空洞的。

二、教学实践感是教师职业生存的最小生命单元

教学实践感作为教师感觉发展的必然结果，其生成、发展和展开的过程，就是教师职业生存本质的丰富性的现实展开，它本身就是教师特有的职业化生存形态。因而，在人的感觉、记忆、注意、思维、想象、情感、意志、语言等生命单元中，感觉是人最小的生命单元；那么，在微观层面，在教师的各级感觉中，教学实践感就是教师职业生存的最小生命单元。具体来说，教

学实践感,首先是教师所特有的实践感,其思维的主体只能是教师;其次是教师对教学实践而非其他实践的感知结果;再次是教师对教学实践生成、发展可能性的感知能力。

(一)作为一种对象性直觉思维,教学实践感的思维主体只能是教师。汉语中最早见于南朝梁代僧祐(445—518)《弘明集》中的"实践"一词,就是躬行、践履的意思,强调实际地、亲自地做或作为。教师对教学实践的感知有直接感知和间接感知之别。直接感知又分两种,即观摩感知和亲历感知,前者主要是指教师对其他教师的教学实践进行现场观摩所获得的教学感知;后者则主要是指教师在自我教学实践过程中对自己的教学实践的切身感知。间接感知也分两种,一是对其他教师或自己过去的教学实践,通过音像记录、书面案例等方式进行的事后观摩感知;一是通过学习教学知识,对凝结在教学理论知识中的教学实践进行的观念想象感知。其中,教师对自我教学实践的亲历性感知,是其教学实践感赖以生成的根本。没有亲历教学实践的教师,就跟实习前的师范生一样,不可能拥有真正的教学实践感。对自我的教学实践对象化的亲历感知,是教师的教学实践感生成的决定性前提条件。教学实践感是由教师个人感觉,在自己的教学实践过程中,感知着生成过程中的教学实践发展起来的。教师对教学实践本身的感知可能会受益于教师的教学知识,尤其是教学本体、教学规律、教学原则、学科、教学条件、教学情境、教学策略、课程等方面的知识,作为既有理性思维成果,必然会渗透在教师对教学实践的感知过程中。同时,已形成的教学实践感又会作为教师高级形态的感性认识能力服务于教师的教学实践和对教学实践的进一步感知。没有教师,就没有教学实践感。

(二)作为一种对象性感知结果,教学实践感是教师对包括教学中介在内的教学实践诸构成要素的整体性感知结果。实践活动的独特性,往往不只表现在其对象上,而且表现在其实践中介上。一方面,实践感是一个囊括了实践主体感、实践对象感、实践中介感、实践规律感、实践情境感等多方面的范畴,其中实践对象感处于中心地位;另一方面,教学实践作为教师"以神相感"的生命"示范"活动,是以教师的身教为最基本方式培育学生成为人的人类实践活动,其特殊性就集中体现在:教师自身的完整生命是教学不可或缺的中介。教师的教学实践感,是随着其教学实践本身的生成而生成的。在这一生成的过程中,教师自身作为最重要的教学中介,一经对象化,就形成教学主体感。教学主体感是教学实践感中仅次于教学对象感(学生感)的重要构成部分。

(三)作为一种对象性思维能力,教学实践感是教师对教学实践生成、发展可能性的感知能力。有人指出,实践是"具有某种'意向性'结构的活动方式,它总要指向某种对象,把它们作为自己行动的内容"[1]。教学实践感是教师作为人的感觉对象化发展的结果,直接指向的对象就是教学实践。没有教学实践的对象化,就没有教师的教学实践感。教学实践作为人的学习能力对象化的产物,直接指向的就是学生。教学实践生成、发展的可能性,取决于学生学习(动机、能力、需要等方面)状况,没有学生学习,教学实践就无从生成、发展。而教学实践的具体内容其实就是教师的生命示范行动,如何行动则必须根据学生学习的需要和可能来进行决策。这样看来,教学实践感作为对教学实践生成、发展可能性的感知能力,实际上是教师对学生学习状况的感知判断能力。而学习又总是学生的学习,这就是说,教师在教学中采取行动的依据就是对学生的学习状况及其动态发展的即时感知。同时,教学环境、教学时间、教材等各种因素都可能造成学生学习状况的动态发展,要准确感知学生学习状况发展的动态,又必须对各种影响因素有准确的把握。因而,教师对这些因素和学生学习状况一起并以学生学习状况为中心作为一种整体的对象的感知,形成教学实践感生成、发展的前提条件。要而言之,教学实践感在根本上是一种对象感,是教师作为实践主体,将学生学习状况作为实践对象,以教材、教学规律知识、教学情境作为实践中介等诸要素的对象化感知。其中,教学主体感、教学中介感都要以教学对象感为中心,随之而生成和发展。

这样一来,教学实践感作为教师个体与教学实践的直接联系,主要有三种具体能力,一是教师个人对作用于他自己包括他的教学活动在内的教学活动的内在反应能力,即由教师个人凭借其生理感官对教学活动的领悟、理解,

---

[1] 张伟胜. 实践理性论[M]. 杭州:浙江大学出版社,2005:1.

是一种输入型的教学直觉认知能力;二是教师个体相较于眼前教学活动更适应于学生学习活动生成、发展的情境性变化的教学实践需要的超越性感知,是一种输出型的教学直觉判断能力;三是对未来的应当的教学实践的构形能力,是一种实践性的感觉力,即实际生成教学实践的能力。无论是教学直觉认知能力,还是教学直觉判断能力、教学直觉构形能力,都不是单独存在的,三者辩证统一构成教师教学实践感的具体内容,只在教学活动过程中感性地表现出来。因此,教师作为人的感官(包括交往等社会感官)的完善或不完善程度,直接决定其教学能力的大小。

总之,教学这一特殊的人类实践活动在造就教学实践感的同时,也造就了其特殊性。教学实践感是教师以教学实践为对象的理性化的对象性直觉思维能力,是教师作为人的感觉的社会历史化发展的产物,并且作为教师职业生存的最小生命单元,在教师的教学实践中继续向前发展,始终保持着感性形态。

三、教学实践感的"感官形态"

我们多次强调教学实践感是一种整体性存在。但是,正如人的一般感觉不是抽象的整体存在,而表现为具体的感官感觉一样,教学实践感作为特殊的实践感,也有其具体的"感官形态"——社会感官形态。这里所谓的感官,除了教学实践感赖以生成的感官即作为对象的教学实践整体,还有作为对象性存在的教学实践构成要素,如教师、学生、教学中介等。

马克思主义哲学告诉我们,人"以全部感觉在对象世界中肯定自己",必须有感官的中介。而"人的感觉、感觉的人性,都只是由于它的对象的存在,由于人化的自然界,才产生出来的";人"以一种全面的方式",或者说"作为一个完整的人,占有自己的全面的本质",实际上就是人作为"个体的一切器官,正像在形式上直接是社会的器官的那些器官一样,通过自己的对象性关系,即通过自己同对象的关系而占有对象"。而人作为个体的一切器官,除了直接的身体感官之外,还有"以社会的形式形成社会的器官。例如,直接同别人交往的活动等等"。人凭借自己的感官,通过感官同对象的关系而占有对象,就是"个体的一切器官""成了我的生命表现的器官和对人的生命的一种占有方式"[①]。在这一过程中，作为整体的人与对象之间的对象性关系，就是一种"以社会的形式形成的社会的器官"。对象不同，对象性关系的具体内容也不同。因而，只有对象本身才是对象性关系的具体实现者。也就是说，在不可见的对象性关系中，当人本身成为对象的一部分，或者说，对象成为人本身的一部分的时候，对象就同时成为一种感官，成为人的感觉力的附丽。

实践感在根本上是一种对象感，因作为其对象的实践活动之存在和对象化而生成。正如人对人的整体感知中，人的身体本身作为感觉器官在感知一样。作为对象的实践活动本身，在实践感产生过程中起着中介作用，也就是对实践活动本身进行感知所必不可少的器官——自我感知的器官，它当然不是"肉体感官"，而是马克思所说的"社会的器官"。一般来说，实践活动作为一个整体，是静态观照的结果，也是"以静制动"的实践自觉性的具体姿态。而事实上，任何现实的实践活动都有一个动态的生成过程，而且在这一过程中，其各种构成要素不是一起一次性出现，而是依照一定的次序出现，并且一出现就与此前的各种要素动态地融为一体，当最后一个要素出场并完成其使命，实践活动完全生成的时候，实践活动才真正作为整体存在进入感知视界。各种构成要素一出现就为教师所实践地感知，并即时形成各种相对独立的实践要素感。这些实践要素感本身并不具有独立意义，只有作为实践感的有机部分才会显示出活力。但是，任何实践要素感从一开始就是作为实践感的一部分而生成、发展和存在的。正如各种生理感官感觉是作为整体的人的感觉，视觉由眼睛获得但并不属于眼睛，听觉由耳朵获得但并不属于耳朵，各种实践要素感本身并不属于实践要素，而只能是作为整体的实践主体的感觉。换句话说，人体是一个感觉器官，但人体这个感觉器官还包括眼、耳、鼻、舌、肤等更小的感觉器官，相应地，人的一般感觉表现为眼、耳、鼻、舌、肤等生理感官感觉，而实践感则表现为以实践活动构成本身为器官——社会器官的感觉。与此相似，实践活动作为一个整体，是实践感得以形成的最大感觉器官，其构成要素则是更小的感觉器官。很显然，不同的

---

① 中共中央马克思恩格斯列宁斯大林著作编译局. 马克思恩格斯全集：第42卷[M]. 北京：人民出版社，1972：124.

实践活动有不同的具体构成要素，这决定了不同实践感的具体内容不同，其赖以生成、发展的"社会器官"构成也有所不同。

教学实践感作为一种特殊的实践感，其对象即教学实践及其构成要素，除了本体范围内的教学主体、教学中介、教学对象之外，还有决定其自觉性、自由性等类本质特征的教学目的、教学评价，以及影响其顺利进行的教学环境等。这些构成要素之于教学实践本身，就相当于眼、耳、鼻、舌、肤等之于人的身体一样，是教学实践感赖以生成的社会器官。前面说过，教学实践感是对教学过程中作为实践主体的教师自我、作为实践对象的学生学习状况，以及作为实践中介的教材、教学规律知识、教学情境诸要素的对象化感知。其中，实践对象即学生作为服务对象，是教师感知的中心，所有其他构成要素都围绕着服务学生学习这个根本目的听从教学主体的调遣。要而言之，教学实践感是作为一种整体存在发挥其认知功能的，但它在发挥认知功能的过程中并不能抽象地为人们所感知，而只能以某种构成要素感的具体形式，也即某种具体"感官形态"表现出来。而教学实践的任何一种构成要素感，都是作为教学实践感的一个有机构成部分，作为一种"社会器官感觉"，以局部表现着整体，具体呈现教学实践感作为教师以教学实践为对象的理性化的对象性直觉思维能力的本质。

这样，教学实践感的"感官形态"就可具体地概括为教学实践要素感：当作为人的教学实践主体即教师的注意力集中于感知教学中介之时，教学中介被相对独立地感知，从而形成教学中介感；集中于教学对象即学生时，学生被相对独立地感知，从而形成教学对象感（学生感）……以此类推，还有教学主体感、教学目的感、教学环境感、教学形式感等具有相对独立性的"社会器官感觉"即教学实践要素感。正如视觉并非眼睛所有并且不能孤立地起作用，任何教学实践要素感作为单一的"社会器官感觉"都不能单独起作用，而只属于教师，只能作为教学实践感的一个部分起作用，各实践要素感经过实践意志的有机整合，就生成教学实践感。

第四节 教学实践感辨正

教学实践感作为一个还没有普及的新概念，不免会遭到误解。为确保本研究中教学实践感内涵的一贯性和不引起歧义，在这里做教学实践感的辨正，是非常必要的。

一、教学实践感不是教师的教学知识

长期以来，我国的教师教育（师范教育）在总体上专业学科课程比重远远大于"老三门"——教育学、心理学和教材教法的教师职业课程，专业理论学习长达三年多共计2000多学时，而教师专业实践见习、岗位实习不足20个学时。这种状况到今天并没有因为"顶岗支教实习"等新的教师专业实践方式出现而得到整体性的改变。因而，在人们的印象中，知识学习似乎就是教师教育的全部，实习不过只是点缀而已。传统的教师教育因此表现出鲜明的"知识中心论"倾向。这在教育研究界的表现，就是相比于教学实践，人们的研究更重视教学知识。即便随着新课程改革，教师教学实践被推到了台前，重知识轻实践的思想仍然影响着人们对教师教学实践的研究。对此，最好的证明就是已有教师教学实践研究文献中用"教学知识"来表达自己教师教学实践理论探索成果的人越来越多。正是在这样的背景下，教学实践感一出现，就被误认为教师内在的教学知识，并且被看作与教师实践性知识、教师个人知识、教师个人理论等类同。这样继续下去，教学实践感还可能被分解为教师学科知识、教师条件性知识（教师教学法知识）、教师情境知识、教师教学策略知识、教师课程知识等。事实上，尽管实践感是感觉理性化发展的结果，实践知识的积累有助于教学实践感的形成，但教师的教学实践感绝不是教学知识，既不是教师的实践性知识，也不是教师的理论性知识，更不是可以分离出来的教师学科知识、条件性知识（教学法知识）、情境知识、教

学策略知识、教师课程知识。

知识总是可以用命题进行语言表述的。在以上各种"教学知识"中，教师实践性知识、教师个人知识、教师个人理论虽然都不同程度地强调了其"在场性、不确定性"和不可完全把握特征，但因为"可意会、交流，也可传承"而成为"指导教师行动最实用的知识"[1]。但前面说过，教学实践感是教师的感性形态的直觉思维能力。作为能力，教学实践感是教师掌握教学知识、技能的前提，也表现在教师掌握教学知识、技能的过程中，并且在教师掌握教学知识、技能的基础上向前发展，但绝不等于教师的教学知识。因为知识作为某一实践"理论思维化"的结果，只是"意识的存在方式"[2]之一，本身还得靠"还原"于感性实践来确证。教学实践感只属于教师个人并在教师教学实践过程中生成，同时又反作用于教师个人的教学实践本身，旁人即使能意会到其存在，甚至感受到其神奇的功用，却无法用语言传达其具体内容，无法传承。或许就是因为无法传承的缘故，法国社会学家皮埃尔·布迪厄在其《实践感》一书中付出了巨大的努力，也只能将实践感归结到实践的逻辑上，并因为实践逻辑同样是个亟待解决的问题而存在诸多遗憾。同样，如今新课程改革进入创新与深化阶段，全国中小学教师培训中若干优秀教师、特级教师无论如何热情洋溢地现身说法，也往往难以收到理想的效果，因为他们所说之法都来源于他们那无法传承的个人教学实践感，其他教师中与其"心灵相通"者少之又少。

在我们看来，人们把教师的教学实践感误认为是教师的教学知识，是在用自己最熟悉的已较好地掌握了的知识概念来同化教学实践感。虽然这种同化与当前的新课程改革形势相符，并在推动教师教学实践的研究、为教师专业发展提供建设性工具以及凸显教师职业的独特性上有重要作用，但这种同化有意无意地忽略了知识与感觉之间的差异性。

我们都很清楚知识之于人的重要性，虽然"人是知识动物""人是社会化

---

[1] 实践性知识与教师专业发展[J]. 北京大学教育评论，2008（1）：1.
[2] 马克思. 1844年经济学哲学手稿[M]. 中共中央马克思恩格斯列宁斯大林著作编译局，译. 北京：人民出版社，2000：108.

的知识动物"①的观点失之偏颇，但人确实不只是凭借本能、感官的功能去生活，还凭借理智来适应环境以争取生存的机遇。人类适应环境的主要手段是根据不同的环境而相应地调整和完善自己的知识结构。知识结构越完善、越有普遍性，人类就越能适应环境、改造环境。只要是人，我们就不得不生活于知识世界之内。而且，在当今社会，由于知识减少了人们对原料、劳动、时间、空间和资本的需要，已成为先进经济的主要资本。知识在社会生活中全方位地渗透，已使社会发生了极大的变化，并将发生愈益巨大的变化。②教育发展的历史也表明，教学知识对一个人成长为教师同样是不可或缺的。

而且，在知识与感觉的关系上，我们还发现，感觉不只是一切知识的源头，而且还是知识，包括理论等系统化发展了的高级形态知识，在实践中起作用的必然中介。因为，感觉是人把握世界的基本形式，也同样是人把握知识的基本形式。一种知识之所以经由感觉产生，而又能对人类的不断进步起到标尺的作用，能反过来塑造人、诱发人的更多需要，是因为在某一范围内它能"提供在必然性中、在全面关系中、在自在自为的矛盾运动中的客体"③，人们经过感觉知识提供的"客体"，能够复现其生成过程而直观到其真理性，才相信知识，才根据知识去开展生活实践。教学知识也不例外。作为教学知识的典型形态的教学理论，长期存在与教学实践脱节的情况，问题就在于它不能提供足以让人们相信的"客体"即教学实践。教学理论与教学实践的关系之争长期没有结果，实质上是因为论争双方都在某种程度上没有注意到或者不够重视教师作为人的感觉，尤其没有重视教师的教学实践感在教学理论和教学实践的生成、展开过程中的"规范"作用。

总之，教学实践感不是教师的教学知识，而是作为人的教师在教学实践过程中生成、发展起来的职业化生命感觉。无论是教学理论知识，还是教学实践知识，不管如何强调其实践性、个人性、情境性、默会性、综合性④等特征，都不能等同于教学实践感。

---

① 宋太庆. 知识革命论[M]. 贵阳：贵州民族出版社，1996：5，6.
② 胡军. 知识论引论[M]. 哈尔滨：黑龙江教育出版社，1997：15-24.
③ 列宁. 哲学笔记[M]. 北京：人民出版社，1993：181.
④ 姜美玲. 教师实践性知识研究[D]. 上海：华东师范大学，2006.

二、教学实践感不是教师的教学机智或教学智慧

教学实践感除被误认为是教师知识外,还常常因其在教学实践过程中的神奇作用,而被误认为是教师的教学机智或教学智慧。

无论国际还是国内,人们对教育的智慧和机智的作用很是青睐。20世纪80年代早期,加拿大现象学教育家马克斯·范梅南就"开始使用'教育智慧''教育敏感性'和'教育机智'这些概念来描述教育教学直接知识中临场的技能,如何从一个时刻到另一时刻,在教学的交往情境中应对学生"[1]。他认为:"教育的智慧和机智可以看作是教育学的本质和优秀性,我们不妨说智慧构成了教育学的内在方面,而机智则构成了教育学的外在方面。"[2] 机智是瞬间知道应该怎么做,是一种与他人相处的临场智慧与才艺,是介乎理论和实践之间的,教学机智就是"那种能使教师在不断变化的教育情境中随机应变的细心的技能"[3]。在这里,"智慧"和"机智"分别属于教育学的内外构成。美国心理学家威廉·詹姆斯认为教学机智是成为优秀教师必不可少的一种天赋:要成为一名优秀教师,"我们得有额外的天赋,来告诉我们在孩子面前说什么样的话,做什么样的事。那种面对学生、追逐学生的天赋,那种应具体的情境而出现的机智,心理学一点儿也帮不上忙,尽管它们是教师艺术的最基本的知识"[4]。俄国教育家乌申斯基站在"教育实践"层面同样认为它不可或缺:"不论教育者对教育学理论研究得怎么样,如果他没有那种所谓的教育机智,他就不可能成为一个良好的教育实践者。"[5] 再有,德国教育家赫尔巴特1802年在一次关于教育的演讲中使用了"机智感"概念,他极其肯定地说:"关于你究竟是一名优秀的教育者还是拙劣的教育者,这个问题非常简单:你是否发展了一

---

[1] 马克斯·范梅南. 教育敏感性和教师行动中的实践性知识[J]. 北京大学教育评论,2008(1):12.

[2] 马克斯·范梅南. 教学机智——教育智慧的意蕴[M]. 李树英,译. 北京:教育科学出版社,2001:172-173.

[3] 马克斯·范梅南. 教学机智——教育智慧的意蕴[M]. 李树英,译. 北京:教育科学出版社,2001:246.

[4] JAMES W. *Talks to Teachers on Psychology*[M]. New York: Dover Publications,1962:29.

[5] 康·德·乌申斯基. 人是教育的对象——教育人类学初探[M]. 北京:人民教育出版社,1989:28.

种机智感呢？"[1]

在国内，赵建军最早对"教学智慧"进行了界定：

> "所谓教学智慧，指的是作为教学主体的教师对教学所做的观念运筹、经验调度、操作设计等的种种努力及其体现于教学实践各环节的主体能动性。因此，教学智慧属于以教学为本体的主体实践范畴。所以，有关教学涉及的知识对象、教学设施、学生、教学制度等都属于教学智慧的媒介因素，这些媒介因素只有纳入教学智慧的操作流程才能发挥其必要的作用。""现代教育推进的关键，是发掘教师主体的潜在力量和智慧能动性。"[2]

徐继存指出，教学智慧之所以是必需的，是因为教学实践领域是复杂的，教学实践者需要"当机立断""急中生智"，才有可能避免教学实践活动的混乱或不协调。教学智慧在教学实践活动过程中是以不明显的、隐蔽的方式起作用的；教学智慧既不可学习又不可传授；它不像教学技能可以通过有意识的系统训练来形成。[3] 王鉴认为要理解教学智慧的内涵，需要分析教学智慧所强调的三个关键词，即教学的"复杂性"、教学的"情境性"和教学的"实践性"。教学实践的复杂性说明教学智慧是必需的；教学实践的情境性意味着教学智慧是一种关于教学践行的知识；教学的实践性强调教学智慧是不可学习与传授的。[4] 吴德芳将教学实践智慧定义为在教学实践活动中形成的、有关教学整体的真理性的直觉认识，它动态生成、不可言说且独一无二。[5] 还有人将教育智慧等同于教学智慧，其一，认为教育智慧是一种品质[6]，是被实践证实行之有效的、先进的教育思想、理念、方法和模式，是教师具有的教育理念、

---

[1] 马克斯·范梅南. 教学机智——教育智慧的意蕴 [M]. 李树英, 译. 北京：教育科学出版社，2001：169.

[2] 赵建军. 教学智慧内涵界说 [J]. 四川师范大学学报（哲学社会科学版），1999（2）：18-23.

[3] 徐继存. 论教学智慧及其养成 [J]. 西北师大学报（社会科学版），2001（1）28-32.

[4] 王鉴. 教学智慧：内涵、特点与类型 [J]. 课程·教材·教法，2006（6）23-28.

[5] 吴德芳. 论教师的实践智慧 [J]. 教育理论与实践，2003（4）：33-35.

[6] 李巧林，梁保国. 论教师的教育智慧 [J]. 合肥工业大学学报（社会科学版），2004（3）：12-15.

教育意识、教学能力、教学艺术等所达到的教育境界;其二,认为教育智慧更多地表现为一种能力,认为教育智慧是教师的专业化导向,是创造性地认识、辨析、判断应对新事物的能力。[1]有人认为教育智慧集中表现为教学实践中的教学机智。教育智慧是一种善于根据情况变化创造性地进行教育的才能,表现为教育教学工作中能随机应变、敏捷、果断地处理问题的高度灵活性和能够巧妙地、精确地、发人深省地给人以引导、启示和教育的高度的机智。[2]还有人区别了教育"机智"与教育"机诈":

> 教育机智是教师在正确教育思想的指导下的随机应变能力,绝不是某种虚伪和巧诈。例如,一位教师在教学中出了错误,在黑板上写错了字的时候,不是老老实实地承认自己的粗心,而是狡黠地对学生说:"老师在黑板上故意写错了一个字,请同学们找找看。"这位教师可能"巧妙"地把自己的粗心和错误掩饰过去了;但那不能算是教育机智。教育机诈,是不可取的。[3]

在汉语中,"智慧"解释为"辨析判断、发明创造的能力";"机智"解释为"脑筋灵活,能够随机应变"。"智慧"更强调内在的总体的一面。这与范梅南的区分是一致的。"智慧""机智"虽各有侧重,可教学智慧不仅仅有突发性和机敏性,还包括理性智慧、德性智慧、诗性智慧等。总体上看,教学智慧也好,教学机智也好,都是一种整体观照,在实际研究中基本上都是在说教师在教学中敏于随机应变的问题,因何能敏于随机应变的问题。

人们之所以会把教学机智或教学智慧与教学实践感等同,是因为没有认识到:教学实践感本身的功能,并不表现为教师教学过程中的随机应变;教学实践感作为教师感性形态的思维能力,只是为这种随机应变提供前提,即对教学情境中即时发生的一切进行即时判断。这关系到教学实践感的本质问题。

---

[1] 杨启亮.体验智慧:教师专业化成长的一种境界[J].江西教育科研,2003(10):3-6.
[2] 殷晓静.教育智慧[J].教书育人,2003(20):33-34.
[3] 周作云,罗好裕,刘笃诚.教师心理学概论[M].成都:成都科技大学出版社,1988:63.

三、教学实践感不是人在实践过程中的情绪反应

实践感，还曾被解释为人的情绪反应。20世纪80年代初，彼德罗夫斯基主编的《普通心理学》中写道："所谓实践感觉，就是对人的活动的全部丰富性与多样性的情绪反应。"[①]由于这种心理学解释，"实践感"长期作为心理学概念被不同领域的人所援引。如在美学研究界，王长俊、王臻中的《美学基础》中明确定义："实践过程中的情绪反应，就是实践感。对创造性的实践所作出的情绪反应，叫创造感。"[②]或者被更进一步抽象为情感体验，如杨思寰在《审美心理学》中确认的："实践感是对于实践领域的人的活动的一种情感体验，是对活动过程及其结果的一种情感体验"，并区分出"积极的肯定的实践感"和"消极的否定的实践感"，认为"对实践感来说，起决定作用的可能不在于活动是否艰苦，紧张，是否有什么创造性，等等，而在于活动是否有崇高的价值和伟大意义。……实践感是以目的概念为前提的"，"美感可以透过实践感而与实践活动相联系，成为实践活动的动机，有助于实践活动走向纯熟，走向合规律性与合目的性的统一，走向自由境界"。[③]这种心理学解释已编入了辞书，如《简明妇女儿童百科辞典》中将"实践感"解释为："人特有的一种高级情感。人们在劳动、学习、运动、游戏等不同形式的活动过程中所引起的达到不同复杂水平并对人具有不同意义的情绪体验。……人们进行活动所具有的不同意义决定实践感的不同内容和性质。人们在实践活动中产生的各种体验随着对该活动的社会意义的理解，随着对自身参与这一活动的自觉程度的加深，在情绪上会发生不同形式的变化。"[④]

同样地，在2009年出版的孔凡哲和曾峥编著的《数学学习心理学》中，"实践感"被认作一种有助于数学观形成的数学情感之一，相应的"数学实践感"概念为："指对数学活动全部的丰富性与多样性的情绪反应，……这一切都是由完成活动时的情绪色彩的性质及强度所决定的，而性质及强度又是由主体所进行的活动对他所具有的意义及他对客观实在的意义所感知的程度所决定

---

① 彼德罗夫斯基. 普通心理学［M］. 北京：人民教育出版社，1981：417.
② 王长俊，王臻中. 美学基础［M］. 南京：江苏教育出版社，1988：5.
③ 杨思寰. 审美心理学［M］. 北京：人民出版社，1991：48.
④ 柳中权. 简明妇女儿童百科辞典［Z］. 长春：北方妇女儿童出版社，1989：292.

的。"[①] 以数学为对象，教师的教和学生的学作为特殊的实践活动，造就了教师和学生的实践感，这种实践感作为数学生命化结果之一就是形成"数感"。

然而，实践感不是人的情绪反应或情感反应，教学实践感作为实践感的一种，也不是教师对教学活动的情绪反应。"实践感"虽然与情感（情绪）的反应、体验不无关系，但绝不是单纯的情感、情绪反应，而还有着更深刻的精神意义，况且黑格尔的实践感觉概念完全可以用作理解这种情感（情绪）反应、体验的钥匙。黑格尔认为"实践的感觉就是感觉的意志要求它为外来影响所决定的状态与它按其本性应当是的自决状态相一致符合"，当结果一致时，就有了适意，即上述心理学意义所谓"积极的肯定的实践感"，包括"创造感"；反之亦然。实践感的心理学解释中的所谓情绪反应，就是实践感"行动"之后主体所获得的适意或者不适意。也就是说，把实践感定义为人对实践活动的情绪反应，是错把感知实践活动所造成的结果，即所引起的情绪（或情感）满足或者不满足，当作对实践活动本身的感知了。然而，尽管这样的理解方式在日常生活中并不鲜见，且人们也能接受，但活动本身终究不等于活动效果，教学实践感终究不是教师对教学活动效果的情绪或情感反应，而是教师被其教学活动所塑造的一种心灵化了的感性思维能力。

由于研究立场和出发点各不相同，对"教学实践感"这一概念的误解不止以上几种，而且，相似的误解还可能继续发生。因此，教学实践感概念辨正也还要继续。可以肯定，在教师教育领域，"教学实践感"将是一个随着时间推移而不断流变的概念，对它的认识是一个不断深化的过程，它的内涵与外延将会在流变中逐步清晰、变化、丰富。

---

① 孔凡哲，曾峥. 数学学习心理学[M]. 北京：北京大学出版社，2009：149.

第二章

教学实践感的特征

前面已经说明,教学实践感把教师作为人的一般感觉即自然的五官感觉、知觉、表象等扬弃于自身之内,是教师作为人的感性认识的最高级形态。和一般感觉、知觉、表象相比,它有自己的种种特征。在此仅略说四方面。

第一节 感性与理性的统一

教学实践感是作为人的教师的感性认识的高级形态,其感性特征显而易见。关于教学实践感之"感",前面我们用了"感觉""感知""感性"等词语来说明,仿佛"觉"就是"知",但实际上"知"的含义是"识敏,故出于口者疾如矢"[①],本指说出来的关于事物的话,意味着对事物的认识达到了可以脱口而出的程度,较"觉"更高级更富于理性色彩;同时,"觉""知"不是"性",因此,"感觉""感知""感性"分别强调了教学实践感的三方面:感觉侧重教学实践感是教师对教学活动本身的感知结果,教学实践本身构成其具体内容;感知强调教学实践本身是教师凭借感官主动认知的对象,教学实践感对教学活动有主动的探知,包括事实判断和可能判断;感性则突出的是,教学实践感始终不能离开教师的感官感觉和实践而只能存在于教学活动过程中,是教师与实践即身即物的感觉形态——高级感觉形态"直觉",在这个意义上,教学实践感始终是感性的。三者之间紧密联系,不可或缺。作为一种认识结果,

---

① 许慎. 说文解字注 [M]. 杭州:浙江古籍出版社,2007:227.

教学实践感始终是与教学活动的展开过程一体地存在的；作为一种理解、认识，教学实践感始终是对具体教学活动的理解、认识；作为一种判断，教学实践感始终是对具体教学活动的实然判断，或者应然判断、可能判断，并且这判断是在具体教学活动中发生的。教学实践感随着具体教学活动的生成展开而生成展开，也随着具体教学活动的结束而退场。

同时，教学实践感又是富于理性色彩的。康德早就指出，感性是和理性相并列的人的一种认识能力。在本书中，教学实践感，主要是指教师对教学实践的直观能力或者直觉能力，是一种教师长期实践体验、思维的成果积淀于感官感觉而形成的直觉思维能力，是一种感性形态的认知能力。这种在教学实践中认识教学活动的能力就是直观能力（强调"观"的动作），直觉能力（侧重"觉"的结果）。直观也罢，直觉也好，"直"字只能理解为直接，就是说，教师凭借教学实践感就能直接准确地对教学实践对象做出正误、真伪、是非、美丑、可能与不可能的直觉判断。直接理解中的"直接"意味着实践感不借助于思维在当下的作用，但"理解"又同时表明其作为人不假思索的反应力却积淀了长期的学习、揣摩、比较、训练的理性化实践成果——教学实践感与知觉、表象等一般的感性认识的不同之处，就在于它是人们长期社会生活文化教养积淀而成的。教学实践感的直觉性，在根本上并不是与思维性、理解性相对立的，而且本身就是思维性、理解性的结晶，是理性在感性中的沉淀，是有理性渗透于其中的感性。相对结果、动作两方面而言，实践感是一种"认识性的感觉"，其作为能力的一面是人作为实践主体的主动性最基本的部分，也是其最富于现实意义的一面。

因此，教学实践感能够在紧迫的实践需要面前瞬间把教师作为主体有关的感受、表象、联想、理解、情感等唤醒，一起对当下实践需要进行即时"会诊"。这一不假思索的认知过程，是感性与理性的奇妙统一。这种统一是由感性与理性之间的辩证关系决定的。

一、感性与理性的界限问题

对于感性与理性的辩证关系的理解，首先需要区分二者的界限。

人的感性在物是物态可感性，在人是感官能感性。离开了可感事物和人的感官，就没有感性认识。由于有感官做依凭，感性认识相对而言具有确定性特征。然而，也由于离不开感官，感性无法感知自身。人离不开感性，但人的感性必须突破感性自身，否则人就和动物一样与自己的生命活动直接同一，而不能把自己同自己的生命活动区别开来，永远处在人与之融为一体的事物与自身的物质规定性之下。感性是有限的，需要通过发展为理性来突破自身。感性作为一种能力是人和事物的物质特性，感官的物质性决定它是有限的。有人说在记忆、注意的基础上是想象、联想以及感动扩展了感性的边界，实际上，人的感性正是在其发展为理性的过程中逐步实现对自身的超越的。而且，一旦人能离开感官感觉，能离开感官感觉提供的具体表象来思维来认识世界，那就不再是感性认识而是理性认识了。由此可见，感性认识的边界，在最低层次即物质上就是感官本身，在最高层次即意识上就是表象。一旦突破表象的限制，利用概念——无论是感性概念还是理性概念来思维，就质变为理性认识了。

同样，理性边界的确定，既要考虑认识对象，即客观存在方面的客观因素，也要顾及认识主体方面的主观因素。一般来说，我们可以大致明确，在认识过程中与对象的联系方式、反映方式以及反映对象的深度上，感性与理性有着本质的区别。第一，感性认识是人在通过感觉器官与对象实际接触的过程中产生的，与认识对象之间的联系具有直接性；理性认识是认识主体通过抽象思维而获得的，与认识对象的联系具有间接性。第二，感性认识形成关于对象的直观形象，以形象的方式反映对象，具有具体性；理性认识是从现象偶然性中揭示出内在必然性，以概念的方式反映对象，具有抽象性。第三，感性认识反映事物的外在现象，理性认识反映事物的内在本质。这种区别对确定理性的边界不无意义。抽象思维、概念的使用，就是理性的最低界限；或者更深层次地说，理性由感性发展而来，其区别于感性的本质特征，就在于它可以意识到它自身。因此，能意识到其自身就是理性成其为理性的最低界限。而对事物内在本质的反映，则是理性的最高层次——尽管这种反映也有一个从片面、肤浅到全面、深刻的发展过程，一个无限的发展过程。

理性还有一个边界，就是理性总是人的理性，人总是肉体的物质的人，人总是有生也有死的，生命总是有限的，因而理性，尤其是个体的人的理性总是有限的，所谓"生也有涯，而知也无涯"。这或许是理性的宿命使然。

二、理性的生成及其对感性的扬弃

感性和理性的辩证关系还体现在：理性的生成过程本身就是对感性的扬弃过程，理性把感性扬弃于自身之内，作为自己的潜在支撑——康德早就指出，理性没有感性支撑必然空洞。

一方面，感性本身意识不到其自身，也就不能反思自身、突破自身，从而无法获得对对象内在本质的深刻理解，感性没有理性的统率必定归于盲目。而"认识的真正任务在于经过感觉而到达于思维，到达于逐步了解客观事物的内部矛盾，了解它的规律性，了解这一过程和那一过程间的内部联系，即到达于论理的认识"，"感觉到了的东西，我们不能立刻理解它，只有理解了的东西才更深刻地感觉它。感觉只解决现象问题，理论才解决本质问题"，我们"要完全地反映整个的事物，反映事物的本质，反映事物的内部规律性，就必须经过思考作用，将丰富的感觉材料加以去粗取精、去伪存真、由此及彼、由表及里的改造制作工夫，造成概念和理论的系统，就必须从感性认识跃进到理性认识"[1]。因而，感性认识"有待于发展到理性阶段"。

另一方面，理性认识的形成和发展不是感性认识的简单相加或综合，而是"将丰富的感觉材料加以去粗取精、去伪存真、由此及彼、由表及里的改造制作"。理性的生成与扩展是以人与感性世界的分离为前提的，它根源于人的现实感性实践活动中。一般来说，从感性认识到理性认识的发展是一个复杂往返的过程。更确切地说，理性的形成和发展体现为不断地跟随感觉回到认识对象，获得关于对象的新感性材料，又加以扬弃，再回到认识对象的循环往复过程。理性认识来源于感性认识，当人们的认识完成了从感性向理性的飞跃之后，感性认识所获得和提供的感性材料并不是消失了，而是被"革命"地"改造"了，变形了，也就是扬弃了。这一扬弃也是一个循环往复的、螺旋上升的发展过程——抽象概念的产生是对对象具体感性的否定，而当认

---

[1] 毛泽东. 毛泽东选集：第1卷 [M]. 北京：人民出版社，1991：286，291.

识从抽象上升到具体的时候，具体概念又质变为否定的否定，把感性认识和抽象概念都变成了理性认识的环节，从属于理性，处于整个认识的低级层次。在感性的实践活动中，正是通过对感性认识的不断扬弃，理性从片面、肤浅到全面、深刻的发展才得以实现。

三、感性的发展及其对理性的制约

感性和理性的辩证关系也体现在：感性为理性扬弃的同时，也制约着理性的发展。刚刚说过，在认识从感性发展到理性的过程中，感性并没有失去其自身的独立性，理性靠这种独立性才得以不断地突破自身的有限性。感性的独立发展仍然依赖以感官为中介的认识实践，并形成对理性的制约。

一方面，这种制约表现为没有感性认识就没有理性认识，无论是实践理性认识还是理论理性认识，都是如此。马克思早已指出，人"使自己的生命活动本身变成自己的意志和意识的对象。他的生命活动是有意识的。这不是人与人直接融为一体的那种规定性。有意识的生命活动把人同动物的生命活动直接区别开来"[①]。人之不同于其他动物，在于人的社会性，但人首先是自然生命体，然后才是社会的人。"有意识的生命活动"意味着人在活动中以自己的生命活动为对象，就是把自我的生命活动对象化了，也即理性的生命活动。人是依靠理性把自己从自然界众多生物中提升出来与其他动物区别开来的。感性始终是理性不可或缺的内在构成部分，并在理性的指导下发展，这种发展体现为不断地跟随理性（主要是实践理性，详见后文）回到认识对象汲取新的营养。

另一方面，理性（尤其是理论理性）要突破自身的有限性，必须有感性认识的支持。理性不但能意识到感性，帮助人突破感性的囿限，而且还能认识理性自身，认识到理性不能离开感性而独立生成。赫伯特·A·西蒙将理性的有限性具体化为"不能知道全部备选方案，有关外生事件具有不确定性，

---

① 中共中央马克思恩格斯列宁斯大林著作编译局. 马克思恩格斯全集：第42卷 [M]. 北京：人民出版社，1979：96.

以及无力计算后果"①，这种"全智全能的缺乏"，说到底就是人类知识的不完备性、评价的不充分性和选择的有限性。理性，尤其是具体个人的理性是有限的，需要借助人类的集体行为来拓展其边界。而这种拓展，却不能只靠理性来实现，还有赖于不断从感性获得丰富。理性由感性发展而成，又因其离不开感性这个认识源头，始终不能彻底脱离感性，不能脱离感官，不能脱离对象的物质感性规定性。感性并不因其被扬弃于理性之中而失去其自身的独立性，相反正是因为这种独立性，感性自身才能不断获得丰富、发展，理性才能不断地从感性获得新的补给，从而能不断地突破自身的有限性。

感性对理性的这种制约还表现在，在认识—实践活动的整体性范畴下，理性的成果即理论之所以可以成为真理，就是因为它作为理论出现的同时，提供了它赖以从中产生的实践活动本身，用列宁的话说，就是理论"应当提供在必然性中、在全面关系中、在自在自为的矛盾运动中的客体"②。

四、教学实践感是感性与理性的统一

马克思主义哲学认为，把人的认识过程划分为感性认识和理性认识两个阶段，是运用分析方法对现实的认识过程所做的科学抽象。而在现实生活中，一切人类认识过程的发展都是感性认识和理性认识的统一。纯粹的感性并不存在，因为即便是动物的感觉，也还因为有记忆、注意等理性因素的渗透而不再纯粹。同样，纯粹的理性也是不存在的，因为离开了感性认识基础的理性认识实际上并不成其为理性认识。在认识的感性阶段，总是需要对概念和判断以至推理等的运用，"感觉中也包含着应当，包含着理性"③；在理性的认识阶段，也总是以感性材料作为自己的基础的，既受其限制，又从中得到滋养。如此看来，感性与理性的界限究竟是什么的问题，其答案只能是一个认识的模糊地带。在这个模糊地带里，感性和理性都不单独存在，而是互相融

---

① 西蒙. 现代决策理论的基石[M]. 徐立，杨砾，译. 北京：北京经济学院出版社，1989：82.
② 列宁. 哲学笔记[M]. 中共中央马克思恩格斯列宁斯大林著作编译局，译. 北京：人民出版社，1993：181.
③ 张君平. 黑格尔人学思想研究[M]. 北京：知识产权出版社，2015：105.

为一体，共生共存，辩证统一构成人的完整认知能力，发挥认识作用为人的实践服务。这个认识的模糊地带，首先是与实践俱生俱去的，但又不是实践本身；其次它又因具有感性形态的特征而不能划归理性范畴，只好归属感性范畴。因而，这个认识的模糊地带，作为人的认识发展的感性形态的一个特殊阶段，因其理性成分已达到一个限度而不能是一般感觉、知觉、表象或其他，就只能是实践感，在教师，就是教学实践感。

教学实践感正是依靠理性内涵才成为教师感觉发展的高级形态。而要让教学实践感具有理性的意味，必须实现对感性的超越。因为实践不能离开感性，但实践又不能只有感性。于是，教学实践需要两重超越：一是必须靠直观超越理性，保证教学实践的感性现实性；二是教学实践必须超越感性，摆脱、突破感性的天然局限。教学实践是教师作为人的感性的类本质生活方式，它的高级层次必须达到与理性认识同样的高度，尽管不用理性认识的存在方式——概念与推理。教学实践感对感性与理性的双重超越，使得它显示出一种重要特点——"观照"性，"观照"兼有感性与理性特性，是理性直观。"观"当然不能只是感官的"观"，还须是用心去"观"。"心观"就具理性的意味，但它不是理性，因为它不用逻辑推理的形式，仍然是形象的"观"。作为经验事实的教学实践与教学理论是教学活动中的两个基本元素，只有当理论与实践融为一体，"实践"即"理论"，"理论"即"实践"之时，才能说实现了实践感的双重超越。教师的成长，不仅是获得感性认识的过程，也是生成理性认识的过程，感性认识与理性认识是内在地交织在一起的，感性认识是理性认识生成的基础，而理性认识是感性认识发展的前提，只有在教学实践感中，理性与感性的辩证统一才得到了丰富、具体而生动的体现。

教学实践感是感性与理性的统一。基于此，教师所要做的不外三件事：一是积极开展教学实践；二是充分发挥教学理论的指导功能，规范教学实践感的发展、抑制教师感觉的泛滥；三是有效促进教师教学实践感的发展并利用它合理地丰富教学理论、制约教学理论，避免教育理性失控。

第二节 主观性与客观性的统一

一、教学实践感的主观性

感觉总是具体的个人的感觉，具有个人性，并因此造成感觉发展的主观性特征，因教学活动而产生、发展的教学实践感亦然。教学实践感的对象是教学实践活动的整体形象，教学实践的价值意义，体现着教师个人教学实践感的主观性特征。即使是内容相同的一节课，不同教师或者同一个教师在不同时空的教学实践感也是不同的。实践本身是无所谓价值意义的，但实践是人特有的类本质活动，总是具体的人的实践，因而实践总是内在地包含着人的价值意义诉求，而且，这价值意义是由人在实践过程中创造赋予的。教学作为教育的根本途径，其价值意义由教师根据教育需求的规范来创造赋予。一个有经验的教师和一个刚刚入职的教师观摩同一堂课，尽管面对的是同一次教学活动，但他们的理解可以相似相通但绝不会相同，甚至是天渊之别。一个教师赋予一次教学活动的价值意义，或者说，一次教学活动作为对象所能唤起的感受、经验，尽管可能相似相通甚至在很大程度上相同，但必定与其所处的时代、民族、文化、地域、工作环境、所接受的教育尤其专业教育、所经历的生活道路，以及其他影响有着或直接或间接的联系，并因此有所不同。因而，每个教师的教学实践感都打着其个性的烙印，是各不相同的。一次教学实践对具体的教师个人的价值意义，是在教师个人意识中感性地产生的全部心理事实的总和，包括教师个人的偏好和需要、实践兴趣和观摩动机、感觉和知觉、表象和记忆，以及意志和情绪等，被理解的教学活动是教师个人的特殊的直觉的体验。教师只要身处教学实践中，教学活动的个人性价值意义就会自动产生出来形成教学实践感。可以说，教学实践感的主观性是基于教学活动的个人性价值意义的。从发展的观点来看，教师的专业成长是一个不断进步的过程，教师的专业素养发展了，其教学实践感也必然随之发生变化。

　　教学实践感的个人主观性特征还体现在不同教师经过长期的教学实践会逐渐形成风格各异的教学模式。如前所述，教学作为一种人类实践，对从教的每一个人都具有一种社会性的优先性，一个人成长为教师是从对教学活动的感知开始的。一个人在成长为教师的过程中，所看到的教学活动是千差万别的，而对作用于他的种种教学活动又会表现出其主观的独特的选择性，因而为他所内化的教学活动及其形式必定有别于其他人，而在运用于自己的教学实践时也会有不同的整合，使教学活动形成个人风格。因此，在一定范围内，教学模式就是教学实践感的表现形式。不同的教师有着不同风格的教学模式，而且同一教师同一风格的教学模式又会有许多变式。也就是说，每一个教师的教学实践活动都有一些或理念、或手段、或中介的特殊成分，只有某个教师才会提出某种理念，例如，在全国不可胜数的数学特级教师中，只有华应龙才提得出"我就是数学"的理念，才会从"投篮凭手感"之"手感是靠一遍又一遍的反复练习来积淀的"开悟"课感"，而"为了练就过硬的教学基本功，提高自己的课感""创造性地开始了'自我评课'"[1]；也只有某个教师才会使用某种手段，例如，在全国无数的新语文教师中只有青岛市嘉峪关学校的苏静充分利用和发挥了古典诗词的教学中介作用，在不足一年的时间里创造了让她所在班级的学生不仅能背诵古诗文百余篇，还能在两分钟内轻松地"指物作诗立就"的教育奇迹[2]；也只有某个教师才会提出某种教学模式，如只有赞可夫才提出了"一般发展"模式，只有巴班斯基才提出了"最优化"模式，卢仲衡的"数学自学辅导"、育才中学的"八字"（读读、议议、讲讲、练练）、李吉林的"情境"、邱学华的"尝试"、顾泠沅的"尝试回授—反馈调节"等教学模式亦然。新教师在学习过程中，对老教师一堂课中某一个环节为什么要那么处理而不这么处理，为什么那样处理就能收到好的效果的疑问，除非弄清楚老教师整个人，把整个教学当作其个人主观性的实践来看待，否则决不会理解。

---

[1] 华应龙. 我就是数学：华应龙教育随笔［M］. 上海：华东师范大学出版社，2009：254.
[2] 苏静. 麻辣学生酷老师［M］. 福州：福建教育出版社，2005.

对任一教师来说，随着从新手教师转变为熟手教师，基本教学实践技能的掌握不再是问题，关键在于如何实现教学实践的自我化。每个教师都会形成只属于自己的教学模式，而且这种模式会随着时间的推移和教师专业的进一步成长而发生演变，总跟教同一学科课程同一内容的其他教师有所不同。例如，同是语文教师的郑逸农和李镇西，他们对《再别康桥》的课堂教学就具有十分鲜明的个性。郑逸农把自己的教学归结为"非指示性教学"。所谓非指示性教学，"其核心精神是'二不'：不指示学习目标，不指示问题答案。就是说，学习一篇文章，学习目标不是教师根据自己的理解在办公室里预设，而是学生根据自身特点（认知、情感等）与文本特点在教室里现场确定，并且带有个性差异；问题答案不是由教师明确宣布，而由学生思考讨论后得出。教师不是明确指示者，甚至不是传授者，只是组织者、引导者和促进者"；"提倡'四自'原则：用自己的心灵去感悟，用自己的观点去判断，用自己的思维去创新，用自己的语言去表达。""这一堂《再别康桥》教学基本步骤是：学生自读；在此基础上说说各自的原初体验；再读，据此确定自己的学习主题；根据各自的学习主题，开展研读欣赏；欣赏之后交流体会；再将研读中的各种疑问提出来讨论；老师根据研读情况补充提问，并介绍自己的研读体会（并不是答案，更不是标准答案）；最后，每人代老师做一个结束语。"[①] 在具体教学过程中，学生通过对诗歌文本的自读、再读，确定了自己的学习主题（大致有：语言、意境、情感、构思）即生成自己的学习目标之后展开研究性阅读，进一步把"四自"原则落实到文本解读中去，并在教师的帮助下形成了多元的作品理解和审美体验，在代教师做结束语的环节把自我对《再别康桥》这一诗歌作品的具体理解提升到对诗歌文体的高度自觉意识。整个过程中，教师除了介绍创作背景之外，基本上都是围着学生转，帮助学生不断在自我的感受、理解与《再别康桥》文本之间的往返中发现问题、解决问题，并提供自己对《再别康桥》的个性化阅读感觉作为学生阅读反思的参照，并声明"它绝对不是标准答案"，是所谓非强制性的引导，平易近人，学生代做的结束语一定程度地表明，这一教学的效果是显著的。李镇西的《再别康

[①] 郑逸农.《再别康桥》教学案例[J].语文学习，2004(3)：26-31.

桥》课堂教学同样重视了读，但与郑逸农的读不同，李镇西的读是结合诗歌作品的音乐性特征而确定的朗读。总共两节课，教师和学生的范读、学生齐读、学生自由阅读、学生个人朗诵、学生分节齐读等有十五六次。教师从生平介绍塑造起徐志摩的优秀诗人形象，从朱光潜《谈读诗与趣味的培养》中得出的"一个人不一定要写诗，但要有诗情"的观点，启发学生读诗歌要带着诗情去体会作品诗意，随后将朗读贯穿在整个教学过程中，适时补充康桥对徐志摩的特殊生命意义的背景知识，在学生读的过程中，及时抓住"轻轻的""金柳""新娘""艳影""荡漾""油油的"等词语和"满载一般星辉"等诗句以及某些诗节进行分析引导，并就语气轻柔或豪迈、节奏急缓进行范读或请学生范读并指导齐读，不时予以点拨提醒该如何处理具体诗句的朗诵才能切合作品所表达的情感，如何朗诵才能活化诗歌表现的意境美，最后还联系学生对徐志摩《偶然》的欣赏介绍了《沙扬娜拉》，让学生在齐读中自然形成阅读动机。正如李镇西所说，这次教学效果远远超过"预期值"。两相比较，李镇西与郑逸农教学的明显不同还有，他强调"对诗歌教学而言，朗读一遍胜过讲授十遍"，随着朗读次数的增加会让学生越来越接近诗的灵魂。此外，郑逸农作为教师在很自觉地做学生阅读欣赏诗歌作品的助手，其教学活动的价值意义在于"帮助学生鉴赏"；而李镇西则明确"这次教学之所以能成功，还由于我有几十个助手，那就是我的学生。随时发现学生比我强的地方，我就随时都有得力的助手"[1]，他的整个教学活动的价值意义在于"教学生鉴赏"。

  不言而喻的是，面对《再别康桥》这一诗作，郑逸农只能做出非他不能实施的"非指示性教学"，李镇西也只能在保持不犯"把诗歌当文章来分析"的错误的警惕中设计出以朗读为中心的课堂教学，彼此之间无法互相替代，就像他们无法替代各自的学生阅读体验作品本身一样。在具体教学过程中他们对学生问题的处理、对学生之于问题的态度所做的回应，都是跟着感觉即他们的教学实践感走的。他们的《再别康桥》教学也因其教学实践感的个人主观性突出而个性鲜明。

---

[1] 李镇西. 听李镇西老师讲课[M]. 上海：华东师范大学，2005：90-105.

此外，在教学观摩过程中，教学实践感是教师的教学知识、既有教育观念和情感偏好在体现一定的教学知识、教育观念和感情倾向的对象性教学活动上的反射，同一次教学活动作用于不同的教师必定会有不同的教学实践感反应。比如，作文讲评课上，有教师对学生"套板反应"的作文采取冷处理，既不批评也不赞扬，就仿佛它并不存在似的。在某新教师看来这是不能容忍的，因为这是对学生不负责任的表现。不一定要批评，也不一定要问询学生这样写的原因，但他应该提醒学生那样写作文是不好的。而在另一位新教师看来，这种处理极其正常，不能为了个别学生而影响对其他学生作文的讲评，从而影响教学进度。老教师中则有人认为该教师应该对学生"套板反应"写作文负主要责任；有人认为"套板反应"写作文现象值得语文教师当作课题来研究；有人认为学生"套板反应"写作文是因为基础太差，根本不知如何下笔，教师应该对这样的学生多加关注，帮助他们走出"套板"陷阱。言为心声，由于任何一次教学活动的教学实践感反应，都积淀着一位教师的教育思想、教学情感、专业素养，以及其作为人的性格甚至特殊的生活经历体验、社会关系，因而也可以根据一位教师的教学实践感反应，来沿波讨源地探知关于这位教师的种种奥秘。比如，一位教师在课堂上几乎无视学生是作为人的现实存在，完全沉浸在自己的教案背诵或完成教学环节的预设程序中，我们会很容易看出，他要么是才入职的新教师甚至是实习教师，要么是经过了许多年仍然没有真正走进教育之门的老教师，他最基本的教育观念，如学生观，都还有待重新建构。又比如，一位年轻教师在课堂上精神饱满、仪态自然而富有感染力，常常能自然而然地利用肢体语言如或期待或疑问的目光等和学生交流，讲课声清调明、激情飞扬富于适度的节奏感，板书能简明扼要地体现该节课的知识脉络和重点难点，教具准备充分并运用得规范而灵活，根据学生学习需要和实际接受能力及课堂即时反应调整教学进度，一定程度地体现了自己的教学风格，可是到下课只完成了板书写明的两项教学任务中的第一项，也没时间布置作业。教学督导组教师、普通观摩教师对这位教师课堂教学的反应也有所不同。督导组教师中有人赞赏该年轻教师，认为该堂课充分表现了他较强的教师专业能力，既对教学内容有独到的理解，又对学生学情了解深入，还能根据学生课堂反应果断机智地调整教学进度；也有人指出，该年轻教师没有完成一开始上课就给出的教学目标，教学内容组织上存在着较大问题，是今后必须改进的地方。而观摩教师中除个别人外，基本同意督导组教师的赞同意见，认为该课堂教学表明了该年轻教师"以学定教"的科学教育观。

人的感官是不会说假话的，一个教师的教学实践感，总是出于本性而始终如一地忠实于他的心灵。教学实践感是教师自我心灵的直觉，因而也是教师心灵的一面镜子。

二、教学实践感的客观性

感觉是人的客观性存在。人在本质上是一切社会关系的总和。教学实践感是教师作为人的感觉在社会性的教学实践中发展起来的高级形态的直觉，也具有客观性。从哲学层面看，教学实践感的客观性主要表现在：第一，不同教师教学实践感的各种主观表现形式，都有客观的物质根源。不论教学实践感的对象是教学现象，还是教学本质，抑或引起兴趣期待的教师专业需要，都是客观的。第二，不同教师的教学实践感之间的主观性区别，也有客观的物质原因。如教师个人的职业地位、专业知识水平和实际教学经验，都与其所处社会、时代、地区的物质生活水平紧密相关。第三，尽管教学实践感可能会对教学实践有偏离甚至错误的感知反映，但这也是可以在客观物质世界中找到其原型的。

具体到现实中来说，具有优先性的教学实践，以其作为人的类本质实践的社会客观性，决定了教师个人教学实践感的主观性本身是在社会客观性之中生成的，任何一位教师教学实践感的个人主观性都在一定程度上渗透着教学实践感的社会客观性。

如果一位教师的教学实践感是纯粹个人主观性的，那么他就不可能懂得其他教师的教学活动，也不可能有别人能懂得他的教学活动，他就无法在教师职业这个社会范围内生存。当然这样的教师是不存在的。一个根本不懂得教学内容的观摩者也能明白教师是不是在教学，甚至也能分辨他教学活动的得失成败。作为对学生作为人的学习能力的规范，教学有其规律可循。这就注定，即使是不同民族、不同地区、不同国家的教师，在教学实践感上也会有诸多相似相通甚至相同之处。这种相似相通相同，就是教学实践感的社会客观性的具体表现。

三、教学实践感是主观性与客观性的统一

承上所述，人通过有意识的生命活动即社会性实践把自己和其他动物区别开来，自觉自由的实践是人的类本质的标志。在漫长的历史发展中，人也通过社会分工逐渐形成职业，进一步把人与人之间在社会性实践的层面上区分开来，使从事不同职业的人的类本质更具体地以其职业实践为标志。教学作为人类有意识的生命活动中以建构自我、完善自我为宗旨的自觉活动，是人类社会性实践中最广泛也是最重要的社会性实践，是教师作为人的类本质的标志。

教学实践感是教师个人以教学实践为对象而产生和发展的。社会客观性是教学实践的条件，没有它，教学实践就不存在；没有它，一切教学实践无论怎样完善，都含有"死亡的萌芽"。个人性在实质上就是主观性的个性化，就是主观个性。社会性实际上是主观性关系的客观化，也即社会客观性。一个人成长为教师，就是在教学实践中不断地个人化、社会客观化。个人化、社会客观化的过程同时也是教师个人主观化的过程。从自己作为学生时对老师的教学活动的感受，到对自己作为教师的教学活动的现场即兴的、事后反思的感知，在这一过程中，教学实践和教师主观个性之间相互作用，教学实践塑造了不同的教师主观个性，不同的教师主观个性又具有不同的实践内容和实践方式。

不同教师教学实践感的个人主观性之间相互关联，形成、发展和深化着教学实践感的社会客观性，教学实践感的社会客观性又塑造着教师教学实践感的主观个性。同时，教学实践感的社会客观性只能通过教师教学实践感的主观个性来体现，任何教学实践感的个人主观性在一定范围内也必然是教学实践感社会客观性的特定的表现形式。

要而言之，教学实践感必然是教师个人主观性与教学社会客观性的统一。

第三节　科学性与人文性的统一

一、教学实践感的科学性

教学实践感的生成不能忽视教学实践本身的内在规定性，即客观的学习规律合主观的教育目的性，这就内在地规定了教学实践感的科学性。

如前所述，教学是一种对人的天赋学习能力进行规范的自觉实践，有其规律可循。人类实践总要遵循客观合规律性与主观合目的性相统一的原则。在教学实践，这里的客观合规律性，是指要遵循人的学习能力生成、发展和发挥作用的规律性；这里的主观合目的性，是指要坚持人类对自身发展的社会性理想的观念性把握即教育目的。教学作为教育的根本途径，必须遵循学习规律和教育目的相统一的原则，两个规律直接生成对现实教学实践的具体规定。因此，通常所说的"教无定法"表面上看是允许教师自由教学，想怎么教就怎么教，实际上这自由是规定中的自由，每堂课每一个环节怎样处理，对学生课堂上的即时反应如何应对，都在规定范围内，教师教得自由自在正说明规定已经为教师内化进其生命结构之中，并非没有规定。

一般教育学教科书中常见的所谓教学规律、教学原则，就是教学实践的内在规定。教师的教学必须以学习规律为依傍，于是形成教学规律；同时又必须符合教育目的之要求，于是形成教学原则。熟练的教师能随时上好一堂课，"上好"就是处处都合于教学实践规定。而所有教学规律、教学原则本身，又都是从既有教学实践活动中总结概括出来的。从起源意义上看，没有最初无意识的教学实践就没有教学规律、教学原则，就没有教学实践感；从发展意义上看，教学规律、教学原则的形成是教学从无意识的自发性实践质变为有意识的自觉性实践的标志，没有对教学规律、教学原则的掌握，教学实践感也将因没有理性、意志的统率而不成其为教学实践感。因此，教师的教学实践是依存于他的教学实践感的。教育学者、教学论专家们实际上的研究对象，其实是教师们的教学实践感。

任何一位教师的教学实践感总是自然而然地体现着教学规定，因而，只要其教学实践感实现对感性与理性的双重超越，教师的教学就能达到"从心所欲不逾矩"的自由境界。教师的教学实践一旦违背了教学规律、教学原则，就不再成其为教学实践，不但不能对学生的学习起规范性的促进作用，反而会阻碍学生学习，从而造成无效甚至负效。这就是说，教学实践是教师作为人的类本质活动本身要讲究科学性，教学实践感作为教师个人以教学实践为对象的产物，也具有不容置疑的科学性。

这样看来，教学论作为一个学科，其科学性正是教师们教学实践感的结晶。教学论的科学性基于教师教学实践感的科学性，二者之间是一般与特殊的关系。一般总要通过特殊才能体现。任何一位教师的教学实践感都体现了教学实践必须遵守的共同规定，这才有教师相互之间的教学经验的、学术的交流。

二、教学实践感的人文性

"人文性"是个有争议的概念。《周易》里说，"文明以止，人文也""观乎人文，以化成天下"。北宋程颐《伊川易传》明确说："人文，人理之伦序。观人文以教化天下，天下成其礼俗。"前半部分是静态观照，后半部分是动态描述。朱熹《朱子语类（十二）》说："惟动时能顺理，则无事时能静；静时能存，则动时得力。"突出的是人不同于动植物的主观能动性及其现实表现。具体到我们这里，教学实践过程，就是"观乎人文"的过程——动，它指向"化成天下"的教育目的——静。历史表明，教育目的不断发展、丰富着，教学活动也相应地不断发展、更新着。教学实践感的人文性，概括来说就是，它既是教师作为人的主观能动性发挥的过程——动，又是其发挥的结果——静，静中有动，动中有静，亦动亦静，相生相成而永不中辍。

更具体地说，教师个人的教学实践感总是体现着教学规定。但教师个人的教学实践感并不只是按教学规定照章执行，教师个人的教学实践感也不只是教学论著作的例证。教学实践感有真伪之分，是非之别。教师依据教学实践感生成教学实践，并不是为了论证教学理论教学规定的存在；教师凭借教学实践感理解教学实践，也不是为了鉴别它是否循规蹈矩。这一点，联系前面关于教学实践感的个人主观性，不难理解。

教学实践始终是教师作为人的实践，是客观的社会性活动，必须从教师作为实践主体的主观方面来理解。因此，在这里，我们首先必须关注的是作为人的教师，教学实践感总是教师作为人的教学实践感。总之，我们在看到教学实践感的科学性的同时，还要看到它的人文性。

三、教学实践感是科学性与人文性的统一

科学性的核心是科学精神，强调的是对客观对象固有规律的事实描述，对对象做出是什么的回答；人文性的核心是实践精神，关注的是人类自身的完善，对人的发展做出应当是什么的规定。教学实践感真正关注的不是教学实践本身是否完全符合教学规定（虽然它对此也不能不十分敏感），而是直接体现在教学实践过程中的人和有关人（包括教师和学生）的一切，并迅速做出自己的判断、评价。且看下面一位学生和教师的互动交谈，请注意这位教师如何凭借敏锐的教学实践感，成功完成教学服务。课堂上布置给学生的作业是写一篇关于自我责任感和自信主题的作文。

学生：我来找您是想得到您的建议，告诉我在这篇作文中应该写什么内容。

老师：你还不能肯定选什么题目，是吗？

学生：是的。我为此已经受了好几天煎熬，但是还没有任何结果。我想您会有主意。

老师：你已经真的用功了，只是还没有进展。

学生：其他同学的好作文写的是什么题目？

老师：你想选一个题目写一篇非常好的作文，是吗？

学生：是啊。这篇作文我必须得A，这样我才能够在本课程上取得A等成绩。

老师：你似乎为取得本门课程的A等成绩而感到了很重的压力。

学生：可以说是这样。如果我没得 A，我的父母真的会难受的！他们经常想让我和我姐做得一样好。她真有一个好脑袋瓜。

老师：你觉得他们想让你在学校里和你姐姐一样优秀。

学生：是啊。但是我不像她，我有其他的兴趣。我希望我的父母接受真实的我——我与琳达不一样。她整天都在学习。

老师：你觉得你和你姐姐是不同类型的人，你希望父母认识到这一点。

学生：我从没有告诉他们我的感受。我想现在我会告诉他们。可能他们会不再强迫我成为一个常胜的 A 等生。

老师：你认为你应该告诉他们你的感受。

学生：我不能错过这个机会。可能这样会有所帮助。

老师：只有好处，没有坏处。

学生：对，如果他们不再逼迫我，我不必如此地担心分数。我学到的东西可能会更多。

老师：在校外你可能会收获更多。

学生：是。那么我会就我所感兴趣的题目写一篇作文，并从中学点东西。谢谢您帮我解决了问题。

老师：不用谢。[①]

根据马克思主义哲学，教师的教学是"非生产劳动"，是"生产个人服务的劳动""在它进行的时候就要被消费掉"[②]。教师的教学是为一个个具体的学生学习服务的。教学的实践形态可以是身体力行的示范即身教，也可以是言说示范即言教，或者二者的结合。但不管哪一种，都得根据学生学习需要来确定行为内容。而学生作为人，其心理有稳定的一面，但更多的是不稳定的一面，而且随时会因外来因素干扰而发生变化。因此，教师要真正做到"以

---

① 托马斯·戈登，诺埃尔·伯奇. 顶好教师［M］. 陈雷，张杰，王宇红，译. 北京：知识出版社，2005：31-33.
② 中共中央马克思恩格斯列宁斯大林著作编译局. 马克思恩格斯全集：第26卷（第一册）［M］. 北京：人民出版社，1972：176.

学定教"是不容易的,但教学实践感越是敏锐、越是深广的教师,就越是能在实践中做到、做好。在上面的教学场景中,教师凭着自己敏锐的教学实践感,迅速从学生的言说中读出了弦外之音,即这名学生不是真的没有内容可写,而是他想写的内容对他来说具有特别重要的意义。因此,他没有对学生的问题立马给出自己的指导即"主意",而是一步步探明学生内心的真实动机:"选一个题目写一篇非常好的作文",确保"在本课程上取得 A 等成绩",好让父母不难受。但这动机却成了他的压力,他想从中解脱出来,而获得解脱的唯一途径是父母接受真实的他,不再强迫他成为一个常胜的 A 等生。那样他就不必如此地担心分数而学到的东西可能会更多。教师给学生的不是直接针对其问题的回答,而首先是理解,其次是支持,再次是鼓励。很显然,学生的问题并不是他口头说出来的问题,或者说他口头上向教师请求帮助的问题本身实际上对他本不成其为问题,他的问题在于他内心承受的压力造成他过分担心分数而不能正常学习。这位教师的言教是成功的,成功的奥秘在于他拥有教学实践感——以语感为表现形态的教学实践感,一方面他迅速认识到了学生的真实问题所在,另一方面他果敢地对自己应该如何做下了决断,利用教学实践感告知他应该采取的方式,说出了应该说的话,结果不只是帮助学生解决了作文选题问题,而且帮助他走向了自信、自我负责。在这里,我们看到的是具体的学生的具体问题,是具体的教师的具体教学实践。我们还看到,教师教学实践的生成,开始于具体学生的具体问题,同时,实践活动结束后对实践感功效引起的自觉不自觉的回忆与欣赏,或者所谓教学反思,都不是实践感,而只是对实践感本身的意识。教学实践感的生成是开始于教师对教学服务对象的感知。问题解决,教学实践感退场。在这一过程中,教师既遵循了教学规律、教学原则,又关注了学生作为人的现实的真正需求,从学生作为学习主体的主观方面来看待学生的作文问题。

  教学实践感就是科学性与人文性的统一。作为教师的一种感性直觉能力,教学实践感是教学规律、教学原则对教师作为人的身体(感官)、心灵、精神的渗透,也是教师作为人的身体(感官)、心灵、精神对于教学规律、教学原则的发现、肯定和自觉利用,二者彼此之间互为因果,互为动力,教学实践感是二者的辩证统一。

第四节 历史继承性与创造发展性的统一

一、教学实践感的历史继承性

历史继承性是教学实践感固有的特征。

任何一个人都是享受着（从家庭到学校的）教学这份特殊遗产成长的。教育是与人类同时产生的，一个民族的历史，从某种意义讲，也是该民族的教学发展史。人，社会的人，总是生活在历史中的人。一个人成长为教师，首先面对的就是一个他身处其中的教学传统。一个人成长为教师的过程，就是受教学传统熏陶、塑造的过程。即使是对传统的有意挑战，也必然是站在传统的基础上的挑战。总之，任何一个教师都没有不生活在教学传统之中的自由。康德早就指出，人必须接受教育才能成长为人。既有的教学实践就好比一种特殊的历史遗产，任何一个人不管是否选择成为教师，他都是享受着这份遗产成长为人的。

对教师而言，教学传统就是他们作为人的生命之根和精神家园。教师只有在教学实践中才能切实感觉到自身的存在。教师的教学实践感之形成过程，也是教师继承传统教学历史遗产的过程。由同一种教学传统培育出来的教师，尽管有各自的教学风格，但他们的教学实践感，必然有相同的"基因"。常听人说，西南师范大学毕业的学生如何，北京师范大学毕业的学生又如何如何，某地方师范院校的毕业生又如何如何，无论是否明确意识到，都是就这种历史继承性所带给他们的相同"基因"而言的。

当然，历史是不断向前发展的，人也是不断发展变化的，教师作为人，教学作为教师的教学，都应该与时俱进，不断谋求发展，才有可能满足新的教育需求。具体说来，在一个人成长为教师的过程中，作为其学习对象的教学实践，自然也只能是具体教师个人的具体教学活动。中国古代是师徒相传，近代师范教育诞生以来是师范教育,最新的提法是教师教育。一个教师对自己老师的教学实践的学习,或者因为学习方面的原因,或者因为教学实践本身的原因,往往没法为教师自己现实的教学实践提供足够的支撑。例如,江苏省语文特级教师管建刚对入职之初自我教学实践状况的回忆:"师范所学的大都纸上谈兵,临到实际,我是老先生怎么教我也怎么教。作文嘛,读一读,说一说,写一写,完事;考试时,先入题,再写事,后点题,没事。"[①]然而不管怎么用心学、努力教,总感到效果远不如期待的那样理想,甚至感到没有一点效果。他开始对从"老先生"那里继承的教学遗产进行反思、批判,乃至革命,不断地寻找、建构属于自己的教学法,陆续出版了《我的作文教学故事》《我的作文教学革命》《我的作文教学主张》《我的作文训练系统》等"我的作文教学系列"著作。

二、教学实践感的创造发展性

承前所述,任何继承都不能只是机械地复制,而应该是创造,只有创造性地继承才有益于发展。任何一个教师在作为师范生时对老师的教学活动的教学实践感反应,已经不同于他的老师,也不同于其他老师。这种不同,或者是由于缺乏或未能领会老师的教学活动所蕴含的教育理念,或者是其他原因,与老师的教学实践感相比,要么更肤浅,要么更深刻,绝不会完全相同。入职后观摩同事的课堂教学时的教学实践感反应,也是这样。然而,这种继承,无论是更肤浅还是更深刻,都一定程度地体现着继承者的创造,这创造所带来的成果或许是更肤浅的,但只要是创造,不停歇的创造,就有可能从肤浅逐渐变为深刻。教学实践是教师作为人的类本质生活方式。教学实践感是教师作为人和教学实践在对象化活动中形成的,是教师和教学实践相互适应、相互作用的产物。只有在教学实践对象化的过程中,教师才能成为对教学实践进行感知的主体,教学实践才能成为感知的对象。在教师与教学实践相互适应、相互作用的过程中,教学实践对象化为教师的感觉、心灵,同时,教师感觉、心灵又对象化于教学实践,于是教学实践作为对象成了教师本身。

---

① 管建刚.享受作文[J].江苏教育,2004(12A):39-40.

从前一环节看，教学实践感是教师对教学实践的继承；从后一环节看，教学实践感又是人在教学实践中的创造——对教学实践形式以及教学规律、教学原则的创造性理解、创造性运用。教师对教学实践的感知，是教学实践对象化于教师的产物；同时，教学实践这一对象的意义是教师的感觉在感知中生成的，是由教师自己赋予的，是教师的认识、情感等化入教学实践这一对象的结果。教师对教学实践的感知有不同的层次，教学实践作为对象的内涵也有不同的层次，教学实践在何种层次上成为教师本身，取决于教学实践和教师双方的本质的丰富性。换句话说，某一次教学实践之所以能成为教师的感觉对象，实际上是教师创造的结果。尽管从继承方面来讲，既有的教学实践必须是教学实践，但这"教学实践"一旦成为教师的感觉对象，成为教师本身，就必然带有教师个人的表象、联想、情感等。在这个意义上，甚至可以认为作为教师的对象的"教学实践"，是由教师自己创造出来的，有多少个教师就有多少个"教学实践"——它们由于源自同一个客观对象，其间必然会有相似之处，但必定也有诸多相异之处，两个不同的教师各自的"教学实践"最多只能算是同义词，具体内容则并不完全相同。也就是说，在这里，"教学实践"作为客观存在的对象，已经符号化了，只是一个激发出不同教师内在潜能的符号，所带来的只是启迪。一位老师曾写过这么一段话："讲授《岳阳楼记》前，我看到《中国教育报》上刊载了特级教师于漪关于该文的'一解二评三想四写'的教法，深受启迪，及时做了记载，授课时学习于老师的教法，效果很好。"[①] 显然，特级教师于漪"一解二评三想四写"的教法再好，对这位教师或其他任何一位教师，所能给予的也只能是"启迪"。

　　教师教学实践感的创造发展性，是由教师个人教学职业生活、职业交往、教学个性的独特性决定的。因为教师作为教学主体与教学实践作为对象之间的对象性关系植根于教师的教学实践活动。教学实践感的继承性决定教师教学实践感的某种"基因"共同性，但教师从事教学实践活动的需求、愿望，以及为了实现这些愿望、满足这些需求所要采取何种方式，也就是在什么样的情境之中怎样生成、理解教学实践，却仅仅取决于他个人教学实践的创造

---

① 李树德.莫忘读报[J].云南教育，1998（Z1）：27.

性。一位新教师在学校"老带新"制度下跟随一位经验丰富的老教师接受指导,在观摩老教师一次课堂教学中发现老教师处理学生意外提问时采取的办法很让他欣赏,认为这正是他想要寻找的东西。于是在他自己的课堂上,新教师援用了老教师的办法,赢得了学生的肯定,效果很好。这里固然有新教师对老教师教学实践感的继承,但他面对的学生、上课的时间、情境与老教师所面对的并不相同,具体教学内容也不一样,所遇到的学生提问更是难以预料的——他的成功显然是他创造性地运用从老教师那儿继承的教学法来完成他自己的教学实践的结果。

三、教学实践感是历史继承性与创造发展性的统一

任何一个教师的教学实践感的生成,都不会只是对所继承者的复原,而必然在继承的基础上有创造性的发展,是二者的辩证统一。继承总是创造性发展中的继承,创造也总是历史继承中的创造。中外教育教学思想史表明,每个时代的任何一个独立从事教学实践活动的教师,都会自觉不自觉地丰富教学实践的意义或者赋予教学实践新的价值,因为他无法避免把自己作为人的个性带进他的教学实践活动里,他的个性要求教学实践提供新的价值意义。优秀的教师常常在教学实践中费尽心血,不倦地追求教学的有效性,不断地取得足以骄人的成绩。教师们总是不断地在教学实践中发现、汲取到新的东西,并注入教学理论中,从而赋予教学活动这一人类实践以永不衰竭的生命力。每一个教师在教学实践活动中跟别人想法不一样,他的一个极其微小的个性特征,也会像一圈波纹那样在整个教学实践中扩大开来。教学理论的任何变化,在其普遍推行之前,无不由教师个人率先提出。正是这种不断的重复,使之为社会接受,而变成了教学事实,形成新的教学传统。

历史在发展,时代在进步,传统也有新旧之别。新的教学传统的形成,是大量新的教学实践事实累积、沉淀的结果,而大量新的教学实践事实则是由无数教师在教学实践中创造出来的。任何教师个人都可以创造性地发展教学理论,理解教学理论,创造新的教学实践事实,从而参与新的教学传统的建构。自然,并不是所有新的教学实践事实都有可能或有机会参与新的教学传统的建构。但教学理论确实在变,而且必定萌芽于紧随教学实践感之变而

变的教学实践。教学实践的变化基于教学实践感的创造性实践——这种创造性实践必定只能以传统为基础。教学实践的变化，甚至教学理论的变化，都在事实上昭示着教学实践感创造力的旺盛。

教学实践感不断从事创造性的教学实践活动，必然导致教师个人教学实践感的结构发生改变。这是从偶然向必然的转变。一个教师在工作三年五年后，其教学实践肯定与他入职之初会有不同，十年之后又会有不同，二十年后，三十年后……这里的变化不是说他担任的课程学科、教学内容变化了，或面对的学生变换了，而是指他教学的方式、处理课堂问题、所采用的教学手段、与学生交流的姿态等，即他的教学实践感的结构发生了变化。这种变化也是历史继承性和创造发展性的统一，变化中有不变的东西，那就是他的主观个性特征。

第三章

教学实践感的属性

教师总是凭借教学实践感认识教学实践的。属性"是一事物和它事物发生关系时表现出来的一切规定性,是事物存在的外在表现形式,是人脑对事物关系的一种反映"[1]。因而,要更加全面地认识和更好地描述教学实践感及其作用,更加有效地克服思维定式以创新改进教学实践的方法,认识教学实践感的属性是有必要的,也是可能的,因为"它们或者是人可以直接感受的,或者是可以借助技术手段观测的,或者是可以通过理性加以抽象把握的,至少是凭借人的灵性可以悟出的"[2]。

第一节 教学实践感生成发展的非逻辑性

教学实践感是教师作为人的感觉在对既有教学实践的感知过程中发展的结果,其发展是一种生成性发展,因而呈现出非逻辑性,即教学实践感的生成发展并非靠逻辑推演——按已知概念、定义和某种规定,通过对对象进行比较、判断,归纳、总结等方法来认识对象、推断对象——的思维模式来实现,它不遵循一般的思维规律即不遵守形式逻辑的规律,而循着感官感觉突破了逻辑的狭隘界限,不受逻辑的规律、方法、形式的束缚,表现为无序性、非线性。例如,在如何处理课堂教学过程中的学生意外反应或者突发性非教

---

[1] 李泽健. 属性不是事物本身所固有的 [EB/OL]. 个人图书馆,2011-10-30.
[2] 苗东升. 系统科学大学讲稿 [M]. 北京:中国人民大学出版社,2007:72.

学事件上，常见的情形正如有人所指出的那样，"错就错在它总是不见效。即便见效了，付出的代价也会很高，因为所有解决问题的信息都包含一条秘密的、暗含的信息：'你蠢得连帮助我的办法都找不到。'学生们听到后会憎恨这暗含的信息"①。而所谓有经验的教师，也就是教学实践感丰富、敏锐的教师则不一样，他们不仅深谙"以学定教"、要让学生成为"天性所造就的人，而不是人所造就的人"等教育至理，而且已经通过实践使之信念化，并积淀进自己的教学实践感，既有教学实践事实早已让他们明白了叶澜所指出的课堂生成性："课堂应是向未知方向挺进的旅程，随时都有可能发现意外的通道和美丽的图景，而不是一切都遵循固定线路而没有激情的过程。"②因此，他们在遭遇课堂意外时，会跟着感觉走——当然是跟着为理性即教学信念等所渗透了的感觉的高级形态即教学实践感走，而让意外转化为资源，生成意外的教育效果。这从下面的案例《"强壮"的录音机》可见一斑：

那是教牛津英语"fat, thin, strong, tall, short"等描述性形容词的一堂课，学完了这些形容词，我在课件里出示了很多同学们喜欢的卡通人物和他们熟悉的明星，叫他们用以上学过的形容词来扮演和描述，对着这些他们感兴趣的"面孔"，他们的兴趣一下子都被激发了，个个都显得异常兴奋：

S1: I'm 肥肥. I'm fat, fat, fat. （还滑稽地扭动了几下屁股）

S2: I'm 姚明. I'm tall, tall, tall. （做了个姚明投篮的姿势）

S3: I'm 小矮人. I'm very very short. （蹲下身子还学起了小矮人走路的姿势）

……

就在大家欣赏精彩表演时，我注意到了一双渴望的眼睛，一个平时不敢开口说英语的小男孩——小城，显然他也被那精彩的课堂吸引了，扑闪扑闪的大眼睛好像在说："能让我试试吗？"何不让他试一试呢？"小

---

① 托马斯·戈登，诺埃尔·伯奇. 顶好教师 [M]. 陈雷, 张杰, 王宇红, 译. 北京：知识出版社，2005：163.

② 李如密. 教学美的价值及其创造 [M]. 广州：广东高等教育出版社，2007：184.

城，can you try？ Try your best，OK？"在我的鼓励下，他激动地跑了上来疙疙瘩瘩地说道："I'm 武松. I'm strong."说完还来了一个武松打虎的动作。但万万没想到，就在他做这个精彩的动作时，手不小心钩到了录音机的电线，"啪"，放在讲台桌上的录音机重重地摔了下来。

全班同学包括我都被这一声巨响吓了一大跳。尤其是小城，站在那里不知所措，刚才那兴奋劲儿一下烟消云散了，胆小的他脸上充满了恐惧。"不能让这个小小的意外打击他！"我对自己说，于是我迅速地把录音机放回讲台上，并自信地摁下播放键，因为我心里已经有了解决的"妙招"了。（如果这时录音机坏了，我会对同学们说：小城 is strong！录音机 is not strong！ Miss Wang 再拿回去修理，让录音机也变得跟小城一样的 strong！）但是，美妙的英语歌曲却从录音机里传了出来。于是我关掉录音机，用惊喜的语气向大家宣布："小城 is strong！录音机 is strong，too！小城 is super！"小城异常惊喜。他的眼神里充满着感激。一句"小城 is strong！录音机 is strong，too！"既保护了一个学生的自尊心，也轻松地化解了课堂上这个小小的"意外"。[①]

教学实践感的属性和其他一切事物的属性一样，都是人脑对事物间关系，即教学主体、教学中介和教学对象之间的关系之规定性的一种反映，这些"事物"作用于我们的感官，经过我们的感官加工，又经过神经细胞的无数次转换和传递，到达大脑以后，再经过大脑的加工，最终才为我们所认识。没有脱离人的感觉的属性。所有事物间的关系及其规定性，都必须转化为感官所能感知的对象才能被人认识。因此，教学实践感虽然看起来没有明显的根据可依循，也不能靠逻辑推论出来，但其生成发展不仅仅是教师凭借感官感觉对教学实践进行感知的产物，还积淀了教师在长期实践中形成的理性认识成果，尤其实践理性思维。因此，对教学实践感生成发展的非逻辑性，回到实践思维机制或许更容易弄清其究竟。

---

① 乐伟感，梅妙聪. 新课程小学英语教学叙事研究［M］. 宁波：宁波出版社，2007：127-128.

一、实践思维机制及其与理论思维的划界

实践是理性思维和非理性思维（在一定意义上即非逻辑性）共同的生命之源。理性思维又有理论理性思维（理论思维）与实践理性思维（实践思维）之别。弄清实践思维的机制及其与理论思维的不同，是进一步理解教学实践感生成发展的非逻辑性的必要前提。在这个问题上，徐长福博士关于理论思维与工程思维两种思维方式的僭越与划界的理论，是迄今为止最具启发性的成果。

徐长福指出，人的活动可分为身的活动和心的活动两大类，身的活动就是实践，就是做；心的活动包括思维活动、情欲活动、意志活动等，其中思维活动就是琢磨和盘算，包括认知、筹划、评价等。认知和筹划是人类的两种旨趣殊异的思维活动。"认知是为了弄清对象本身究竟是什么样子，筹划是为了弄清如何才能利用各种条件做成某件事情。认知的最高成果就是形成理论，理论是用抽象概念建构起来的具有普遍性的观念体系；筹划的典型表现就是工程，工程是用具体材料建构起来的具有个别性的实存体系。观念体系是客体对象的主观化，实存体系则是主体意愿的客观化。认知型思维的高级形式就是理论思维，筹划型思维的高级形式则为工程思维。"[①]实践"只是人类感性活动的一般规定性，并不包含人类感性活动的个别规定性，因而缺乏用以思考个别感性活动的程度功能，是一个不具有可操作性的范畴"，简言之，实践是"抽象的或一般的'做'"，而工程是"具体的或个别的'做'"。[②]认知、理论和理论思维直接指向的是"本来怎样"的问题，筹划、工程与工程思维指向的是"应该怎样"的问题。[③]因此，"用理论思维去设计工程"，必然"使得工程设计漏洞百出，无法实施"或者"纯粹出于论证工程意图的合理性"而搞所谓的理论研究，必定信誉不佳。理论思维与工程思维的分界在一般自

---

① 徐长福. 理论思维和工程思维——两种思维方式的僭越与划界 [M]. 上海：上海人民出版社，2002：4-5.

② 徐长福. 理论思维和工程思维——两种思维方式的僭越与划界 [M]. 上海：上海人民出版社，2002：28.

③ 徐长福. 理论思维和工程思维——两种思维方式的僭越与划界 [M]. 上海：上海人民出版社，2002：4-5.

然科学中是很清楚的。而"应该怎样"又是一种本然的人文社会现象，因而理论思维按其本性就能够将之本然化成为"本应怎样"。正因如此，在人文社会科学中理论思维和工程思维长期被混淆，理学和工学之分没有得到贯彻，从而导致两种思维僭越的严重后果：一是"我们常常理所当然地将理论研究直接当作工程设计，将理论体系直接当作工程蓝图，总以为理论上成立就等于工程上可行，即使在实施中碰壁，也往往归咎于或者理论还不够成熟，或者施工不合要求，而意识不到根本原因在于我们混淆了理论思维和工程思维，用理论思维越俎代庖地去处理了本该由工程思维去处理的问题"；二是"我们还常常自觉不自觉地用工程思维去构造理论，将主观的价值意图对象化为客观道理，把'应该怎样'直接等同于'本来怎样'"[①]。他最后得出"基本结论：理论思维和工程思维必须划界——理论思维用来认知客观规律，工程思维用来筹划人类生活"，并且"是理论就要'讲清楚'，就要合逻辑，就要公共地验证，就要力求放之四海而皆准，就要'同而不和'。是实践就要'想周全'，就不能认死理——只要一家、拒斥其余，就要综合考虑一切出场的因素，并博采各家之长，以求事情本身的集成优化，就是'和而不同'。既不能用实践的方式搞理论，也不能用理论的方式搞实践，要分工而互补"[②]。

徐长福特别申明，在理论思维和工程思维（实践思维）的关系上，不是"仅仅划界理论就能解决实际中的划界问题"，也不是"工程设计只要采用工程思维就一定能够成功，而设计的成功就意味着建构的成功"，也并非"划界本身可以使人文社会理论变得像自然理论那样可靠，同时使人文社会工程变得像物质形态工程那样易行"，更并非"仅仅划界就能包医百病，所有人文社会问题都能就此迎刃而解"[③]。尽管如此，他关于两种思维划界的论断，即"理论思维可称为内部的非价值的逻辑化的思维方式，而工程思维则可称为价值化的非逻辑的思维方式。理论思维的价值功用在于分门别类地发现属性之间

[①] 徐长福. 理论思维和工程思维——两种思维方式的僭越与划界 [M]. 上海：上海人民出版社，2002：7.

[②] 徐长福. 重新理解理论与实践的关系 [J]. 教学与研究，2005（5）：30–41.

[③] 徐长福. 理论思维和工程思维——两种思维方式的僭越与划界 [M]. 上海：上海人民出版社，2002：236–237.

的必然联系,工程思维的价值功用在于将不同联系系统中的属性复合为一个工程整体。前者力求有约束力的客观道理,后者力求有操作性的主观设计;前者服务于后者,后者服务于工程的实施,即实践"①,实际上可以作为我们理解实践思维机制及其非逻辑性的基础。

根据徐长福的划界理论,首先,我们可以明确,实践思维的机制就是根据主观目的需要对理论思维提供的必然联系进行整合。一方面,这种整合最初是无意识的,在"本应怎样"意识生成之后才变为自觉的;另一方面,这种整合借助于理论思维的成果但并不囿于理论思维,它主要是靠人的感觉,人在实践中发展并在发展中为理性渗透(积淀了理论成果)的感觉,即实践感来完成。通俗地说,就是在实践思维中,理论思维是跟着实践感觉走的,为实践感统率着发挥其价值功用的。因为,理论思维的静观性、有限性决定任何理论或理论总体始终不会是对实践世界的完全把握,尤其无法完全预见实践世界中具体个别事物的动态发展及其可能性——这只有靠人在实践过程中凭借感觉来即时掌握。

其次,我们可以从两方面来明确实践思维机制的非逻辑性。第一,实践方式的"准个别性"决定实践思维的运作本身只能是非逻辑性的。徐长福对实践范畴与工程范畴的区分启示我们,虽说"理论只能把握普遍,实践则运作个别"没有错,说"人是个别性的家,个别性是人的命"②也没有错,但在实际上,"个别地对待每一个别的事物,只能是一种审美的理想","我们所能设想的只能是一种介乎理论的普遍性方式和完全的个别性方式之间的方式,这种方式,我们可以称作'有限个别'或'准个别'的方式"。"在实践中,尽管事物的存在或显现还可以认为是个别的,但被实践或被对待的方式只能是类型的或'准个别的'"③。徐长福建立的"个别性公理",即"任一实存个

---

① 徐长福.理论思维和工程思维——两种思维方式的僭越与划界[M].上海:上海人民出版社,2002:95.

② 徐长福.理论思维和工程思维——两种思维方式的僭越与划界[M].上海:上海人民出版社,2002:240.

③ 王南湜.追寻哲学的精神——走向实践哲学之路[M].北京:北京师范大学出版社,2006:269.

体所具有的全部属性之间不存在一以贯之的逻辑关系"[1]，和实践构成上的多要素一起说明，实践过程就是多个不同事物相互联系的过程，实践过程就是实践思维将"不同联系系统中的属性复合为一个工程整体"的过程。而这个复合的实践思维运作过程，也由于"属性之间不存在一以贯之的逻辑关系"，不可能遵循客观的逻辑来实现，而只能根据实践主体的主观的目的需要来进行统筹。然而，主观的目的需要的满足，又源于对事物属性之客观性的洞察和利用。因此，实践思维只能往返于主观需要与客观事物各属性或属性整体之间，做非逻辑的运作，才能实现其价值功用。

第二，在对象把握上只能把握对象的"模型"的局限性也注定实践思维是非逻辑性的。最早对实践思维指导实践予以论述的哲学家是亚里士多德，他强调在实践中关于个别事物的知识比一般原理知识更为重要，个别事物即具体事物是感觉对象而不是科学对象，但也指出这里的感觉不是具体的感官感觉，"而是像我们在判断出眼前的一个图形是三角形的那种感觉"[2]。"那种感觉"就是我们所说的实践感，是对于对象的直接的感觉整体，是对于对象的"属"的感觉，它所把握的不是绝对的个别对象，而是对象所具有的一种相对的或有限的普遍性，即一种事物中共同的东西的"模型"。也就是说，在实践中，现实世界与要通过实践建构的理想世界，都只能是一个由人类建构起来的某种程度地类型化了的世界，是一个由"准个别"事物构成的世界。每一个"准个别"事物都是一个属性联系系统，而"属性之间又不存在一以贯之的逻辑关系"。因而，实践思维对现实世界和理想世界的把握，只能是对诸"有限的普遍性"之规定的非逻辑地复合或聚合。

二、实践思维的非逻辑性决定了教学实践感生成发展的非逻辑性

教学活动的生成本身是实践思维（教育工程思维）运作的产物，是实践思维指导下的自觉性实践。教学实践感生成于教师作为人对教学活动的感知

---

[1] 徐长福. 理论思维和工程思维——两种思维方式的僭越与划界 [M]. 上海：上海人民出版社，2002：239.
[2] 亚里士多德. 尼各马可伦理学 [M]. 廖申白，译. 北京：商务印书馆，2003：179.

过程并在感知过程中获得发展,说它为理性所渗透包含两层意思,一是理论理性的积淀,其主要表现是教育教学理论对教师的信念化、身体化影响;二是实践理性的指导,其主要表现是教师围绕教学实践的需要即时感知教学实践的方方面面,并据以做出适应教学实践需要的有效反应,用布迪厄的话说就是"准身体意图"。两个层次的关系是,在独立于实践的认识环节上,以实践意志为核心的实践理性为理论理性提供材料,服务于理论理性;在具体实践过程中,认识也在时刻进行着,但在这时实践是唯一的任务,以分析性思维为内在本质的理论理性要服从和服务于以整合性思维为内在本质的实践理性。实践理性正是利用理论理性的成果才保证了实践的顺利完成。既然实践思维主要靠人的感觉即实践感来完成对现实世界和理想世界的把握,人的感觉从来都是相互融合、相互渗透地发挥功用,又使这一把握只能是对诸"有限的普遍性"的规定的非逻辑地复合或聚合,那么,教学实践感的生成和发展就注定只能是非逻辑性的。

要进一步说明的是,实践思维的非逻辑性决定了教学实践感生成发展的非逻辑性,这种非逻辑性同样在教师教学活动过程中的教学实践感反应上表现出来,也正是这种非逻辑性才使教学实践感成为教师随时突破教案教学程序计划的内在动力,它改变了理论思维中纯粹理性认识的死板、僵化的结构,使认识具有直接性、迅速性、灵活性,表现为教学实践感的创造性。

第二节 功能发挥的直接性和实时监控性

一、教学实践感功能发挥的直接性

读过拉尔夫·泰勒的《课程与教学的基本原理》一书的人,应该熟悉其中一句话:"毫无疑问,某些富有教育艺术的教师在工作上成就斐然,尽管他们对教育目标没有清楚的概念,直觉却能告诉他们什么是好的教学方法、什么教学材料是重要的、什么话题值得讨论以及如何有效地向学生演示教学材料并引发话题讨论。"[1] 其中，那"富有教育艺术的""直觉"，就不是一般的直觉，而是教学实践感；它对教师的"告诉"，就体现着教学实践感功能发挥的直接性。

所谓教学实践感之功能发挥的直接性，是指教师凭借教学实践感无须通过任何中介来认识生成过程中的教学实践，也就是对生成过程中的教学活动感知的无中介性。在整个思维过程中，教师不必进行判断推理、深思熟虑、分析推敲，省略推导，而径直指向最后的结论，是所谓"率志委和，则理融而情畅"[2]。教师作为教学实践主体对自己这一思维过程没有清楚的认识，甚至不清楚是怎样获得对教学活动现状及其发展可能性的判断，并据此做出决策的。这种直接性，或者说是一种"由于反复的经验而获得的敏捷性"[3]，使教学实践感绝大多数时候显得极为迅速、灵活，不遵循一般的理性思维规律，完全突破了形式逻辑思维在认识程序和思维操作步骤上的狭隘界限，不受逻辑的规律、方法、形式的束缚，能在瞬间直接把握教学活动的内在本质。换句话说，凭借教学实践感，教师就可以自由灵活地利用已掌握的理论知识、经验和信息，根据教学实践过程中即时感知到的少量事实，就教学活动发展的可能提出新颖的科学预见，从而把抽象的教学理论问题还原为具体而生动的形象，以便从中悟出各教学活动要素之间的本质联系，更好地整合起抽象思维、形象思维，把认识教学活动的活跃想象力和自觉生成教学实践的敏锐表现力结合在一起，充分发挥潜在意识、丰富情感和洞察力在教学过程中的积极创造作用。这在教师对课堂意外的教学实践感反应上有集中的表现。

教学实践感功能发挥的直接性，可以从教师对课堂意外的资源转化上看到。曾曙光老师在高一新生的第一堂历史课上的自我介绍刚结束，就有一个学生直言："才不是咧，他们都说你是'曾剃头'！"引发了全班热烈的讨论，完全出乎他的意料。曾老师毅然决然地放弃了原来的教学设计，问学生："你们知道为什么我会有这个'曾剃头'的绰号吗？"在学生大胆道出"'曾剃头'

---

[1] 拉尔夫·泰勒. 课程与教学的基本原理 [M]. 罗康，张阅，译. 北京：中国轻工业出版社，2014：3.
[2] 刘勰. 文心雕龙 [M]. 郭晋稀，注. 长沙：岳麓书社，2004：274.
[3] 中国社会科学院文学研究所. 文艺理论译丛（下）[M]. 北京：知识产权出版社，2010：764.

是曾国藩,你也姓曾呗"之后,他坦言是因为自己教学中对学生要求比较严厉的缘故加上本又姓曾才得了这样一个雅号,接着以"曾国藩是我的老祖先"激起学生的求知欲和学习热情,围绕对曾国藩这个历史人物的评价,一方面充分肯定学生对曾国藩的评价的合理性;另一方面也指出学生的评价因初中历史学习知识面有限而存在的简单化、片面性问题,明确高中阶段和初中阶段在评价人物方面的区别,使学生在观念上初步认识到,在高中阶段,随着认知能力的提高,评价历史人物应更深入、更全面,要用历史唯物主义的基本观点和方法,从正反两方面来分析,努力做到论从史出、史论结合。[①]本来,学生给老师取绰号很常见,老师因学生用绰号直呼自己而认为是对自己的嘲弄、讽刺、侮辱者也很常见。而曾老师能毅然决然放弃原来的教学设计,正是凭借其教学实践感,在那一刹那间意识到学生对自己的印象关系着今后历史课堂教学能否有效,迅速将"曾剃头"绰号直接转化成教学资源,收到了实效。

  教学实践感功能发挥的直接性,还可以从教师面对课堂意外的行为决策上看出。教师的教学行为是教学实践活动的基本要素,根源于教师对教学过程的本原把握及其在此过程中形成的个人教学思想观念和教育信念,它引起、维持或促进学生的学习,直接影响着教学水平的提高和教育目标的实现。因而,教师在课堂上遭遇意外时做出什么行为就不容忽视,行为是否适宜也是对教师的一种考验。张老师在语文课上讲"程门立雪"的故事时,立意让学生开动脑筋,自己找到正确答案。全校有名的"打架大王"王威武立马举手,大声回答:"这个成语故事包含的道理是,杨时是个伪君子,我们不能像他那样装模作样。"引得全班哄堂大笑。面对这个意外,张老师的现场反应是"脸色铁青,喝令王威武坐下"。这一反应让其他同学"赶紧收起笑声,课堂上立刻鸦雀无声。接下来,任张老师怎么鼓动,也没有人发言了。张老师只好把教参上的答案直接告诉学生:这个成语故事说明,读书应该像杨时那样,尊重老师,虚心求教。'程门立雪'是尊师的典范,而不是王威武同学说的装模作样。"王威武课后先是找张老师辩论被打断且被教训"不要往歪门邪道上

[①] 曾曙光. 学生叫我"曾剃头"[N]. 中国教师报,2006-03-01(4).

想",讨了个没趣;再是张老师破例让他看教参并耐心开导:"课程和教参都是很多专家集体编写的,出版后更有千千万万的专家看过、老师教过、学生学过,即使是小错误,也早就发现更正了。我敢保证,这个答案肯定是正确的。从宋朝到现在,一千多年来人家都说'程门立雪'是尊师,难道古人今人都错了,只有你王威武一个人正确?你不要钻牛角尖了,免得耽误学习。"最后王威武模仿杨时来了个"张门立烈日",张老师责问他为什么不站在屋檐下,偏要站在烈日下,是不是脑子有毛病,他反问:"我向杨时学习,怎么就成了脑子有毛病?"才让张老师有所醒悟。[1] 最初,张老师唯书本是从,思维僵化且顽固;最后,王威武的身体力行激活了张老师的感觉,才让他明白过来。很显然,是教学实践感的匮乏,让张老师做出了不利于教育目标实现的教学行为。

在下面的案例《怎样对待这"一瞬间"》中,教师的教学实践感即景生成并直接发挥了有效作用。

五年级思想品德课正在进行着。同学们读完课文以后,我提出这样一个问题:"请同学们认真思考:平时你见到的哪些行为是诚实的,勇敢的?为什……"

"呼"的一声脆响,打断了我的提问,这响声很显然是火柴枪发出的。

这突如其来的脆响,使同学们有的捂起了耳朵,有的吓得嗷嗷直叫,有一个女同学竟惊吓得从板凳上跌了下来。

一分钟过去了,教室又恢复了安静,静得可以听到每个同学急促的呼吸声。

我目光严厉地搜索着发出响声的目标,没有反应。我开始发问:"刚才的响声是谁发出的?""我。"坐在教室最后面的刘小溪同学边说边低着头站起来。我不看则罢,一看又是这全校闻名的"老大难",当时真把我的嘴都气歪了。

说他"老大难"是因为他学习成绩差,不守纪律。家长对他没办法,

---

[1] 杨汉光.程门立雪[J].湖南教育,2007(13):37.

学校屡次教育也没啥效果。去年春天的一个星期天,为了掏麻雀,他竟把学校瓦房上的瓦拆了一大片。事后老师找到他,批评他。而他却不以为意地说:"我再把瓦重新安上就行了呗!"他从不知什么叫害怕,也不知难过是什么滋味。因此同学们看不起他。凡教过他的老师见了他不是摇头,就是叹气,对他失去了教育的信心。

眼前这件事该怎么处理呢?大概因为今天他对错误的认识比较主动,因此,我极力抑制着自己的感情,平静地说:"把你的火柴枪送到前面来。"

"不!我不给!我不是故意的,真的!是枪走了火。"他说得既干脆,又焦急,脸憋得通红。

我要,他不给,形成了顶牛局面。

同学们似笑非笑地瞅着我,像是说,别的老师都管不了他,你能管得了吗?我急得在讲桌前来回走了两圈,猛的,黑板上的课题:《什么是诚实,什么是勇敢》启发了我:今天刘小溪的行为不是完全可以通过理论联系实际的课堂形式来解决吗?这真是机不可失。于是我镇静下来,温和地说:"刘小溪,你先坐下吧!"我又把目光转向全体同学,说:"同学们,刚才刘小溪的行为,哪些是诚实的,哪些是勇敢的?请大家发表自己的看法。"

同学们纷纷举手。

李杰说:"刚才他主动承认响声是他发出的,这就是诚实,从这一点上说明,小溪有了进步。"

李芬接着说:"他说响声不是故意弄的,是枪走了火,如果他不摆弄,枪是不会自己走火的。这里他表现得不诚实,是为自己的错误辩护。"

"他承认响声是自己发出的就是勇敢。这一点比我强得多。前些天校长还讲有人在学校大门上乱写乱画,实际上乱写乱画的就是我,可我始终不敢承认,怕挨批评……"凌肖还没说完陆平就干脆利落地抢着发表了自己的意见:"我对凌肖的看法有意见,犯了错误承认是应该的,那算不得勇敢。在战场上奋勇杀敌,有了危险不畏惧那才是勇敢。"

"我同意陆平的意见。不过小溪刚才说的响枪不是故意的,我从刚才他的言语、表情上看，他说的是真的，我看小溪还是诚实的。"张伟接着说。

李小艳站起来愤愤地说："什么诚实、勇敢全都是嘴上说的，刚才老师要没收他的火柴枪他为什么不给？难道这也是勇敢吗？"

……

"哎！刘小溪，我问你，刚才大家说了半天，你有什么想法，可以表个态吗？"班长王莉亮开嗓门大声说。

不知是谁像哥伦布发现了新大陆似的，惊奇地小声嘀咕起来："看哪！刘小溪哭了。""真的，这可是新鲜事！"

这时，只见刘小溪慢慢站起来，双手托着那把精致的小枪，缓缓走到我的面前，抽噎着说："老师，把它交给您，狠狠批评我吧，我错了！"我一愣神，紧接着带头鼓起掌来，教室里响起一阵热烈的掌声。同学们向着小溪投去了赞许的目光。我明确地阐明自己的观点："大家应该学习刘小溪同学这种诚实勇敢的精神。"面对老师的鼓励和同学们热情信任的目光，刘小溪的两只泪眼变成了两口奔涌不息的"泉眼"，泪水喷涌而出……

课后，我在记事本上写下了下面一段话："意义障碍过多妨害了刘小溪的进步，教育的最佳时机抓得不准，错过了对他教育的良好机会。要抓住最佳教育时机，作为一名教师，平时就要注意细心观察，深入了解每个同学的性格特点，尤其对后进生更要注意发现他身上的闪光点，（哪怕只有一点点）不失时机地对他进行表扬，热情的鼓励。培养他们的自信心，树立他们的自尊心，在同学中树立他们的威信。对于他们的缺点，或单独，或公开辨明是非；或批评，或谈话，讲清道理；或创设一定的情境让他去实际锻炼。如果孩子做错了事情，或者他的所做、所为、所言，不合自己的心理；或者与自己心理正好相反；甚至产生顶撞现象，做家长的，当老师的，这时愤怒的感情将会冲动，很可能就会像火山一样突然爆发，如果真是这样，同志，你错了！就是这将要爆发感情冲动的'一瞬间'，才是教育的最佳时机。如果你采取的是粗暴、冷酷、辱骂，甚至是触及皮肉的手段，那么久而久之，孩子就会变得怯懦、孤僻、顽皮，甚至会使他走上毁了自己的邪路。这就是我从刘小溪身上得到的一点儿体会。"

河北省滦县古马小学高起录①

这一堂课，高起录老师和其他教师一样，本是在理性地就特定教学内容展开教学。而面对火柴枪"走火"引发骚动的意外，最早的反应是"嘴都气歪了"并"平静地"责令学生交出肇事玩具。这种反应是基于肇事学生是全校闻名的"老大难"，根本没把学生作为具体个人的心理感觉考虑在内，结果是"形成了顶牛局面"。这或许就是理性、权力解决问题"见事不见人"的特性注定了的。然而，高起录毕竟是老师，是作为人的教师，他作为人的感觉始终在活跃着。于是，黑板上《什么是诚实，什么是勇敢》的课题丰富更新了他的教学实践感，让他直接选择了"妥协"，从而使整堂课发生了转机。

二、教学实践感功能发挥的实时监控性

"实时监控"（Real-Time Monitoring，略写为 RTM）是借自计算机技术的术语，原是指运用计算机软件技术对系统运行过程进行自动监控，即时发现运行中的系统要素和系统整体的动态变化，及时做出应对处理，一可保证系统的正常运行，二可实现系统运行的最优化。今天，"实时监控系统以其直观、方便、信息内容丰富而被广泛应用于金融系统、交通系统、公安系统、教育系统和医疗系统等众多领域，在计算机技术、电子技术和通信技术迅猛发展的过程中，监控系统的技术水平也从初期的模拟信息传输与控制飞速发展到了数字化、网络化信息传输与控制"，"这些技术的成熟和发展必将对21世纪的社会产生重大影响"②。将此术语借用过来，只是为了方便描述教学实践感功能发挥的类似属性。

所谓教学实践感之功能发挥的实时监控性，是指任何教师一旦开始教学，其教学实践感（无论其水平如何）就在教师的教学理想、教学目标、教学原

---

① 中国教育报社基础教育部. 捕捉最佳教育时机 [M]. 大连：辽宁师范大学出版社，1995：241-244.

② 葛广英. 实时监控技术的发展历程和发展趋势 [J]. 电视技术，2000（10）：62，64.

则、教学规范等的参照下开始本能地发挥作用，对教师自我的教学活动进行全过程、全方位的监控，对教学活动内外部所有因素的动态变化进行实时监控，及时感知动态变化中的各种问题或者各种成绩，并为作为实践主体的教师提供反馈或预测，提醒教师根据需要和可能保持原计划或做出新的调整，确保教学活动正常而有效地进行，最终实现教学理想。任何教学活动都可以看作一个遵循其内在实践逻辑的、有序运行的系统，其中每一个教学环节都必须保证规范有序，有利于教学活动的整体生成。教学活动生成的复杂性和特殊性，注定它是个容易出现问题的系统，需要教学实践感对其进行有效的实时监控。而且，教学实践感作为教师最高级的感性思维能力，其作用的实时监控性几乎是不以教师的意志为转移的，因为任何教师作为人，都不能离开感觉去行动和生活，也因此，任何人作为教师，都不能离开教学实践感去从事教学活动。要而言之，教学实践感功能的实时监控性是教师在教学活动生成过程中实时决策的基本前提。

  教学实践感功能发挥的实时监控性，可从以下几方面来理解。其一是系统状态实时表象：实时感知教学活动整体动态及其态势，并做出是否能顺利进行的判断；其二是实时控制运算：实时感知教学活动内外部各种因素的动态，采集信息，分析、判断其影响的性质，并据以控制策略计算、实时决策等；其三是实时控制调节：教学实践感反馈帮助教师基于教学目的需要和可能对教学活动做出是否调整、如何调整的实时决策，并对调整效果进行同时预测；其四是实时报警：报警有系统性报警、主体性报警和客体性报警。系统性报警是指教学实践感一旦觉察到教学活动整体上可能出现不良发展或者出现不明的意外发展，就及时反馈给教师以便教师积极应对，以确保教学活动的有机完整性。主体性报警，包括技能报警、伦理报警、教学行为动作报警等，技能报警的对象是指教师在教学过程中暴露出的某种教学技能缺乏、技能运用失误、技能运用过度的表现；伦理报警的对象是指教师在教学过程中自觉不自觉做出的有违教师职业伦理道德的表现；教学行为动作报警的对象是指教师在教学过程中做出的无助于教学意蕴生成和传达、破坏教学形式整体和谐性、没有任何意义的多余的教学行为动作。教师对报警信息可以根据其影响力大小、危害程度等进行适当的抑制、更改。最后，前面四方面几乎难以划分其时间先后，完全取决于教学活动不可预测的现实生成，同时发生的可能是全部四方面，也可能只是其中的一方面或几方面。

　　换个角度看，教学实践感功能发挥的实时监控性，实质上还可以看作是教学实践感对教学活动的一种形成性评价。它贯穿在教学全程，实时对处于发展和进行中的教学活动进行事实上的、规范上的、价值上的判断，及时发现教学中存在的、产生的问题或缺陷，"本能"地为形成适合于教学对象的教学方法、教学手段、修正教学活动服务。它对教学对象即学生的学习状况的监控，有利于促进学生学习的实时决策；对教学主体即教师的教学行为的监控，有利于促进教学改进。当然，它与一般所说的形成性评价有明显的不同，它只对具体的单次教学活动负责，而一般形成性评价是为对象发展的长期性寻求相对稳定的现实依据；它有单次教学活动整体上所具有的那种紧迫性和不可重复性，而一般形成性评价则以多次教学活动为对象进行多次测试，在多次测试结果的分析比较中形成教师、学生变化或成长的指标，用以评价教师教学的效果和学生的学习进步。如比较同一个学生不同学科课程的掌握程度及其在同一学科课程中不同方面的掌握情况，可以了解到他在理解、技能等方面的缺陷，以及学习上的优势和困难，就可以调整课程内容及处理方法使教学适合学生的需要，从而可以确定对该学生的学习提供一般的指导或者个别补救，同时也有利于教师进行个别教学。因此，二者各司其职，教学实践感功能发挥的实时监控并不能替代教学的形成性评价，但确实是教学的形成性评价得以实现的基础，缺乏教学实践感或教学实践感水平过低的人，无法完成教学的形成性评价——这一点还有待进一步地深入探究。

　　值得注意的是，教学实践感的实时监控功能发挥如何，既取决于教学实践感本身在广度、深度、敏度、美度上所达到的水平，更取决于教师主体整体专业素养，套用计算机的术语，就是教师主体系统设备的配置状态，包括生理感官健全程度及其感觉能力，神经系统健全程度及其灵敏度，以及教学实践意志强度等。教学实践感功能发挥的实时监控性，是教师教学自我监控的现实形式。教师教学实践感的实时监控要保证教学活动的顺利推进，除了有赖于教师生理感官、神经系统的健全之外，还有赖于教师宽广的职业胸怀、坚定的实践意志、先进的教育理念，对教学对象的真诚热爱、对教学任务的自觉承担和崇高的教学理想，以及能自律、讲策略，能够而且愿意充分利用各种技术手段的优长，教学计划的灵活执行等。

第三节 把握教学实践的有机整体性

一、教学实践感把握教学实践的有机整体性是感觉整体性发展的结果

教学实践感是教师作为人的感觉"实践地"发展而来的，它把握教学实践的有机整体性就是感觉整体性发展的结果。这是因为，感觉从一开始就体现着心灵的整体性追求。对此，我们可以从赛弥·莫尔肖《读懂孩子的身体语言》一书中"8.脸必须是完整的"和"23.感觉到什么，我就是什么"等部分内容得到启示。他写道：

"婴儿从一出生就总是想要看到照料人的整张脸。他要求人们面对着他，要求看到母亲或者父亲的整张脸。婴儿不喜欢别人在照料他或与他说话的时候以侧面或半侧面对着他。翻译过来就是：他要求全心全意的关注。我们成年人也如此，如果一个人在跟我们说话时视线或脸转到别处，会让我们感到不舒服。因为这表示他没有认真对待我们之间的谈话。"

"感觉本身总是有点儿混乱的，它们似乎是一个不可分割的整体。""在生命的头几个月，大脑的冲动主要来自脑的右半球，这是一些感觉的冲动，一些整体性的信号。感觉的感受是整体性的，因为不存在半个感觉，感觉不到半个痛。……感觉整体性的表现形式可以用一个大球来类比：它是立体的，同时在它内部充满了无数一直在活动的微小粒子。……它们之间的互相关系始终在变化之中"；"感觉可以有不同的强度，但却不能把感觉分段。……因为感觉是一个整体，所以人在感觉时

首先认识到：感觉到什么，我就是什么。一个人如果拒绝他的感觉，那就是拒绝接受自己。""通过感觉他把自己看成一个整体，然后感觉周围环境也是这样一个整体。""他把部分当成了整体"，"要到很晚才学会分析并认识到部分不能代表整体。……他把表象都感觉为整体。如果我们由此而推论自身的感受也是一个整体，它当然也会被这样感觉，那么如果人们不关注我们的感受，他就是对我们本人毫不在意。"[①]

我们可以看到，人一开始的感觉作为一种把握世界的实践方式，就体现着整体性要求，既通过感觉要求所要把握的世界以整体面貌出现在自己眼前，也通过感觉要求把自己当作一个整体，尽管只是"把部分当成了整体"，但这种"借代"式的整体感，却是"人之初"最真实的感受。这种整体感的"片面性"或许永远没法完全克服。然而，当我们以发展的眼光来看就会发现，在人"通过思维，而且以全部感觉""把握世界"的征途上，人把感觉的感性上升为理性的过程中，这种全部感觉的有机整体性及其与理性整合的不断完善，同时也在克服其整体感的片面性，使之越来越具有真理性。教师对教学活动作为实践的把握，是从教师作为人凭感觉实践地感知开始的，也是一个从片面的整体感开始而不断克服这种片面性，日益接近"真理性"的整体感的过程。当教师的感觉发展成教学实践感时，他对教学实践的把握，就自然而然地体现着"全部感觉"的有机整体性了。

据此，所谓教学实践感把握教学实践的有机整体性，包括两层含义：

一是指教师凭借教学实践感作为主体，总是自然而然"整体地"把握教学实践，即不再假道于概念分析思考，就把教学的具体内容与程序结构形式作为统一的有机整体来观照，不是先教学的具体内容、后教学的程序结构形式，或把两个过程分开，而是在观照教学的程序结构形式的同时，就直接把握教学的具体内容。如果教学实践的具体内容和教学程序结构之间本身不协调、不和谐，不能成其为整体，教学实践感也仍将其"整体地"把握，而"发现"其中的不协调、不和谐，提醒教学实践主体即教师做出调整或修正。在

[①] 赛弥·莫尔肖. 读懂孩子的身体语言［M］. 陈国鹏, 黄丽丽, 译. 北京：国际文化出版公司, 2007：40, 54, 56.

这种情况下，教师不管是在观摩中把握教学还是在亲历教学实践中把握教学，教学的具体内容的呈现过程对他来说，实际上同时也是教学程序结构形式的呈现过程，内容就是形式，感知教学内容就是在感知教学形式，内容与形式不可分离。

二是指在教学过程中，教师作为教学主体的教学实践感，总是尊重作为"客观对象"的教学实践的完整性，把教学行为及其对象的全部因素，不仅是教师自身、学生、教材，而且包括教学方法、教学形式、教学环境、教学设备等在内，当作一个功能互补的有机整体予以把握，而不做具体的条分缕析。这时候，教师在教学过程中感知到某学生的意外言行或学习需求，或者教学环境的变化，或者教学用具的意外障碍，或者自我教学行为意外偏离了事先的教学设计，或者新的教学资源，我们尽可以划分出教学内容的整体性、认知结构的整体性、学习策略的整体性、教学活动的整体性等层次，却不会将之孤立对待，而会将其直接作为整堂课（整个教学实践）的一个有机部分来迅速感知，整体理解其功能意义，最重要的是对整堂课教学能否实现教育目标的直觉把握。

二、教学实践感整体把握教学之可能及其确证

教学实践感把握教学的整体性之所以可能，首先是由其作为人的感觉的高级形态本身所包含的理性成分决定的。在教师作为人的全部思维力量中，"感觉与理性的关系却成反比"[①]，"起决定作用的是一种统一的、积极的心灵力量——感性一强，理性就弱；理性的成分一多，生动的色彩便会减少，问题就是这么简单"[②]。如果说理性是感性的"模型化"变相，那么，感性就是理性的"原生态"。教学实践感，就是教师作为教学实践者的实践理性的一种"原生态"，它以"感觉"的形式实现对世界的理性的把握。如前所述，教学实践感既是教师作为人的感官感觉发展而生成的高级形态，又同时为理性思维，尤其实践理性思维所渗透，这使得对教学的感知，在事实依据往往不

---

① 宫盛花. 维柯和谐人文教育思想[M]. 太原：山西人民出版社，2020：173.
② J.G. 赫尔德. 论语言的起源[M]. 姚小平，译. 北京：商务印书馆，1998：26.

充分且缺乏严格的逻辑论证的同时，又能在很大程度上避免纯粹感官感觉的片面性。因而，作为一种对教学的整体性判断，它得出的结论往往比较可靠。当然，这种可靠性的具体程度，还需要经受实践的反复检验才能得以确定。

教学实践感之所以能把握教学的整体性，是由其生成发展的非逻辑性决定的。前面第一节已经指出，实践思维的非逻辑性决定了教学实践感生成发展的非逻辑性。正是这种非逻辑性，使得作为认识主体的教师对教学实践的认识方法只能是综合的，教学实践感也因此能够从整体上把握认识对象，而不需要经过分析。为了达到对教学本质的认识，教师在感知过程中不是着眼于教学的一方面或某个部分，而是注重教学的要素与要素之间，部分与部分之间的内在联系，注重教学的整体结构，通过伴随教学的完整形象来反映教学，并沿着完整的形象直接把握教学本质，在总体上把握教学的具体内容及其发展的可能性。

无论如何，有机整体性原理还昭示我们，任何事物作为一个系统都是有结构的，系统整体的功能不等于各部分功能之和。于是，教师把握教学实践时总是整体法优于部分法，即"整体—部分—整体"的方法优于"部分—整体"的方法。由此可见，教学实践感把握教学的整体性，不仅是教师实现具体教学目标的重要手段，而且是教师自身建立稳定的教学认知结构的关键。因此，教学实践感把握教学的有机整体性使之具有特别重要的现实意义。

第四章

教学实践感的机制

　　教学实践感是教师作为人的最高级形态的感觉，了解其机制，有助于我们主动建构、利用教学实践感为教师专业发展乃至于教师教育服务。机制通常是指有机体的构造、功能原理及其相互关系。感觉机制主要考察生命有机体感觉功能生成的生理基础、结构原理及其相互关系，具体地说，就是考察生命有机体的感觉器官怎样将外部的和内部的刺激之物理能量转化为神经过程和心理活动，并如何社会性地发展为精神活动的。这就决定了教师教学实践感的考察机制必然包括生理机制和社会机制两方面。教学实践感的生成又与教学实践本身有着密切联系。人们在实践活动中总是这样或那样地感知着客观事物及其它们间的关系。感觉和知觉有时统称为感觉，有时统称为知觉或感知，在本书中亦然。人们所从事的实践活动的具体任务及其内容和性质，决定了人们选择什么样的事物或事物的哪些方面作为自己感知的对象，决定了人们如何去感知这些对象。同时，人们对事物的感知是否符合事物的实际情况，只有通过进一步的实践活动来检验。在这个意义上，实践活动是检验感觉真实性的唯一标准，更是感觉产生的基础。更确切地说，实践活动的对象化是感觉产生的前提。鉴于此，对教学实践感机制的探讨，就从对象化这一前提开始。

第一节 一个前提：对象化

一、对象化是一切人类实践活动生成的前提

对象化，从汉语词汇构成上看，就是"把什么化为对象""把什么当作对象"的意思，是一种有意识的思维活动。哲学中的"对象化"概念的内涵界说很多，这里采用的是王永昌先生的界定。在王永昌先生看来，所谓对象化，"是实践主体和实践客体在发生对象性关系和对象性活动中的相互规定、相互依赖、相互转化和相互实现的过程。确切地说，'对象化'是指作为互为对象的实践主体和实践客体相互渗透、相互创造的过程。在对象性的实践活动中，主体对象化（外化）为'物态性'的对象性客体，而客体则对象化（内化）为'人态性'的对象性主体。因此，对象化就是发生对象性关系的实践主体和实践客体双向的相互转化和相互创造的双重化过程，是客体的主体化和主体的客体化的能动而现实的有机统一。""对象化是人的实践活动所特有的本质"[①]。其中，"实践主体和实践客体在发生对象性关系和对象性活动中的相互规定、相互依赖、相互转化和相互实现"尤其值得特别注意。在这里，具体就是作为主体的教师和作为对象的教学实践之间的相互规定、相互依赖、相互转化和相互实现。

对象化活动总是人的对象化活动，又可以划分出自发性与自觉性两种相对的不同类别。自发性的对象化活动，在起源意义上，是人和动物所共有的。但人之所以为人，是因为人是按照目的进行活动的。通常，人们用"本能"来描述活动的自发性。黑格尔曾指出："理解本能是有困难的，造成这种困难的秘密完全在于目的只能作为内在概念加以理解"，"目的关系往往被想象为外在的，而且有一种意见颇为盛行，以为目的似乎仅仅是以有意识的方式存

---

① 王永昌. 实践活动论[M]. 北京：中国人民大学出版社，1992：107.

在的。其实，本能是一种以无意识的方式发生作用的目的活动"，但"动物还不知道它的目的就是目的"[1]。联系黑格尔对人的缺乏感和需要的区分，以及他关于"人是体现共性、进行思维的动物，他有广阔的天地，能把每个事物都当作他的无机自然界，当作他的知识对象"的思想，我们不难发现也不难理解，自觉性的对象化活动不像睡眠、饮食那样是出于人的缺乏感，而是由于人的需求而产生的。当然，其具体产生过程就是人无意识中自我需求的对象化过程。从对包括教学活动在内的人类实践的主动认知和掌握的角度来看，"对象化"概念的提出，不只是对一种状态的描述，更重要的是强调人将包括自身在内的事物当作对象来看待的主动性，重点在于自觉性的对象化活动。当然，对人来说，自觉性的对象化活动是在自发性的对象化活动基础上发展而来的，并且以自发性的对象性活动本身的对象化为前提，是人对自身自发性的对象性活动进行选择、吸收、消化和创造性改造的结果。同时，自发性的对象化活动有待于发展为自觉性的对象化活动。这是人类在实践中创造实践从而创造自我、更新自我、完善自我的机制所在。要而言之，正是自发性的对象化、自觉性的对象化共同构成了一切人类实践活动生成的前提。

更重要的是，人类自身实践活动的对象化是人成为人的前提。人是通过"使自己的生命活动本身变成自己的意志和意识的对象"[2]，才使自己的生命活动作为有意识的生命活动把人同动物的生命活动直接区别开来的。实践作为人区别于其他动物的标志，其主要含义就是实践本身对于人的对象化。皮亚杰指出："认识起因于主客体的相互作用，这种作用发生在主体和客体之间的中途，因而同时既包含着主体又包含着客体，但这是由于主客体之间的完全没有分化，而不是由于不同种类事物之间的相互作用。"主客体之间"一开始起中介作用的""是可塑性要大得多的活动本身"。[3] 主客体之间的相互作用包含着"客体到主体"和"主体到客体"两种相反方向的活动，前者是客体本

---

[1] 黑格尔. 自然哲学 [M]. 梁志学, 薛华, 钱广华, 等, 译. 北京: 商务印书馆, 1986: 540, 541.
[2] 中共中央马克思恩格斯列宁斯大林著作编译局. 马克思恩格斯全集: 第42卷 [M]. 北京: 人民出版社, 1979: 96.
[3] 皮亚杰. 发生认识论原理 [M]. 王宪钿, 译. 北京: 商务印书馆, 1996: 24.

身的结构和属性引起主体对客体的反应，同时制约、规定着主体的认识活动；后者是主体总要按实际具备的认识模式（感觉模式）接受来自客体的信息，从而占有客体，而主体的活动则是连接主体和客体的桥梁。主客体的相互作用主要体现于主体的活动之中，客体是通过主体的活动才被认识的。任何对主客体的妥当的详细说明，都依赖于中介活动的双重建构。主体的活动，就是主体积极地选择、改变、消化、吸收来自客体的刺激，从而创造客体的过程；同时也是不断地调整自身、改变自身，从而创造自身的过程。人作为主体积极地选择、改变、消化和吸收既有实践活动的创造性反应，就是实践本身对于人的对象化。当然，人在将自己的实践对象化时，或许未必有明确的主体意识，但这并不妨碍人作为主体将实践作为对象来对待，因为人作为"有生命的东西"，"应该被看作是按照目的进行活动的"，而"本能是一种以无意识的方式发生作用的目的活动"[1]。

人"使自己的生命活动本身变成自己的意志和意识的对象"的过程，就是人对自我实践活动的认识发生、发展的过程。实践说到底总是人作为实践主体针对某具体对象的"做"的行为。正如马克思所指出的，"对各个个人来说，出发点总是他们自己"[2]，但是"人同自身的任何关系，只有通过人同其他人的关系才得到实现和表现"[3]。人是通过别人这个途径回到自己的，"因为人来到世间，既没有带着镜子，也不像费希特派的哲学家那样，说什么我就是我，所以人起初是以别人来反映自己的。名叫彼得的人把自己当作人，只是由于他把名叫保罗的人看作是和自己相同的。因此，对彼得说来，这整个保罗以他保罗的肉体成为人这个物种的表现形式"[4]。人在回到自己的过程中"双重地肯定了自己和别人"。人总是不断地在自我的对象——他人、他物之中寻觅自我、发现自我、确认自我、确证自我、实现自我。这寻觅、发现、确

---

[1] 黑格尔. 自然哲学 [M]. 梁志学，译. 北京：商务印书馆，1986：540.

[2] 中共中央马克思恩格斯列宁斯大林著作编译局. 马克思恩格斯全集：第3卷 [M]. 北京：人民出版社，1960：86.

[3] 中共中央马克思恩格斯列宁斯大林著作编译局. 马克思恩格斯全集：第42卷 [M]. 北京：人民出版社，1979：96.

[4] 中共中央马克思恩格斯列宁斯大林著作编译局. 马克思恩格斯全集：第23卷 [M]. 北京：人民出版社，1972：67.

认、实现的过程,同时也是对实践的学习过程。最关键的是,只有人才有"自我",而人只有在"自我"与他人、他物的对象化关系中才有"自我"。

二、教学实践感是教学实践各构成要素及其整体对象化的结果

人对实践即"做""操作"的学习,不外乎对别人(对孩子来说主要是成人,但又不只是成人),或者环境中的其他动物——另外的我的"做""操作",做出符合于自己目的需求的反应,是一个"学而时习之"的过程,具体包括感觉—模仿—强化—重复—形成五个步骤。人基于自己对别人"做"的行为有所感悟而进行模仿,模仿的行为收到了实效或得到别人的赞同、奖励,就会得到强化,强化引起重复模仿,并在模仿中超越模仿,最后逐渐形成与别人尤其是成年人相吻合的行为方式。尽管实践即"做"不只是由于模仿形成,也不会止于模仿,而属于创造性活动——因为行为学习"不是把这些刺激和这些(刺激引起的——引者注)运动之间的某些确定的联系增加到旧有行为中,而是对体现在各种各样的活动中(其内容是可变的,而其意义是不变的)的行为的一次总体改变",而且"从来都不是使自己能够重复同样的姿势,而是能够以不同的方式对情景提供一种适应性的反应。……这更多地涉及的是以新的能力去解决具有相同形式的一系列产品问题"[①]。但无论如何,人对实践的学习必定开始于对既有"做"的行为的感知。这个感知过程,就是"做"的行为既作为别人的行为也作为"我"的行为对象化的过程。如黑格尔所说,人最初的活动主要是一种无意识地发生作用的目的活动。自发性的模仿就体现着一种无意识的对象化活动,模仿得到强化而引起重复模仿的过程,就是自发性对象化活动向自觉性对象化活动的转化过程。

人对教学实践的感知也不例外。幼儿园的孩子回到家里与其他小朋友甚至布娃娃们玩上课的游戏,就是人对教学活动的无意识感知的明证。一方面,这种无意识的教学活动感知过程本身就是教学活动对象化发生发展的过程;另一方面,正是在这种无意识的教学活动感知过程中,一个人最初的教学实践感得以形成并在现实性的上课游戏中得到强化发展。

---

① 庞蒂. 行为的结构[M]. 杨大春,张尧均,译. 北京:商务印书馆,2010:148,149.

当然，在幼儿对教学实践的感知里，教学实践的对象化是自发性的，还需要发展为自觉性的对象化，只有自觉性的对象化，才是教学实践不断发展、完善的根本动力。而且，感知对象的对象化在自觉性感知中，较之在自发性感知中有着更迫切的、更现实的先决性基础意义。中外教育实践活动的历史表明，如果说"学"（感悟）"习"（包括模仿和实际的"操作"）反映了学习对象的自发性对象化，那么，"教"则反映的是人对学习活动的自觉性对象化，教师角色的出现就可以看作是教学实践对象化达到自觉的萌芽，教师选拔和教师教育的制度化，则标志着教学实践的对象化真正进入了自觉时代。自1684年法国天主教神父拉萨尔在兰斯首创教师训练学校以来，短短三百多年的历史进程中，人类教育，包括教师教育，所取得的巨大进展及其在社会、经济、科技等各个领域所发挥的巨大作用，教育教学研究所取得的丰硕成果，都证明了自觉性的教学实践对象化活动有不可动摇的基础地位。

我们对教学实践的感知虽然是整体性的，但并不排除部分感知在感知过程中的地位和作用。这是因为感知一旦为理性渗透带有理性色彩，就有了分析性，就自然会把整体背景下的部分当成独立对象来对待。整体是相对部分而言的，反之亦然。尽管从反思的角度看，整体无法还原为部分，但从活动的建构角度来看，部分作为整体的部分又常常独立地代表整体或者体现整体。一个工人用他的手做出了某项操作并实现了工作目的，我们会说是这个人能操作，而不是说他的手会操作，手在这里作为这个人的一部分却体现着这个人的整体存在。同样，课堂上书法教师在黑板上用粉笔即兴创作了一幅"毛笔"作品并引起了学生的赞叹，学生赞叹的是这个教师的书法造诣，而不是这个教师的手或者粉笔的书法水平。因为手（甚至粉笔作为延长了的肢体手）作为工人、教师的生命机体代表，其"各种反应并不是某些基本运动的堆积，而是一些具有某种内在统一性的姿势"[①]。教师只有在亲自书写的时候，才会注意到手、粉笔这些部分，而且态度越是认真、严肃，越是关注得仔细。也就是说，我们对教学实践的感知是从整体开始，又要回到部分的，并且就学习目的的实现来看，对部分的感知和掌握甚至是整体得以现实化的前提。当然，

---

① 庞蒂. 行为的结构[M]. 杨大春, 张尧均, 译. 北京: 商务印书馆, 2010: 198.

我们总是在整体性控制中回到部分的，部分也总是作为整体的部分被感知的。服务于学生学习目的的实现，就是教师所有教学行为所具有的内在统一性之所在。这也决定了教学实践感作为对教学实践自觉进行感知的结果，其情形也必定内在地统一于帮助学生实现其学习目的的教育服务宗旨。

然而，教学实践作为整体其构成是复杂的，人们的认识也往往难以一致。通常认为教学实践的要素包括三方面：教学主体即教师，教学中介即教材、教具、教学环境等，教学对象即学生。事实上，从教学实践本体层面来看，这种认识似乎不知不觉间混淆了教学是教师的主体性活动和该活动赖以实现的条件和服务的对象，将三者浑然看作一个整体了。诚然，没有离开学生的教学，也没有不用教材教具和没有教学环境的教学，但教学终究只是教师一方面的主体性行为。教师的教学要根据作为其服务对象的学生的具体情况来随机调整以实现其功用价值，但绝不能把教师对学生学习情况的对象化掌握这一前提当成是教学实践本身的构成部分，同样，也绝不能把学生对教师教学的对象化掌握作为满足自己学习需要的手段看作是教学本身的构成部分。上升到教育层面的高度来看，教师的教学与学生的学习，教师的教学与教学中介，学生学习与学习中介，两两之间是相互规定、相互依赖、相互转化和相互实现的关系。教师的教学是教学生学习，学生的学习是借助于教师的教来推进，教和学都得借助于教学中介的联结来实现。教学实践，在根本上是教师为服务于学生的学习而借助于教学中介来建构的，并同时朝教师自身和学生双向展开的行为过程，换言之，教学活动是由教师的若干教学行为构成的整体。因此，尽管教师教学行为的建构本身受服务对象和教学中介的约束，要根据学生的学习需要和可能、教学条件的允许范围和程度来设计、生成，但教学实践的构成，主要是教师的主体行为的建构。这样，教学实践的对象化，首先是教师教学行为整体的对象化，其次才是教学行为构成部分的对象化；之后将不断地往返于整体与部分、整体与几个部分的联结之间。教学行为是教师面对具体的学生学情和教学条件做出的各种反应的总和，既有言语行为（言教），又包括非言语行为（身教），还包括教师在教学过程中的态度、举止等表现，是教师为实现课堂教学目标或意图所采取的一系列问题解决行为，是教师在自我监控下以教学目标和学生学情为依据有选择地做出的行为，在整体上体现着教师的教育理念、教学能力、身心健康状况等，也是学生赖以理解学习要求从而掌握知识、发展能力的直接参照。梅洛·庞蒂指出："一个机体的各种反应，只有当我们不是把它们设想为在某一身体中展开的肌肉收缩，而是理解为针对当下或潜在的特定环境的各种活动（捕捉猎物、走向目标、远离危险的活动）时，才是可以理解和可以预测的。"[1]一个教师在一次课堂教学过程中什么时候采取（或讲授的、或对话的）言教行为，什么时候采取身教行为，更确切地说，什么时候讲解、什么时候倾听、什么时候写板书，或者边说边写板书边倾听，什么时候借助于多媒体展示学习内容等，都由具体的主观教学目标与客观教学条件和学生学情动态之间的现实关系决定，内在地统一到实现教学目标的追求上。因此，教学实践的对象化，具体到教师教学行为层面，在事实上就不是孤立发生的，而是始终与教学行为针对的具体对象、环境条件等因素相伴而来的，也只有这样，教师的教学行为整体作为教学实践才是具体可感的。

总之，对象化是人之为人的一种本性，是人最原始的、最本质的、最强烈的一种先天倾向、冲动、欲望和行为模式。实践的对象化是实践感生成、发展和发挥功用的前提。教学实践感，具体说，就是教学实践各构成部分及其整体对象化的结果。

第二节 生成机制

教师作为人，是自然人，也是社会人，其感觉有自然感觉，也有社会感觉。教师的教学实践感的生成机制，也因此包括生理性机制和社会性机制。

一、生理性机制：神经活动习性化

教学实践感生成的生理机制，必然是教师作为自然人的感觉的生理机制，即神经活动习性化。

---

[1] 庞蒂. 行为的结构[M]. 杨大春，张尧均，译. 北京：商务印书馆，2010：228.

首先，感官系统就是神经系统。通常认为，感觉系统首先是人体的感官系统，是人体接受外界刺激，并传入神经和神经中枢产生感觉的机构；神经系统是人体最主要的机能调节系统，人体各器官、系统的活动，都是直接或间接地在神经系统的控制下活动。事实上，在生理基础上，感官系统就是神经系统。感官是由若干感觉细胞构成的。生命有机体发展的历史表明，感觉细胞产生后，在千万次自我保护的感应活动中出现了集中与分工，于是形成了感觉系统和运动系统，各系统的器官有不同的功能。感觉器官又经过了一个发展过程转化生成神经细胞即神经元，神经元经过集中发展，依靠其信息传递和控制的关键部位的突触，构成了极端复杂的网络系统即神经节和神经链条，在进一步发展中神经节分化成不同的神经系统，如中枢神经系统和周围神经系统等，并生成大脑，把各系统器官联系成为有机的整体。中枢神经系统由脑和脊髓组成：脊髓是中枢神经系统的最低部位；人脑包括延脑、脑桥、中脑、间脑、小脑和大脑半球六个部分。周围神经系统包括脑神经、脊神经。周围神经系统分布于全身，把脑和脊髓与全身其他器官联系起来。脑神经共12对，发于脑干，每一脑神经中包括躯体和内脏的感觉神经纤维，以及支配骨骼和肌肉的运动神经纤维。脊神经共31对，发于脊髓，每一脊神经都含有感觉和运动两种神经纤维。感觉神经纤维负责传导躯体和内脏发出的神经冲动，运动神经纤维则负责传导控制骨骼肌、平滑肌、心肌、腺体等活动的神经冲动。脑是高级神经活动中枢，大脑皮层综合身体各部位收集来的信息并在予以识别、记忆、判断后发出指令。大脑皮层约有140亿个神经元，各种神经元间有形态上的差别，形成皮层的感觉区、运动感觉区、语言区、联合区等不同功能区域。也就是说，神经系统可以说是感官系统发展的产物。但在同时，由于发展有集中更有分工，神经系统一旦形成就有其相对的独立性功能，并反过来对感觉系统的发展发挥着一种"自组织"作用。恩格斯指出："神经系统在发展到一定程度的时候（……）便占有整个身体，并且按照自己的需要来组成整个身体。"[1]人的神经系统对人的身体的自组织发展，最初的体现就是"人也是由分化产生的。不仅从个体方面来说是如此——从一个

---

[1] 中共中央马克思恩格斯列宁斯大林著作编译局. 马克思恩格斯全集：第20卷[M]. 北京：人民出版社，1971：653.

单独的卵细胞分化为自然界所产生的最复杂的有机体，而且从历史方面来说也是如此"[1]。在人体的漫长的生成发展史上，是手和脚的分化，直立行走，把人和猿区别开来，为人类语言的发展和头脑的发展奠定了基础。较之眼、耳、鼻等感官，手的专门化意味着工具的出现，意味着人对自然界进行改造的反作用，意味着生产，意味着人有了崭新的历史，因而具有更加重要的意义。或许正是在这个意义上，才会有"物种是非客观的精神创造"的说法，出生于英国的印度生理学家、生物化学家和群体遗传学家J.B.S.霍尔丹才会认为，"物种的概念是对我们的语言习惯和神经机制的一种妥协"[2]。简而言之，手、脚等感官的形成本身又是神经系统对人体进行"自组织"的结果。感觉细胞发展出神经细胞，神经细胞又促生感觉器官，感觉器官的发展又推动着神经系统的生成和发展，最后是没有感官就没有神经系统，没有神经系统的感官也不成其为感官。人体的感官系统与神经系统之间这种互为条件尤其是互为动力的关系表明，感官系统就是神经系统，神经系统就是感官系统，二者是一体存在的。

其次，感觉过程就是神经系统活动过程。感官系统必须是感觉系统，因为没有感觉功能的感官并不成其为感官。感官感觉的产生是感受器、传入神经、大脑皮层的感觉中枢三个部分的神经系统作为分析器活动的结果。根据既有研究成果，感觉的生理机制大致可以简单地概括为四个感官活动环节，即收集（信息）—转换（能量为神经冲动）—传输（神经冲动到大脑）—（感觉中枢）加工（神经冲动生成感觉）。神经活动贯穿整个过程。这一点，黑格尔在总结前人感觉研究成果的基础上关于人的神经系统与感受性关系的论述颇有启示意义。黑格尔指出："感受性、应激性和再生过程具体地联结成整个的形态，形成了有机体的外部形态，形成了生命力的结晶。"[3] "由于感受性是作为神经系统，应激性是作为血液系统，再生是作为消化系统而独立存在的，

---

[1] 中共中央马克思恩格斯列宁斯大林著作编译局. 马克思恩格斯全集：第20卷[M]. 北京：人民出版社，1971：373.
[2] 斯蒂芬·杰·古尔德. 熊猫的拇指 自然史沉思录[M]. 田洺，译. 北京：生活·读书·新知三联书店，1999：224.
[3] 黑格尔. 自然哲学[M]. 梁志学，薛华，钱广华，等，译. 北京：商务印书馆，1980：523.

所以，任何动物的躯体都可以分解为组成所有器官的三个不同的部分，即细胞组织、肌肉纤维和神经髓。……因为这三个系统是同样不可分割的，而且每一点都在直接的统一中包含着这三个要素"[1]；"神经系统指向外部，又同他物有联系，这种神经系统就是在感受性中造成差别的因素。这种感觉，不论是直接在外部建立的感觉，还是自我决定的活动，都是特定的感觉。从脊髓发出的主要是运动神经，从脑髓发出的多半是感觉神经。前一种神经是神经系统，因为它是实践的；第二种神经是由外部决定的神经系统，感觉器官也属于此列。总的说来，各种神经都集中在脑髓之中，又从脑髓分出许多支，分布到躯体的一切部位。"[2] "深入内部的感受性形成了神经节。这种感受性是感性东西的最深处，在这最深处，感性东西已不再是抽象的。这种感受性一般包括神经节系统，并特别包括所谓的交感神经系统，这些系统都是尚未分化出来的，都没有发育为特定的感觉活动形式。……但与此同时，它们又是独立的，又是与那些直接同脑髓和脊髓相联系的神经在功能和结构方面有区别的。"[3]在这里，我们不仅看到感觉主要是一个针对感受主体的概念，感觉与生命有机体的自我保护（同时也是对外部刺激事物的服从）、自我再生是不可分割的一个整体，而且还清楚地看到，不同感受器官（感官）的神经细胞是专门化的，感官的专门化既有专门接受外来刺激信息的神经系统活动，也有实践性神经系统有选择性地自我决定的活动。联系黑格尔关于"神经对内是感觉神经，对外则是运动神经""神经是身体被触动时出现感觉的条件；同样，它也是意志活动以及任何自我决定的目的的条件"[4]的观点，尽管在低级的非脊椎动物"感觉并不必然和神经相联系，但是大概和某种至今还没有确切地弄清楚的蛋白体相联系"[5]，但我们可以进一步下个结论，对作为"神经系统获

---

[1] 黑格尔. 自然哲学[M]. 梁志学，薛华，钱广华，等，译. 北京：商务印书馆，1980：505.
[2] 黑格尔. 自然哲学[M]. 梁志学，薛华，钱广华，等，译. 北京：商务印书馆，1980：509.
[3] 黑格尔. 自然哲学[M]. 梁志学，薛华，钱广华，等，译. 北京：商务印书馆，1980：510.
[4] 黑格尔. 自然哲学[M]. 梁志学，薛华，钱广华，等，译. 北京：商务印书馆，1980：504，509.
[5] 中共中央马克思恩格斯列宁斯大林著作编译局. 马克思恩格斯全集：第20卷[M]. 北京：人民出版社，1971：87.

得最充分发展",并且"在它身上自然界达到了自我意识"[①]的高级脊椎动物的人来说,既然感官本身也是神经系统活动发展的产物,感官在根本上就是神经系统,那么,感官活动过程即感觉过程实质上必然就是神经系统活动的过程。

再次,感觉作为人的一种能力的发展,就是感官及其活动方式的发展,就是神经系统活动方式的发展,这种发展是一种习性化发展。神经系统的活动主要有三大规律:兴奋与抑制、扩散与集中、相互诱导。从发展的角度看,既然感官本身也是神经活动"按照自己的需要来组成整个身体"的产物,感官活动过程即感觉过程实质上就是神经系统活动的过程,那么,在感觉能力的发展上,实践性神经活动更具有决定性意义。神经系统的实践性活动以接受性活动为基础,并被接受性活动所感知到的外部环境和条件所规定,其中最重要的是人类实践活动。人们的具体实践活动任务及其内容和性质决定了人们选择什么样的事物或事物的哪些方面作为自己感知的对象,并决定了人们如何去感知这些对象。人是通过把自己的生命活动对象化来把自己和其他动物区别开来的。人的有意识的生命活动,首先是对于自己生命行为所直接引起的自然影响的意识和主动支配;其次是在千万次重复感受中逐渐认清自己的生命活动所产生的间接的、比较深远的社会影响,进而才有可能去支配和调节这种影响。这种意识是由神经系统发展转化生成的。一切事物在互动的冲击中会留下彼此的痕迹。感官神经活动的成果,经大脑的分析综合,会在大脑中产生痕迹并累积下来,"所以人的实践活动会把前人凝结于产品的心理内化于自己的心理,而自己的心理又会通过物化劳动而外化于他人,这就是马克思主义意识与活动的统一观点,个人的心理发展与社会的进步就是通过这样的内化和外化而实现的"[②]。而如同人类的认识过程一样,每一种感觉成果的形成都不是一蹴而就的,需要一个由人类主体的感觉实践(神经系统活动)在千万次重复中不断加深、不断选择、不断完善的漫长过程,并随人类社会自身的发展而发展。这种神经的重复实践,结果就是形成强大的神经习惯,并根据习惯对新的信息刺激进行"同化",或者"顺应",从而形成一种

---

① 中共中央马克思恩格斯列宁斯大林著作编译局. 马克思恩格斯全集:第20卷[M]. 北京:人民出版社,1971:373.

② 邹有华. 教育科学论丛[M]. 北京:人民教育出版社,2001:258.

习性化发展。对于神经系统凭借其实践性活动对感觉成果进行创造性转化而生成的感觉能力，也正是随着感官活动方式的发展，即神经系统活动方式的习性化发展，而不断获得发展的。

最后，教学实践感作为实践感的一种，是教师作为人的一般感觉发展的高级形态，是对教学实践的自觉性感知，它源于神经系统的习性化活动，体现为教学实践感知行为的习惯化。著名的行为主义学派创始人华生在其著作《心理学原理》中对习惯做了清楚的外延界定："任何相当定型的行动方式，不管它是外显的或内隐的反应，而且又非属于遗传性反应，应该都可视为习惯，习惯是学来的，不是与生俱来的，它是由刺激与反应之间所形成的稳定关系所构成的。"[①]教师对教学实践的感知、掌握，已然是一种自觉的学习、训练过程。一个人从开始学习教学直至教学风格的形成，所经历的时间长短不尽相同，有的数月，有的数年，有的数十年不等，但一般都要经过对教学实践的条件反射活动开始建立、教学实践条件反射系统趋向巩固和高度自动化三个阶段。在一定情境下，人会做出一系列针对特定对象的行为。经常如此，重复积累到一定量，就逐渐自动化了，只要有一个情境刺激，就会引发一系列的行为。所谓高度自动化，即各种类型的学生学情、教学内容形态和声态、教学目标和教学行为之间，在教师大脑皮层建立了稳固的神经联系系统。这时，只要有情境刺激发生，即一旦相同或相似类型的学生学情、教学内容和教学目标的教学情境出现，教师就立刻会无意识地、自动地做出一系列的教学行为。

教学实践感作为教师的一种能力，第一要义在于能否对教学实践做出正确的判断，它源于感觉神经系统活动的习性化规律。稻盛和夫指出："要做正确判断，首先要明白自己面临的情势。为此需要触及事物本质的、敏锐的观察力，甚至不忽略细节。这种敏锐的观察力源于神经的集中……神经的集中是一种习惯。"[②]前面提到的神经系统活动的兴奋与抑制、扩散与集中、相互诱导三大规律，都可以表述为神经系统活动的习惯。美国心理学家赫尔（C.

[①] 柯永河. 习惯心理学［M］. 台北：张老师文化事业股份有限公司，1998：365-412.
[②] 曹岫云. 稻盛和夫成功方程式［M］. 北京：中国大百科全书出版社，2006：62.

L. Hull）曾指出感受器和反应器的联结就是习惯，其实也是在说神经活动具有习性化规律，因为感受器和反应器的联结就是感官神经活动的必然形式，习性化就是其联结形式的定型化。生理和心理科学的研究成果表明，人的任何一种行为习惯都是动力定型的一种表现，也就是大脑皮层暂时神经联系系统的形成和巩固。它是一种稳定的、自动化的动作系统，其形成的神经机制是条件反射（又称信号反射）。反射是人通过大脑中枢神经系统，对外界刺激所引起的有规律的反应活动。反射有两种，一种是无条件反射，是人或其他动物先天具有的、比较简单的反射活动；一种是条件反射，是在无条件反射基础上，经过学习、训练而形成的反应形式，是由信号引起的反射。引起条件反射的信号有第一信号和第二信号之分，第一信号系统是由颜色、声音、气味等直接作用于感官的具体刺激组成的信号系统，第二信号系统是由语言、文字等抽象符号组成的信号系统，第二信号系统是在第一信号系统基础上建立起来的。由此，习惯作为经过反复练习形成，并发展成为个体的一种需要的自动化的行为方式，其形成过程就是这样的：外部信息经由弥散于大脑各部位的网状神经结构传输到高一级的中枢机构进行处理，并在海马、纹状体、下丘、大脑新皮质尤其是前额叶的系统配合下，做高一级的加工和处理；再经反馈神经网络和网状神经结构输入下一级的组织中去处理或执行，使行为更为精确、平稳和可靠。接下来，为认识和解决某个新的问题，新的信息不断地被输入，人们必须从自己的记忆中调用、激活大量在大脑中贮存的相同或相类的信息，来跟这些新的信息建立联系，在大脑新皮质、前额叶结构功能的配合下，服从于总期望总目标的规范，或者"同化"或者"顺应"，最后建构成新的认识。这种相似性过程经过无数次的重复，会形成一定的易化效应（facilitation，指神经脉冲跨突触的传导由于前一个刺激已建立过反应而变得容易通过，即在某种条件下兴奋从一细胞向另一细胞传递变得容易），使外部信息认知阶段逐渐转化为内部信息认知阶段，并生成快速反应通道，其动力和反应过程均日益呈现出定型化、自动化的特点，最终形成感知行为习惯。

教学实践感作为教师的一种能力，还对自己的行为结果及其是否符合实践目的做出预见，其生成和发展是以感觉神经系统习性化活动的成果为基础的。教学实践感生成的过程，就是感受器（感觉器官中的感觉细胞）接受一定教学实践作为刺激物的信息刺激，便产生一定的神经冲动，这种神经冲动由传导神经传递到大脑皮层和皮层下相应的中枢，经过分析、综合，最后揭示该教学实践活动个别属性的意义和作用。在这一过程中，控制教学实践属性选择的生理组织是大脑中脑干的网状结构，控制教学实践意义选择的生理组织是大脑半球内侧的边缘系统，网状结构与边缘系统相互配合，相互作用，共同完成人脑对于教学实践价值关系的属性水平识别（或属性水平评价）和意义识别（或意义评价）。识别和评价的敏锐性、深广性直接决定教学实践感的功用价值。Grone 和 Thomson 在1970年的实验中发现，在神经系统中有一些特定的细胞，它们对任何刺激输入都产生快速放电反应，并且随着输入刺激强度的增大，会有更多的神经细胞参与反应。[①]一系列较弱的刺激输入如果持续作用，神经元放电频率也会随着时间的延续逐渐增加，进入兴奋状态。相反，当一个刺激输入重复呈现时，参与对这个特定输入发生反应的神经细胞就会变得"从容"起来；随着刺激的重复呈现，该细胞的反应强度逐渐减弱，体现出适应刺激的平衡状态。笔者推断，有机体对刺激输入的反应强度是适应性和兴奋性两种作用的整合。事实上，就感觉能力的形成来说，神经系统活动的平衡是最重要的，因为它表明感觉能力呈现出相对的稳定性，才使感觉的进一步发展成为可能；而就感觉能力的发展来说，兴奋又应该是最重要的，新的刺激（种类、强度、节奏、持续时间等差异）总会造成神经兴奋，带来感觉神经系统的敏度发展，从而提高人的感觉对新刺激的预见力。教学实践感作为教师的一种感性的直觉预见能力，是感觉神经系统活动习性化自组织调控的产物。

总之，教学实践感作为教师的感官感觉实践性发展而来的将感官感觉扬弃于自身之内的高级形态的感性思维能力，是以人的感官感觉为基础的，神经活动习性化就是其生成和发展的生理机制。

二、社会性机制：实践思维意志化与小群体交往

教学实践感生成的社会性机制问题，实际上就是教师作为社会人对教学

---

① 李新旺. 生理心理学 [M]. 北京：科学出版社，2008：29.

实践的感知过程的社会性机制问题。人的感觉与非人的感觉不同，人的感觉器官是在人类社会实践即有意识的生命活动的基础上形成和发展的，人的感觉也是如此。教学实践感是建立在人类社会的教学实践对象化之基础上的。正如单纯的感官感觉不同于实践感一样，单纯的神经活动习性化并不是教学实践感生成机制的全部。因而，教学实践感作为一般感觉的社会性发展结果，其生成的社会机制只能回到人类的社会实践本身才有可能探明。

具体来说，以生理机制为基础，教学实践感生成的社会机制有三层含义：第一，尽管人人都具有脑器官，但如果脱离教学世界，就不能形成包括教学实践感在内的教学思维——一方面，一个人成长为教师的思维发展，离不开教学环境；另一方面，一个人是否成长为教师，是否会拥有教学实践感，还取决于他是否选择教学实践作为其类本质活动，因为人是通过自己的选择来造就自己的。第二，教师教学实践感的具体内容生成，一方面由具体的社会存在所决定；另一方面在各个教师之间又存在着个体性差异，因为教师个人感知能力、感知目的与方式等方面必然存在差异。第三，教师个体的教学实践感是在与其他个体的交往中互补生成的，教师作为人总是社会的人，总是某一社会职业群体中的人，一个教师的教学实践感，总是以这种或那种的方式对其他教师的教学实践有所吸收借鉴。这三层含义都突出了社会存在——包括物质客体条件和实践主体条件的客观性，和教师作为实践主体的能动性两方面，概括起来，就是实践思维意志化。

首先，教学实践感是教师作为"社会的人"的感觉在其类本质活动规定下社会化发展的产物。马克思曾指出，"人是类存在物"，"一个种的全部特性、种的类特性就在于生命活动的性质，而人的类特性恰恰就是自由的自觉的活动"[1]。而所谓"自由的自觉的活动"，作为人的本质，并不是抽象的存在，"人的本质是人的真正的社会联系，所以人在积极实现自己本质的过程中创造、生产人的社会联系、社会本质，而社会本质不是一种同单个人相对立的抽象的一般的力量，而是每一个单个人的本质，是他自

---

[1] 中共中央马克思恩格斯列宁斯大林著作编译局. 马克思恩格斯全集：第42卷[M]. 北京：人民出版社，1979：95，96.

己的活动，他自己的生活，他自己的享受，他自己的财富"[1]。同时，"人以一种全面的方式，也就是说，作为一个完整的人，占有自己的全面的本质"[2]。再有，由于"正像人的本质规定和活动是多种多样的一样，人的现实性也是多种多样的"[3]，在一定社会历史环境中，人的本质规定和活动又根据分工不同而有所不同，并且，随着分工的日益发展，人的类本质进一步体现为人的职业活动，人要通过其职业活动创造自己和自己的本质即其真正的社会关系。而在并非起始时代的任何社会，教师的职业活动都必定开始于对既有教学活动的自觉掌握。教学活动是教师现实的对象性职业活动。真正的人是他自己劳动的结果。教师之所以为教师，就是他从事教学活动的结果。教学实践感作为教师感觉发展的必然结果，其生成、发展和展开的过程就是教师感觉在教学活动规定下社会化发展的过程，同时也是教师作为社会的人对包括既有的、别人的和自己的教学活动在内的一切教学活动进行自觉感知的过程，也因此成为教师职业生存本质的丰富性的现实展开，成为教师特有的职业化生存形态，成为教师职业生存的最小生命单元。

教学实践是人类社会特有的实践，其执行者即教师作为既是认识主体又是实践主体的人，不能只是感觉着的人，还必须是思维着的人，因为"我们就感觉所说的一切，任何人就感觉所能说的一切，当然都是由思维活动发现的（或错误发现的）"[4]。教学活动作为人类自由自觉的实践，其自觉性、自由性特征的集中体现即实践思维的能动性，决定了教学实践感的生成必然在依赖于实践思维的支持的同时，又受到实践思维的制约。人的思维包括以与思维对象不相脱离为特征的感性思维，和以不同程度抽象为特征的理性思维，

---

[1] 中共中央马克思恩格斯列宁斯大林著作编译局. 马克思恩格斯全集：第42卷[M]. 北京：人民出版社，1979：24.

[2] 中共中央马克思恩格斯列宁斯大林著作编译局. 马克思恩格斯全集：第42卷[M]. 北京：人民出版社，1979：123.

[3] 中共中央马克思恩格斯列宁斯大林著作编译局. 马克思恩格斯全集：第42卷[M]. 北京：人民出版社，1979：124.

[4] 罗宾·乔治·科林伍德. 艺术原理[M]. 王至元，陈华中，译. 北京：中国社会科学出版社，1985：16.

理性思维由感性思维发展而转化生成,并把感性思维扬弃于自身之内。既有思维研究表明,人的感性思维从单纯的感官感觉开始,到知觉、表象,再到直觉的过程,是一个感觉日益为理性渗透的过程。也就是说,人的思维在从感性思维质变为理性思维之前的过渡阶段,一方面与思维对象始终不离不弃,另一方面又积淀了理性成分,其最高水平形态就是直觉思维,在教师就是教学实践感。人通过有意识的生命活动(最高水平即自由的自觉的实践)将人和其他动物区别开来,人和动物的区别在于"动物只是按照它所属的那个种的尺度和需要来建造,而人却懂得按照任何一个种的尺度来进行生产,并且懂得怎样处处都把内在的尺度运用到对象上去;因此,人也按照美的规律来建造"[1]。"尺度"是人对包括自我在内的对象世界的认识结果,对任何一个种的尺度的认识活动本身相对独立地发展,最终产生关于对象世界的理论。建造(包括改造在内)活动则始终以人自身为目的,一切活动行为都是为了满足人的需要,最终形成实践决策(或者计划、构思等)。换句话说,人的思维方式根据致思的目的不同,形成以认知对象世界究竟为宗旨的理论思维,其产物是关于对象世界的理论;和以改造对象世界建构理想世界为宗旨的实践思维,其产物是关于自身实践行为的计划、构思或决策,二者分别是理性思维和感性思维的典型。理论思维是由对象世界的特点所规定的,是逻辑性的,其中还没有引入人作为主体的规定性——引入主体的规定性就是赋予思维方式以人的价值目的,成果体现为客观规律,服务于实践思维,是跟着实践感觉走而为实践感统率着发挥其价值功用。实践思维则是具体"做"或"操作"的思维,它以人的主观价值目的作为"规律"统率理论思维,是非逻辑性的,其成果体现为主观的操作设计,服务于具体实践活动,它借助理论思维的成果,但并不囿于理论思维,并且主要是靠人的实践感来完成,因为感觉性作为理性的基础始终保有的独立性,使它能超越理性的有限性或者说理论思维把握世界的有限性,能在实践过程中即时掌握世界的变化动态。也就是说,实践活动,包括教学实践活动,其核心是实践思维。教学实践的对象化是教学实践感生成的前提条件,教学实践又体现着一种具体的实践思维。

---

[1] 中共中央马克思恩格斯列宁斯大林著作编译局. 马克思恩格斯全集:第42卷[M]. 北京:人民出版社,1979:97.

教学实践感在根本上是一种对象感，其对象就是教学实践本身。既有的以书面、音像或其他方式呈现出来的教学实践被感知的过程，实际上就是其生成的过程，就是既得到实践思维的支持又受实践思维规定的过程。教学实践感只能在感知教学实践的过程中生成，因而也就必定是对教学实践思维过程的感知过程，实践思维作为隐藏在教学活动过程中的潜在对象，其特点规定着教师对教学实践活动的感知，从而制约教师的教学实践感的生成。实践思维是一种统摄了理论思维的思维，无法脱离实践而单独存在。实践过程主要是以实际操作来解决具体问题的过程。实践思维就相应地转化为行动思维，由选择行动对象、判断行动可行性、制订行动方案、执行方案的决策和实施行动等环节构成其具体内容，对对象、主体、中介及实践，不仅从"客观的活动"去理解，而且从"主体的方面"来理解，提出"主体的实践"是现实的"人的感性活动"，既肯定主体的能动性，又否定抽象能动性，力求把人与对象即人与自然、主体与客体、思维与存在、主观与客观等关系在实践基础上统一起来。这就体现出客观性与主观性相统一的特点。实践思维以人作为主体的尺度，统率客体即对象的尺度，同时又必须遵循客体的尺度的相对独立性，即依据对象尺度的允许范围，把主体的尺度运用到客体对象上去，因而是这两个尺度的相互融合统一；同时，又因为主体尺度就是价值原则，客体尺度就是真理原则，所以实践思维就是追求价值原则和追求真理原则的有机统一；再者，实践思维方式着眼于对现存世界的批判和改造，其革命性、批判性是从实践如何实现人的主观价值目的这一需要生发出来的，也是在实践展开过程中得到落实的；其批判作为对对象进行理论前提和现实前提两重批判的前提性批判，既有对外部世界的批判也有对批判主体自身的批判，不仅指向现实世界、既有理论体系，同时也指向批判自身——从整体上把批判对象作为一个矛盾运动的动态系统来思考和把握，因而，实践思维按其本质来说是革命性和批判性的统一。教学实践感和人的其他实践感一样，都体现着实践思维的这三个特点。

在教学实践感的生成过程中，第一，教师对教学活动的感知既有对教学主体即行动着的教师本身的感知，又有对教学服务对象即学习中的学生的感知，还有对教材、教学环境、教学条件、教学手段等中介的感知，最后还包括对作为感知主体的自我感知的感知,体现了客体性原则和主体性原则相统一的特点;第二,教师自觉地感知教学实践,必须遵循教学实践作为对象的尺度本身才能正确地理解教学实践,又必定不是以认知教学实践本身为目的,这种自觉感知是在为更好地建构自我理想的教学活动寻求借鉴资源,体现了追求真理原则与追求价值原则相统一的特点;第三,教师自觉地感知教学实践的主动性本身表明了这是一种对自身既有教学实践的不满意,即一种批判性否定,同时也是一种革命性意愿,其批判赖以进行的教学实践本身也会在被感知的过程中成为审视对象,作为感知对象的教学实践中所渗透和体现出来的教学理论及其运用方式亦然,同时,其批判赖以进行的参照即理想教学实践本身、对作为对象的教学实践的感知目的与方式本身,也会在感知过程中成为批判对象被观念地革命而不断更新,也就是说,这种对教学实践的自觉感知,是从整体上把感知主体及其感知目的与方式、感知对象、感知过程、感知结果等批判对象作为一个矛盾运动的动态系统来思考和把握的,因而在本质上也是革命性和批判性的统一。唯其如此,教学实践感才在教学实践活动中体现出特别重要的现实意义。

教学实践感的生成是对实践思维主观性、价值性、革命性、批判性特征的体现,其核心是实践意志,或者说,教学实践感生成的过程本身就是一个教师对教学实践的感知逐渐意志化的过程,当然这种意志化在感知行为发生前可能是明确的,但在感知过程中却主要是"沉没在感觉中"的。换句话说,就是教师对教学实践的感知行为是受潜意识调节和控制的。人的自觉的感知行为有其社会性,是涉及人格和伦理的、与社会有着多方面深刻联系的多元的行为。因此,自觉感知行为的表现方式在很大程度上依存于个人意志的控制。人的意识和目的可以使感知行为脱离生理的机制,服从社会的制约。这样就使人的感知行为意志化了。前面说过,人的类本质在分工社会里必然要由其职业活动来体现,而选择什么样的职业、从事什么样的职业活动,在很大程度上取决于个人意志。

再有,教学实践感的生成虽然与一个人在学生时代对教师课堂教学活动的自发性感知不无关系,但其真正的生成却是始于作为教师在教师立场上对教学活动的自觉感知。教师在职前教师教育阶段对在岗教师课堂教学的见习、入职后对同行教师包括对优秀教师日常课堂教学、以竞赛评价为目的的公开课堂教学的学习性观摩，都是自觉性的感知行为，一般都有相对明确的感知目的和感知计划，但具体的教学实践感知过程却只会是一个跟着对被观摩教师的课堂教学行为、教学内容及中介以及学生学习的动态感觉走的过程，尽管在观摩过程中常常会有教师不知不觉地把自己当成学生来做出即时反应而忘记了自己的观摩者身份，其教学观摩笔记也与学生学习笔记相差无几，但这种完全放弃批判性立场的自觉感知毕竟是少数。大多数教师会在观摩中把所在课堂想象为自己的课堂，设身处地地在想象中上起课来——如果是我会这样做而不可能会那样做；如果是我这一点很容易能想到但根本想不到那一点……这种自觉不自觉的对比，正是教师教学实践感知行为意志化的生动体现。也正是在感知—对比的过程中，教师作为实践主体的主观性、价值目的性和对教学实践现实的批判性、革命性得到了生动的感性展开。总之，教师对教学实践自觉感知的实践思维意志化而形成了一种主动感知机制，使教师可以根据当前教学任务、教学环境状况、教学阶段处理结果和有关教学的理论知识，来规划和控制下一步获取教学实践信息的感官类型及其位置和姿态，从而生成既符合教师个人主观目的规律又不违反教学实践客观要求的教学实践感。

其次，教师教学实践感生成过程作为教学实践感知行为意志化的过程，必然是教师个人在与同行交往中深化开来的。教师作为人总是社会的人。社会的人对事物进行感知时不仅有生理性感官，而且有"以社会的形式形成社会的器官"即社会性感官，其中最重要的是交往活动。恩格斯指出，自然科学的发展证明了黑格尔的伟大发现即"相互作用是事物的真正的终极原因"[1]的真理性。人与人之间的相互作用过程即交往。在职业化了的现实生存中，教师教学实践感知过程必然是一个与同行交往过程，就是说，教师的教学实践感并不是在教师个人的小天地里形成的，它必然是生成于与同行交往过程中的，与生存环境、活动方式直接相关。除了共同的社会大环境外，更具决定性意义的还是一些具体的与教师个人相联系的时间、地点与环境，特别是

---

[1] 中共中央马克思恩格斯列宁斯大林著作编译局. 马克思恩格斯全集：第42卷[M]. 北京：人民出版社，1979：573-574.

新教师周遭的具体人际关系氛围。这一点在以下几方面表现得相当明白。

其一，绝大多数教师从教之初在遇到困难问题、教学效果困惑的时候，会主动向老教师请求援助，老教师的"管用"经验也往往能帮着解除燃眉之急。

其二，更多时候是新教师中性情相投者聚在一起讨论，就各自遇到的问题和困惑进行共同研究，寻求解决办法。

其三，当小群体内的讨论研究找不到有效的解决办法时，他们会通过查阅相关文献资料，从公开发表了的研究成果中寻求答案。而且，这种交往，自近代以来，早已不再局限于一个学校、一个地区和一个国家，而已经上升为跨越国界的世界性同行交往了，如在教育研究界，比较教育学学科的诞生，在教育政治上联合国教科文组织的成立，以及其他相类的组织的建立健全，政府间民间的各种教育教学文化交流；在具体办学主体即学校层面，由教育专家学者提倡，学校领导行政性地组织的教研室集体备课制度、公开课观摩制度，以及以学校建设为目标的各种课题组，乃至当下方兴未艾的校本合作教研、校本培训，高等师范院校与中小学校结成伙伴关系共谋前程等。各种教育教学的主题或专题学术研讨会的举办，则是对这一规律性力量的自觉开发利用。在这些自发的和自觉的同行交往中，对老教师的经验的参照，伙伴之间的讨论，对文献资料上的同行观点和探索成果的借鉴，集体备课中彼此之间的批评与反驳，公开课观摩中的心领神会，课程研究中各种性质的合作或冲突，校本培训中的观点撞击甚至诘难，等等，都影响了教师对教学实践活动的具体感知。总的来说，在教师专业成长的参照系寻找上，某一个成员的发明、发现或探索成果往往会迅速变成群体所有成员共同的精神食粮。

之所以说教师教学实践感知过程必然是一个同行交往的过程，是因为交往是个人创造其职业本质规定的基本条件，这种以教学研讨为形式的精神活动交往，对教师有着最根本的存在论意义。人是社会的人，"只有在共同体中，个人才能获得全面发展其才能的手段"[1]，获得社会认同尤其首先是职业共同体

---

[1] 中共中央马克思恩格斯列宁斯大林著作编译局. 马克思恩格斯选集：第1卷[M]. 北京：人民出版社，1995：119.

即同行的认同是人的需要，认同需要也产生交往的需要，而且"一个人的发展取决于和他直接或间接进行交往的其他一切人的发展"[1]。人在本质上是一切社会关系的总和，但交往是动态的社会关系总和的表现，而不是抽象的、静态的主体之间的相互作用。交往就是人与人之间的相互映照、相互作用、相互交流、相互沟通、相互理解。作为人的基本生存方式，交往也是人类实践活动的基本形式，是人的物质需要、精神需要得到满足的基本中介，人必须通过交往确认自我为人的现实存在，这在根本上就是对人的类本质的确认。马克思指出："人是类的存在物。这不仅是说，人无论在实践上还是在理论上都把类——既把自己本身的类，也把其他物的类——当作自己的对象；而且是说，人把自己本身当作现有的、活生生的类来对待，当作普遍的因而也是自由的存在物来对待。"[2]这段话肯定了人是具有类本质的，强调人无论在实践上还是理论上都把类本质作为对象看待，在现实生活中人是把自己本身当成类来对待的。"我之所以这么做，是因为我是教师。（我是医生。/我是律师。/我是……）""你竟然做出这样……的事，你还是人吗？（你还是教师吗？你还是人民公仆吗？……）"日常生活里这些常听到的宣称自我角色和指责他人角色的话语都表明，在现实生活人们总是自觉不自觉地既把自己的类作为对象来对待，也把自己作为类来对待。与自然界中人属于人类相比，人们在人类社会中所属的亚类很多，包括家族、行业等。比如，家族作为一个亚类，家族的每一个成员都与之有关系，家族类本质成为家庭每个成员的依靠，在人的独立性尚未充分发展起来的时候，尤其如此。人不仅具有类本质，而且人的类本质是人自己创造的杰作。马克思指出："通过实践创造对象世界，改造无机界，人证明自己是有意识的类存在物，就是说这样一种存在物，它把类看作自己的本质，或者说把自身看作类存在物。"[3]人在类本质的创造中确认自我。这使人无法摆脱对类本质的依赖。人正是在把自己的类对象化的过程

---

[1] 中共中央马克思恩格斯列宁斯大林著作编译局. 马克思恩格斯全集：第8卷 [M]. 北京：人民出版社，1961：515.

[2] 中共中央马克思恩格斯列宁斯大林著作编译局. 马克思恩格斯选集：第1卷 [M]. 北京：人民出版社，1995：45.

[3] 中共中央马克思恩格斯列宁斯大林著作编译局. 马克思恩格斯选集：第1卷 [M]. 北京：人民出版社，1995：46.

中确认自我，也确认别人。因而这种依赖是根本性的。从而，对类本质的寻求，就成为人现实生存的一个本质性追求，始终作为原动力以某种方式存在人的生命深处。这注定了在现实生存中，人，无论他是否意识到，都必须通过自己的选择寻求自己的类本质，求得对类的皈依。如金庸先生在儿子查传侠自杀身亡的打击下，开始寻找关于生命生死问题的解答，先找到基督教没有得到满意解决，后找到佛教，在对佛教经典的钻研过程中找到了自己认同的答案，皈依了佛教。

在当今社会，我们必须有与日常生活紧密联系着的职业皈依。人作为一个生物族类区别于动物的特性，就是人的类本质。人类社会内部也存在区分，除了地域、种族等历史性自然区分外，还有许多自觉区分，人的类本质的规定也因此就不是一个而是多个，而其中必然有一个根本规定，这一规定像一条主线贯穿于其他规定之中，把其他规定有机地统一起来，而其他规定则从各自不同的侧面来说明和丰富这一根本规定。这一根本规定就是人的社会关系。物以类聚，人以群分，仅仅与自然界动物进行区分，人的自我确认仍然是不彻底的。恩格斯说："两个人比一个人更人性一些。"[①] 马克思也指出，一个人"他自己的感性，只有通过另一个人，才对他本身来说是人的感性"[②]。也就是说，人对自我类本质的这种确认必须以具体的个人之间的区分为前提。于是，人的类本质在与自然界、动物区分开来后，还在社会关系范围内形成了人类内部的亚类本质，或者群本质，以区别具体的现实的单个人和由若干单个人组成的各群体相互之间的不同。这种群本质，取决于区分所依据的需要。如果从人的类本质"自由的自觉活动"的"自觉"来看，人类社会就是一个分工社会。在分工社会里，人的类本质所包含的群本质源自职业之间的区分。因此，"有意识的生命活动把人同动物的生命活动直接区别开来"了，我们还必须从事某种职业，通过自己的劳动来养活自己，保证自己的基本生存，然后才能另有追求。这样，教师和医生、律师等角色称谓，本身也就是

---

① 中共中央马克思恩格斯列宁斯大林著作编译局. 马克思恩格斯全集：第42卷 [M]. 北京：人民出版社，1979：361.

② 中共中央马克思恩格斯列宁斯大林著作编译局. 马克思恩格斯全集：第42卷 [M]. 北京：人民出版社，1979：129.

所指称的人的群本质。实际上，一个教师和一个医生一样，都是作为特殊的个体存在，在他的职业劳动过程中一体化地体现他作为教师或医生的群本质和他作为人的类本质，并主要作为群本质生活于现实世界。教师作为人，也有一个在意识上把自己从动物中区分出来，以确认自己作为人的类本质的过程。而此后，教师还要努力寻求自己的群本质以实现对自己作为教师的确认。"人们的社会历史始终只是他们的个体发展的历史，而不管他们是否意识到这一点。"① 人对自己的类本质和群本质进行确认，是作为主体在确认。而"没有交往，就没有主体。人在什么层次、什么意义上介入交往关系，就会成为什么本性、什么形态的主体"②。超越了直接物质需要的人类交往是自觉自由的交往。人对自己类本质和群本质的确认，最终只能通过交往过程来实现。于是，自觉地寻求交往，就变成了人对自己的类本质寻求的感性形式。

同时，人的类本质和群本质之间的关系，决定了一个人如果不能确认其群本质，那么也将不能确认其类本质。因为，人的群本质是人的类本质的更具体、更感性的现实形式。这样，与人的群本质带有某种作为社会分工痕迹的专业性倾向相应，人对群本质的创造和确认必然带有专业性。人借以实现自我群本质确认的实践活动及其交往形式，也以某种专业的形式感性地显现为业务关系上的同行交往。在这种创造性关系中，人没有专业性的知识和实践技能是难以为继的。正因如此，教师自觉寻求交往的主要目的是要为自己对教学活动的感知找到有用的理论性实践性的参照系，其交往就只能是同行交往。正是在这个意义上，教师同行交往在根本上是教师对自己群本质，即一种专业本质的"皈依"。

但是，作为教师教学实践感知过程意志化的自觉同行交往，不是发生在抽象的整体教师群体中，而是发生在教师的"小群体"中。美国小群体社会学家西奥多·M.米尔斯分析说："在人的一生中，个人靠与他人的关系而得以维持，思想因之而稳定，目标方向由此而确定。"③ 尽管教育过程不可能只

---

① 中共中央马克思恩格斯列宁斯大林著作编译局. 马克思恩格斯选集：第4卷 [M]. 北京：人民出版社，1995：532.

② 任平. 交往实践的哲学：全球化语境中的哲学视域 [M]. 昆明：云南人民出版社，2003：38.

③ 西奥多·M.米尔斯. 小群体社会学 [M]. 温凤龙，译. 昆明：云南人民出版社，1988：3.

靠一两个教师来完成，而必须依靠整个教师集体的协作、配合才能完成，因此教育本身的实现要求自觉创造公共性的群体交往，但是，对教师个人来说，"意识到必须和周围的人们来往，也就是开始意识到人一般的是生活在社会中的"[1]，意识到与他人交往的必须性。而且，作为主体性的人，教师的交往总是有选择性的，即出于种种原因，他只会跟他周围的一部分人交往。因此有人指出，为实现顺利成长，教师要学会"走向他人"，学会与不同价值取向的人进行交往，做到对他人的尊重、宽容、关怀、理解，通过对话、沟通，克服狭隘的价值偏见，从而能"各美其美，美人之美"[2]。其实，真正维持、稳定和确定教师现实生存的同行交往，是人数不多的非正式的小群体交往。这是因为，现实中任何一个教师都不是作为一个抽象的"人"存在，而是在具体交往关系中作为是否值得信任、是否赢得好感和尊重的个人被接受或拒绝。人的个性本来就千差万别，彼此相互能包容且愿意包容的就能多交往，彼此不能包容或不愿包容的就会少接触。也正因如此，当教师之间的交往不能得到实现或达不到一定的普遍程度时，教育职业就表现为"一种孤独的职业"[3]，教师教学活动本身也显示出某种"专业个人主义"的特征。[4] 尽管美国学者Guy Thomas早在1998年就指出："教师专业发展思想的一个重要转向，就是将关注的重心从'专业个人主义'转向'学习共同体'。"[5] 但在现实中，对这一特征的错误认同却屡屡发生，又往往反过来强化"专业个人主义"特征自身，形成了恶性循环。

或许有人会问，国家教育行政机构、学校组织的那些同行交往就没有起一点作用吗？是的，是有作用，但只限于为数极少的学校。"有什么样的教师

---

[1] 中共中央马克思恩格斯列宁斯大林著作编译局. 马克思恩格斯全集：第3卷[M]. 北京：人民出版社，1960：35.

[2] 赵昌木. 教师成长论[M]. 兰州：甘肃教育出版社，2004：58.

[3] 王少非. 在经验与反思中成长：案例开发与教师专业发展[M]. 济南：山东人民出版社，2008：134.

[4] 王守恒. 教师社会学导论[M]. 北京：中国科学技术大学出版社，2011：194.

[5] THOMAS G, WINEBURG S, GROSSMAN P, et al. In the Company of Colleagues: an Interrim Report of the Development of a Community Teacher Learners[J]. Teaching and Teacher Education, 1998（1）：16-21.

群体，将决定什么样的教育教学质量；有什么样的教师成长、培育的机制，将决定什么样的学校办学理念、学校发展内涵；有什么样的管理机制和人性观，将决定教师专业成长的未来——人的未来，最终是所有学生的未来。教师的成长史记录着学校的发展史，学校是教师的载体。"[1]新课程改革激活了中国的基础教育，但也仅止于激活而已，因为教师教育在这场改革中并没有从根本上受到足以迫使其改革的冲击。近些年教师教育研究界兴起实证研究之风，并产生了一大批实证研究成果，尤其是数量不少的各级课题成果。然而，到一线教师中间走一遭，就会发现，绝大部分学校仍然在传统的行政习惯中运行，简直就是罗森塔尔所谓的僵化学校（stuck schools）。罗森塔尔对"僵化学校"特征的描述，涉及教师的一段是这样写的：

> 教师很少与任何人或任何事发生关系。他们好似更关注自己的身份而不是一种共享的共同体感受。教师不自觉地而不是有意识地了解自己工作的性质，常常凭着自己的直觉展开工作。没有共同的管理，尤其管理学生行为方面，随着要求教师负责的学生数的绝对增加……教师感到灰心丧气、一败涂地、单调枯燥，并设法把这些感觉转嫁到他们抱怨的学生身上。

用教师的话说就是：

> 教学和过去不一样了，不值得为拿那一点儿钱而日夜遭受别人的谩骂（澳大利亚）。
>
> 教师感觉到自己像一个受别人操纵的木偶。在教学专业中没有剩下多少愿景了——在过去10年中愿景已经被清除一空（英国）。[2]

与僵化学校的行政性同行交往的"梗阻"相应的，就是教师之间由于专

---

[1] 郭子仪. 心理空间——贵阳七中优质教育研究论文集 [C]. 贵阳：贵州人民出版社，2005：160.
[2] 富兰. 教育变革新意义 [M]. 赵中建，陈霞，李敏，译. 北京：教育科学出版社，2005：129，130.

业见解相近、专业态度和性情相投、专业水平趋慕等原因自然形成的小群体交往，在几乎所有不同地区的学校中发挥着重要作用。笔者曾走访并参与优秀教师的小群体交流活动，发现在场者普遍抱怨学校在为教师专业发展创造条件上的不作为，或者低效能，甚至形式主义作为，学校的这种状况使教师只能在自己的小群体里寻找专业成长。教师小群体交往的结果，就是在大部分学校里，虽有群体成员流动，但界限相当分明，互不干涉，优秀教师自优秀，庸常教师自庸常。

在小群体交往中，教师的教学实践感知行为不是处于单向作用之中，而是处在自我从个人教学经验出发与周遭环境的对话过程中，对话是教师教学实践感得到互补、丰富和发展的理想方式。通常，一个教师小群体就是一个对话群体。如教研室集体备课、课题组集体科研，老带新，还有私下里与知音、名师、优秀前辈的无主题交往，都呈现为互动性的对话过程。但是，当前学校中这些教研活动常常难以为继。理想的对话原则和氛围往往是小群体交往得以维持的基础。每个小群体内的对话都有一个不断逼近理想的过程。对此，戴维·伯姆有一个描述非常中肯：

"在对话中，人们最初只是表达他们各自固定的立场，牢牢地维护自己的见解；随后他们意识到，维持群体中的友谊氛围比固守自己的见解更重要。这种友谊是纯粹客观性的，它的建立与对话者之间是否具有密切的私人关系无关。由此而出现了一种新的心态，这种心态立足于共同意义的建立和分享，而这种共同意义则在对话的过程中不断地得以萌生和改造。这时候人们不再对立，但也不能说达到了彼此交互作用的地步；事实上他们开始一起参与并分享一个不断发展和变化的共同意义之库。在这一过程中，群体无需为对话预先设定任何的目的，目的可以在对话的过程中随时自发地生成和改变。群体成员之间由此而进入了一种新型的动态关系之中，任何一个人都不会被拒绝发言，任何特定的对话内容都不会被排斥。"[1]

---

[1] 戴维·伯姆.论对话[M].王松涛,译.北京：教育科学出版社,2004：11-12.

虽然"群体无需为对话预先设定任何的目的，目的可以在对话的过程中随时自发地生成和改变"，但对教师自觉的交往所建立起来的小群体而言，对话目的无论如何总在专业范围内，这种范围的确定在多数情况下是不用特别说明的。对话过程中难免观点不同，但最重要的不是说服他人，而是领会、分享彼此对同一问题的思维方式，或者对话本身的意义，即既参与其中，又分享彼此。这是小群体的凝聚力之源。对话的本质决定对话中的真正分享会形成一个客观功能，即帮助对话者超越其自身的既有观点而产生创造性的理解和共识。"对话仿佛是一种流淌于人们之间的意义溪流，它使所有对话者都能够参与和分享这一意义之溪，并因此能够在群体中萌生新的理解和共识。在对话之初，这些理解和共识并不存在。"[1]在教师小群体中，正是这些富于创造性的理解和共识，滋养着教师的专业成长。

既然对话是参与而不只是分享，那么教师小群体的维持和发展就不能没有条件。正如马克思所指出："迄今为止的一切交往都只是一定条件下的个人的交往，而不是单纯的个人的交往。这些条件可以归结为两点：积累起来的劳动，或者说私有制，以及现实的劳动。如果二者缺一，交往就会停止。"[2]教师在小群体中作为对话参与者，对自己的感受、观点或者某种思想方式的贡献，就成为与交往实践本身并列的不可或缺的条件之一。这种贡献同时也是展示，就是生命表现。当然，这一理想能否实现，也就是说，对话参与者所做贡献能不能被其他人真正看作贡献，还要看参与者彼此之间是不是在同一层次上形成对话的。按照陈启伟先生的说法，有意义的对话可以有三个层次：第一个层次是作为知识补充的对话，即把对方作为一种知识对象去了解；第二个层次是作为寻求共同点的对话，以便立足于共同的基础，达到互相支持的目的；第三个层次则是作为互相辩驳的对话，目的并非求同，而是互相辩驳，在辩驳中互相发明。[3]据此，教师个人教学实践感作为实践思维意志化，要在小群体交往中得到深化，教师就必须能贡献"补充知识"（马克思所谓"积

---

[1] 戴维·伯姆. 论对话 [M]. 王松涛, 译. 北京：教育科学出版社，2004：6.
[2] 中共中央马克思恩格斯列宁斯大林著作编译局. 马克思恩格斯全集：第3卷 [M]. 北京：人民出版社，1960：74.
[3] 王南湜. 追寻哲学的精神——走向实践哲学之路 [M]. 北京：北京师范大学出版社，2006：370.

累起来的劳动"），或"寻求共同点"的支持、能"互相发明"的"辩驳"（马克思所谓"现实的劳动"）。

尽管这种教师小群体与理想的"学习共同体"有明显的差距，但它的形成和存在，无疑为教师教学实践感作为教学实践感知行为意志化的过程得以深化创造了条件。即使这种小群体是偶然形成的临时性的群体，其作用也不能忽视。江苏省语文特级教师管建刚在1998年有过典型的"被深化"经历——

> 我幸运地作为获奖代表，参加了江苏省"教海探航"颁奖大会。更幸运的是，我被安排与江苏省最年轻的特级教师——薛法根老师同住一个房间。于是每次活动（主要是听课和听讲座）后我都因得到薛老师的精辟评点而长进不少，每个夜晚，总有许多青年教师来宿舍找薛老师一起聊教育话题，在这样热烈而自由、宽松而激烈的民间教育沙龙中，我真切感受到了自己如井底之蛙，真切感受到了教育的浩瀚与广博，更感受到了教育可以是这般充满了激情与诗意、理想与憧憬！[1]

当然，即使是在理想的情况下，也只有自觉交往的人，才能不断重新生成自我、发展自我、丰富自我。只有自觉交往活动本身成为教师生命的自然表现形式，才可以"让教师从封闭的职业中走出来，获得自身的全面发展，才能在工作中不断地感受生命的涌动和成长，使自己的工作闪现出创造的光辉和人性的魅力"[2]。

总之，在教学实践感生成中，教师作为人对教学实践进行感知的自觉性，教师在感知教学实践时对教学实践内容的自主选择性，教学实践感本身的观念性，以及教学实践感总是有预见地否定着现实而指向某种教学愿景，都是缘于实践思维意志化这一社会性机制。唯其如此，教师作为"社会的人的感觉不同于非社会的人的感觉"[3]，因为教师的感觉活动从能力、对象到感知行为

---

[1] 管建刚. 我经历了三重境界[J]. 教师之友, 2002（10）: 35.
[2] 马晓凤. 在交往中发展——教师成长的审思[J]. 中小学教师培训, 2004（2）: 7.
[3] 中共中央马克思恩格斯列宁斯大林著作编译局. 马克思恩格斯全集: 第42卷[M]. 北京: 人民出版社, 1979: 126.

过程，都在教师身处其中的职业活动及同行交往即社会关系的规定和指引下，才发展出了教学实践感这一高级形态。

第三节 作用机制

教学实践感作为一种教师特有的专业性感性思维，实质上就是爱因斯坦所说的"那种以对经验的共鸣的理解为依据的直觉"[①]，其作用在于突破单纯逻辑思维所造成的思维僵局，迅速联想事物联系、促进教学行为决策、提出预见和预测、创新专业概念、形成教学信念，或者说，它在课堂教学中所起的作用主要表现为教师对突然出现的新事物、新现象、新问题有一种极为敏锐的深入洞察、准确判断和本质理解。更确切地说，就是帮助教师即时发现课堂教学问题、认识教学问题的重要性、迅速做出行为决策应对突发事件、适时提出新的教学目标、即兴生成精彩设计，以及即时评估和判断课堂反馈信息，并在总体上形成新的教学实践认识。教学实践感在课堂教学中起作用的机制可以从两方面来理解，一是生理感官和社会感官的分工协作，二是实践思维以普遍统率特殊和以个别体现整体相统一。

一、生理感官和社会感官的分工协作

在物质层面上，生理感官和社会感官的分工协作机制，在这里主要是指在教学实践感起作用的过程中生理感官和社会感官相互联系、相互作用、相互依赖的各种关系。这一机制又有多个层次。

各生理感官之间分工协作，形成了教学实践感发挥作用的物质基础。感觉、知觉、表象、想象、思维等心理过程构成人类反映对象世界的认识过程。感觉作为最基本的认知行为方式，是人脑对直接作用于感官的客观事物的个别属性的整合反映，它依赖人的大脑、神经，以及感官的正常机能，甚至人

[①] 爱因斯坦. 爱因斯坦文集：第1卷［M］. 许良英，范岱年，编译. 北京：商务印书馆，1976：102.

的机体状态。眼、耳、鼻、舌、身以及手、脚等各自孤立起来看并不成其为感官,只有作为人的感官系统的一部分才能真正发挥感觉功能,这个系统由人的大脑掌管。既有心理学和认识发生论的研究成果表明,人对事物的感觉反映是有选择性的,这种选择性在最低级的层次上就体现为,我们的感官是在进化过程中对专门刺激的长期适应过程中由神经系统"自组织"的结果,是对刺激反应的完善,不同感官反映事物的不同属性,能够对特定刺激物即客观事物的属性及其细微差别做出精确的反映,能够将对象世界精确地分解为单个因素。如眼之于光和颜色,鼻和舌之于味,耳之于声音,等等。其次是发生着并不断加强着不同感官感受性的各种形式之间相互联系,和感受性的各种形式与生命机体运动反应之间的相互联系,即不同感官感觉协作反映事物整体,如我们可以通过感觉反映自己体内发生的变化,如身体运动位置、各感官工作状况等。教师作为人的生理感官是作为一个系统整体地起作用的,所起作用源自各个感官在大脑指挥下的分工协作。这种协作一方面出于大脑的控制调节,一方面源自不同感觉之间的相互补偿、相互影响,前者如音乐节奏感会增加运动觉、平衡觉,对食物的嗅感会提高对食物的味觉;后者如同类感觉之间的同时对比和相继对比会使彼此加强,一种感觉同时引起另一种感觉而产生联觉。由于"社会人的生产器官的形成史,即每一个特殊社会组织的物质基础的形成史"[1],这些生理感官之间的分工协作,就构成了教师教学实践感发挥作用的物质基础。

各社会感官之间分工协作生成教学实践感发挥作用的社会基础。教师是"社会人",其作为社会人所特有的教学实践感要起作用,还得借助于社会器官感觉。因为生理感官及其分工协作,尽管超越了单个感官感觉的局限,但作用仍然非常有限,还只是其他动物都具有的自然水平,本身没有成为"人"的感觉,也不可能自行发展成为实践感。如前所述,人是通过有意识的生命活动即自由自觉的实践活动把自己和其他动物区别开来的,人的生理感官"感觉在个体的发展过程中,同个人的实践活动首先是劳动活动密切相关的"[2]。

---

[1] 中共中央马克思恩格斯列宁斯大林著作编译局. 马克思恩格斯全集: 第23卷 [M]. 北京: 人民出版社, 1972: 409.

[2] 全国九所综合性大学《心理学》教材编写组. 心理学 [M]. 南宁: 广西人民出版社, 1985: 216.

人，社会的人，因为有了实践活动，才克服了其生理感官的限制及其感觉的局限性，人的感官感觉"通过自己的实践直接变成了理论家"，"既是自然发展的结果又是社会发展所形成的，它是自然性与社会性的统一"。用马克思的话说，实践活动，包括"直接同别人交往的活动等等"一切人的自身之外的手段——其中具有决定意义的是工具，乃至国家、城市、社区等社会组织机构，乃至语言、管理、社会生产力，"是人类劳动的产物，是变成了人类意志驾驭自然的器官或人类在自然界活动的器官的自然物质，它们是人类的手创造出来的人类头脑的器官，是物化的知识力量"[1]，都是"延长了的人的自然的肢体"[2]，都是"社会人的生产器官"[3]，都是"以社会的形式形成社会的器官"，都是人的"生命表现的器官和对人的生命的一种占有方式"[4]。人类社会器官实质上是以人的本质力量不断对象化物化为标志的人与自然、人与人、人与社会之间的互动发展和共同进化。所有的社会器官，都是为了满足人的某种需要而存在的。人类社会器官的形成是在人的实践活动过程中实现的，不同的社会器官作为人的生理感官的"延长"或者"体外肢官"[5]，以各自特有的"社会感觉"反映和满足人多样化的具体实践目的的实现需要，如语言之于交流、表达和思维，国家、城市和社区之于个人生活的组织化，科学技术之于征服自然，教育活动之于人的自我提高和人类的自我建构，等等。而正如各生理感官之间不是孤立存在、孤立起作用一样，各社会器官之间也是分工协作共同发展的，是作为一种系统整体地满足人类日益增长的各种需要的，如教育的发展离不开国家及其统筹管理，教师自身的专业发展和教师有效完成教学活动，都需要来自教育组织，如各级教育部门和教育研究机构，以及科学技

---

[1] 中共中央马克思恩格斯列宁斯大林著作编译局. 马克思恩格斯全集：第46卷（下）[M]. 北京：人民出版社，1980：219.

[2] 中共中央马克思恩格斯列宁斯大林著作编译局. 马克思恩格斯全集：第23卷[M]. 北京：人民出版社，1972：203.

[3] 中共中央马克思恩格斯列宁斯大林著作编译局. 马克思恩格斯全集：第23卷[M]. 北京：人民出版社，1972：409.

[4] 中共中央马克思恩格斯列宁斯大林著作编译局. 马克思恩格斯全集：第42卷[M]. 北京：人民出版社，1979：125.

[5] 巨乃岐. 试论人类社会器官的形成与发展——人与自然的新对话[J]. 科学技术与辩证法，1999（6）：1-6，31.

术、经济发展、政府机构等多方面的支持。社会器官感觉在深度、广度、敏度上都有生理感官永远无法比及的优势，因为任何一种社会器官感觉都不是只有某一个，也不只是属于某一个人的。

在教学实践感发挥作用的过程中，教师身处其中的"社会器官"就是教师克服自身个体生理感官限制的有力工具，其中，教师的教学实践活动是最直接的、最主要也最不可少的最有力工具——教学活动过程是教学实践感发挥作用的主战场。教师只有在教学实践活动过程中才能感知教学环境、教学对象以及教学行为本身等的现实情况，才会依据即时感知结果，对教学实践的发展走向立刻做出预见性判断，并采取相应的教学行为，力求完好地实现教学目标。正是借助于不同社会器官所具有的社会感觉对相应对象世界的反映，教师获得了凭借单纯生理感官不能获得的关于对象世界的更多信息，包括作为对象的自我的更多信息，从而形成对于对象世界的更全面的认识，为进一步改造对象世界满足自我需要的感知实践活动打下坚实的基础。要而言之，不同社会感官之间的分工协作，构成了教师教学实践感起作用的社会基础。

基于以上认识，我们可以下个结论，即教师教学实践感的作用是通过教师作为人的生理感官和社会感官分工协作实现的。由于人最基本的工具就是自身，使人本身又作为"社会器官"发挥着工具作用，而且"社会器官的细胞从来不是固定的，不仅仅是某一个器官的成分。每个人同时是许多器官的成分"[①]。人与社会器官之间就是这种"你中有我、我中有你"的关系。换句话说，社会器官在人的实践活动里形成的过程中，人类个体自身器官的外化过程和人类整体社会器官的形成过程始终交织在一起，相辅相成，互为前提，交互作用，共同发展。一方面，没有教师作为人的生理感官，就不可能有教师的社会感官；教师生理感官之间的分工协作既是教师的社会感官形成的物质基础，也是意识前提。同时，社会感官的分工协作所带有的抽象性必须经由教师个人生理感官感觉获得现实性、生动性的具体内容，并通过教师个人感知实践来发挥其作用。另一方面，教师作为人的生理感官要突破自身的有限性，必须形成并借助于社会感官的不囿于教师个人的社会感觉，克服生理

---

① 乌尔韦克. 人文主义社会哲学 [M]. 黄卓生，译. 高雄：复文图书出版社，1984：55-56.

感官分工协作所带有的局限性，实现感觉领域的扩大化、感觉内容的丰富化、感觉整合的深刻化的发展。教学实践感发挥作用的过程，就是各生理感官之间、各社会感官之间以及生理感官系统和社会感官系统之间的分工协作复杂化和感知领域扩大化发展的过程。简言之，教学实践感发挥作用的过程，就是教师的生理感官和社会感官分工协作，并不断深化的过程。

二、以普遍统率特殊和以个别体现整体相统一

在意识层面上，教学实践感发挥作用的过程包括两方面，即以普遍统率特殊和以个别体现整体。

首先，教学实践感是以普遍统率特殊发挥作用的。普遍是指一类事物属下的诸多个别事物的共性。在教师教学实践中出现的任何事物都有其类属的共性，如教材的大体一致性——不只国家统一教材编制的时候有，在省属地方教材遍地开花的时期仍有共同的课程标准，如教学对象即学生总是作为人的学生，总是一定社会环境条件下的现实的学生，等等。特殊是指单个的、个别的事物的个性。对教师而言，正如每一刻他们的生命都在发展变化着一样，他们每一个学期面对的学生都是在发展变化着的特殊对象，他们拥有的每一种教材都是一种特殊存在，他们的每一次教材研究都可能获得新的感受，他们的每一次教学实践活动都是可以再现但不可重复的特殊事实。普遍与特殊之间是对立统一的关系。从认识的起源来看，没有特殊就不会有普遍，普遍只能存在于特殊之中，脱离特殊的普遍是无法想象的，任何普遍都包含着特殊。特殊与普遍之间的这种辩证关系表明了人类一般认识活动的秩序和过程，即人类总是先认识个别的事物，然后对大量的个别事物进行总结、抽象，最终认识事物的普遍本质。对事物对象的普遍本质的认识，可以指导人类深化认识特殊事物对象，从而进一步丰富和充实人类对对象的普遍本质的认识。这是两个认识过程即由特殊到普遍、由普遍到特殊相互交织的过程。人类的认识就是遵循这样的规律螺旋上升的，每一次循环都推进着人类认识的深化发展。由于认识对象在特殊存在上的无限性，决定了所谓普遍与特殊的区分只能是相对的，而不应该绝对化，特殊和普遍二者在一定条件下是可以相互转化的。

<<< 第四章 教学实践感的机制

在这种一般认识过程中,"理论只能把握普遍,实践则运作个别"[①]。对此,南开大学哲学系王南湜教授指出:

> "理论只能把握普遍",亦可原则上赞同,但"实践运作个别",则有必要予以省思。诚然,实践的对象从显现的角度看,无疑是个别的东西,但问题是,就实践主体方面来看,就实践方式方面来看,这些对象还是个别的吗?我们可以倒过来问这个问题,即我们能否在实践中个别地对待每一个别的事物?显然,个别地对待每一个别的事物,只能是一种审美的理想,即便是在审美活动中,我们也很难做到个别地对待每一个事物,而只能是尽可能地追求这一点。既然我们不能做到个别地对待个别的事物,那么,在实践中我们是如何对待事物的呢?难道是像在观念活动中一样,普遍地对待事物的吗?显然也不是。我们所能设想的只能是一种介乎理论的普遍性和完全的个别性方式之间的方式。这种方式,我们可以称作"有限个别"或"准个别"的方式。其所以称之为"有限"或"准",在于它在某种意义上是一种类型化的方式,即把对象归结为各式各样或大或小的类,按照事物的类别去实践之。如果不是按类别,而是个别地对待每一个别的事物,不难想象,所需要处理的信息量将会如何地大,如何为人类的头脑所不能承担。极而言之,个别地对待个别事物,这不是人类的能力而只有神类的能力才能胜任的。试想,我们为每一事物都设计一项独一无二的活动方案,这如何可能?因此,在实践中,尽管事物的存在或显现还可以认为是个别的,但被实践或被对待的方式却只能是类型的或"准个别"的。[②]

王南湜先生在这里特别提出"就实践主体方面来看,就实践方式方面来看"的视角问题,这与马克思在批评费尔巴哈的唯物主义时强调对事物、现实、感性要把它们当作感性的人的活动、当作实践去理解、从主观方面去理

---

① 徐长福. 关于实践问题的两个第11条——《形而上学》第3卷11条和《关于费尔巴哈的提纲》第11条钩沉[J]. 中山大学学报(社会科学版),2004(6):155.

② 王南湜. 追寻哲学的精神——走向实践哲学之路[M]. 北京:北京师范大学出版社,2006:269.

解是一致的。对处于自觉实践活动的历史优先性面前的任何个人来说，这都是确凿的事实，只是大多数时候人们都是处于"日用而不知"的不自觉状态而已。

据此，我们可以认定，在非起源意义上，教学实践感发挥作用的过程，就是一个教师以普遍统率特殊的感知过程。教学作为人类一种历史的自觉实践，对教师有着先天的历史优先性。这种优先性本身包含着人类教学活动的共性。教师对教学实践的把握从感知开始，而这种感知是先整体后局部的，把握的首要任务是确认教学实践的特殊性，即教学之所以为教学的共性。正如名叫彼得的人把自己当作人只是由于他把名叫保罗的人看作是和自己相同的那样，一个教师最初也是通过别人来反映自己，对他来说，其他教师的每一次教学活动都整体地成为教学这种自觉实践的表现形式。也就是说，对一个教师而言，他对教学实践的感知首先是一种共性的感知，或者说，他一开始是把原本特殊的教学活动当作教学实践的共性的表现形式来感知的。在确认了教学实践的共性的前提下，一个教师的教学实践感知才真正获得了现实的、生动的具体内容。这一点，新教师对老教师的模仿，尤其是对自己作为学生时的老师的课堂教学活动的模仿，如管建刚老师最初的作文教学，就可以证明。

其次，教学实践感是以个别体现整体来发挥作用的。对象事物的整体、整体的运动始终与个别、个体息息相关，对事物的认识要求整体把握与个别分析相结合。这在教学实践感知上表现为，对于整个教学实践演变的把握要与个别课堂教学活动特点的分析结合起来。教学实践活动本身是教师赖以实现其教学实践把握的最主要的社会器官，同时也是教师生命表现的器官，和对教师对自我作为人的生命的一种占有方式，而对教学实践活动的感知活动本身作为一种实践，自然也不例外。教学实践作为一个整体，其构成要素是多方面的。教学实践不是静态的存在，而是动态生成的存在。在教学活动生成过程中，其构成要素总是个别地存在或显现出来。如学生总是一个个具体的学生，教材总是一本本由一章章一节节的具体内容构成的教材，教学行为如说话、动作演示等，也是个别地即时生成和显现的。教师对教学实践的感知首先是一种共性的感知，但这是"就实践主体方面来看，就实践方式方面来看"的结果。而实践主体的实践方式无论如何也不能改变事物作为对象存在或显现的个别性。尽管个别的未必就是特殊的，但没有特殊的个别就不会有普遍的共性即整体的特殊，整体的特殊性只能存在于个别之中，脱离个别的特殊是无法想象的。在教师教学实践感知过程中，借以统率特殊的普遍，是教学实践作为人类的个别自觉实践的"整体"的"特殊"的共性。这种共性只能存在于教学实践的具体个别构成要素上。普遍本身是抽象的，无法感知的；只有个别地存在或显现出来的构成要素才是具体可感的。教学实践感作为教师对既有教学实践共性把握的结果，其统率作用只能在可感的具体个别要素的显现过程中获得实现。换句话说，在教师对教学实践的感知把握中，个别总是作为整体出现的，个别总是体现着整体的个别。如果不是这样将人类所能共感的教学活动寓于个别构成要素的整体动态之中，并由之表现人类教学实践的一般性与共同性，即通过个别或精粹的，体现整体或共同的，那么，教学实践的一般的意义将永远无法被我们直接感受到。不从个别出发来体现教学实践，所体现的教学实践不可能深刻、突出，不可能给人，尤其是教师以较深的印象；同样，所体现的教学实践不能彰显出一般的意义，则没有教师这一群类共有的特征，也不可能具有感染人的力量。因为教师的生活不是孤立的，教师的实践方式的形成，动作行为或心理表达，都是和教学实践相联系的，而教学实践是复杂的、多方面的，教师越是真正深入教学实践，忠实地反映教学实践，就越是能通过个别的教学实践构成要素概括体现出教师教学活动的整体特征，也就越是能通过教学实践共性感知的实现来达成对具体个别教学实践活动的感知。

最后，教学实践感发挥作用的过程，既不单纯是以普遍统率特殊，也不单纯是以个别体现整体，而是两者相统一的过程。普遍与特殊二者在一定条件下是可以相互转化的。普遍，是指某一类事物属下的诸多个别事物的共性，个别构成的整体的特殊性。特殊，是指单个的、个别的事物的个性，是个别的事物作为整体的共性。普遍与特殊也好，共性与个性也好，都可以从个别与整体的角度来分析、理解；反之亦然。

教学实践感要突破单纯逻辑思维所造成的思维僵局，必须暂时抛弃对普遍共性的执着，回到个别和特殊上来，具体问题具体分析，存同求异，在以个别体现整体的思维路径上突破思维定式。

教学实践感要成功地迅速联想事物联系，就必须站在以普遍统率特殊的致思道路上来，暂时抛弃事物对象的个性特殊性，求同存异，把个别事物作为一个类型一个整体来对待，形成整体感。

教学实践感要促进教学行为决策、提出预见和预测，就必须着眼于对教学实践的整体把握，不断返回到教学实践各构成要素的个别存在，在个别对整体的体现和整体的普遍性与个别的特殊性之间寻求和谐，使教学实践活动在两种动力的辩证驱动下顺利进行，最终实现教学目标。也只有这样，教学实践感才能帮助教师对突然出现的新事物、新现象、新问题迅速达成深入的洞察、准确的判断和直抵本质的理解，才能帮助教师及时发现课堂教学问题、认识到教学问题的重要性并迅速做出行为决策，才能帮助教师适时更新教学目标、即兴生成精彩的教学设计，才能帮助教师有效完成即时评估和判断课堂反馈信息，最终在总体上帮助教师形成新的教学实践认识。

第五章

教学实践感的影响因素

　　教学实践感在根本上是教师作为人的本质力量的感性显现，这种显现总是个别的，即教学实践感总是伴随着教师个人的教学活动而生成和发展的。活动，包括感知活动，是人的基本存在形式。人的活动又总是在人的真正的社会联系中展开的。每一个教师作为现实的、具体的、个别的人，时时处于特定的社会关系之中，只有在特定的社会关系中，教师才能作为教师存在。教师的存在、教师的社会角色特征都体现在特定的社会关系中，并且只能通过社会关系来实现和确证。教师之为教师的意识正是教师作为人在相互交往和相互作用中产生的，教师的身份角色意识、教学生活体验、专业文化素养和职业生存理想等，都只是教师作为人在他身处其中的社会关系里生成、发展和变化的。历史始终在向前发展，社会是发展变化的。作为人，教师也总是发展变化中的教师，总是变化发展着的社会关系中的教师，总是不断变换的教学环境中的教师，总是在一定教学理论思想氛围中感知着教学活动的教师，总是以某种教学形式开展着教学活动的教师。于是，每一个方面的存在及其发展、变化，都影响着教师对教学实践活动的感知，影响着教师教学实践感的生成及其功用发挥。

　　这里拟从主观性因素和客观性因素两个方面作初步的概括性分析探讨。

第一节　主观性因素

一、教师身份角色意识：教学实践感的内在动力源

在影响教师教学实践感的诸多因素中，教师的身份角色意识是一个较为突出的方面。教师的角色意识是教师自我意识的一项重要内容，指教师对自我承担的社会角色的相应规范的认知、体验和期望。只有形成明确的职业角色意识，教师群体才能形成符合社会要求的职业行为规范，教师个人也才能不断地调节、完善自己的职业行为，以取得社会的全面认可。

"角色"和"身份"二者关系密切。"角色"这一概念是美国社会心理学家乔治·赫伯特·米德（George Herbert Mead）最早从戏剧中借用来指"与社会地位相一致的社会限定的特征和期望的集合体"，[1]角色作为一个抽象概念，不指具体的个人，只反映一种社会关系。角色是"人与人、人与社会关系的结构形式"，也是"社会生活中人与人之间互动的方式或模式"，更是"个体获得自我、表现自我、实现自我的途径"；而且"人的角色实践既受制于特定的环境或文化，从而具有被动性；但人也不是角色的奴隶，人们不只是被动地接受或承继着各种角色，而是在具体的角色行为中力图展示其主体性，发挥其能动性，用创造性的角色实践获得独特的角色个性或角色自我，并尝试着创造满足自身发展需要的新角色。人们在角色实践中既必须'戴着镣铐舞蹈'，同时也完全可以经由这种'束缚'去追求和享受角色（人生）'自由'"。[2]具体的个人在一定社会关系中总是以某种角色存在的。"身份"原指人的出身和社会地位，是个体成员在社会交往中识别个体差异的标志和象征，带给社会以秩序和结构。人总是以某种身份在社会交往中存在的，身份因此成为人

---

[1] 迈克尔·J.贝克. 市场营销百科[M]. 李垣, 译. 沈阳：辽宁教育出版社, 1998: 67.
[2] 秦启文, 周永康. 角色学导论[M]. 北京：中国社会科学出版社, 2011: 前言2.

们地位高低、权力大小、义务多少的显要标准。由于角色往往标明了个体在种种社会关系中的地位、作用和权力、责任,反映了社会(人群、团体)对个体的期望与要求,人们常常把角色当作一个人的社会身份。从主观立场来看,角色未必就是身份,但身份必定是某种社会角色。一个人选择什么样的角色作为自己立身处世的社会身份,与别人对他身份的确认固然不无关系,但别人的任何评价都不能代替他自己的选择。而这种自我选择集中体现为一个人的角色意识。所谓角色意识,即人们在承担某种角色时,明确意识到自己正担负着一定的责任,意识到社会及他人对自己行为的期待,并决心努力用自己的行动去满足社会的期待。

已有人指出:"教师角色是由教师承担的社会职责、所处的社会位置所决定的,为社会所期望的行为特征,其实质是对'教师是什么样的人'的概括。"[①] 据此,从教育诞生以来,教师就是一种特殊的职业,至少包括三层含义:一是教师的行为;二是教师的地位和身份;三是社会对教师的期望。一个人对教师这一社会角色的认知与评价,即教师身份角色意识,直接决定他是否会选择成为教师。任何个人的社会角色,都是他作为个体在特定的社会关系中的身份及由此规定的行为规范和行为模式的总和,具体就是他在特定的社会环境中相应的社会身份和社会地位,并按照一定的社会期望,运用一定权力来履行相应社会职责的行为。而且,人总是一定的社会关系中的人,必须担负某种社会角色来换取一定的社会身份以保证自己的生存,而且在充当角色的过程中,他必然自觉地按相应的角色规范来约束自己的行为、履行相应的义务,并有意识地突出角色特性,对该干什么、不该干什么做出抉择,以实现自我的角色身份的塑造,维护、确保自己的角色权利。一个人一旦选择成为教师,把教师角色当作一种身份来追求,他就必定会以教师的角色规范来要求自己、指导自己。否则,他便得不到人们和社会的认可而使其人生价值、社会作用得不到显现与承认。而教师之"教"是一种"以神相感"的生命示范,教师又只能通过自己的教学实践创造自己的教师身份角色,就注定教师自我的身份角色意识对其教学实践感的生成会有较突出的影响。

---

① 沈丽萍. 故事中的教师角色转变[M]. 福州:福建教育出版社,2008:1.

  一个选择教师角色作为身份追求的人是否真正成为教师,实际上取决于他的教师角色意识水平。教师角色意识一般可以划分为对教师角色从认知,到认同,再到形成信念三个层次。

  首先,对教师角色社会性内涵的理解、对教师行为规范的基本认识,都直接决定了教师教学实践感生成的起点。这是因为,一个人如果没有最起码的教师身份角色意识认同,就不会以教师的角色规范自己的行为,也就不会有他自己的教学活动。良好的教师角色意识来自教师对教师职业的责任、地位和作用有全面正确的认识,和对有成效教师的积极学习、借鉴、交流,对教学实践的积极参与,以及面对教育改革发展潮流的自觉、主动融入。对教师角色的认知可以部分地通过在学校学习教育学知识达成。黄达卿指出:"若不重视角色赋予,不重视角色意识的培养、角色行为的选择,也会造成个体的消极情绪而影响其社会实践活动的正常进行并殃及活动效果。"[①]简言之,良好的教师角色意识来自教师对自我的自由自觉的角色赋予。师范教育从课程设置到教学,教师身份角色意识的培养在过去很长一段时间里没有得到应有的重视,往往直到实习时才对师范生提出"要把自己当教师"的要求,这使得很大一部分师范生很难在短时间内完成所谓"华丽转身"而顺利将自身角色从学生转换成教师,从而不能在实习期间甚至走上岗位之初有较好的表现。因为他们还没有"进入角色",自然没法形成积极的教师角色行为来付诸实践。主要后果就是许多师范生往往在为期一个月(或者再多一至二周)的实习教学生活即将结束时才"找到感觉"。当然,师范生即使是在对教师角色有了正确认识的情况下,也常常出现走上讲台却不知所措的情况,近者几乎每届师范生都还有极少数人走进教室就紧张得语无伦次手足失措,远者如周作人在北大的第一堂课几乎只能声音低得连第一桌的学生也要非常努力才能听见他照念教案,沈从文在中国公学的第一堂课上先是紧张得忘了三天辛苦备下的教学内容,后是仅用二十分钟就全部讲完而进退两难。这样的结果,作为一种积淀在教师的教学实践感生成、发展上成为负面的参照,起着警示作用,并成为他们重新认识教师身份角色、重新规范自己的教学行为活动的起

---

① 黄达卿. 教师的角色意识[J]. 四川理工学院学报(社会科学版),1990(1):32-38.

点,也是他们以切身教学活动体验来充实、支撑教师角色的自我赋予的开始。

其次,对教师角色的认同程度决定一个教师教学实践感生成和发展的敏度、深度、广度和美度。教师角色认同是指一个人亲身体验教师角色所承担的社会职责,并自觉用教师角色规范来调控和衡量自己的行为,具体表现为强烈鲜明的教师角色责任心。教师角色职责认同是教师角色意识的基础。任何不愿从事教育工作的人即便走上教育岗位,也很难履行好教师角色职责。弗洛伊德指出:"认同是一个心理过程,是个人向另一个人或团体的价值、规范与面貌去模仿、内化并形成自己的行为模式的过程,认同是个体与他人有情感联系的原初形式。"[1]认同在根本上就是自我的一部分,也即自我认同。英国社会学家吉登斯明确指出:"自我认同指的是自我发展的过程。通过这一过程,我们形成了对自身以及对我们同周围世界的关系的独特感觉。"[2]吉登斯所说的"独特感觉",在本研究就是实践感,更具体地说,在教师角色认同的过程中形成的对教师自身及其同周围世界的特有关系的"独特感觉"就是教学实践感。还有学者指出:"由于一个角色身份是与一个角色里的自我相联系的,对个体而言,自我意义就成为角色认同启动的标准或参考。"[3]据此,吉登斯所说的"独特感觉"和本研究的教学实践感在某种范围内就是"自我意义"。这样看来,对教师角色的认同过程实际上是教师角色之于教师个体的自我意义的发现、生成的心理过程。如果一个人对教师角色的认识仅处于观念水平,那么教师角色对他来说还只是社会对教师的角色期望,还只是个抽象的存在,因而还谈不上认同。任何人对教师角色的认同,都真正开始于他正式承担教师角色并有了一定的教育实践经验后,是在感觉、体验与反思之中逐渐达成的。教师角色认同主要指对教师责任的认同,具体表现为一个人自觉采用什么样的教师角色规范来调控和衡量自己的行为。教师作为一种社会角色,可以从不同角度来进行分类,具体来说,根据角色获得的方式的不同,可以分为先赋角色与自致角色;根据角色存在形态的不同,可以分为理想角

---

[1] 沙莲香. 社会心理学 [M]. 北京:中国人民大学出版社,2002.
[2] 安东尼·吉登斯. 社会学 [M]. 4版. 赵旭东,齐心,王兵,等,译. 北京:北京大学出版社,2003:27.
[3] 秦启文,周永康. 角色学导论 [M]. 北京:中国社会科学出版社,2011:21.

色、领悟角色和实践角色；根据人们承担角色时的心理状态不同，可以分为自觉角色与不自觉角色；根据角色行为规范化程度不同，可以分为规定型角色与开放型角色；根据角色追求的价值目标的不同，可以分为功利型角色与表现型角色；根据角色之间的权力和地位关系不同，可以分为支配角色和受支配角色；等等，不一而足。就教师角色来看，在非起源的社会历史意义上，它是由社会因素决定的先赋角色，也是作为社会对教师角色期待的总和即角色规范的完美行为模式的理想角色，也是应当做什么、不应当做什么、应当做的事怎样去做、自己负什么责任、对谁负责等都有明确规定的规定型角色，也是其行为要计算成本和讲究报酬的功利型角色，还是有社会规范体系支配的受支配角色；而在个人选择角色身份的主观能动性、过程性意义上，它是通过教师个人的教学活动与努力而获得的自致角色，是作为教师个体对教师角色行为模式理解结果的领悟角色，是作为教师个体实际履行特定社会地位中规定（如《教师法》等规定）行为模式的实践角色，是教师明确其个人所扮角色意义而尽力用行动去感染行为对象的自觉角色，或者教师个人并未清楚地意识到其所扮角色意义而只是照习惯方式去做的不自觉角色，还是不能局限于规定而必须根据自己对教师角色的理解和社会对教师角色的期望创造性地践履教师责任行为的开放型角色，又是不直接以获得经济效益为目的而以表现社会制度与秩序、某种社会价值观念、思想信仰、道德情操等为目的的表现型角色。显然，这些划分都只是为了更方便地认识角色的丰富性，不具有绝对意义，如自致角色、实践角色、自觉角色、开放型角色、功利型与表现型角色可以同时是支配角色，实践角色可以同时是自致角色、自觉角色、表现型角色等。然而，不论哪一种划分，其核心都是教师角色责任，每一种分类对教师角色责任都有规定、规范的意义。很显然，如果一个教师所认同的只是上述二元划分中的某一类角色如规定型角色，就可能流于偏颇，就不可能择用相对全面的教师角色规范来调控和衡量自己的教学行为，从而无法实现教师角色对他的自我意义，无法实现他自己的教师角色塑造，其教学实践感也就不可能迅速生成，更不用说在深度和广度上得到有力的拓展。即便他原本是个极富教师角色责任心的人，他的角色责任心不但会因此而得不到适当体现，而且还有可能使他背上极端缺乏责任感的恶名。这种情况中最典型的,就是刚刚入职的教师往往难免失之偏颇的角色行为选择。例如,江苏省语文特级教师管建刚在初上作文课时,就曾"临到实际,我是老先生怎么教我也怎么教。作文嘛,读一读,说一说,写一写,完事;考试时,先入题,再写事,后点题,没事",而只有在他真正从作文教学的"自我意义"出发,才感到了自己和老先生一样的偏颇,才"开始关注作文""开始反思作文""开始研究作文",才明确地意识到"作文重在自我写作体验,而不是教师滔滔不绝的所谓指导""作文重在自我情感倾诉,而不是按着规定去写无谓的考试文""作文重在发出自我声音,而不是仅记录在那本板着脸的作文本""作文重在感受成功心境,而不是老师简单的一个分数或等第""作文重在榜样,重在示范,重在组织,重在激励""作文重在平等,重在对话,重在心灵,重在内驱"[1],才最终有了"管建刚作文教学系列"的出版问世。

教师只有在具体的教学实践中才能更清晰地领悟自己的角色,只有在教学活动中实践教师角色规范才能最终完成教师角色扮演。在实践教师角色的课堂教学过程中,教师通常会遇到一些意想不到的困难和挫折,这时候就需要教师随机应变,或创造性地运用教师行为规范,或及时调整自己的教学行为,进行角色创造,以便顺利地应对、处理课堂教学中的新情况和新问题。角色创造是教师作为人的主观能动性在教师角色承担中的运用,正是通过无数教师个人的教师角色创造,教师角色规范才获得了不断的丰富和发展。Parker J. Palmer 说过:"真正好的教学不能降低到技术层面,真正好的教学来自教师的自身认同与自身完整(Identity and integrity)。"[2] 阅读《魔法作文营》《不做教书匠》《一线教师》和包括《我的作文教学故事》《我的作文教学革命》《我的作文教学主张》《我的作文训练系统》在内的"管建刚作文教学系列",我们既感受到了这位一线教师的真诚实在——他创下了带班两年学生发表作文200余篇的记录,也感受到了作者逐渐形成并日益深入、系统化的教师角色理解,以及他那日益宽广的教师角色视野,而这一切又都通过他那敏锐的、朴实无华却富于生命活力的文笔呈现给我们的。显然,正是逐渐深入的教师

---

[1] 管建刚. 享受作文 [J]. 江苏教育, 2004 (12A).
[2] PALMER P J. The Courage to Teach: Exploring the Inner Landscape of a Teacher's Life [M]. California: Jossey-Bass, 1998: 7.

角色认同，和根据新的领悟衡量、调控自己的教学行为，使管建刚的教学实践感在敏度、深度、广度和美度上，都获得了非同一般的拓展。

再次，教师角色信念正确、积极和健康与否，直接影响着教师教学实践感的生成和发展。在认识论上，"信念是人们对自然界和社会秉持的一些基本观点所形成的一个相对稳定的、带有一定能动成分的认知结构，信念与客观、普适、价值中立的公共知识体系不同，它是具有强烈个体意义的、带有情感性的个体知识"[1]。在心理学上，信念（belief）可理解为：个体根据自身既有的认识、观念和价值规范，对于有关对象的某种理论观点、思想见解的坚信不疑的看法，同时也是个体对某人或某事信任、有信心或信赖的一种思维状态，是人们认识对象世界和改造对象世界的精神支柱，是人们从事相应活动的激励力量。信念对于人类实践活动具有重要意义，个体的信念一旦确立起来，就会强烈地影响他们的行为[2]；反之亦然。"吾心信其可行，则移山填海之难，终有成功之日；吾心信其不可行，则反掌折枝之易，亦无收效之期"[3]，这句话就是对信念影响力的生动表述。而且，信念一经确立，"即便在面对事实时也保持某种恒定的观点"[4]，这一方面可以用来诠释为什么在职或离职训练很少能改变教师的信念系统，另一方面也可以由之看出信念影响力的持续性。有论者指出："早期的教师信念研究也表明，课堂生活的复杂性会限制教师依据自己的信念进行教学实践，许多教师会基于师生关系、课堂教学常规、不同层次学生的需要、学校教育的脉络、教师的生理状态、教科书等现实的因素来选择教学行为。Kilgore等研究发现，实习教师会根据学校行政人员及同伴的态度，决定是否依据自己的教学信念来从事教学实践。"[5]但这是就整个信念系统来说的，教师的角色信念在其中的决定性地位并没有得到说明。而一般说来，教师角色信念是教师角色认同发展的必然结果，是教师将教师角色

---

[1] 林一钢. 教师信念研究述评[J]. 浙江师范大学学报（社会科学版），2008（3）：80.
[2] PAJARES M F. Teacher's Beliefs and Educational Research: Cleaning up a Messy Construct[J]. Review of Educational Research, 1992（62）：307-332.
[3] 孙中山. 孙中山全集：第6卷[M]. 北京：中华书局，1981：158-159.
[4] 俞国良，辛自强. 教师信念及其对教师培养的意义[J]. 教育研究，2000（5）：16-20.
[5] 林一钢. 教师信念研究述评[J]. 浙江师范大学学报（社会科学版），2008（3）：82-83.

职责内化为自我的心理需求，坚信自己教师观的正确性并将其作为行动指南的角色意识；在具体内容上就是教师对有关教师角色的某种理论、观点和见解的判断，如具备什么样的条件才能算是一个教师，教师的职责是什么，怎样的行为能迅速确立起教师的角色形象，优秀教师是什么样的，怎样可以成为优秀教师，等等，它影响着教师的教育实践，包括做什么和怎么做，从而影响着学生的身心发展。在教师角色信念的形成过程中，教师的教学实践活动非常重要。一方面，离开教师自身的教学实践，教师角色意识的培育就是一句空话，要促进教师角色意识的深化，就必须紧密结合教学实践活动，创造良好的外部条件，建立激励机制；另一方面，教师角色信念一经确立，就会反过来影响教师教学实践感功用发挥的方向及其效果，这是因为教师信念的作用表现为一种情感与行为的驱动，通过教师的主观意志直观地表现为教师对教学行为的选择和取舍，具体化为教师的课堂教学设计、操作和组织行为，全程性、整体性地支配着课堂教学的运作。

正确、积极、健康的教师角色信念会加速教师教学实践感的生成、发展，反之，则会阻碍教师教学实践感的正常生成和发展。在20世纪末开始的新课程改革推动下，教师角色的内涵在不断地更新。有人主张教师首先是学生学习的促进者，其次才是知识的传递者；有人说教师正在由知识传授者转向知识批判性分析者、由课程实施者转向课程开发者、由教案执行者转向教学智慧创造者、由管理者转向引导者、由实践者转向研究者[1]；也有人说教师应该同时是学习指导者、行为示范者、集体领导者、心理辅导员、教学研究者[2]；有人主张教师"不要当'蜡烛'，要做'火箭'""不要当'园丁'，要做'雕塑家'""不要当'演员'，要做'导演'"[3]；也有人主张教师应该是（一）知识的传授者和教学过程的组织者、引导者、促进者（二）学生的楷模（三）严格的管理者（四）心理健康的维护者（五）学生的知己与导师（六）学生

---

[1] 沈丽萍. 故事中的教师角色转变[M]. 福州：福建教育出版社，2008.

[2] 赵刊，鞠廷英. 今天如何当教师[M]. 成都：西南交通大学出版社，2009：137-138.

[3] 刘德龙，包心鉴. 山东省第十八次社会科学优秀成果奖获奖成果文集（下）[C]. 青岛：中国海洋大学出版社，2005：1029-1030.

家长的代理人（七）反思者、学生、研究者、课程开发者[①]；还有人提出教师要由"经师"转向"人师"，等等。在种种教师角色观中，有的是正确的、健康的、起积极作用的，利于教师教学实践感的生成发展及其功用发挥；有的则相反。当一个教师认为"一个教师群体的教师不可能是个个优秀的，当一个优秀教师其实很不容易，不可能每个教师都成为优秀教师"时，他就很可能慢慢降低甚至放弃对自己成为优秀教师的角色期待。相反，任何一位优秀教师的"优秀"都来自类似"我一定能做个优秀教师""我一定能成为优秀教师"的信念。信念表现为对某种理论主张或思想见解坚信无疑，并身体力行的精神状态，它的确立是以认识为基础的。信念是个体主观的一种综合的精神状态，强调的是情感的认同和意志的坚定，表达一种态度即知识与客观真理相关的态度，直接与价值观相关，具体就是"我知道我这样做是对的！我应该这样坚持下去"。以信念为基础，人们才会敢于把自己完全寄托在未来事物上，也才会相信自己的愿望或预料一定能够实现即"我相信我能做什么"，才会有对于未来事物的信心。教师角色是对"教师是什么样的人"的概括，教师角色信念的确立首先就是明确教师的职责是什么，其次是怎样才算是优秀教师，再次才是怎样做才能成为一个优秀教师。当一个教师坚信教师就是知识传授者时，他就会认为"作为教师，其主要职责就是传授知识，将自己'术业有专攻'、'闻道有先后'所获取的知识传授给学生，传授活动结束了，教师的教学也就完成了"[②]；他就会赞同"教师要给学生一碗水，自己要有一桶水"甚至"应该是'自来水'"的比喻，把拥有大量知识和能够传授好知识当作优秀教师的标准；他就会努力学习以获取足够量的知识并努力把自己的知识原封不动照本宣科地"倾倒"给学生以期成为一个优秀教师；他就会在完成"倾倒"式的知识传授之余欣赏自己的教师角色身份；甚至，他就会把自己的经验"推而广之"而不考虑面对的学生不同，教师的身份角色也会有所不同。在这里，知识是由专家学者"生产"的，具有客观性、普遍性和绝对真理性，教师学习、理解、接受了知识并通过课堂教学传授给学生，整个过

[①] 成云. 心理学（本科）[M]. 成都：四川大学出版社，2004：251-253.
[②] 沈丽萍. 故事中的教师角色转变[M]. 福州：福建教育出版社，2008：8.

程中，教师和学生一样，对知识的合理性和适切性都没有怀疑的资格，也不可能有任何发言权，教学过程变成了知识搬运过程。我们不妨来看《湖南教育》刊登的一个案例（摘编）——

某小学语文课有成语故事《程门立雪》，后面附有一个问题：请同学们想一想，这个典故中包含什么道理？"张老师已经看过教参，知道答案是什么，但是故意不告诉学生，他要让学生开动脑筋，自己找到正确答案。他照例请学生们先想想，想好的就举手发言。他的话音刚落，就有个学生举起了手。"这个学生王威武站起来大声说："这个成语故事包含的道理是，杨时是个伪君子，我们不能像他那样装模作样。"全班同学哄堂大笑，"张老师脸色铁青，喝令王威武坐下。……接下来任张老师怎么鼓励，也没有人发言了。张老师只好把教参上的答案直接告诉学生：这个成语故事说明，读书应该像杨时那样，尊重老师，虚心求教。'程门立雪'是尊师的典范，而不是王威武同学说的装模作样。"下课后王威武找张老师论理："杨时确实有毛病，我……"张老师第一次打断他的话说："是你自己有毛病！你要好好向杨时和同学们学习，不要往歪门邪道上想。"第二次则破例把教参拿给他看，还很耐心地开导："课本和教参都是很多专家集体编写的，出版后更有千千万万的专家看过、教师教过、学生学过，即使是小错误，也早就发现更正了。我敢保证，这个答案肯定是正确的。从宋朝到现在，一千多年来人家都说'程门立雪'是尊师，难道古人今人都错了，只有你王威武一个正确？你不要钻牛角尖了，免得耽误了学习。"……有一天中午，张老师在房里休息，正睡得昏昏沉沉，有人拍打他的房门喊："张老师，快起来，你们班的王威武被晒晕了。"张老师从床上跳起来开门一看，王威武果然躺在烈日下，口吐白沫，赶忙抱到医务室。校长得知王威武是在张老师门口晒晕的，严厉批评张老师不应该罚学生晒太阳，王威武却软绵绵地说："是我自己晒的，跟张老师没关系。"校长问为什么要站在烈日下。当王威武说自己去向张老师请教问题，见张老师午睡不想惊醒张老师就站在门外等他时，张老师哭笑不得地说："你为什么不站在屋檐下，偏要站在烈日下，你脑子有毛病呢？"王威武一本正经地说："张老师，杨时也是放着屋檐下不站，偏要站在院子里让雪淋，你说他那样做是尊重教师，我向杨时学习，怎么就成了脑子有毛病呢？"校长不知道原委，训斥道，故意让雪淋怎么是尊重教师？不懂不要乱讲。张老师拉拉校长衣袖，小声说，教科书上确实是这么写的。他顺便把王威武对"程门立雪"的质疑给校长说了，校长想了想，郑重地说："是教科书写错了。我赞同王威武同学的意见，故意让雪淋和故意让太阳晒和尊重老师无关，只是作秀而已。就这件事来说，杨时毫无疑问是个伪君子。"①

在这一案例中，教材上的《程门立雪》原本全文是：

> 宋朝的时候，有一个很有学问的人，名叫杨时。他考取进士后不愿做官，立志研究学问，曾到河南颍昌拜程颢为师学习理学。程颢去世后，杨时又到洛阳拜程颐为师，这时他已经40岁了。一次读书的时候，杨时遇到了难解的问题，就和同学游酢冒雪去见程颐。他们顾不上吃饭，赶到程颐家中。当时老师正在午睡，他们不忍心打扰他，就静静地站在门外等候。这时，寒风呼啸，大雪纷飞，他俩被冻得浑身发抖。过了好长时间，程颐睡醒了，才知道他俩在门外等候多时，于是马上请他俩进屋。这时，门外的积雪已经有一尺多厚，他俩也就成了雪人了。②

教材编者在改编成语故事时所犯的错误，有人已经指出，如教材原文（释文）与原著（指《二程语录·侯子雅言》和《宋史·杨时传》）有三处地方不一致：教材说程颐老师正在午睡，原著说是"瞑坐"——"午睡"不可与"瞑坐"画等号；教材说杨时与游酢"站在门外等候"，原著说是"侍立不去"——"站在门外等候"更不可与"侍立不去"画等号；教材说杨时与游酢"成

---

① 杨汉光.程门立雪[J].湖南教育，2007(13)：37.
② 课程教材研究所，中学语文课程教材研究开发中心. 义务教育课程标准实验教科书 语文 五年级 上[M]. 北京：人民教育出版社，2009：89.

了雪人了",原著没这个说法——"雪人"一说与"侍立不去"一说之冲突不可调和[①];又如"程门立雪"并不是立于门外雪中[②],等等。张老师"正确"地给学生传授着教材编者的"错误",显然,在他的教师角色意识中,教师只是个知识传授者已然成为支配他们教学行为的信念。如果不是王威武向杨时学习来了个"张门立烈日",或许张老师的信念还不知要坚持到什么时候。而以这种错误的起消极作用的信念为教学行动指南,自然是不可能生出真正的教学实践感来的,因为在这种信念之下,教师甚至连真正的教学实践主体都不是。

而当一个教师坚信教师首先应该是一个知识批判分析者时,他就会认同教师的主要职责不是以知识权威或者知识权威代言人的身份照本宣科地传授教材中的知识,而是要与学生一起探索知识、理解知识乃至质疑知识,弄清知识产生的背景以及发展走向,尽可能帮助学生将知识与他们的生活体验关联起来,让他们在学习知识时感觉到知识的"自我意义",教师的教学并不是随着课堂教学结束就完成了;他就会赞同"知识的获取过程是发生在具体情境之中,是一个主客体相互作用的开放的、复杂的建构过程,知识也因此不具有绝对客观性"的观点,把具备敏锐的知识批判分析能力当作优秀教师的标准;他就会努力学习知识加强思维训练,并致力于形成自己独特的批判思维方式以提高其分析批判能力,使自己最终成长为一个优秀教师;他就只会在感觉到自己的教学行为激发了学生探究知识的热情,并让学生思维生出活力的时候,才欣赏自己的教师角色身份;他就会考虑不同学生要求教师不同的身份角色而不会随便搞自我推广。如此一来,由于学生常新、对象常新、知识常新,其教学活动会形成其个人风格,但绝不可能僵化,其教学实践感生成也将伴随着教学活动的不断更新而获得新的丰富和拓展。

值得特别提醒的是,教师角色一经认定,并非一成不变。教师角色的改变必然导致教师角色意识、角色行为的改变,主观条件(状况)和客观环境的改变等多方面的原因,都会导致教师角色发生变化。教师身份角色意识有助于生成教学实践感,既有教学实践感又对教师身份角色信念的形成、修正

---

① 磁场. 您信宋史还是信教材?——指瑕五下《程门立雪》[EB/OL]. 天涯社区,2011-03-03.
② 高良槐. "程门立雪"立何处[J]. 咬文嚼字,2011(9):52.

起作用。同时,教师角色的多重性决定教师在教学过程中必然会遭遇角色冲突,其一是在履行多种工作角色时所产生的角色冲突。如教师所担负的两个角色同时向他提出两种相反的角色行为,往往一时很难在对立中找到统一,只有否定一个才能满足另一个,只有否定一面,才能肯定另一面;又如教师既要严格管理班级、要有权威性,又要做学生的朋友、要让学生有亲近感。其二是教师角色与其他社会角色之间的冲突。如女教师既要担负起传统角色(家庭主妇)的关于家庭责任,又要承担起现代职业女性的角色,在事业上有所发展;男教师既要追求事业的发展,也要承担家庭责任。角色职责也是一种压力,教师如承担了诸多社会角色,就必然会同时面临着来自四面八方的压力,就不可避免由于多种社会角色的互相干扰而使教师产生角色冲突。教师角色冲突也会影响教师教学实践感的生成和发展。

总之,身份角色意识水平相同、相近的教师会赋予教学实践活动以特别重要的意义,并力求使自己的每一次教学活动都能够体现这种意义,从而对他们的教学实践感产生巨大而深刻的影响。教师以不同角色身份从事教学活动时,会因角色规范的社会意志性差异而选择不同的教学行为。如果教师缺乏身份角色意识,或者在与其他社会角色的冲突中教师角色意识过弱,就会发生教师角色与其作为人的自我分离。这是因为,教师身份角色的特殊性在于,只有当教师角色意识达到信念水平,并与其他社会角色大体和谐时,一个教师才会把教师角色当作自己本真的生存状态或人格表征,教师自我的感觉也即教学实践感才能真正成为其职业化生存的基本生命单元。要言之,教师身份角色意识是教学实践感生成、发展的内在动力源。

二、教师教学生活体验:教学实践感的主观内容源

教师在专业成长中,离不开提供原始资料的感觉,也离不开体验。这不是因为"体验论是近现代'人'的哲学最强有力的批判工具和建设性向度"[①],而是因为不只人的"感觉通过自己的实践直接变成了理论家",而且人"不仅通过思维,而且以全部感觉在对象中肯定自己",确立自己、确证自己,但人

---

① 高伟. 生存论教育哲学 [M]. 北京:教育科学出版社,2006:217.

的活动之所以成为自由、自觉、有意识的生命活动，是离不开体验这个环节的。普通心理学中鲜见对"体验"的界定。"体验"是人的一种基本生命心理活动，带有"以身体之，以心验之"的亲历性含义[1]。美国南加州大学神经科学与心理学教授安东尼奥·R.达马西奥对意识产生中的身体和情绪的研究[2]启示我们，体验这个心理学概念，作为一种只能由个体发生的心理行为，指意识对身体感觉过程和结果本身的捕捉过程，这捕捉有自发的，也有自觉的，后者即"找感觉"；作为一种结果，则指意识所捕捉到的感觉过程及其结果所形成的心理表象，通常以记忆的方式保存在人脑中。体验必须以感觉为基础，感觉所指向的，并不是对象的纯粹自在的属性，而是对象所蕴涵或体现的人的情感内容和人的生命活动。这就是说，体验尽管有知觉、记忆、思维的参与，但实际上必须通过感觉来实现，在根本上就是人以感觉捕捉感觉的心理过程。伽达默尔指出："对'体验'一词的构造是以两个方面意义为根据的：一方面是直接性，这种直接性先于所有解释、处理或传达而存在，并且只是为解释提供线索、为创作提供素材；另一方面是由直接性中获得的收获，即直接性留存下来的结果。""每一种体验都是由生活的延续性中产生，并且同时与其自身生命的整体相关联。""所以体验概念构成了对客体的一切知识的认识论基础。"[3]而且，由于体验对我们的生命存在具有本体性意义，"它不是概念地被规定的。在体验中所表现出来的东西就是生命"[4]。无法例外，教师的教育思想、教学理念的更新与教学活动的创新等，只能在体验这个"过程"中，经过对社会要求和角色规范、新教育文化观念等输入因素进行筛选、过滤甚至改造而实现。所谓教师的专业成长问题，虽有教师与社会和教育专家学者之间的教育文化交流，但更多的是作为教学实践主体的教师自我的内在精神活动。

---

[1] 贾洛川. 罪犯感化新论[M]. 桂林：广西师范大学出版社，2009：146.
[2] 达马西奥. 感受发生的一切：意识产生中的身体和情绪[M]. 杨韶刚，译. 北京：教育科学出版社，2007.
[3] 伽达默尔. 诠释学Ⅰ：真理与方法——哲学诠释学的基本特征[M]. 洪汉鼎，译. 北京：商务印书馆，2007：89，96，101.
[4] 伽达默尔. 真理与方法——哲学诠释学的基本特征[M]. 王才勇，译. 沈阳：辽宁人民出版社，1987：94.

一个人一旦选择成为教师，或者由于某种原因被推到教师的位置上，他就必定会通过自己的教学活动获得某种职业生活体验，从而以意识到的教学形式掌握教学实践，形成教学实践感。教学实践本身没有意义，但却是教育意义的基本存在形式。既有的教学观念和思想不可能让教师仅通过教学理论知识，就直接经过他的大脑而自觉地反映教学世界，只有在他自己的教学实践活动中，教学理论知识才会真正被他所意识到并内化为他意识的一部分，他的意识也才会因教学活动而得到更新和丰富。如前所述，教师角色认同实质上是对教师教学活动的个人涵义即自我意义的认同，而教师角色本身又有着客观意义即社会内涵。所谓自我意义，是依赖于自我教学活动而在教师个人的意识中产生的全部心理事实的总和。而社会内涵，则只是这个涵义范围之中的最稳定、最统一和最精确的那一部分，是超个体的、集体赋予的内容，是集体教学反思的产物。任何一次教学活动，只有在获得了感性的教师个人涵义而不是单纯为作为形式存在的时候，才能成为人类社会个体生命活动中一个生气勃勃的生命单元。列昂节夫指出："涵义在意义之中具体化（如动机在目的之中具体化），而不是意义在涵义中具体化"，"涵义不是由意义产生的，而是由生活产生的。"[①] 意义可以传授，"涵义"不能传授，而要培养。教育和教学的统一，在具体的心理学上是"涵义"与"意义"的统一。一个人作为教师，光是记住、理解教学理论知识，形成所谓教学思想，是远远不够的，他必须使这些教学理论知识、教学思想转化成内在决定其个性的东西，成为他作为人本身的所有物。

在教师教育中，教学活动，作为师范生亲历的课堂教学活动，一定要让教学本身深入师范生的精神生活里，使教学在他们的头脑和心灵里形成一种积极力量，成为他们意识中带有深刻个人涵义的东西。正如有人指出的，许多师范生在实习教学中常常感觉到自己所学的教学理论、教学思想混沌一团，根本用不上，或者用得混乱无章，因而不起什么作用，这是因为这些教学理论知识和教学思想观念，没有跟他自己作为教师所采取的教学行为、所面对的学生、所观察到的课堂状况以及所期望达成的教学效果有机地联系起来。

---

① 列昂节夫. 活动·意识·个性 [M]. 李沂, 译. 上海：上海译文出版社, 1980: 213, 218.

黑格尔说过："同一句格言，从年轻人（即使他对这句格言理解得完全正确）的口中说出来时，总是没有那种在饱经风霜的成年人的智慧中所具有的意义和广袤性，后者能够表达这句格言所包含的内容的全部力量。"[①]同理，两个不同的教师在同一班级或者不同班级的课堂上，采用同一种教学行为，也往往具有不完全相同的涵义，得到不完全相同的教育效果。一个实习教师、一个在岗教师和一个优秀教师，即使在课堂上都采用探究式教学行为，他们各自所赋予探究式教学的具体内容和个人涵义也绝不能等量齐观。完全相同的教学模式、教学程序，会因教师的不同而形成不同的个人涵义——对教师个人如是，对学生个体亦如是。教学生活体验是教学实践感生成的最基本、最重要的、不可或缺的基础。教学活动总是一定生活场景中的教学活动，它们共同在教学实践主体的内心被既有的心理结构组织起来，生成教学实践感。

生活是一种连续不断的活动。教学不是作为人的教师的唯一活动，但却是教师确认自己作为人的类本质的主要活动。因而，与一般人对自我、对与自我相关的种种客体对象的认知和体验总是在活动中不断产生、发展和变化相似，教师对自我、对与自我职业生存相关的以学生为中心的各种客体对象的认知和体验，也总是在其教学活动中不断产生、发展和变化的。正如世界上没有两片完全相同的树叶一样，教师面对的服务对象即各不相同的学生，学生又是无时无刻不在发展变化更新中的个体的人，教学使用的教材虽然相对稳定但也处在更新变换中（这在新课程改革以来教材编制权向地方开放后更明显），教学环境，教师自我形象、教师自我的角色意识、教学知识、教学经验、教学思想观念等也处于发展变化之中。在这不断的变化中，教师的教学生活体验将一直处于从片面到较全面、从肤浅到较深刻的运动过程中，某一局限性可能在某一次教学活动中被一定程度地克服，但新的局限性又会随之而来，偏见、误解几乎永远不可避免；但在同时，教师对于服务对象即学生、中介对象的性质及其可能功能、自我教学行为功用的认知水平，角色意识、教学知识、教学思想观念水平，又总是在对偏见、误解的消除和对局限

---

① 中共中央马克思恩格斯列宁斯大林著作编译局. 列宁全集：第38卷 [M]. 北京：人民出版社，1959：98.

的不断克服中获得提高。偏见、误解、局限都会在教学实践感中折射出来。前面《程门立雪》例子中，张老师对教材文本的理解、对学生王威武的印象，必定会因王威武的"张门立烈日"事件带来的新感触新体验，而发生巨大变化，至少其机械主义的认知思维方式会因此开始动摇。

  教师自我的教学体验是无法通过理论来体现的。教师的教学生活当然与教师的非职业生活密切相关，因为教师首先是人然后才是教师，教学本身作为"以神相感"的生命示范是一种整体性示范，教师作为人的生命是由其全部生命活动塑造的；同时，教学又是一种特殊的或者说特化的育人活动，一方面，相对于日常性的整体生命活动，教学是一种以生命活动整体本身或以部分生命活动体现的整体为中介（教材）的活动，本身带有反思性；另一方面，教学这种反思性的生命示范活动本身又是教师生命活动整体的一部分，是教师确认自己作为人的类本质的主要依据。也就是说，教学活动是教师整体生命活动的一种表现。作为一种表现或者说表现方式，教学活动与教师生命活动整体之间是有距离有差异的，只有当教学活动本身被表现为对象的时候，教学活动才是教师生命活动整体的一部分或整体的体现。比如，在教师教育中就"如何教学"主题进行教学即做生命示范时，教师的教学活动就是作为他生命活动整体的一部分显现出来作为师范生感知的对象的，对于师范生具有特别重要的意义。同样，公开课、观摩课和微格教学中的教学活动，也是作为教师自身生命活动整体的一部分，而被别的教师和自己感知、反思。任何一个人的生命活动都是有限的，人之所以为人的特殊性，在于人可以通过对历史的另外的"我"的生命活动、现实的另外的"我"的生命活动的观照、审视，跳出狭隘的自我生命活动境域，走向无限广阔的生命世界，实现对一己之我的超越。教师不能只是"经师"，"经师"可以说只是一种中介性的教师角色形象。教师必须是"人师"，教师要时时不忘人的存在，其教学活动必须时时能体现人的属性。对所有教师来说，任何一次教学实践活动都是不可重复的，每一次教学活动，都因其对象、中介和教学环境（如时空）的特殊性，而成为一种创造。这种创造本身要求对教师自我生命活动的原有界限有所超越，对教师生活体验的局限有所克服和突破，这种超越、突破借以实现的资源可以来自教学观摩——因为任何人事事绝对躬行获知是不可能的，直接知识总是有限的，但更具决定性的是教师自我的教学反思。因为教学观摩有它的局限，是所谓"纸上得来终觉浅"的东西，需要也只有通过教师以自己有限的教学生活体验为脚本去"注释"观摩所感知的教学活动，将心比心，换位思考，使之"自我化"。通过教学观摩实现对教师自我生命活动界限的超越是有条件的，即一定范围、一定程度的亲身体验。如果没有自我的教学体验，管建刚不可能在与薛法根的交流中"获益匪浅"，也不可能创造出"管建刚作文教学系列"的杰出构制。毋庸置疑，教学观摩、自我教学反思所起的作用是多样的，也绝不只是对教学实践感起作用。与教师教学生活和教师生命活动整体的天然联系相应，教学实践感是以教学实践主体的教学生活体验为其内核的，两者之间的正误、深浅、富贫等，成正比例关系。这是由教学与生活的天然联系所决定的。

三、教师专业文化素养：教学实践感的主观内环境

任何个人所具有的文化素养都不是天生的，也不是后天自发形成的，而是在社会生活体验中，在参与文化活动、接受知识文化教育的过程中逐步培养出来的。文化素养的培养，离不开生活、实践和教育。任何一个人的文化素养都可以分为基础科学文化素养、专业文化素养和人文文化素养。而对任何一个专业工作者来说，专业文化素养是最重要的。所谓专业文化素养，指个人在思想观念、理论知识、行为活动等方面所达到的专业水平，但又不局限于狭义的文化程度高低，还涵盖对人与人、人与社会、人与自然的认识和把握的专业程度，还包括经过专业的训练和实践而获得的技巧或能力；它无处不在地体现为个人仪表、言谈举止合乎身份，合乎角色行为规范，能给人以专业感。教师专业文化素养是一个动态发展的概念，指教师通过长期的专业学习和实践所形成的从事教育教学工作的文化涵养。教师专业文化素养涉及教师的职业道德、课程理论、教学知识、学科知识、教育创新、教育心理、教育信息等方面。教师专业文化素养越高，就越善于按教育教学规律进行课堂教学决策和实施课堂教学，就越能有效地实现教育目的。更具体地说，教师专业文化素养，就是一个教师在一举一动、一言一行、一颦一笑之间表现出来的整体气质。他走过一块黑板，黑板上画满乱七八糟的东西，他是视若

无睹地走过,还是把黑板擦干净?在面对学生普遍存在基础薄弱的情况下,他是抱怨学生难教,还是根据学生所具备的接受能力修改自己的教案、更新自己的教学思路?在课堂教学过程中,他是专心于自己的知识做密集型的传授,还是时时关注课程知识之于学生的"自我意义"发掘与建构?一个有名的"问题"学生要进入他的课堂,他是毫无顾虑地接收,还是直接拒绝?批改学生作业时,他是只落一个"阅"字和日期,还是写有较详尽的评语且全名落款?课堂上学生提出了他意料之外的或者他从来没有想过的问题,甚至于与教学无关的问题,他是断然否定,还是站在学生的立场上与全班同学一起探讨该问题恰当与否及其究竟?知道第二天有领导专家来听课,他是提前通知学生第二天课堂要提的问题并分配回答人员,还是坦然自若现场即兴应变?跟老教师共事他是择善而从虚心求教,还是自恃学历高而看不起老教师?与刚入职的新教师一同承担同课堂教学任务,他是谦逊地与新教师一同成长,还是摆老资格对新教师指手画脚?当教学条件教学环境不如意时,他是一味表达不满,还是积极设法充分利用既有资源创造条件改善教学环境?他怎样与同事探讨课程教学问题?他怎样从学生手里接过学生的作业?……

教师专业文化素养的差异,必然在他们的教学实践活动之中有所体现,并且首先在他们的教学实践感的差异上体现出来。北京市语文特级教师宁鸿彬认为,没有哪一位教师在教学过程中从没有取得过成功,在一次次成功中总迸发过教学艺术的火花;没有哪一位教师在教学过程中从不曾有过自己精心的创造,哪怕只是点点滴滴的创造也是教学艺术的体现。能够留意、欣赏每一次教学活动中一闪即逝的教学艺术火花,能够感觉、留意到每一次教学活动中点点滴滴的创造,而不是一次又一次地把它们轻易放过,这主要取决于宁鸿彬老师深湛的专业文化素养。

教师的专业文化素养的差异,首先在教学实践感的选择性上反映出来。观摩一堂特级教师的公开课,一个刚刚入职的新教师往往会只着眼于特级教师的具体操作过程,着重领会、学习特级教师如何做的教学行为,并进行模仿;而在较有经验的教师,则可能较全面地分析特级教师整堂课的效果生成;而在经验丰富却苦于无法突破的教师,则可能关注特级教师在教学过程中渗透的教学理念。同时,对新教师特有吸引力的教学活动细节,可能老教师毫不在意；而一位优秀教师觉得特别有启发性、极富借鉴性的教学行为，如一个手势或一句话或一个眼神，在新教师可能难以理解，甚至根本不能理解，他根本不知道特级教师在做什么，或者认为其根本没有意义。换句话说，不同的专业文化素养会表现出不同的价值取向，即便取向一致，也可能会由于专业文化素养的不同而表现出不同的深度、广度。

面对同样的课堂内容，专业文化素养不同的教师就会有不同的教学实践感知、理解和评判。例如，人教版六年级数学上册有"圆的认识"一课，其中有这样三段文字："想一想，在同一个圆里，有多少条半径？所有半径的长度都相等吗？""想一想，在同一个圆里，有多少条直径？所有直径的长度都相等吗？""在同一个圆里，直径的长度与半径有什么关系？"全国数学特级教师华应龙观摩过这样一个教学片段：

（在学生画出、测量并汇报圆的若干条半径有长度以后，老师提请学生思考）

师：从刚才的测量中，你发现了什么？

生1：圆的半径一样长。

（老师流露出欣赏的目光，期待着有学生说得更好）

生2：所有的半径都相等。

（老师继续期待着——）

生3：圆的半径的长度都相等。

师：（点头并板书"半径的长度都相等"）还有其他的发现吗？

（学生木然）

师：还有补充吗？

（没有学生应答）

师：（指着两个大小不一的圆）能说这两个圆的半径的长度都相等吗？

生：（齐）不能。

师：那么，我们能不能说"圆的半径的长度都相等"？

生：（齐）不能。（似有所悟，但目光中仍是狐疑，不明白老师葫芦

175

里到底卖的是什么药。)

师：那该怎么说呢？

（学生又木然了。似乎到学生愤悱的状态了，老师补充板书："在同一个圆里。"学生恍然大悟，"喔——"。）

师：这个前提条件重要不重要？

生：(齐) 重要！①

显然，在这位老师心目中，"在同一个圆里"这个前提条件非常重要，而且必须"这么说"。但在华应龙看来，"这样的判断题本来就没有价值"，是"人为规定约定俗成的貌似永远正确严密理性，实质毫无意义费时无效的教学内容上的形式主义"，因为"'人'，是由一个个具体的人构成的；'圆'，也同样如此。归纳的终极目的是更好的演绎。我们在述说或应用某一物或某一图的特征时，一定是针对某一物或某一图来说的。……图形的本质特征是图形变化而特征恒在的特征"②。

面对同一个学生同一份作业，专业文化素养不同的教师，也会做出截然不同的反应和处理。例如，1923年，13岁的华罗庚在江苏金坛中学读初中三年级时，数学作业经常有涂改的痕迹，很不整洁，字迹潦草很不端正，这在一般老师是非常不满意的。有一次他正因作业字迹潦草、卷面不整洁而遭到任课教师严厉批评的时候，"刚从上海大同大学毕业回乡，……不但数学精通，还通晓物理、天文等知识，并且是一位出色的翻译家"的数学老师王维克出现了，他请那位教师把华罗庚的作业给他看看，他的"仔细看看"，是"认真研究华罗庚做的练习题为什么要涂改"，最后他惊喜地发现："华罗庚解题的方法，不是人云亦云，也不是单纯地依照老师的解题方法去做，而是另辟蹊径，渐入佳境。对有些习题的解法，更加简练。解题方法有的虽和老师、同学不同，但结果却能殊途同归。"③正是因为有非凡的专业文化素养，王维克才能凭借教学实践感，选择先"认真研究"，进而才敏锐地从华罗庚"不堪卒读"

---

① 华应龙. 我就是数学：华应龙教育随笔［M］. 上海：华东师范大学出版社，2009：25-26.
② 华应龙. 我就是数学：华应龙教育随笔［M］. 上海：华东师范大学出版社，2009：26-27.
③ 《名人传记》编辑部. 当代中国的智慧之星［M］. 郑州：河南人民出版社，1993：171-172.

的作业中发现他是在用多种方法解题,是在不断尝试改进和简化自己的解题方法,并充分肯定华罗庚表现出的数学才能。而这一发现,改变了华罗庚的人生。

在教学活动中,因为教师专业文化素养的不同,其教学实践感也同样会体现出不同的选择性,即使教师面对的教学内容相同,也会选择不同的教法、教具。再如《圆的认识》一课,华应龙老师先让学生在情景创设"寻宝游戏"中创造圆、发现圆,接着在追问中帮学生初识圆,让学生在画圆中感受"圆"再到"篮球场"上解释"圆",课后延伸研究"圆"(依一天时间顺序,配乐出示各种各样的圆:时钟、纽扣、圆桌、向日葵、车轮、井盖、转盘绿岛、笔帽、篮球、锣鼓、锁孔、剪纸、篝火、荷塘月色、"花未全开月未圆")[1];而管志阳老师则是这样设计该课教学的——从生活现象出发导入课题(出示生活中的圆形物体)、动手操作深入探究(与三角形、长方形、平行四边形、梯形……比较,用准备的圆形纸片反复对折以认识圆心、半径和直径,并探究半径与直径的关系,归纳出圆的画法,尝试画圆并准确标示)、辨析比较强化理解(设置判断题、选择题和连连看游戏并"点击生活")、总结(让学生说说通过这节课学习有哪些收获?)(出示电子板书)、欣赏感悟(课件展示现实生活中的圆:有自然现象中的圆、工艺品和建筑物中的圆、运动现象中的圆,结合学生的感悟结果,引出古希腊数学家毕达哥拉斯的一句话:在一切平面图形中,圆是最美的!结束)。[2]

即使同一个教师,在其专业文化素养发展的不同阶段,其教学实践的决策也会不同。例如,全国数学特级教师张齐华对《圆的认识》一课的教学就有不止一个版本。2003年版以唯美的画面、优美的音乐和诗意的语言引起了小学数学界的轰动,让人们纷纷赞叹:"原来数学课如此美丽!""数学不愧是一种文化!"不过,问题也随之而来:其一,学生在课尾发出的感叹:"圆真是太美了!"他们是说圆的本质属性美,还是感叹课中的画面、音乐美?

---

[1] 麻明家,华应龙《圆的认识》教学设计及课堂实录[OL].(2009-07-25)[2011-12-25]. http://www.17xxw.com/Article/qtb/sx/lnjs/qe/200907/20090725130239_24373.html.

[2] 管志阳."圆的认识"教学设计[OL].(2008-5-14)[2011-12-24]. http://blog.eduol.cn/group.asp?gid=32&pid=141337.

其二，数学文化是否简单地等于"数学+文化"呢？比如说在数学课堂中加一些数学史料之类的。善于反思、勇于探索的张老师6年后有了新版即2009版《圆的认识》——一件"三无产品"（无精美画面、无优美音乐、无诗意语言），一节"素面朝天"的数学课：从课堂开始的摸圆，张老师就引领学生感悟圆不同于其他直线图形，它是饱满的、滑滑的；然后体会古希腊毕达哥拉斯的"在一切平面图形中，圆最美"；进而深入领悟中国古代思想家墨子的"圆，一中同长也"；最后，极限思想的渗透又让学生把圆和其他正多边形有机串联，让学生用肉眼观察到：当正多边形的边不断增加时，越来越接近圆，几乎就是一个圆。话锋一转，又让学生理性地进行数学思考：肉眼看到的近似圆并不是圆，再从极限思想去想象：当正多边形的边无穷增加，成了无穷多个点时，就变成了一个圆。整个过程一气呵成，自然贴切似行云流水。这节"赤裸裸的纯粹的"数学课，再次让观摩教师们真正领悟到了"什么是数学？""什么是数学文化？""什么是数学美？""原来数学也是很美的！"[①]

  一个专业文化素养高的教师，其教学实践感往往极为敏锐。比如，在今天教学资源开发理念已经深入基层的新形势下，教师专业文化素养越高，越见不得一点课程资源被浪费。过去教材上存在的错误，要么被"正确"地传授，要么被弃置不用，而今天，人们不只认识到"文章是人写的，教材是人编的，即使有'错'也是正常的。文本可以有不同的解读，学生自然可以挑战文本"，而且确信"对教材的错误或引发争议的地方，教师应鼓励学生大胆质疑、修改、再创造，把教材的'错'变成一种财富，一种资源。如学生可能认为课文中的某些思想有'错'，应让他们联系生活进行讨论，来一个'人文内涵的提升'；有些课文在语言上可能有'错'，应引导学生'咬文嚼字'，训练其遣词造句的能力；有些课文在知识上有'错'，应引导学生查阅相关资料，培养学生探究性阅读的能力；有些课文'太老'、距离学生生活太远，应引领学生超越教材，对教材进行批判性质疑，并进行大胆的增删取舍；给学生'自编课文'的权利，从书报上自选课文来读等。""教材无非是个例子"、从'对话'、从'教材的"错"也是一种教学资源'的理念出发，师生才会积

[①] 李雪梅. 做一个教学生学数学的老师——参加2009小学数学专题教学研讨会有感[OL].（2009-04-16）[2011-12-25] http://www.szqjyj.com/E_ReadNews.asp?NewsID=796.

极审视教材，个性化地处理和加工教材。"① 同样，过去课堂教学上教师犯的错和学生犯的错一样，常常被当作不应该出现的错误对待，"我们老师往往容不得学生犯一丁点儿错误"，在今天也变成了课程资源。这是因为老师们不仅感觉到"过分的照顾帮助，太多的'言传身教'、一味地指责惩罚，钳制了学生的大脑、双手和嘴巴，牵制了学生的独立思考，束缚了学生的想象，剥夺了学生主动探究的乐趣，封杀了学生自我锻炼、自我完善、自我发展的机会，无利于学生的求知和发展，最终将有碍于学生日后适应社会"，而且充分认识到："教师需要做的是如何将学生差错中的不利及消极因素转化为有利的、积极的、合理的因素，多给学生'尝试—差错—完善'的机会"。于是，他们"感谢差错彰显了教学的价值"，"感谢差错提示了正确的本质"，"感谢差错成就了教育智慧"，感谢差错成就了学生敢于尝试、勇于探索，追求真理、百折不挠的科学精神。② 而在教学观摩过程中，如果哪个教师轻易放弃了一个"错误"，也会让他们感到"很遗憾"。有鉴于"要明确地懂得理论，最好的道路就是从本身的错误当中，从亲身经历的痛苦经验中去学习"③，在日常实践中应该时时刻刻力求避免的"错误"，在教学这样一种特殊的实践中之所以有"教学资源"的新价值，是教学资源新理念普及的产物，更是专业文化素养积淀的结果。

审美是教学实践感的最高层次，有深厚的专业文化素养才可能进入审美境界。美是人的本质力量的感性显现，这感性显现的过程集中体现为人类自由自觉的实践活动。在教学实践感的审美层次上，我们需要创造课堂教学之美，使教学符合作为人的学生的认知发展规律，关注教师的生命特质，充分显示教师作为人的本质力量，显示教学的创造性对学生发展的积极影响，使课堂彰显智慧与生命的魅力，使教师由此获得教的幸福感，学生由此获得学的幸福感，在幸福感中促进人才的创新培养，体现教之美与学之美的统一、教学目的美与手段美的统一、教学内在美与外在美的统一、教学科学美与艺术美的统一、教学之美的创造与欣赏的统一。追求课堂教学之美，就是创造

---

① 余文森，林高明，陈世滨. 有效教学的案例与故事[M]. 福州：福建教育出版社，2008：103.
② 华应龙. 我就是数学：华应龙教育随笔[M]. 上海：华东师范大学出版社，2009：47-52.
③ 马克思，恩格斯. 马克思恩格斯书信选集[M]. 刘潇然，译. 北京：人民出版社，1962：40.

高品质的课堂教学,就是"要提升教学的品位与内涵,彰显教学的价值引领与师生的生命活力。追求教学之美,要使教学关注知识的深层次结构,注意知识的复杂性与情境性,避免教学中对知识的简单记忆与理解,避免对知识的单一化认识途径,避免对知识的浅表化认知;追求教学之美,就是要关注教学中对深层次问题的解决能力,不断达到对创新问题的有效解决;追求教学之美,就是要关注方法的多样性,关注认知方法与策略和知识的内在联系,做到知识与方法的高度融通,让学生由'学会'到'会学'到'乐学'"[①]。一个教师想要追求教学之美,就得把自己的教学从技术提升为一种艺术。因而,一个教师如果没有相当深厚的专业文化素养,没有主动的教学美感追求,是不可能进行审美化教学的,即将诸如教学目标、内容、方法、手段、评价、环境等教学因素转化为审美对象,使整个教学过程作为美的欣赏、美的表现和美的创造活动来生成,也不可能让学生在知识建构的过程中感受到思维的活力,也不可能在转学为习、转知成识、转识成智的过程中领会到知识意义的价值美、理性美、方法美、形象美和力量美,从而也就不可能感受到、体验到、欣赏到教学活动作为类本质力量感性显现的形式美和意蕴美。

  值得注意的是,专业文化素养自然包括专业知识,但二者不能画等号。知识可以传承,但素养却无法传承,只表现为教师的一种完整有机的结构,影响着教师个人认识教学、把握教学的整个方式。不过,教学实践感的对象既然是教学实践,那么在教学实践感中直接映现出来的还是教学知识,只不过是已经融化于他的专业文化素养,深入了感知层面。俗话说:"三句话不离本行。"说的就是教师对有关教学的知识特别熟悉,了解的特别透彻,已经成为他的素养的有机组成部分,因而能够自然而然地在教学观摩中或者自己的教学过程中招之即来,甚至不招自来。换句话说,教师专业文化素养在实质上就构成教学实践感生成、发展的主观内在环境,潜在地决定着教师的实践视野及其教学行为选择。教师专业文化素养高,教学实践感就会使教师的眼神(或者他的表情,或者他的言语,或者他的手势)在教学活动中时时充满灵气,起着奇妙的组织效果。

---

① 郭子其. 追求教学之美[N]. 教育导报,2011-05-28(3).

四、教师教育教学理念：教学实践感的内在指南

教师既有的教育教学理念在其教学实践感的生成、发展上具有导向作用，虽然它是以教师对教育教学的感觉观念（通过感官直接感知教育教学活动获得的观念）以及以感觉观念为基础形成的理论思想为基础的。这是因为，教师的教学活动，在将学生培养成人的教育目的指向上，其"客观意义"在于育人；而在将师范生培养成为教师的教师教育范围内，则主要是育人的"客观意义"和"个人内涵"相统一的表达形式或传达方式。任何一次教学活动都表达着教师作为实践主体的这样或那样的教育教学理念，或者说，任何一次教学活动都是教师某种教学理念的现实实践即现实性显现。

前面我们强调感觉是人的本原性的生存方式、教学实践感是教师职业化生存的最小生命单元，这种强调并不是以否定教师的教育教学观念为前提的，而是以对教师教育教学观念的某种程度的认同为基础的。教学理念指理论化了的教学观念，包括理论和观念两个方面的内容：教学理论是指对教学实践的规律和本质的描述，教学观念是指人们对教学实践的基本认识，一般是已普遍化了的成型的认识。理论以观念为基础，观念以感觉为基础，观念或者由感觉（一个或多个感官的感知活动），或者由反省，或者由感觉和反省两个途径一起被心灵生成。与教学理论相比，教学理念更显得生动，前者往往给人以生硬刻板的教条感；与教学观念相比，教学理念显得更为深刻，因为教师教学观念的形成，与所受的教学理论教育并非纯粹的因果关系，即使是一个没有接受过教师教育的人，也同样可以形成自己独特的教学观念。教学理论有先进和落后之分，教学观念有保守与开放之别，教学理论的先进与教学观念的开放并不一致，落后与保守也不能等同而论。而在教学理念中的教学理论和教学观念是一致的，先进的教学理念在理论上是对教学实践的本质和规律的正确揭示，在观念上则是人们对教学实践的正确认识和把握。歌德说："概念是经验的总和，观念是经验的结果。"[①] 观念虽然与概念作为一种判断不同，但概念判断能使人感觉到对象的性质特点和形状，感觉到在一个观念里包含着另一个观念。观念要发展为理论离不开概念。无论感觉、观念还是理

---

① 朱光潜. 朱光潜全集：第7卷［M］. 合肥：安徽教育出版社，1991：450.

论，都自发地（无意识地）或自觉地（有意识地）体现着某种价值追求。正如爱德华·德·波诺（Edward de Bono）所指出："我们需要感觉，价值与思考。""感觉与价值当然同等重要，但如若没有思考，它们还远远不够。""没有价值的思考就意味着没有目标的思考。""如果没有感觉，思考就毫无意义，但是感觉也不能取代思考。我们不能抛弃思考，而是需要将感觉与思考结合在一起。"① 据此可以明确，价值作为实践意志的结晶和终极目标，是理念形成的意志规范；教师如果缺乏思考——没形成教育教学理念，而仅有教学实践感是远远不够的，因为"感觉到了的东西，我们不能立刻理解它，只有理解了的东西才能深刻地感觉它。感觉只解决现象问题，理论才解决本质问题。这些问题的解决，一点也不能离开实践。无论何人要认识什么事物，除了同那个事物接触，即生活于（实践于）那个事物的环境中，是没有法子解决的"②；如果没有教学实践感，教育教学理念就无从生成。如果是借鉴外在的教学理论"感觉化"又客观化而来的教学理念，没有了教学实践感，它对于教师既不会有"个人内涵"，也不会有"客观意义"，因为正如教学实践作为感知对象之于教师的意义并不在于教学实践本身，而在于教师必须了解教学作为一种人类实践活动的特殊尺度，教学理念对于教师的意义也并不在于这些教学理念是关于教学的理念，而在于这些教学理念究竟为教师认知教学实践、开展教学活动提供了什么合乎现实需要的启示，对教师在自己的原有基础上的创新起到了什么样的促进作用。所有的教学理念一经客观化，就会以教学理论的形态，或者直接作为教学理论出现，从而对教师就都成了外在的东西，能否作为感知对象参与教师主体的精神变化进程，最终还要通过教师个体基于自己人生体验上的认知与选择来决定和体现，因为任何教师个体生命的成长过程绝不是对既有教学理论、教学观念的"学习性积累"过程和"承受性统整"过程，我们也绝不能简单地根据这一情况赞成它、倡扬它或者反对它、批判它。要言之，教师的教育教学理念正确、深刻与否及其广度如何，都影响着教学实践感的生成、发展。

---

① 爱德华·德·波诺. 首要能力：追求卓越的思考技能［M］. 汪凯，王以，译. 北京：企业管理出版社，2004：82.
② 毛泽东. 毛泽东选集：第1卷［M］. 北京：人民出版社，1991：287.

教育教学理念影响着教学实践感对教师所需对象的选择。教学实践感是教师作为感性的实践主体的主要认知活动方式，其积极的感知活动有强烈的选择性。正如生理感官感觉具有的选择性受着生理本能（即黑格尔所谓的"感觉灵魂"或"感觉状态的心灵"）指引、制约一样，教学实践感始终是在实践意志——即教学理念所规定的范围内充分享有其选择的自由。马克思曾指出，人总是从他自己出发的。任何一个教师的教学实践感总是对那些同他的自我意识、自我理念有着直接关系、直接影响的实践对象特别敏感。于是，在一线课堂上我们不难看到，一个教师如果没有教学资源理念，那么教材中存在的"错误"、课堂教学过程中师生犯的"错误"绝不会成为他需要的对象，也绝不会带给他以特别真切、深刻的感受。一个心中只有教材而没有学生的教师，不可能关心学生在课堂上表现出来的学习需要，因为他在意的只是照本宣科地传递教材知识。而在一个主张"以学定教"的教师看来，除了学生本身的学习需要之外，教材和其他东西都不重要。在教学观摩中，理念上持公开课为日常课的教师，与理念上持公开课为特殊课的教师，往往会有截然不同的甚至对立的对象评价。例如，张元进老师在一次教研活动中和多年未见的老同学相遇，老同学直言是特意来看近年名声大振的他"表演"的，"表演"一词让他"心里很不舒服"，因为每次为了上好"公开课"他都要因查资料、请教人、做课件、反复试教而掉好几斤肉，他展示在大家面前的课是比较完美的，因为"教学过程中的每个细小环节都是经过反复推敲""千锤百炼"的，三维目标一维不缺，课件、道具样样新人耳目，生成性教学资源层出不穷并被一一开发利用。他这天的课，短短40分钟，一个环节紧接着一个环节，紧锣密鼓，简直密不透风，也同样得到了大家的一致好评，对公开课做特殊对待的他心里也很高兴。但在他的老同学看来，他不是在"上课"，而是在"演课"。他的老同学针针见血地批评说："这种精彩的课不实在，是中看不中用的。没看到课堂上有些孩子是不懂装懂、懂装不懂么？他们没有说自己想说的话，而尽说你想要的话；提的问题不像真问题，更像是照着你的教案提的'假问题'哦！""上课时，你关注的好像不是学生。你没有管学生学到了什么，学得怎样，是怎样学到的，而只顾自己精彩的'预设'吧？""学生哪能将你'精心烹制'的'满汉全席'消化呢？特别是那些'学困生'更难跟上节拍，他们只是在凑热闹，能有什么收获呢？"张元进老师从老同学的批评中清醒过来，自己的"演"所换得的也只是学生的"演"，自己还"常常被学生'完美'的表现所迷惑"，"忽视了公开课也是课，也是学生生命发展中的一部分"。在他老同学的理念中，公开课显然应该保持日常课的"真实、扎实、朴实"，而不应该追求什么"完美"[①]。

理念包含观念、理论两个方面的内容，而观念、理论作为思维（思考）的产物又离不开感觉，理念的传达也离不开感觉。因此，教学实践感对所选择的对象，也总是根据自己的需要、倾向、结构等加以改造，并给出自己的理解，使之成为自己的教育教学理念在某一对象上的映现。当然，这种改造、理解只能在对象客观地提供的可能范围内实现，这也就是教学实践感的客观性、对象化。教学实践感几乎总是以"同化"的定势姿态面对对象，使对象在一定程度上成为自己教育教学理念的现实感性显现，因为"我们倾向于我们以前看见过的东西，以及看见最适合我们当前对于世界所全神贯注和定向的东西"[②]。课堂上教师对学生突发性表现的解读或许是较容易见到的例子。试想，在一堂历史课上，刚刚参加工作不久的教师正讲得神采飞扬，学生也听得津津有味，忽然一声尖叫响彻教室，一名女生神色惊慌地站了起来——原来是她的上衣口袋中爬出了一只毛毛虫。处理这一突发性事件的关键在于，教师教育教学理念中是否有"以学生为本"或者"学生为本"占什么地位，这决定了教师对女生这一声尖叫的解读是否合乎人性，是否合乎初中女生年龄心理特征，是否尊重女生作为人的生命尊严，换句话说，决定了教师是把女生这一声尖叫解读为"失范"或者"大惊小怪"而予以批评，还是解读为情理之中的正常反应而给予真诚的理解和安慰。因而，在当时紧迫性的课堂情境中，教师"是单刀直入、直截了当地批评这位学生的'失范'还是一声不吭、置之不理？还是迂回曲折、别出心裁地引导？孩子的心灵总是比较脆弱，容易受到伤害并且受伤的心灵还不易愈合。凡是用心保护学生生命中的

---

① 张元进. 期待的是"上课"而非"演课"[J]. 教育科学论坛, 2007（10）: 56.
② 克雷奇, 克拉奇菲尔德, 利维森, 等. 心理学纲要（下册）[M]. 周先庚, 林传鼎, 张述祖, 等, 译. 北京: 文化教育出版社, 1981: 88.

'脆弱'的部位,细心保全学生的人性尊严的,都是教学中的上乘之作"[1]。

与此相应,既然"观念比感觉更加有力","观念指导感觉",那么,"如果感觉走向的是'正确'的方向,万事大吉,但如果观念指导感觉走向的是错误的方向,那么我们首先需要改变的是这种观念。而要改变观念则需要思考与感觉"[2]。也就是说,如果教师持有不合时宜的教育教学理念,会影响其教学实践感的生成和发展。要使其教学实践感获得正常发展,就必须首先更新其教育教学理念。一个秉持"课程内容即生活世界"理念的教师,会服膺美国教育家杜威的一句箴言:"最好的一种教学,牢牢记住学校教材和实际经验二者相互联系的必要性,使学生养成一种态度,习惯于寻找这两方面的接触点和相互的关系。"[3]也会认同陶行知的主张:"我们要活的书,不要死的书;要真的书,不要假的书;要动的书,不要静的书;要用的书,不要读的书。总起来说,我们要以生活为中心的教学做指导,不要以文字为中心的教科书。"[4]因为他不会满足于"教教材",而总是会努力"用教材教"。这样,他在教学实践过程中的感知,就因其对象为动态的学生和生活世界而永远拥有"活水"之源,其教学实践感就会因此不断地获得新的丰富和发展,并反过来对其教育教学理念形成一定程度的强化。

要言之,教师教育教学理念就是教学实践感生成发展的内在指南。

五、教师职业生存理想:教学实践感的精神旨归

教师职业生存理想是教师不断改进自己职业生存方式的动力,潜在地影响着教师教学实践感的生成和发展。理想,即据"理"之想,指人们在生活实践中以实践现实为基础,对未来可能的美好生活的追求和向往。马克思、

---

[1] 余文森,林高明,陈世滨. 有效教学的案例与故事[M]. 福州:福建教育出版社,2008:122-124.

[2] 爱德华·德·波诺(Edward de Bono). 首要能力:追求卓越的思考技能[M]. 汪凯,王以,译. 北京:企业管理出版社,2004:82.

[3] 杜威. 杜威教育论著选[C]. 上海师范大学教育系,杭州大学教育系,编. 上海:上海师范大学印刷厂,1977:191.

[4] 陶行知. 陶行知全集:第2卷[M]. 长沙:湖南教育出版社,1985:210.

恩格斯指出："历史不过是追求着自己目的的人的活动而已。"[①] 构成历史的人的活动都是人为了实现自己超现实的目的——寻找最佳生存方式——而进行的。这种目的有自觉的，即活动主体清晰地意识到了的；也有自发的，即活动主体没有清晰地意识到的。人类为自己寻找最佳生存方式的从自发到自觉的历程，实际上是一个生存理想不断发展、进化的过程。因此，人总是活在理想中的人，人生总是为一系列的理想支配着，真正的人生从理想开始，只有不断追求理想，为理想而奋斗，人生才有意义。理想是前进的方向和目标。人生发展的目标通过职业理想来确立，并最终通过职业生存理想来实现。因而，人最重要的理想是借以确证其作为人的类本质的职业生存理想。职业生存理想以职业理想即对未来职业的向往追求的现实化为基础，指个人在将所选择职业当作实现自我人生价值根本途径的前提下，对自己在未来所可能达到的职业生存境界的一种职业角色的自我期待，它是职业实践方式及其所形成的职业地位、职业声望在一个人头脑中的反映，更是人们以自我个人的专业知识结构与能力水平、兴趣爱好以及职业激情为基础对自我职业实践成就的超前反映。

　　教师职业生存理想的具体内涵是由教师的生存状态决定的。教师的生存状态，首先是指作为人的教师以教学实践的方式生存着，其次是指教师通过教学实践所达成的生存状况，包括物质生存、社会生存与精神生存三个方面。也就是说，教师职业生存理想是指教师对自我通过教学实践方式所可能达成的物质生存理想、社会生存理想和精神生存理想的统一。物质生存理想体现着教师对自我作为人的自然生命的关怀，社会生存理想体现着教师对自我价值生命的关怀，精神生存理想则体现着教师对于自我生命意义的终极性关怀，三者互为基础、互为条件、互为动力，构成了一个有机整体。苏霍姆林斯基在《和青年校长的谈话》中指出："追求理想是一个人进行自我教育的最初的动力，而没有自我教育就不能想象会有完美的精神生活。"[②] 教师职业生存理想正是作为教师实现自我完美人生的最初动力而影响着教学实践感的生成和发

---

① 中共中央马克思恩格斯列宁斯大林著作编译局. 马克思恩格斯全集：第2卷 [M]. 北京：人民出版社，1957：119.
② 苏霍姆林斯基. 和青年校长的谈话 [M]. 赵玮，等，译. 上海：上海教育出版社，1983：98.

展的。

　　教师职业生存理想对教师教学实践感的影响，是通过对教师教学实践活动的指引完成的。鲁迅说："希望是附丽于存在的，有存在，便有希望。"[①] 希望就是美好的理想。最基本的存在就是实践。教师职业生存理想和教学实践之间的关系，一方面，在历史起源的意义上，教学实践既是教师职业生存理想赖以生成的基础，也是其实现的根本途径；另一方面，在悠久的历史面前，教学实践从一开始就是某种职业生存理想指引下的教学实践。可以说，教师的教学实践活动与其职业生存理想是同构同建的关系。教师在其职业生涯不同阶段的教学实践活动造就其不同的职业生存理想，不同的职业生存理想又反过来造就教学实践活动的不同特征。教学实践感是教师对教学实践感知的成果，教学实践活动新特征的生成，就必然引起教学实践感的变化。任何一次教学实践活动都只能局部地推动、保证或实现教师的职业生存理想。因此，教学实践的变革与创新是教师实现其职业生存理想的基本前提。一个教师必须坚持对教学实践活动的审视与批判，必须坚持对教学实践活动进行创新，因为职业生存理想要求教师必须"坚持下去"——作为教师似乎什么都可以拒绝，但就是不能拒绝教学实践的变革与创新。正是职业生存理想的指引，给教师教学实践感的生成带来了养分，使教学实践感能在教学实践中更有力地发挥作用。

　　教师职业生存理想还常常作为教师批判发展教学实践的思想武器，影响着教师教学实践感的生成、发展。教师职业生存理想是教师的具体职业生存实践现实的产物，因而总是折射、反映着教师的现实生存状态。由此，教师在批判审视作为自身生存方式的教学实践的现实状况时，往往就会把职业生存理想作为一个透视角度，也就是以职业生存理想为参照来审视和批判教学实践现实。当教学实践状况与职业生存理想趋于一致时，教师就会肯定它，相反就否定它。这种肯定和否定，也积淀在教师教学实践感中。例如，一个教师过去在课堂上常常根据对学生的成见看待学生的回答，当他感觉到这种行为方式不利于自己职业生存理想的实现时，就会否定它。这一否定会使教

---

① 鲁迅. 鲁迅全集：第3卷［M］. 北京：人民文学出版社，1981：344.

师时时警惕自己的教学行为是不是合适,从而变革了教师教学实践感知选择的范围,教学实践感的敏度、深度、广度和美度也将因这一否定而发生不同程度的变化。

当然,教师职业生存理想作为教师的批判武器对教学实践感的影响,集中体现在激励教师不断为教育事业奋斗的同时,也带给教师实现职业生存理想的责任感和紧迫感,从而加速教师职业生存方式的变革发展。"生存事实、生存实践和生存价值构成人的生存方式的基本要素。"① 不同的生存事实意味着不同的职业生存理想层次。马克思曾指出:"人所奋斗所争取的一切,都同他们的利益有关。"② 据此,"处于职业生存之境的教师,他们把教育工作当作维持生存的手段,其工作动机受个人利益的影响较大,工资的高低、奖金的多少、职称的升降、荣誉得失等,成为工作的目的与追求。处于专业发展之境的教师,视教育为自己的专业追求。他们工作动机往往受职责和良心的影响很大,其教育行为往往表现为谋求发展。尽心尽力、尽职尽责、干好自己分内的事情、不断提升自身的素养、达到自我实现等,成为其工作的目的与追求。达到事业追求之境的教师,他们把教育工作视为一生可以为之执着的追求、风险且无怨无悔的社会活动。他们沉浸于教书育人之中、沉浸于学而不厌和诲人不倦之中,成为其工作的目的与追求"③。不同层次的职业生存理想,意味着不同的职业角色意识。处于职业生存层次的教师,常常"认为他们的职业生存取决于他们适应学校文化的能力"④,其职业生存往往会沦为"奴性化"的生存,既有教学实践的继承者、教育教学理论的消费者、教育岗位上的自我奉献者在他们的职业角色意识中占据着统治地位。处于专业发展层次的教师,则超越继承而走向发展,他们的职业角色会发生变革,即"一是从人类文明的传承者走向创新人才的催生者;二是从教育理论的消费者走向

---

① 王书会,任新红,李志辉. 大学生社会学[M]. 成都:电子科技大学出版社,2009:175.
② 中共中央马克思恩格斯列宁斯大林著作编译局. 马克思恩格斯全集:第1卷[M]. 北京:人民出版社,1956:82.
③ 中国农业大学高等农业教育研究室,中国农业大学教务处. 教育教学改革实践与探索:第5集[M]. 北京:中国农业大学出版社,2009:31.
④ 梅雷迪斯·D. 高尔,沃尔特·R. 博格,乔伊斯·P. 高尔. 教育研究方法导论[M]. 许庆豫,等,译. 南京:江苏教育出版社,2002:496.

教育理论的创造者;三是从教育奉献者走向生命价值的追求者;四是从个体发展走向团队合作成长"[1]。处于事业发展层次的教师,又超越专业发展的狭隘视界,真正把教学实践作为自己的现实存在方式,以创造性的教学实践、深刻的教育认知,丰富、发展教学实践的教育内涵,实现自己的生存价值。

随着教师职业生存理想层次的逐渐提升,教学实践作为教师现实生存方式也将随之发生变革,教学实践水平也会快速得到提高。虽然教师的教学实践变革不等于教学实践感的发展,新的教学实践经历也不会自动地转化为教学实践感,但在解决教学问题的过程中,通过教师对教学实践本身的批判性反思和审视,在与同行进行教学实践主题的对话与交流的过程中,教师能够将自我教学实践经历从具体生动的教学实践活动中和丰富的教学感受中梳理出来,积淀、内化融入教师的教学实践感。换言之,教师职业生存理想,在根本上构成了教学实践感内在的精神旨归。

第二节 客观性因素

一、教学环境:教学实践感生成的客观时空

(一)"教学环境"的界说

教学活动总是教师在一定环境中开展的教学活动,这环境即教学环境。从中国知网、超星数字图书馆、维普资讯、万方数据知识服务平台就"教学环境"进行检索,笔者发现,国内较早重视教学环境研究的是李秉德先生[2],诸多研究成果中最为系统的是田慧生的《教学环境论》,其后至今,除部分基于新的环境条件而出现的研究之外,大多数论著都不同程度地参考,甚至直

---

[1] 张志勇,刘锟. 为建设创新型国家而奠基:创新教育研究10年[M]. 济南:山东教育出版社,2009:378.

[2] 李秉德. 对于教学论的回顾与前瞻[J]. 华东师范大学学报(教育科学版),1989(3):55-59.

接沿用了《教学环境论》的观点。综观近几十年来的教学环境研究状况，我们发现有两种值得注意的现象。一种是把"教学环境"直接等同于"学习环境"，其概念核心是对学生学习的影响。国外如魏德（Wade．J．Thomas）[1]、尼尔克（Frederick G．Knirk）[2]、韦尔生（Wilson．Brent G.）[3]、布鲁什和西叶（T．Brush，J．Saye）[4]、乔纳森（David H．Jonassen）[5]等，国内如何克抗[6]、黄甫全[7]、谢利民和郑百伟[8]、祝智庭[9]、陈琦和张建伟[10]、杨心德和徐钟庚[11]等。在这一意义上，"教学环境"还被不同程度的泛化或者细化地理解，前者如被称为"学校环境"（School Environment）、"学校教育环境"（School Education Environment）[12]、"感知觉环境"（Sensory Environment）、教育"微观生态环境"（Micro-ecology Environment）[13]以及"由学校环境、家庭环境和社会环境共同构

---

[1] WADE J T. A Measurement of the Secondary School as a Part of the Pupil's Environment [M]. New Hampshire: The Rumford Press, 1935: 1.

[2] KNIRK F G. Designing Productive Learning Environments [M]. Englewood Cliffs: Educational Technology Publications. 1979.

[3] WILSON B G. Metaphors for Instruction: Why We Talk About Learning Environments [J]. Educational Technology, 1995 (9-10): 25-30.

[4] BRUSH T, SAYE J. Implementation and Evaluation of a Student-Centered Learning Unit: A Case Study [J]. Educational Technology Research and Development, 2000 (3): 79.

[5] JONASSEN D H, PECK K L, WILSON B G. Learning With Technology: A Constructivist Perspective [M]. New York: Prentice Hall, 1998: 192-193.

[6] 何克抗，李文光. 教育技术学 [M]. 北京：北京师范大学出版社，2002：187.

[7] 黄甫全. 当代教学环境的实质与类型新探：文化哲学的分析 [J]. 西北师大学报（社会科学版），2002（5）：31-36.

[8] 谢利民，郑百伟. 现代教学理论基础 [M]. 上海：上海教育出版社，2003：225-226.

[9] 祝智庭，钟志贤. 现代教育技术——促进多元智能发展 [M]. 上海：华东师范大学出版社，2003：170.

[10] 陈琦，张建伟. 信息时代的整合性学习模型：信息技术整合于教学的生态观诠释 [J]. 北京大学教育评论，2003（3）：90-96.

[11] 杨心德，徐钟庚. 教学设计中的任务分析 [M]. 杭州：浙江大学出版社，2008：202-204.

[12] SINCLAIR R L. Elementary School Educational Environment: Measurement of Selected [D]. Ann Arbor: University Microfilms Limited, 1968.

[13] Campbell W J. Scholars in Context: the Effects of Environments on Learning [M]. Sydney: John Wiley & Sons Australasia PTY Ltd, 1970.

成的学习场所"①，后者如被理解为"班级环境"（Classroom Environment）②、"学校气氛"（School Climate）、"班级气氛"（Classroom Atmosphere）③，等等。另一种是"教学环境"往往被以不同的方式表述为"教学活动"的"环境"，而对"教学活动"的内涵没有做出具体的说明。其典型者如"教学环境即影响教学活动进行的周围空间所有条件的总称"④、"教学环境就是学校教学活动所必需的诸客观条件和力量的综合"⑤、教学环境是"影响教学活动的各种外部条件。包括有组织的、自发的两种。前者对教学具有直接、明显的作用；后者则产生自发的制约作用。分班级、校内、校外三个层次"⑥、"教学环境是教学活动存在和发展不可缺少的自然地理条件、人员、语言和文化等基本要素的综合"⑦、"自然环境是由影响人的各自然因素组成的；社会环境是由影响人的各社会因素组成的；教学环境是不是由影响人（师、生）的教学因素组成的呢？应当如此，所谓教学因素即指那些与教学有关、影响教学并通过教学影响人的因素，教学环境当然就是指这些因素的总体"⑧、教学环境"指存在于、环绕于教学周围并与它紧密接触和联系的物质的、自然的、社会的环境"⑨等等。联系随后对教学环境具体内涵的说明，我们发现，在这些典型表述中，大部分仍然是将教学环境等同于学习环境来予以阐明的。这或许是"教学在实际上就是学"的教学观所导致的结果。当然也有研究者把教学环境理解为同时是教和学的环境，如田慧生《教学环境论》中有专章讨论"教学环境对教师的影响"，又如教育技术学领域这样界定"教学环境"："教学环境是教与学的

---

① ANOERSON L W, RYAN D W, SHAPIRO B J. The IEA Classroom Environment Study [M]. Oxford: Dergamon Press, 1989.
② FRASER B J. Classroom Environment [M]. London: Croom Helm, 1986.
③ Goldbecker S S. Values Teaching [M]. Washington: National Education Association of the United States, 1976.
④ 关世雄. 成人教育辞典 [Z]. 北京：职工教育出版社, 1990: 451.
⑤ 田慧生. 教学环境论 [M]. 南昌：江西教育出版社, 1996: 7.
⑥ 顾明远. 教育大辞典（增订合编本·上）[Z]. 上海：上海教育出版社, 1998: 716.
⑦ 石英, 孙多金. 略论教学环境 [J]. 甘肃社会科学, 1998 (3): 66-69.
⑧ 张楚廷. 教学论纲 [M]. 北京：高等教育出版社, 2008: 222.
⑨ 谢保国. 教学环境的思考 [J]. 宁夏社会科学, 2001 (4): 111-113.

活动空间及系统化的条件。"[1]事实上,"教学活动"的具体内涵,正是我们正确理解教学环境的基本依据。

本书研究的是教师的教学实践感,教学是教师"教"学生学,"学"作为学生的行为活动,是教师行为活动服务的对象,在根本上不同于教师的"教"。在这里,我们强调的是教师的"教",教学活动也因此是专指教师的行为活动即"教"这种活动。在这一前提下,教学环境不是指学习环境,而是指教师的"施教"环境。基于这样的前提性认识,本书可以有选择地借鉴此前关于教学环境的研究成果。于是,我们可认同:"教学环境是教学活动必不可少的客观条件。教学活动一刻也离不开环境的依托,各种环境因素以不同的形式渗透、参与在教学活动的各个方面、各个环节中,以各自特有的方式潜移默化地影响、干预着教学活动的进程与效果。"[2]于是,我们可借用这个定义即"教学环境就是教学依存于其中并对教学产生影响的所有教学的外部条件"[3],稍做改进以明确教学环境的主体是教师之后,可作为本书的教学环境观点,即:教学环境是教师在其中开展教学活动的、对教学活动产生影响的内外条件的总体。

较前面列述的诸界定,这一界说突出了一个经常被忽略的基本事实——教师作为教学环境的主体"其认知、情感和行为也必然要受到教学环境的影响"[4]。这一事实表明,教学环境的存在有其客观性。教师必定是在一定的环境中"施教"的,教师在不同的环境中会有不同的教学行为活动。这环境相对于教师而言是客观存在的,大到教师所处的社会环境、历史环境或者时代环境,小到学校校园周边环境,还可具体到全社会教育意识形态环境、教学技术环境,以及每天的气候变化等方面,都是不以教师个人意志为转移的。而且,具体到某种条件对特定教学活动究竟是有利还是不利,在某种程度上也是不以教师的主观意愿为转移的——20世纪80年代末就已有人指出制约教学

---

[1] 汪四清,刘东生.论现代化教学环境建设[J].安徽师范大学学报(人文社会科学版),2000(5):286.
[2] 田慧生.教学环境论[M].南昌:江西教育出版社,1996:49.
[3] 欧阳超.教学伦理学[M].成都:四川大学出版社,2008:254.
[4] 田慧生.教学环境论[M].南昌:江西教育出版社,1996:80.

环境的外部条件有"可控和不可控""有利和不利"之分[1],在教学活动中教学环境主要起着"助长"或"致弱"两种作用[2],也有人强调"凡影响教学活动的条件和因素,不管它是必需的或不是必需的,都是教学环境因素"[3]。因为教学环境之"环"是"环绕"的意思,引申指主体(人,此即教师)的四周;"境"原指相对于境中之人即主体而言的地理空间,所以"环境"具有客观性是显然的。这种客观性对教师教学活动的制约,体现为同一个教师在不同的环境中能开展完全不同的教学活动。然而,"只有对教学活动产生影响的外部条件才构成教学环境"[4],教学环境实际上和人的感知难解难分,任何外部条件都不能离开教师作为人的意识而成其为教学环境,教学环境是教师作为人通过其感知活动建构生成的,是主观化了的物质空间。而且,教师的感知活动也使教师自身成为教学环境的一部分,甚至是关键部分。马克思指出:

> 有一种唯物主义学说,认为人是环境和教育的产物,因而认为改变了的人是另一种环境和改变了的教育的产物,——这种学说忘记了:环境正是由人来改变的,而教育者本人一定是受教育的。因此,这种学说必然会把社会分成两部分,其中一部分高出于社会之上(例如在罗伯特·欧文那里就是如此)。
>
> 环境的改变和人的活动的一致,只能被看作是并合理地理解为革命的实践。[5]

这就是说,实践活动是环境和人"三向对象化"(即主体客体化、客体主体化、主体客体一体化)[6]的基础。教师对环境本身的感知实践活动使环境作为客体的改变和教师自我作为主体的改变相一致,教学环境是客观性与主观性的统一。

---

[1] 李秉德. 对于教学论的回顾与前瞻[J]. 华东师范大学学报(教育科学版),1989(3)55-59.
[2] 田慧生. 教学环境论[M]. 南昌:江西教育出版社,1996:50.
[3] 张楚廷. 教学论纲[M]. 北京:高等教育出版社,2008:223.
[4] 欧阳超. 教学伦理学[M]. 成都:四川大学出版社,2008:254.
[5] 中共中央马克思恩格斯列宁斯大林著作编译局. 马克思恩格斯全集:第3卷[M]. 北京:人民出版社,1960:4.
[6] 陈赞周. 实践活动论纲[D]. 北京:中共中央党校,1994.

教学环境和其他实践环境一样,"既不是纯物质的,也不是纯精神的,而是两者水乳交融的生活之境"①,即某一次教学活动所由生成、赖以展开的生活横断面,它永远只是人类生活尤其是教师生活中的特化部分。说到底,教学环境即教学活动也是教学生活之境,其实是一个以教师为主体的,与学生和其他人、其他事物在特定的时间、空间中存在、发展、变化着的关系网络,在本质上就是人的生活,就是产生教学需要的生活,就是与教师教学行为血肉相连的生活,主要由在生活中人与人的关系,以及因主体即教育者(主要是教师)介入而使另外的人作为学生成为其施教服务对象的具体的时间、地点、场合、情景等因素构成。同时,教学环境是相对于某个教师主体而言的,对某个教师而言,其他教师的教学活动,他自己曾经的教学活动,都是其教学环境的构成因素。这可以从教学环境的分类上得到更具体的说明。

依据对教学所起的作用和影响的方式,教学环境有直接和间接之分。直接教学环境即狭义的教学环境,即教学直接存在于其中并对教学活动发生直接影响作用的教学条件。如课堂教学中的教室、教具、师生(包括行为动作)构成、教学组织形式、班风学风、课堂教学气氛等。间接教学环境指教学存在于其中,并对教学活动发生间接影响的教学环境,包括校园文化氛围、学校师生构成、学校教学组织形式、校风等,以及更为间接的校园范围之外的社会制度、社会意识、社会科技和经济发展状况、学生家庭情况等。直接教学环境和间接教学环境共同构成广义的教学环境。② 直接教学环境的影响作用较间接教学环境的影响作用更具情境决定性,因为教师对教学环境的认知只能是在学校的具体环境和课堂情景中形成,学生是些什么人,教室是什么样的,学校的具体环境怎样,现在是一年的什么季节甚或一天中的什么时候,都作为"环境的组织结构"③整体的一部分,直接决定教师对教学环境的感知结果。

根据环境自身性质和对教学影响的具体内容差异,教学环境又可以划分为技术环境、经济环境、法律环境、制度环境、意识环境、主体环境、对象

---

① 王尚文. 语感论 [M]. 上海:上海教育出版社,2006:208.
② 欧阳超. 教学伦理学 [M]. 成都:四川大学出版社,2008:255.
③ LEINHARDT G. Situated Knowledge and Expertise in Teaching [M]. London:Falmer Press,1988:148.

环境等。技术环境是指教学活动得以实现的技术手段和技术条件的总和,它决定教学活动的效果。经济环境是指国家、地区和学校教育投入及其分配体制等,它决定教学活动所需物质条件的建设所能达到的水平。法律和制度环境是指国家、地区和学校用来建立教育机构、交换和分配基础教学资源、影响教育教学活动的法律因素(如法律制度、法律体系和具体立法)和条件的总和,它是通过成文文件、法律和司法解释、教育制度模式等形成的。法律和制度既约束教育主体(教育机构和教师)的非法教学行为,也为教育主体从事合法教育教学活动提供保护,其影响范围包括教学机构建立形式、教育教学管理结构、教学组织形式、日常教学行为规范、教学主体资格认证、教学活动报酬等。意识环境是社会、学校中对教师教学活动产生影响的社会制度、社会观念、文化积淀、思想倾向、价值标准、道德导向、人际氛围等的总和,其中人际氛围对教学活动的影响最为直接,其内容十分丰富,包括教师构成状况、教学组织形式、教学人际关系、教风学风、教学情境等方面。意识环境是教育主体(教育机构和教师)的已实现的、物化的表现于外的社会意识,决定教师个体意识的每一个教学行为及其非教学行为的一切具体形式,反之,这些具体形式也决定着意识环境。主体环境即别的教师和教师自我本身也是教学环境的构成部分,既有的教学活动、教学行为都会对随后的教学活动产生影响,或者是基础,或者是榜样,甚或是前车之鉴,其实质是"一个人的经历,通过实践表达出来,提供了看待新的经验的角度"[①]。其中最重要的是,教学环境虽然是相对于教学实践主体即教师而言的,但自古至今,教因学而立,教师之教是为学生之学服务的,"因材施教"是教师教学活动的生成原则,学生是教师教学行为生成不可或缺的前提条件。因而,教师对自我教学环境的构建,又是以教学服务对象为依据的,即学生的思想品质、知识基础、学习能力、个性素质,从个体到整体,都是教师教学活动决策的直接依据,教学环境的中心就是学生,学生构成直接决定教学活动的具体内容、具体形式和效果。经济环境、法律环境和制度环境是起间接作用的宏观教学环境,而技术环境、意识环境是起直接作用的微观教学环境。总之,教学环

---

① CLANDININ D J. Classroom Practice: Teacher Images in Action [M]. London: Falmer Press, 1986: 166.

境是由影响教师教学活动的各种内外部条件有机综合而成的。

教学环境具有规范性和可控性的特点。规范性指教学活动赖以产生的特定社会目的和个人目的及其规律性是教师通过感知活动建构教学环境的依据，使教学环境必须符合相应的要求。不同层次的教学对教学环境的要求也不一样，如学前教育、初等教育、中等教育与高等教育之间就有显著差异。教学环境的规范是人为制定的，但不是任意制定的，而是依据教学的目的和培养目标制定的，教学环境的规范必须既符合教师教的规律，又符合学生学的规律，必须是合目的性和合规律性的统一。教学环境还必须是可控的，可控性是实现教学环境规范性的保证。教学环境作为有目的、有计划地人为创设和利用的教学外部条件，必须按目的和规律进行调控。选择和调控教学环境既是必要的，也是可能的。我们必须通过选择和调控在动态中实现教学环境的规范性。[1] 当然，环境并不完全是可调控的，实际的教学环境是否良好，取决于其构成因素在多大程度上为教师有效调控。而且，由于环境总是动态发展的，这调控也不是一次性完成的，因此教师必须在教学过程中"实时监控"环境条件的变化，以便即时调控。不能调控、调控低效或调控无效的环境，不能成为良好的教学环境。简而言之，教学环境是教师在教学活动中根据教学活动需要组织起来的与教学活动密切相关的生活要素，"教学环境建设的任务之一是对一些可能对教学、对学生起消极作用的环境因素加以抑制或控制"[2]。

（二）教学环境对教学实践感的影响

教学环境必然对教师教学实践感的生成及其功用发挥产生影响。这是因为，教学环境一旦建构起来，就会客观地影响着教师的教学活动，也相对独立地影响着教师对教学活动的感知，而且，这影响本身也是通过教师对教学环境的感知活动实现的。无一例外，面对某一具体教学环境，身处特定的具体的教学环境之中的教师，都是先通过其感官感知教学环境的存在现实及其变动，然后才会有自觉的思考、分析——至少任何一个没有完全丧失感觉

---

[1] 欧阳超. 教学伦理学 [M]. 成都：四川大学出版社，2008：258-260.
[2] 张楚廷. 教学论纲 [M]. 北京：高等教育出版社，2008：223.

能力、不是完全为某种外来的成见控制的教师都是这样。实践的感性现实性本质特征，注定"活动的构成本身已经意味着进行活动的人，场所和活动本身"[1]，大脑与身体之间的传统区别是不存在的，情景、活动、大脑与"在进行活动的人"之间的构成关系是以"全人行动，人境互动"为单位的[2]。心随境迁，行依境生。教师在教学过程中具体采取什么行动，做出什么动作，取决于他感知到什么样的教学环境。教学环境与教学行为之间的这种密切联系，使教学实践感必然包含教学环境感并使之成为核心要素、基础要素。教学活动和教学环境相生相成。客观的教学环境固然重要，教师主观的教学环境感也不可或缺。教学环境为客观之境，教学环境感则是对教学环境的主观感受、判断、评价，因而也是主观之境。教师在备课时，自然少不了对服务环境的思考、分析乃至于深入周密的调查，并据以预成教学活动决策，但教学活动一旦启动，教学活动的紧迫性就使教师要即时实现教学环境认知，这种认知往往只能直接凭感觉，这便是教学环境感。在某种程度上，教学环境感的品质决定教学实践感的品质，教学环境感的层次决定教学实践感的层次。教学环境感一方面是作为教学实践主体的教师对教学环境的感受结果，一方面又是支配着新的教学环境感知的感性思维力。

教学环境通过教学环境感起作用，教学环境感是教师与教学环境之间的必要中介。教学环境感虽依存于教学环境，但与教学环境不同。对教学环境感来说，从来没有纯客观的因素，任何客观因素都因受到主体的主观观照而烙上了主观的色彩，不是添加或减损了什么，就是改变了什么。教师对教学环境的感知受其个人感知力的限制，教学环境感是教师个人心灵对特定教学环境的自然的选择性反应，是由客观因素呈现出来的主观面目，是主观因素改造过了的客观景象。这一过程中所达成的"环境的改变和人的活动的一致，只能被看作并合理地理解为革命的实践"[3]。

联系上一章关于教学实践感生成与教师小群体交往关系的论述，与前面

---

[1] LAVE J. Cognition in Practice [M]. Cambridge: Cambridge University Press, 1988: 170.
[2] LAVE J. Cognition in Practice [M]. Cambridge: Cambridge University Press, 1988: 17.
[3] 中共中央马克思恩格斯列宁斯大林著作编译局. 马克思恩格斯全集：第3卷 [M]. 北京：人民出版社，1960：4.

对教学环境的分类相应，教师对间接教学环境的感知也不同于对直接教学环境的感知，教学环境感也因此存在着"无我"与"有我"之差、宏观与微观之别。一般而言，"无我"的、"宏观的"教学环境感，往往需要经过深刻思考才会真正进入教师的感知范围而为教师所意识到，因而不如"有我"的、"微观"的教学环境感更容易融入教师的经验并转化为实践理念。

教学环境感和真实的教学环境之间总会有某种程度的不一致，甚至于扭曲，这就是教学环境感的误差。理想的教学环境感，必然是客观教学环境的真实、深入、透辟的反映，但这在绝对意义上是不可能达到的。一般教师对教学环境的感知受其个人感知力的限制，其感觉有误差在所难免，大体有以下几种：一是将对某一特殊对象的理解和思维方法迁移到对另一对象的感知过程中因"存同略异"造成的误差，即迁移感觉误差。它包括感知新的对象时不去分析研究对象的实际运动过程及其现实情景，而仅凭印象和经验去下结论所造成的误差和依傍某种理论或模型感知对象时忽略了理论或模型成立的条件而造成的局限感觉误差。二是主体感知思维定格在某一框内而问题却由框内发展到框外时形成的定格感觉误差。三是感知对象在"静、动状态"，"研究对象间"，"思维空间间"等的"相互转化"过程中，因思维更改和转变，或转变不了而造成的转化感觉误差。① 感觉误差大体上会导致不足、过度和错觉三种感知状态结果。具体到教学环境感上，不足是指对教学环境的感知把握不够全面、深入。教学环境感应境而生，是教师的特定性格与特定教学环境碰撞产生的火花。教师的自我感觉与对教学环境的感觉往往是协调一致的。教学环境感的构成必须以服务对象即学生构成为依据，因此，教学环境感在很大程度上可以说就是"学生感"——对学生的一种自然而然的意识和态度。相对而言，教师对其他人（如现场观摩的教师或其他人员）的、物质的和非物质的感觉，只是"学生感"的延伸。在这个意义上，教学环境感是师生主观意识相互渗透、融合的人际环境感。过度就是添加了教学环境本身没有的东西。错觉指的是教师在形、光、色的干扰或加上生理、心理原因如心灵天真等构成的特定条件下对教学环境的不符合客观实际的歪曲知觉，涵括几何

---

① 张继才. 浅谈"感觉误差"及其成因[J]. 学科教育，2000（9）：26-29，33.

错觉（高低错觉、对比错觉、线条干扰错觉）、光渗错觉、声音方位错觉、触觉错觉，以及时间错觉、空间错觉、运动错觉、整体影响部分的错觉等，用公式表示即"将 A 错觉为 B"。教学环境感中对物的错觉，往往是对学生的错觉的别样表现。不言而喻的是，教学环境感的种种误差，必然显现于教学活动的生成和理解之中，从而影响教师对教学活动的感知。

教学环境感归根结底是教学环境作用感，一方面是对教学环境的事实性作用的确认，另一方面是对教学环境可能性作用的预测。在某种意义上，教学实践活动并非直接生成于教学环境，而是教学环境感起中介作用的结果。教学活动的理解有正误、真伪、是非、美丑等判断，对同一次教学活动的理解也因教学环境感的不同而不同。教学环境感对教学活动生成的制约，主要体现在其主导因素即教师与教学环境中的人即学生的关系的意识、感觉上。关系感知发生错觉，会导致教学意图、主题、内容和形式的全盘错误，尤其是即时生成的那些意图。这也说明，教学环境感总有天生的局限，任谁也不能突破。这使得教师并不是总能够想怎么教学就怎么教学。

教学活动和教学环境形影不离，教因境生，境缘教变。与此相应，教学实践感和教学环境感有时相辅相成，教学环境感因教学实践感的准确灵敏而趋向准确深入，教学实践感因教学环境感的准确深入而趋于准确透辟。在这相辅相成的过程中，有教学实践感对教学环境的创设，也有教学环境感对教学活动内容的删节或者创造。同样，教学环境感的误差有时也会使教学活动令人费解。要准确把握某一次教学活动，不但要准确把握该教学活动得以产生的宏观教学环境，而且还得了解教师开展教学活动时的微观教学环境，特别是教师的主观教学环境感。否则，就可能导致费解，甚至曲解。显然这种费解、曲解会阻碍教师教学实践感的生成和发展。

总之，教学环境对教学实践感的影响主要体现在教师所感知到的教学环境范围大小直接决定其教学实践感的广度，并在此基础上影响到教学实践感的深度、敏度和美度的发展。

二、教学理论：教学实践感的客观化主观性事实基础

本书认为，在非起源探究的意义上，作为一种先在的、不以教师个人意

志和愿望为转移的客观存在，教学理论影响着教师教学实践感的生成、发展。

要说清楚教学理论作为一种客观因素对教师教学实践感的影响，一定会遭遇"教学理论何以是客观存在"的质疑，但不能不予以解答。已有学者指出："教学理论是客观性与主观性的统一，或者说是科学性与人文性的统一。教学理论的客观性或科学性是指教学理论所指向或反映的对象是客观的，方法符合一般的科学特性，能够经得起实践检验和批判。……教学理论是人们对各种教学现象及隐藏其后的各种教学关系和矛盾运动的能动反映，……是建立在客观的教学事实基础上的。"[1] 从起源意义上看，这种对教学理论的客观性解释似乎是不容置疑的，但既然"教学理论不是对客观教学事实的照相，而是一种解释，从发生学的角度来解释教学事实，从整体结构上解释教学关系，包括内部关系和外部关系，从理性层次上解释教学的实质及其存在价值"[2]，那么，教学理论不是教学事实本身，自然就不可能是客观的了。但是，在超越起源论的意义上，正如教学事实作为一种实践性事实在实质上又是一种主观性事实一样，教学理论本身也是一种事实，一种客观化了的主观性事实。客观化了的主观性事实自然也是一种客观存在。换句话说，作为人们对既往教学实践事实的主观认识产物，教学理论之所以是一种客观存在，是因为从教学理论的传承、功能发挥，或者说从教师对教学理论的学习的角度出发，我们不能否认一个事实，即教学理论对学习者或者对所谓的"消费者"来说，是先在的客观的，是不以现实中作为学习者、消费者的教师的主观意志和愿望为转移的。前人的教学实践经验，并不会遗传给任何一个人使之直接成为教师。理论是后天学来的，感觉是与生俱来的。实践是思维着行动的过程，同时更是感觉着行动的过程。作为教学主体关于自身教学活动的主观思维产物，教学理论是一种基于实践思维的实践理论，其思维包括感性思维和理性思维，其中感性思维是基础，感性思维的基本形式是感觉。任何经得起历史检验的教学理论，都是教学主体的主观思维产物，都是主客体的统一。今天还有人呼吁"现代教学理论应该实现教学主体与客体的统一"[3]，针对教学

---

[1] 徐继存，赵昌木. 现代教学论基础 [M]. 北京：北京大学出版社，2008：159.
[2] 徐继存，赵昌木. 现代教学论基础 [M]. 北京：北京大学出版社，2008：159.
[3] 巨瑛梅，刘旭东. 当代国外教学理论 [M]. 北京：科学教育出版社，2005：25.

理论与实践脱节甚至其本身就不是来源于实践，而是直接从既有教育教学理论或者其他学科理论"迁移"推出的情况，就教学理论的建构来看，这在什么时候都是必需的。任何理论的建构都体现着人类对确定性、普遍性的追求，但任何理论一经生成，就因其建构主体的"退场"消隐了主观性，而成为一种客观存在，只有通过人的感觉中介，才能为作为实践主体的人所接受和对实践起作用。

我们不迷信教学理论，不认为教学活动就是教学理论的直接应用，但教学活动中确实需要、也可以应用某些教学理论是不争的事实。任何一个教师都有或多或少的教学理论学习经历。教学理论的学习是必要的，但要选择性地学习。那么我们根据什么来选择要学习的教学理论呢？可能有人会说是根据需要选择，这固然不错。可是需要是以什么形态出现的呢？或者说是以什么形态存在并为人所意识到的呢？仍然是感觉，对自我实践的需要的匮乏和满足它的迫切性的感觉。教师对教学理论的学习，必须以教学实践感为中介。同时，教学理论要对教学实践起指导作用，也必须以教学实践感为中介。一个教师如果无法感知到身处其中的教学活动与某种教学理论"所提供的必然关系中的客体"有相类似之处，那这种教学理论就不可能带给他任何有用的启示，就不能对他发挥任何作用。但教学活动要获得自由品质以成为自由实践，却又必须借助于教学理论以超越教学实践感的局限。在马克思对必然劳动与自由劳动的区分[①]里，自由劳动之"自由"的要义在于，一是在自觉的以维持生存为目的的必然劳动基础上从必然劳动中解放出来，二是以人类自身能力的发展为目的。根据这一观点，作为教育的根本途径的教学，本身是以人类自身能力的发展为目的的，应该从一开始就是自觉而自由的实践。但在事实上，教学活动是一定社会历史条件下教师作为现实个体的教学实践，或许它从一开始就有着某种程度的自觉，但绝不是一开始就是自由的。任何教师个人，其教学活动要成为自觉而自由的实践，必须借助于对既有教学理论的学习。因为教学实践感与教学理论的关系是，一方面教学实践感作为教师把握教学实践的基本方式、认知教学活动的感性思维形态，是教学理论得以

---

① 中共中央马克思恩格斯列宁斯大林著作编译局. 马克思恩格斯全集：第25卷 [M]. 北京：人民出版社，1974：926-927.

产生、发展的前提条件之一;另一方面教学理论作为教师对既有教学活动的本质的观念形态把握,又必然会成为参照,反过来影响教师对新的教学活动的感知。如果我们承认,教师的教学实践感是教学理论得以产生、发展和发挥作用的必需中介,那么,探讨教学理论之于教学实践感的反作用,就同样有着非常重要的现实意义。

在理论层面,教学理论对教学实践感的影响大致有四个方面。首先体现为它不只推动教师作为人的一般感觉的理性化发展,而且推动教师作为一般感觉理性化发展结果的教学实践感的深化发展,使教师能在瞬间凭借教学实践感直抵本质地感知教学活动。如某音乐人曾说过这样一段话:

> 如果把作曲比作做菜,理论可以告诉你:牛肉是什么口感,会使人获得什么营养;青菜又是什么口感,会有什么营养。当然也会告诉你:牛肉缺少哪些营养,需要加点什么补充等。甚至还告诉你一些细节,比如盐放多少,胡椒粉放多少等。
>
> 如果没有理论,并不是说你就不能做菜,也不是说你就做不出营养又美味的菜品,而是说你可能不懂为什么要这样做菜才好吃,才有营养。也许你通过自己的实践总结出了自己的风格,但是那也只是你自己知道,别人怎么去理解你?你还不是得把自己的风格转换为理论传授给别人?
>
> 况且有些深层次的理论,并不是一朝一夕就能发掘出来的。还有些理论,不是你个人可以摸索出来的,比如有些作品和当时的社会、宗教、政治有关,你不处于那个时代,你感受不到那种味道,你就无法理解这些作品。而这些则可以通过理论学习来得到补偿。
>
> 但是空有理论,显然也做不出好菜来。你完全按照菜谱的要求去做菜,主料辅料的量都用天平精确的按照菜谱要求去放,你做出来的菜可以吃,可能也很好吃,但是没有独特风格,千篇一律。同样是鱼香肉丝,好的厨师能做出不同的口味,而你却就会唯一的一种。①

---

① Manbaum. 理论和感觉哪个重要? [EB/OL]. (2006-07-18) [2011-12-27]. http:/www.midifan.net/archiver/?tid143065-page-3.html.

从中我们可以看到，理论解决的是认识问题，是要"知其所以然"，是对"为什么"和"为什么要这么做"的应答，这应答是"怎么做"的潜在的或者自觉的基础。毛泽东在《实践论》里指出，尽管"理性的东西所以靠得住，正是由于它来源于感性"，"理性认识依赖于感性认识"，但"感性认识有待于发展到理性认识"，"感觉到了的东西，我们不能立刻理解它，只有理解了的东西才更深刻地感觉它。感觉只解决现象问题，理论才解决本质问题"。而且，现象问题也好，本质问题也好，"这些问题的解决，一点也不能离开实践。无论何人要认识什么事物，除了同那个事物接触，即生活于（实践于）那个事物的环境中，是没有法子解决的"。"只有社会实践才能使人的认识开始发生"，而且正是"社会实践的继续，使人们在实践中引起感觉和印象的东西反复了多次"，才"在人们的脑子里生起了一个认识过程中的突变（飞跃）"，才"产生了概念"[1]，以及以概念为思维单位的判断、推理，才产生了理论，才使理论逐渐发展为真理。毛泽东还这样概括了人的认识发展过程："通过实践而发现真理，又通过实践而证实真理和发展真理。从感性认识而能动地发展到理性认识，又从理性认识而能动地指导革命实践，改造主观世界和客观世界。实践、认识、再实践、再认识，这种形式，循环往复以至无穷，而实践和认识之每一循环的内容，都比较地进到了高一级的程度。这就是辩证唯物论的全部认识论，这就是辩证唯物论的知行统一观。"[2]这就是说，理论是人的认识在感觉反复多次的量变基础上质变的产物，人的认识的发展不能缺少从理论到实践这一环节，无论低级阶段的感觉，还是高级阶段的理论。如果我们承认感觉是人的最原本的认识性实践方式，而且是"理论性行为"[3]实践方式，那么，人类认识的发展过程就可以重新概括为"感觉—理论—新感觉—新理论"这种形式的循环往复，感觉和理论的每一次循环，都较之前高一级，因为既有的理论成果在循环过程中已积淀进感觉。实践过程可以分解为实践主体的一系列行为动作，而每一个行为动作，在本质上都可以看作是主体在

---

[1] 毛泽东. 毛泽东选集：第1卷 [M]. 北京：人民出版社，1991：290，291，286，285.
[2] 毛泽东. 毛泽东选集：第1卷 [M]. 北京：人民出版社，1991：296-297.
[3] 费希特. 全部知识学的基础 [M]. 王玖兴，译. 北京：商务印书馆，1986：214.

对所处内外环境有所感知有所认识的前提下做出的反应，什么时候做出什么反应、怎么反应，都取决于主体的感知认识所达到的水平。主体感知水平越是接近对象的本质，据之所选择的行为动作也越适合、越有利于实现实践目的。同样，在教学实践中，对教学现象的认识问题，如果教师没有感觉或感觉力不足就不能解决；对教学本质的认识问题，如果教师没有理论或者不能形成理论就不能解决。教学现象认识问题的解决，是教学本质认识问题得以解决的始源性前提；教学本质问题的解决即形成教学理论，又是教学现象认识问题得到解决的发展性前提。如果将教学实践分解为教师自觉的一系列行为动作，每一个动作又都是即景即兴生成的，那么，我们就可以说，在教师选择教学行为动作时，教学理论所起的作用是不可忽视的，即没有"革命的"教学理论，就没有"革命的"教学行为动作。

其次，还体现为教学理论可以开阔教师对教学实践的感知视界，使教师的教学实践感的广度得到拓展，从而推动教师的专业成长。在实践过程中，人的认识是以感觉为主，以理论为参照背景的。作为参照背景的理论，塑造着主体认识事物的感官——眼光。而前面已多次提到，人的感知是有选择性的。人在感知事物时，通过感官对事物进行过滤。人的眼睛能够看到什么，跟他的理论背景密切相关。如果没有相应的理论，我们就可能对出现在眼前的有研究价值的现象熟视无睹，也难以把感受到的问题清晰地表述出来。教学理论知识的广度能够拓展感觉的广度，使感觉内容更加丰富。教学理论知识会借感觉唤醒它赖以生成的客观事物，尽管是感觉主体在新的条件下根据自身感觉经验和以之为基础的想象来予以充实的，但仍然能起到推进感觉深度的作用。爱因斯坦说我们"从对象身上能发现什么取决于有什么样的理论"，就是这个道理。英国诗人威廉·布莱克（William Blake）的长诗《愚直的预言》（*Auguries of Innocence*）中写道：

  To see a world in a grain of sand,
  And a heaven in a wild flower,
  Hold infinity in the palm of your hand,

<<< 第五章　教学实践感的影响因素

And eternity in an hour.[①]

如果将诗中的 world 理解成"表示最重要或最有影响力的人事物所构成的整体",将 heaven 理解成"自然法则",那么这四句诗"互文"地理解,就是诗人在告诫我们要充分把握住眼前的一粒沙、一朵野花,要看到一粒沙子也是一个丰富的世界,一朵野花也体现着永恒的自然法则。简而言之,就是要充分理解、把握住当下的现实,把握住了现实就超越了现实的有限而达于无限。然而,人的感觉总是有局限的,实现这种把握,正如晋代著名文学家陆机在《文赋》中所说,欲"观古今于须臾,抚四海于一瞬",得先"收百世之阙文,采千载之遗韵"。面对包括别人的和自己的既有任何一次教学活动,面对自我教学活动过程中每一个环境因素和自我的每一个行为动作,教师应该把握的和可能把握的方方面面都是无限的,但教师真正所能把握住的总是很有限的一部分,教师所能做的,就是尽可能多地去把握。这就需要教师不断地学习教学理论,以扩大自己的感受世界,使自己的眼光更富洞察力。哈尔滨师范大学附属中学的特级教师刘大伟在回答傅道春教授的访谈时,自述其专业成长可分为"探索期""成熟期"和"创造期"三个阶段,其中,实现从"探索期"到"成熟期"的飞跃至少应当有三个条件,其中第三个就是"对教育理论的运用",因为"教师必须摆脱教育行为中的盲目性和随意性",而且还得把"对教育理论的运用从自发升华到自觉"。正是借助于教育理论,刘大伟"越来越体会到简单的模仿和对课堂教学的一些皮毛的改革,已经在一定程度上束缚了我的发展",开始了"对自身教学理性的分析",并在超越中"带来了教学实践的革命"——从"有它(教材)没我"到"有我有它"再到"有我无它"的备课三部曲,从"形动"到"心动"再到"神动"的教学三境界;正是借助于对教育理论的学习,刘大伟才获得了较强的科研能力,创生了"无为教育"的实验,成长为一个创造型教师。[②] 数学特级教师吴正宪对此也有深刻的切身体验:

---

① BLAKE W. Poems of William Blake [M]. New York: Boni and Liveright, 1920: 45.
② 徐世贵. 教师自主成长——基于名师成长案例的分析 [M]. 北京: 外语教学与研究出版社, 2008: 20-23.

教学改革的实践使我体会到：一位教师仅仅能驾驭教材是远远不够的。教学研究是科学的实践，必须有先进的科学理论作指导。我开始有计划地学习教育科学理论。白天听了北师大教授的"智力及其测量"讲座，晚上我就随笔记下学习心得；学习了《教育心理学》理论，我就试着做小学生学习的研究；学习了《教育评价》，我就尝试着在实验班做学生评价改革和考试方法的改革。我认真阅读教育理论书籍，注意从各种教育刊物上捕捉信息，写下了几万字的学习笔记，至今20多本密密麻麻写满学习体会的笔记本和教学随笔还珍藏在我的书柜中。……那发黄的学习笔记本……时时告诫我：脚踏实地、厚积薄发、善于学习、重视积累、贵在坚持，在教育教学改革之路上绝无捷径可走。①

在访谈中，有年轻教师说："所有的教学理论都是在教学实践中总结出来的，可是越往后怎么就越依靠教学理论呢？我们先天的感觉都哪里去了？我们先天的感觉是社会性地发展了，理性化了，'理论'化成实践感了。""看不起教学理论的人未必感觉很好，但是教学理论一定很缺乏。""钻研教育理论，不见得就会有好的教学。但是，只凭灵感，会有好的教学，但不见得其教学能一直好下去。"

我们不迷信理论，也不迷信感觉，因为感觉的局限是明显的。事实证明，就具体实践的实现而言，教学实践感比教学理论重要，在教学过程中它直接统帅、中介教学理论的功用发挥；可就认识的提升而论，教学理论却有其不可否认的重要作用，它对教师克服教学实践感的局限、升华教学理论运用、创新教学实践是不可或缺的。如果没有对自我实践需要的匮乏及满足它的迫切性的实践感知，无论刘大伟、吴正宪这样的特级教师，还是一般普通教师，都不可能真正明白教学理论的重要性，教学理论也不可能在他们的专业成长中发挥任何作用，他们作为没有理论的实践者，充其量做个教书匠，而不可能成长为特级教师。

再次，教学理论还是教学实践感作为教师个人思维成果得以客观化和顺

---

① 邹尚智. 有效教学经典案例评析［M］. 北京：开明出版社，2009：32-33.

利传播的必然形式。所有教学理论，不外是既有教学感觉经验的抽象化、系统化结果。理论的终极功用是可以让后人直接借鉴，让他们少走弯路，也就是让他们"站在巨人的肩上"继续做教学事业。而只存在于教师个体之中，只为教师个人所感知、觉悟的经验或经历，就是感觉，就是教学实践感所带来的成果。这些成果无法传承，也就无法影响别人，更不可能惠及后人。感知作为一种"知"，其极端形态之一就是只能在"感觉着"的状态下才能有所知，离开感觉活动就一切免谈。《庄子·天道》中所载"轮扁斫轮"中轮扁说："斫轮，徐则甘而不固，疾则苦而不入，不徐不疾，得之于手而应于心，口不能言，有数存焉于其间。臣不能以喻臣之子，臣之子亦不能受之于臣，是以行年七十而老斫轮。"庄子以此来论证真知不能言、言语的传播功能有限，自然不错。诚然，轮扁之苦不在此而在于其斫轮技艺无法言传。但这不能言传可以有另一种解释，即轮扁的斫轮技艺之所以不能以语言形式传播给子孙后代，也无法为他人所借鉴，是因为他的技艺始终处于实践感的层面，没有提升到理论层面，更深层地说，是因为他自身没有足够的抽象思维能力和语言表达能力。任何理论的创生或者学习都需要一些基本能力，这些基本能力以感觉力、记忆力、想象力、模仿力为基础，以抽象思维能力为关键。与他人分享自我的成功经历，几乎是人的一种社会性本能。一方面如谢林所说："自我只有通过自己的自我认识活动，才成为一种被认识的东西"[1]，另一方面，如马克思所说，一个人把自己叫人是因为他把另一叫保罗的人称作人[2]，他和作为对象的别人的关系是他自己作为人的现实性的实现，是他作为人的能动和受动，人必须借助于他人才能实现对自我作为人的现实性的占有，才能确认自我，享受自我。教师也不例外。于是，将自己的教学实践感觉经验提升为理论，用语言表达出来形成文章著作，从而实现表达自我、与别的教师交流，并有望得到传承，就是教师教学实践感作为教师个人思维成果客观化的必然形式，并在客观上因其传播而促进人类教育教学的发展。

---

[1] 谢林. 先验唯心论体系[M]. 梁志学, 石泉, 译. 北京：商务印书馆, 1979：33.
[2] 中共中央马克思恩格斯列宁斯大林著作编译局. 马克思恩格斯全集：第23卷[M]. 北京：人民出版社, 1972：67.

最后，过分依赖教学理论会导致教师对教学实践感的忽视，甚至遗忘，以至于成为教学理论的奴隶，把自己的教学实践完全变成对教学理论的演绎，从而丧失自己的教学个性。教学理论在教师专业成长中占有重要地位。教师专业成长不能没有教学理论的学习，但是，教学理论的学习不等于对教育理论著作包括教育理论经典著作的无条件信奉。教学理论有其局限性，总是对既有历史的教学实践的认识抽象，历史与现实固然有继承发展关系，但绝不会完全相同。理性在不同个人那里都呈现殊异的特性，每一个人的理性都和其他人的理性有所不同。理论是理性思维的产物，自然也带着理论工作者的个性，不能完全搬用。因而，一种教学理论的现实意义在于它能帮助教师解决现实的教学问题，而不在于它是理论。因此，对任何一个教师来说，只有理论而无实践感觉经验，充其量是个大话教师。一个教师如果过分依赖教学理论，在教学实践中按图索骥或规行矩步，其结果必然是不如没有教学理论。

在事实层面上，教学理论在某些特殊时候是教师自觉感知教学活动的强大动力。如在一线采访中，一位年轻高中语文教师对笔者说：

> 教学理论作为理论所固有的抽象性，让教学，尤其是那些优秀教师、特级教师的成功的教学，充满了一种神秘感。对这种神秘的向往，让我渴望自己也能获得那样的成功，这在某种程度上也是我走上讲台的强大动力。尽管这一动力很快就被现实的教学实践本身的感性的丰富性、革命性抵消了大半，但它始终存在，始终是我从事教学事业的支撑。在上师院时对教学理论学习我主要是思辨地对待，我感兴趣的，感受到了教学理论本身的魅力，严格来说应该是思辨本身的魅力。至少，这种魅力对我是永恒的。而且，这四年多来，我真正地，当然最初是被迫地，回到了讲台实践，对课堂教学有了较丰富的切身感受，知道理论本身提供的客体，列宁说的那种必然关系中的客体，就是教学理论从中产生的教学实践，只能存在于我的想象中，永远也不可能在现实中完全重演，连我自己在某班上的自我感觉良好的课，也不可能接着在同课头的另一个班上复制——我妄想过，没有成功。教育局、学校强行摊派的教学反思这件苦差事上，我也因教学理论的魅力吸引多看了书，而先是应付得很

不错，后是丢几天不写就难受。……

教学理论还是教学实践感实现教学创新的主要推动力。有教学理论作为基础的教师可以把教学实践感转化成许多优美的教学行为动作和各种各样的教学形式。一个教师头脑里保存的教学理论框架越多、越新、越先进，其思维触发点、碰撞点就越多，他最终的实践发现就越新、越独特、越有活力。当然，教学理论作为一种动力其效能自然是有限的，但即便如此，也值得珍惜，值得开发。

教学理论作为一种思维背景，事实上还是帮助教师实践地感知教学以发现和提出问题的指南。前面说到，教学理论学习能更新教师审视教学活动的眼光，能开阔教师教学实践的感知视界。教学理论带来的新眼光，同时也使教师能更多地发现问题、更准确地提出问题，换个说法，就是带给教师以新的问题意识。石鸥指出："教学未必都神圣，和人和社会一样，教学也'患病'，教学疾病侵蚀着教学机体，危及着教学的发展和完善。"[1]曾拓也指出："从微观方面考察，教学问题的解决是提高教学有效性的关键；解决教学问题的关键又在于教师要有强烈的教学问题意识。"[2]张瑾进一步指出："教师的专业化成长与教师的'问题意识'是密不可分的，教师的'问题意识'是教师的专业化成长道路上的重要保证。然而，我们长期以来一直强调在教学过程中要注重培养学生的'问题意识'，而往往忽略了教师'问题意识'的培养。""优秀的教师在教育教学的过程中，身边总会有着很多各种各样的问题。而一般的教师身边几乎没有问题；优秀教师意识到的问题往往是新颖的，有价值的。而一般的教师即使意识到问题的存在往往也是低层次的；优秀教师对教育、教学上的各种各样的问题总会认真对待，仔细分析，深入思考，试图找出解决该问题的方法来。即使对同一问题，也会在不同的阶段、不同的条件、不同的背景下产生不同的解决方案来，使自己不断地随着时代的进步而进步。而一般的教师即使意识到一个很重要的教育教学问题也不会去认真

---

[1] 石鸥. 我们如何面对素质教育[J]. 教育发展研究，1999（6）：34-35.
[2] 曾拓. 论教师的教学问题意识[J]. 井冈山师范学院学报，2003（3）：81-84.

地深入地分析和思考，即使意识到这个问题，也只会凭借经验用老眼光，老方法去处理。"[1] 一般教师往往会就事论事，只着力于如何实践地解决所意识到的教学实践问题，而不会把教学实践问题上升为理论问题来对待。对于一线教师来说，是否能发现有代表性、有一定深度和层次较高的教学问题，是教师认识能力和工作专业水平的现实表现。教学理论和其他理论一样，主要解决的是认识问题，就具体教学问题的发现和提出来讲，就是对问题成因的认识。宏观上，教学问题一方面体现为教学现状与教学标准或教学理想之间的差距，另一方面体现为教学过程中出现的矛盾、疑难或某种教学理想实现的关键点。而且，因标准不一，同一个教学现象既有问题也没有问题。微观上，教学问题更加复杂、多样，有教师方面的问题，也有学生方面的问题，还有教材内容、教学环境等中介方面的问题，以及教学评价方面的问题，等等，各方面问题的成因也是复杂、多样的。就教师方面来看，教师的能力欠缺、观念陈旧落后、人格缺陷等毫无疑问是造成某些教学问题的原因，如"满堂灌"、惩罚、只传授知识不重视能力培养、忽视学生全面发展等问题；但是与之比较，教师教学理论学习意识不足，欠缺应有的教学理论知识如教育学、心理学、课程论、教学论等方面的知识，教学理论素养不够才是最重要的原因。而且，教师只能在很狭窄的范围内意识到教学问题的存在，并且对教学问题只能用"学生学习方法被动""传统教学方法与教学改革之间的矛盾""学生学习兴趣不高""教师对学生的引导问题"等抽象的语言来描述，而不能明确所描述问题的具体内涵和界限；只能对问题的属性和本质做笼统的泛泛而谈，而说不出或只能极笼统、极模糊地说出问题可能造成的影响，这分明是欠缺教学理论、没有相应高度的问题眼光所造成的。众多教师成长的事实告诉我们，教师对教学理论掌握得越好，所形成的教育教学观念就越符合素质教育的要求，也越符合创新人才的培养要求，教师也就越善于诊断教学问题。善于认识教学问题、善于解决教学问题的能力，不是教师天生具有的，而是教师在不断发现教学问题、认识教学问题、解决教学问题的教学实践过程中不断丰富自己的认识而培养和发展起来的。教师只要自觉地加强教学理论的

---

[1] 张瑾. "问题"伴我成长——试论教师"问题意识"与教师专业化成长 [J]. 科学咨询（教育科研），2011（1）：45-46.

学习，就能凭借比较丰富的教学理论知识，不断完善自我人格，不断发展和提高自己的教学实践能力，就能逐渐形成新的、符合素质教育的要求、符合创新人才的培养要求的教育教学观念，产生强烈的教学问题意识，提高他们认识教学问题、解决教学问题的实际能力。笔者采访的一位农村小学语文教师特别醉心于"问题教学"，也因此在地区学校小有名气。他和"问题教学"的结缘，非常曲折——

最初，"问题教学"这个名称是我在市里开会听来的，我并不知道有什么特别的深意。听来后，我望文生义地想："问题教学"不就是多给学生提问题，让学生因为要回答问题而积极思考，借此收到好的教学效果嘛，没什么大不了的。我还很佩服自己当时怎么就那样大胆，还居然望文生义地做开了。……一开始学生挺来兴趣，学习热情高涨，我也挺受鼓舞，更加卖力。可好景不长，才第二个星期，他们就像蔫了的花草一样，任我怎么做也不愿理我抛出的问题。我大受打击，苦苦思索，仍然不明白为什么会这样。后来，一天偶然听到别班的学生议论说我班上同学讲我一天上课尽提些没意思的问题……大惊之下，我突然发现，原来我所谓的"问题教学"是自己一厢情愿的，我从来没有想过我提出的问题能不能当得起"问题"这个名称，更没有想过它们对学生来说还成不成问题。突然，我开始担心别的教师，尤其是我找到感觉的那两天和他们分享自己所受的鼓舞的那几个同事会嘲笑我，嘲笑我连"问题教学"是什么都没搞清楚就"问题教学"起来了。羞愧之余，我开始查找、购买"问题教学"的书来读，也在学校订的几种杂志上挑有关的论文来读。书很不好找，不过我总算知道多年前也就是2000年就出版了"问题教学"操作手册，知道有好多可以借鉴参照的"问题教学"案例……读王惠的《走进问题教学》让我知道自己在教学过程中犯的教学方法错误和态度错误是错在哪儿，读丁念金、郝芳的同名书《问题教学》让我对"问题教学"的内涵、作用机制、基本要求、基本策略和实施的重点、要点有了较全面而深刻的全新认识，自己该做什么不该做什么也更清楚了。晚一点得到的孙春成的《语文课堂问题教学策略》更是为我之后的"问题教学"实践提供了许多具体参考,我重新开始的试验也慢慢赢得了学生的认可,我也再次受到了莫大的鼓舞。最近找到的周光岑主编的《核心问题教学研究》,里面的"核心问题教学"引起了我非常大的兴趣,我的"问题"观又更新了。……与前面这些问题教学专著相比,一些同行写的"问题教学"的论文给了我更切实的帮助。比如江苏有一个叫王乃宁的老师写的一篇《如何避免问题教学中的教学问题?》,把问题教学存在的问题归纳成六个,什么"问题完全由教师设计""是非问、选择问居多,缺少思维内涵""问题多而密学生没有思考时间"等,还有"问题之间没有系统性""既脱离学生实际又脱离教学情境",一对照,没有一个让我落下的,一读就很震撼。里面把教参、教师自我思考和学生发现并列为问题的三个来源,问题设计要遵守学情、三维目标要求,要使问题像元帅,还得有由易到难的层次等主张,都亲切得很,对我启发很大。我忘不了李镇西老师在上《孔乙己》时提问的例子,小说的结尾"大约孔乙己的确死了"中既是"大约"又是"的确",是否自相矛盾?印象太深了。浙江宁波的顾秋红那篇《"教学问题档案库":以问题研究促专业成长》、连云港师专侯宜岭、杨必武和王芳亮三人的《中小学教师发现教育教学问题的策略和技巧》,和杭州师院温小允、刘堤仿的《教师的教学问题诊断刍议》也让我受益很多。我有几篇论文也在省、州教育报刊发表了。不怕你笑话,我真的有信心,"问题教学"我是这一片里最好的。

这里,问题教学理论的学习对这位老师发现问题和提出问题所起的指南作用,以及他因此获得的自信,都是显而易见的。而且,他的经历还表明,进行专项教学理论学习,掌握丰富的教学理论知识,熟悉专门教学方式的规律,有助于教师教学实践感的深化发展。在这种意义上,教学实践感就是一种实践感性意识上的智力结构。

教学理论在事实上是教师确认自我的教学实践感成果是否具有真理性的验证标准。前面不止一个地方提到,教师必须通过教学活动才能确认自我作为人的类本质。这种确认是通过教学实践感知过程实现的。确认自我是一个人的生存需要。由于"自我意识只有在一个别的自我意识里才获得它的满足"①，可以说人的一生就是"为承认而奋斗"的一生②，有不断的奋斗，就有不断重新确认自我的需要，教师也不例外。马克思指出："全部历史是为了使'人'成为感性意识的对象和使'人作为人'的需要成为'自然的、感性的'需要而做准备的发展史。""只有当对象对人说来成为人的对象或者说成为对象性的人的时候，人才不致在自己的对象里面丧失自身。只有当对象对人说来成为社会的对象，人本身对自己说来成为社会的存在物，而社会在这个对象中对人说来成为本质的时候，这种情况才是可能的。"③随着对象性的自我教学实践现实在社会中对教师来说成为教师作为人的本质力量的现实，成为人的现实，因而成为教师自己作为人的本质力量的现实，所有教学实践作为对象对他说来也就成为他自身的对象化，成为确证和实现他的个性的对象，成为他的对象，就是说对象成了他自身。教学活动如何对他来说成为他的对象，这取决于教学活动作为对象的性质以及与之相适应的本质力量的性质；因为正是这种"关系的规定性"形成一种特殊的、现实的肯定方式。教学实践感作为教师的一种本质力量的独特性，恰好就是这种本质力量的独特的本质，因而也是教学活动对象化的独特方式，是教学活动的对象性的、现实的、活生生的存在的独特方式。作为教学主体的教师，其对象只能是教师的一种本质力量的确证，教学实践感只能像教师的本质力量作为一种主体能力自为地存在着那样对教师存在，"因为任何一个对象对我的意义（它只是对那个与它相适应的感觉说来才有意义）都以我的感觉所及的程度为限"④。正是通过对自我作为人的本质的对象化，教师以教学活动创造了同自己作为人的本质和自然界的本质的全部丰富性相适应的人的感觉，使自己作为人的感觉成了教师的感觉即教学实践感，使他们通过思维而且以全部感觉在对象世界中感知着对象世界来肯定自己，确认自我，确证自我。尽管"理论的对立本身的解决，

---

① 黑格尔. 精神现象学（上）[M]. 贺麟，王玖兴，译. 北京：商务印书馆，1979：121.
② 科耶夫. 黑格尔导读[M]. 姜志辉，译. 南京：译林出版社，2005：556.
③ 中共中央马克思恩格斯列宁斯大林著作编译局. 马克思恩格斯全集：第42卷[M]. 北京：人民出版社，1972：128，125.
④ 中共中央马克思恩格斯列宁斯大林著作编译局. 马克思恩格斯全集：第42卷[M]. 北京：人民出版社，1972：126.

只有通过实践方式，只有借助于人的实践力量，才是可能的"[1]，而且"马克思的'实践'概念就有一种试探、冒险的探索，有一种开拓精神的含义。……是人类自由意志的发挥"[2]，实践具有的这种"冒险性"特征不允许把实践本身当作某种理论的直接套用或机械图解，获得"教学理论感"的教师是以返回教学实践重新发现自我教学人生、重新获得教学创造的灵感为目的的，而不是以忠实地践履教学理论为自己的天职，但教学理论一旦在"社会状态"中"失去它们彼此之间的对立"，失去和实践的对立，就不再是作为实践的对立面出现，而是作为实践检验自身的标准现实地起作用了。教师在教学活动过程中的思维方式主要是感觉即教学实践感，但如果没有教学理论的验证，任何没有觉悟到"不再依赖于环境来取得他的个人存在感"的教师个人，都还有不断重新确认自我的需要，即便他已经将自己的教学实践感知成果系统化并著书立说，内心也还存在着自我确认的焦虑，还期待着在理论工作者中找到知音找到归宿，因为"人类本质中最殷切的需求就是渴望被肯定"（威廉·詹姆士语）。就此而言，江苏省语文特级教师管建刚的经历可谓是个典型的例证。在2011年3月29日回复给笔者的电子邮件中，他写道：

> 我读理论书，使我有了实践的方向，使我实践到某个地方，想不通，这个时候，理论或许能对我有帮助。很多一线老师没有实践的方向，没有研究的方向，读几本理论书，那只能是枯燥乏味，浪费时间。
>
> 对于像我这样的一线教师来讲，生命不在理论，而在实践。并且，实践会使我领会出一些没有实践的理论家想不到的东西、想不透的东西。——缺失了实践，纯属空想，自然会有漏隙。

这说明，对他而言，只有在教学实践遭遇阻碍需要突破的时候，教学理论才会作为"批判的武器"被运用而发挥其启迪思维的作用。即便是作出"生命不在理论，而在实践"这样的自我定位，多少有些拒绝教学理论的管建刚

---

[1] 中共中央马克思恩格斯列宁斯大林著作编译局. 马克思恩格斯全集：第42卷[M]. 北京：人民出版社，1972：127.

[2] 邓晓芒. 哲学史方法论十四讲[M]. 重庆：重庆大学出版社，2008：357.

老师，也自觉地将深刻的教学理论感受与自我发展的深切愿望相互沟通，也有着从教学实践需要出发经由教学理论感悟的激发又返回到实践的"深度感觉体验"。他在为青年教师入职教育岗位培训写的《不做教书匠》中写道：

> 当读书和教育实践相结合起来，年轻的你便会发现，自己正从一个教书匠走向一个教育者，自己身上发生一种气质性的变化。[1]

这话中的"书"，显然不止于教育学范围，但从他对朱永新教授的"贵人"情结表达中可以看出，教育教学理论书籍是其中比例最大的。更有例证意义的是，阅读福建师范大学潘新和教授的著作《语文：表现与存在》，带给了他"在理论上找到精神家园"的深刻体验。他在给潘新和教授的信中写道：

> 看了《语文：表现与存在》后，抑制不住内心的向往，我为自己的实践能在理论上找到精神的家园，而感到无比的安静，这种安静里，也饱含了灵魂得到寄托的喜悦。[2]

从整个教师专业成长来看，教学理论既生成于教学实践感，又反过来影响着教学实践感。在二者的互动关系中，每一项并非总起着相同的作用。在教师专业成长的不同阶段，教学理论对教师教学实践需要的作用是不同的，其为教师主体调动的方式也是有差异的。大致说来，在师范生到入职阶段，教学理论主要是作为一种激活"教学实践感"的"前提"动力起作用，发动并推动着教师教学实践感在深度、广度等方面的发展，拓展教师的专业感知视界，深化教师的专业感知；从入职过渡到成熟阶段，教师专业成长的关键则逐渐变成如何在"教学实践"中体验人生，在"教学实践"中发挥创造力，也就是说立足教学实践又应该是教师专业发展的"前提"，这时教学理论除了是教师教学实践感成果客观化的必然形式外，在事实上只是作为一种背景起

---

[1] 管建刚. 不做教书匠 [M]. 福州：福建教育出版社，2007：145，146，149.
[2] 管建刚. 我的作文教学革命 [M]. 福州：福建教育出版社，2010：187.

着指南、标准的作用。要言之，教师的教学实践感要有教学理论融渗其中并内化入教师的意识，才可能像教师的价值观、人生观那样指导教师教学实践。

总之，教学理论对教学实践感生成、发展的影响，主要体现在深度上，即提高教学实践感的质性，深化教学实践感对于实践对象的形式与内涵感受。

三、教学形式：教学实践感的客观对应物

（一）教学活动中真正成为教师实践感觉对象的只能是教学形式

尽管前面我们一再说到教学实践感是教师对教学实践活动感知的结果，但实际上真正成为教师感觉对象的只能是教学形式。长期以来，"许多论者把教学组织、教学形式、教学组织形式看作是可以互换的同义名词，前二者是后者的简称，所以，难免以偏概全，不能保持论述的前后连贯和一致。假使把教学组织和教学形式区分开来，情况则不至于如此了"。"在我们看来，教学组织是为了教学工作的需要而构建、设置的师生间人际组合的社会系统，而教学形式是指教学活动的形态和式样。任何教学活动都是在特定的教学组织之框架中进行的，同时任何教学活动也总表现出一定的形式。"[1]在本书中，教学只指教师的教，教学活动特指教师的行为活动。如果教学活动可以分解为教师的一系列行为动作，那么，教学形式就是教师基于一定的教学条件（包括教学场地、设施、设备、教学手段、教学材料等），针对具体的教学对象即学生和具体教学内容，为实现教学目标所采用的行为动作及其间的各种关系结构方式。简言之，教学形式即教师教学行为动作及其关系结构方式。

从教师作为教学实践主体创造教学形式的角度来看，任何教学形式都是由教师组织生成的。从活动作为客体影响教师的角度来看，则只有形式，而且是其创造主体已经退场的形式在独立地影响着学生和教师——而在这个意义上，"教师的根本任务应当是根据先进的教学理念，不断创造适合学生发展需要的教学形式，低耗高效地指导帮助学生掌握教学内容，提高能力，获得发展"[2]。

---

[1] 叶泽滨. 教学组织、教学形式及其分类[J]. 教育科学，1993（4）：18.
[2] 蔡伟. 论教学形式系统[J]. 课程·教材·教法，2005（5）：20.

第五章 教学实践感的影响因素

教学实践感是教学形式作用于教师的感官而生成的，是教学形式作为客观对象主体化的结晶。教学形式是教学实践感的客观对象，没有教学形式，就不可能产生和形成教学实践感。所以我们说，教学形式是教学实践感的客观对应物。

从系统论的观点看，教学形式系统和教学理念系统、教学内容系统一起构成教学系统。教学理念的贯彻、教学内容的恰当表达，都取决于教学形式系统的完善程度，而教学形式本身的评价又以它是否恰当地表达了教学内容、体现了教学理念为基本标准。教学理念系统最抽象，着重解决为什么而教的问题，包括教学本质、教学方针、教学目标、学科性质等要素；教学内容系统最显性，重点解决教什么的问题，主要包括统编教材、教学参考、校本教材、其他学科资料等要素；教学形式系统最丰富也最复杂，主要解决如何来教的问题，主要包括教学风格、教学模式、教学策略、教学手段、教学方法等。教学形式系统可分为三个层次：最顶端的为教学风格；第二层为教学策略、教学模式；第三层包括教学手段、教学方法、教学语言、教学程序、教学结构等要素[1]。根据这种划分，教学形式中的第三层应该是最容易为教师感知的部分，但实际不然，手段、方法、语言、程序和结构这些词语仍然停留在抽象的关系层面。事实上，学生和观摩者对教学活动的感知，是从感知教师主体的教学行为动作及其间的关系开始的，并且是始终以之为事实依据的。如果从将教学活动看作是教师的一系列教学行为动作的角度出发，将它们再进一步具体化为教师的教学行为动作，就更能给人以具体感。

首先看教学手段。夏甄陶先生指出："所谓手段，广义地说，就是置于有目的的活动的主体和有目的的活动所指向的客体之间的一切中介的总和，包括实现目的的工具和运用工具的操作方式及一切活动方式、方法等，其中具有决定意义的是工具。"[2] 作为教师教的手段，教学手段是指教师在教学活动中为达到让学生掌握知识、形成技能、养成情趣和掌握学法的目的，而凭借个人身体器官或者身体以外的各种教具（仪器、设备、材料、机器等），所采用

---

[1] 蔡伟. 论教学形式系统[J]. 课程·教材·教法, 2005（5）：19.
[2] 夏甄陶. 认识论引论[M]. 北京：人民出版社, 1986：141.

的听、说、读、写、模拟、演示、展示、要求八种基本教学方式和措施。这八种教学手段又可分为两类，即说、听、模拟、要求是教师凭借自己个人健全的身体器官就可以采用的手段，是基本教学手段；读、写、演示、展示是教师必须借助自身以外的设备才可以采用的手段，是辅助教学手段。[①] 但是，"教师本身的眼、耳、鼻、舌、身等五官不是教学手段。只有当教师利用五官去向学生进行听、说、读、写、模拟、演示、展示、要求等活动的时候，它才成为教学手段。同样地，一切教学设备也不是教学手段，只有当教师在教学活动中利用并运用这些教学设备时才成为教学手段。因此，教材不是教学手段，黑板、粉笔不是教学手段，模型、实物不是教学手段，录音机、录像机、计算机等机器设备也不是教学手段"[②]。也就是说，尽管"其中具有决定意义的是工具"，教具决定教学手段的具体形态，但是，教师对自我个人身体器官的运用也好，对自身之外的各种教具的运用也好，都只有在体现为教师运用它们的行为动作时，才能称之为教学手段。教学手段具体体现为教师运用它们的行为动作。

其次看教学方法。教学方法是"教师在教学过程与教学活动中，为解决某个具体的教学问题和达到一定的教学效果，而采用的某种办法和技巧"。有的人将教学方法混同于教学手段，或者将教学方法从属于教学手段，这是不恰当的。教学手段与教学方法虽有许多相似之处，但它们的落脚点不同，有各自的形式范围。例如听、说、读、写、模拟、演示、展示、要求是教学手段而非教学方法，但教师用什么具体的办法和技巧来进行听、说、读、写、模拟、演示、展示则属于教学方法。[③] 教学方法是教学方式巧妙组合与运用的方法，不是教学手段；教学手段屈指可数，教学方法却是不胜枚举的[④]。每一种教学手段都可以通过若干种教学方法来完成，如写的手段，可以用粉笔，也可以用铅笔、钢笔或者毛笔，甚至用多媒体计算机打字来完成，还可以用指头凌空划写来代替；每一种教学方法又都要由许多具体动作来实现，或者

---

① 张良田. 教学手段论 [M]. 长沙：湖南教育出版社，1999：8—17.
② 张良田. 教学手段论 [M]. 长沙：湖南教育出版社，1999：13—14.
③ 蔡伟. 论教学形式系统 [J]. 课程·教材·教法，2005（5）22—23.
④ 张良田. 教学手段论 [M]. 长沙：湖南教育出版社，1999：18—20.

说，每一种教学方法都可以分解为或多或少的教学行为动作，比如用粉笔写板书，教师的执笔、落笔、起笔、收笔都可以分解为更加具体的动作，用侧锋和用中锋写的执笔动作肯定不同，写同一个字既有侧锋又有中锋时执笔动作又有不同。

再次看教学语言。教学语言"是教学形式系统中最具中介性质的成分。教学形式系统中的诸多要素都需通过语言来实现，而且教学语言本身包含着知识，渗透着思想，浸渍着情感，因此，教学语言的优劣，直接影响教学效率和教学目标的达成。教学语言包含声音语言和体态语言两大类。教学声音语言又可分为描述性语言（陈述一个事实、描写一样事物）、辩说性语言（表明一个观点，说明一类物体）和模拟性语言（模仿不同的人、事、物），成功的教学声音语言，应当具有抑扬顿挫、悦耳动听、声情并茂、形象生动、简洁流畅、灵活多变等特征。教学体态语言包括肢体动作（手势为主）、面部表情（包括眼神）、坐姿站相等，成功的体态语言，应当是举手投足恰到好处，仪态眼神大方得体，精神抖擞，气韵生动"[1]。显而易见的是，教学体态语言之"举手投足"本身就是教师的具体教学行为动作。而教学声音语言，在一般的理解中是与动作无关的。文学作品中人物语言尤其是戏剧人物语言，与教师教学语言在事实上有极大的相似性，值得我们借鉴。戏剧遵循的美学原则之一是："能把个人性格、思想和目的最清楚表现出来的是动作，人的最深刻方面只有通过动作才能见诸现实。"[2]戏剧的主要构成要素是动作，在戏剧中动作是人物的精神意志的体现，没有了动作的表达，人物的精神世界也就无法展现。加上戏剧受时空限制，不允许剧情停滞，这就需要通过人物的语言动作推动剧情（包括当下和之后的剧情）不断向前发展，揭示矛盾、展开矛盾和激化矛盾，达到戏剧高潮。即是说，戏剧人物语言的"动作化"内涵"能促进剧中事件、矛盾冲突发展"。德国教育学家第斯多惠说过，教学的艺术不在于传授本领，而在善于激励、唤醒和鼓舞。在教学过程中，教师的教学声音语言必须推动教学活动进程，必须对学生起到激励、唤醒和鼓舞作用，正与

---

[1] 蔡伟. 论教学形式系统 [J]. 课程·教材·教法，2005（5）：23.
[2] 黑格尔. 美学：第1卷 [M]. 北京：商务印书馆，1979：270.

此相似相通。因此，教师的教学声音语言在教学过程中的不同作用，如导语要把新旧知识有机地联系起来、或介绍有关的背景材料、或摘要本课所讲的内容、或渲染一种气氛、或引发一种情绪，总之要能调动学生学习的积极性以帮助其理解新知识，讲授语要简明、准确、条理清晰地阐明所讲知识内容，提问语要能启发学生思考使学生学习变得积极主动并便于把问题引向纵深，应变语要能妥善解决学生诘难、教学失误、外部冲击等意外情况，结语要发人深省并给学生留下深刻的印象，都取决于其动作性。而动作化的教学语言必定更加具有可感性。

最后看教学程序和教学结构。教学程序和教学结构是教学形式系统中最具设计性、可控性的要素。教学程序和结构一旦设定就相对稳定，在不出意外的情况下，教师可以按照预设的轨道稳步而行。因此，多数青年教师都是从教学程序和教学结构入手走向教学成功之路的。教学程序与教学结构极易混淆，其实二者形似神异。教学程序是动态的，是一种以线性发展为主、更注重点的连接的教学步骤或序列或流程，即先教（学）什么，后教（学）什么，从某种意义上说，教学程序是对教学结构的细化，一般可分为顺流、倒流和混合流三种类型。教学结构是静态的，作为以横向联系为主、更注意块的组合的教学活动框架，教学结构能够把教学程序中的每个点归类成一个个不同的教学环节，有很强的组合性，一般分为层进式、并列式和对照式三种类型。[①]不难发现，教学程序是先教什么后教什么，教学结构是哪些得作为一个模块来完成，具体来说，就是教学程序即先做什么教学行为、后做什么教学动作，教学结构即哪几个教学行为动作得作为一组来完成。

总之，教学形式作为教师的一系列教学行为动作及其间各种关系的结构方式，从个性层次的教学风格，到观念层次的教学策略和教学模式，再到物质层次的教学手段、教学方法等，都可以分解为教师的一个个具体动作。任何教学形式总是充溢着教师作为教学实践主体在特定教学环境中的某种独特的生命活动、精神活动。而对任何一个作为接受主体的观摩教师来说，它又像是一个"召唤结构"，以观摩教师自身的教学知识、教学生活体验和生命活

---

① 蔡伟. 论教学形式系统［J］. 课程·教材·教法, 2005（5）：23.

动、精神活动去加以补充，从而生成教学实践感。教学实践感最初生成于对教学形式的对象化感知，然后才借助于想象、思维等获得发展。

值得注意的是，教学形式只是为教师作为教学实践感知主体生成教学实践感提供了一种可能性。这一可能性是否能转化成为现实，或者转化成何种现实，也就是某种教学形式究竟会生成什么样的教学实践感，还取决于教师作为接受主体的教学实践感能力水平。可以肯定的是，教学形式是教学实践感生成之"源"，教学实践感是教学形式经教师感知而形成之"流"，不能以"流"代"源"。教学形式作为教学活动的感性存在方式，一头连着教学内容，是教学主体"以神相感"的生命示范；一头接着接受主体的感官，是教学实践感所由生成的对象。

（二）教学形式在教师实践感觉过程中生成、实现教学内容

任何事物都是内容和形式两个方面的统一，教学实践也不例外。一定的教学内容总要依托一定的教学形式表现出来。教学内容与教学形式互为依存，不可分割。但二者又互不相同且相互制约。同一个教学内容在不同条件下可以采取不同的、迥异的教学形式，同一种教学形式在不同条件下可以体现出完全不同的教学内容。从教学活动的生成来看，教学内容是教学的基础，没有教学内容，就谈不上教学形式，教学内容决定教学形式，一定的教学形式总是一定的教学内容的教学形式；从教学活动的接受来看，没有教学形式就没有教学内容，教学形式生成教学内容，一定的教学内容只有存在于某种教学形式中才可能被理解、接受。因而，从教学实践的继承方面来看，一定的教学内容生成于一定的教学形式，一定的教学形式实现一定的教学内容。歌德说过，"材料就摆在每个人的眼前，意蕴只有须在行动中和它打交道的人才能找到，而形式对于大多数人却是一种秘密"[1]。教学形式的秘密，在于它把一定的教学内容即意蕴实现出来之前无所谓教学内容，在于它把教学对象转化为教学内容的过程伴随着认知主体思想认识的变化。同样的教学内容，不同的教师用不同的教学形式来实现；同一次教学活动，同一种教学形式，不同的观摩教师看到了不同的教学内容，这表明主体的眼睛从教学对象中看到

---

[1] 朱光潜. 朱光潜全集：第7卷［M］. 合肥：安徽教育出版社，1991：448.

了什么就赋予对象以什么教学形式，主体的眼睛从教学形式中看到了什么就实现出什么教学内容。由于一定的教学内容生成于一定的教学形式，教学形式的差异也就成为教学内容的差异，即使是教学形式的微小差异，也不例外；而且，有的极细微的形式差异，也表征着教学内容的重大区别。换句话说，教师总是用教学行为动作给出自己的形象。尽管教师的每一次教学活动都只是其某一时段的生命的示范，但任何时段中他总是作为一个完整的人在从事教学活动，在做"以神相感"的生命示范。这示范在本质上也是一种生命表现。一个没有丧失生命力的教师，总是认认真真地对待每一次教学任务，力求如实地表现好自我生命内容，给学生、家长和社会以自己最完美的职业形象。

任何教学形式都是由教师的教学行为动作构成的链条和序列，其意蕴也是随着教学动作的接连出现而慢慢呈示给接受者的，直到最后一个教学动作完成，教学内容才完整实现或生成。在实践过程中，一切都是以关系为基础的。教学过程中每一个教学行为动作的价值完全是由同时存在的另一个教学行为动作赋予的。脱离教学环境，不在一定教学形式中的任何行为动作，都不是教学行为动作，也不能实现任何教学内容。任何教学行为动作总是一定关系中的存在。教学行为动作之间的关系有两种向度最为重要，一是水平的关系——横组合关系，二是联想的或垂直的关系——纵聚合关系。

在横组合关系向度上，任何一种教学形式的一个教学行为动作和另一个教学行为动作之间总是按时间先后顺序连续出现的，呈现为一种线性的水平关系，标志着该教学活动的历时性特征。一个教学行为动作紧跟着另一个教学行为动作出现，从而组合在一起，是有条件的，即这些教学行为动作及其关系要能实现符合教学目标要求的教学内容，符合实践要求。否则，就是无效的教学形式，就表征着一次无效教学。

关于纵聚合关系向度，我们可通过一个例子来理解。数学特级教师华应龙在备小学四年级数学"角的度量"这一课时，为搜寻"生活中的角"以创设一个好的问题情境导入而大费脑筋，考虑过千差万别的"衣领的角"、牙刷上"非常讲究的角"、椅子靠背"向后倾斜一定的角"等各种各样的、大小不同的角，为"让学生感受到量角的必要"而设计过"大头儿子和小头爸爸配玻璃"的情景，最后用儿童玩"滑滑梯"之"儿童的玩"和"滑梯的角度"创设了一个非常生活化的问题情境导入，让"老师们听完课后，直夸三个滑梯设计得好，从司空见惯的场景中发现了有价值的数学问题"[1]。显然，"衣领的角"、牙刷上"非常讲究的角"、椅子靠背"向后倾斜一定的角"和"滑滑梯的角"之间有一种共性，即都可以用来创设生活化的问题情境，实现导入功能，这就构成了一种与横组合关系相对的关系，即纵聚合关系——横组合链条中的某个环节上已经出现的某个教学行为动作，与还没有出现而又有可能出现的其他教学行为动作之间所构成的垂直关系。它们自然地聚合成群，把不在现场的教学行为动作联合成潜在的记忆系列，标志着该教学活动的共时性特征。

横组合关系是已经显示出来的关系，纵聚合关系则是潜藏的隐含的关系。任何一个教学行为动作都处在这一纵一横两种关系构成的"相对坐标"上，同时具有两个向度，需要的话，还可以用有序数对来表示其位置。

教学形式形成的过程，即教学形式实现教学内容的过程，是横组合与纵聚合两者同时发生、相互配合运作的过程。教学形式作为显示出来的结果属于横组合，但这横组合却是在纵聚合的选择的背景中形成的，离不开纵聚合的"幕后支持"。具体的教学活动总是在横组合关系的运动过程中通过纵聚合关系的垂直运动选择出适合的教学行为动作从而构成一定的教学形式。纵聚合关系的垂直运动选择教学行为动作，是依据教学主体即教师进行某一次教学活动的具体目的来进行的。"活动的本质派生于活动者的本质"，"只有当主体范畴成为分析中的主导范畴时，主体与活动的本质联系才能突出"[2]。从教师主体方面看，不同的教学目的形成不同类型的教学活动，教学目的整体上体现为三维目标在完整性、系统性与有序协调原则下的整合，在教学活动中既没能离开情感态度与价值观、过程与方法的知识与技能学习，也没能离开知识与技能的情感态度与价值观、过程与方法，不同只在于侧重各异，或者是以知识传授、技能演示为主，或者是以过程与方法（途径和策略）的探索体

---

[1] 华应龙. 我就是数学：华应龙教育随笔[M]. 上海：华东师范大学出版社，2009：12-15.
[2] Г.И.休金娜. 学校教育教学观与《中小学教育学》选读[M]. 北京师联教育科学研究所，译. 北京：中国环境科学出版社，2006：254.

教师教学实践感研究　>>>

验和反思为主，或者以情感态度与价值观的彰显为主，由此形成不同的教学活动类型。"教学活动特征就其本质来说是'促使学生发生积极的变化'"[①]，不同的具体教学活动目的所要求的无论哪种类型的教学活动，都具有三种共同性质，即交际性、事理性和情感性。

其一，从交际性来看，教学活动的有效性取决于教学实践感能否帮助教师和学生准确把握对方的意图。因此，我们大可不必计较教学活动结构的选择，只要能实现教学目标，达到教学目的，我们可以采用任何一种教学形式。教师采用何种教学形式作为表达，本身只是暂时的、偶然的，教师的全部注意力集中于与学生的交流。这时，相对于教学形式，教师的教学意图感是首要的和主要的。为了实现教学意图，教师既要能准确表达事理内容，又要能激活、唤醒学生的学习热情，并借以让学生对所经历的教学过程和方法有所意识，从而彰显某种情感、态度和价值观以影响学生，教师常常需要考虑教学策略，在教学行为动作选择上做文章。且看数学特级教师华应龙的一篇教学记录。

"华老师，您误导！"[②]

前不久，我上了一节"平行四边形面积的计算"观摩课。我希望我的学生从这节课中不仅学到平行四边形面积计算公式这一具体的结果，而且能在思想方法上有所收获；不仅能够正确地应用这一公式去求得各式各样平行四边形的面积，而且能独立地发现平行四边形面积的计算方法，很好地理解这一公式的来源。我希望能让我的同行从这节课中了解学生在探求平行四边形面积计算方法时的真实思维活动，感受重知识更重方法、重结果更重过程的价值追求。

在提出"怎样计算平行四边形的面积"这一问题后，我让学生尽情猜想，然后动手验证（课前学生自己剪的平行四边形纸片，上面没有方格，也没有标上高）。

---

① 赵昆艳. 教学活动的类型与特征[J]. 楚雄师范学院学报，2006（5）：92-95.
② 华应龙. "华老师，您误导！"[J]. 北京教育研究，2005（2）：47-48.

汇报时——

第一个学生说:"我认为平行四边形面积的计算方法是用底乘高。"然后介绍了自己的验证方法:沿着平行四边形中间的一条高,将平行四边形剪拼成长方形……

第二个学生说:"我也认为平行四边形面积的计算方法是用底乘高。"接着介绍了他的验证方法:沿着平行四边形上边端点引的一条高,将平行四边形剪拼成长方形……

第三个学生说:"我没能猜出平行四边形面积的计算方法,我是这样来求的……"他将平行四边形纸片剪成两个直角三角形和一个长方形,然后将两个直角三角形拼成一个长方形……

第四个学生说:"我觉得平行四边形的面积是用长乘宽。因为平行四边形容易变形,可以转化成长方形。"

……

在学生展示完后,我引导同学们一一评价,着重解决第一、二、三种方法有什么相同点,为什么都要沿着高剪。

在评价第四种方法时,我说:"这位同学提出了一个十分有价值的问题!请这位同学再说说是怎么想的。"

生:我用四支铅笔搭成一个长方形,再轻轻一推就成了一个平行四边形。长方形的面积是长乘宽,所以平行四边形的面积也是长乘宽。

师:非常感谢这位同学!他大胆地猜想平行四边形的面积是相邻的这两条边的乘积。(发言的同学满脸自豪。)现在,同意的请举手,不同意的请举手。(同意的只有五位,绝大多数不同意。)哪位来说说为什么不同意?

生:(指着图)斜过来以后,这条边短了。(看得出同学们没有认可。)

师:现在我来解决这个问题,可以吗?(拿出一个可以活动的平行四边形框架)这四条边的长度没法改变。它的面积是相邻的这两条边的乘积吗?(说"是"的比原先多了。)平行四边形容易变形,(拉动后)面积变了吗?能用相邻的两条边长度相乘吗?(学生在思考。)

生:华老师,我能借用一下您的平行四边形吗?

225

师：可以！

生：（快步上前，将平行四边形框架反方向拉成一个长方形）这样就能用相邻的两条边相乘！（同学们和听课的老师都笑了。）

师：赞成用相邻两条边的长度相乘的，请举手。（绝大多数学生举手了。）非常好！他找了个"行"的例子。那你再看呢！（顺着他的方向，我继续拉动平行四边形框架，直到几乎重合。）

生：我发现问题了！两条边长度没变，乘积也就不变，可是面积变了。（认为"行"的学生也不说话了。）

我看时机已到，于是总结说：前三种方法，是通过剪拼，将平行四边形转化成了长方形，面积有没有变？（生齐：没有。）第四种方法是将平行四边形拉成了长方形，面积有没有变？（生齐：变了。）两者都是转化成了长方形，但我们是要计算原平行四边形的面积，转化以后的面积能不能变？（生齐：不能。）

忽然，第一个提出两条相邻边长相乘假设的男同学喊了起来："华老师，您误导！"

全场大笑。

我更是开怀大笑——

学生为什么说我"误导"？因为我没有像以前那样，发现学生想错了，就直接告诉他——"不对的""不行的"。

传统教学中，我们对学生在学习过程中出现的各种错误极端不容。新课程下，我们认识到：错误本身乃是"达到真理的一个必然的环节"（黑格尔语）。正确，可能只是一种模仿；错误，却绝对是一种经历。放弃经历错误也就意味着放弃经历复杂性，远离谬误实际上就是远离创造。过度的防错、避错，缺乏对差错的欣赏与容纳，大大减少了学生扩展认知范围、提高认知复杂度、接触新发现的机会，使天然的好奇心、求知欲以及大胆尝试的探索意识被压抑乃至被扼杀，所伴随生成的个性特征和思维特征必然是谨小慎微、害怕出错，这与敢于冒险，在失误中开辟新思路的创造型个性品质和创造型思维品质是背道而驰的。一条缺少岔路的笔直大道，使我们的孩子失去了很多触类旁通、联结新意向的机会，同时也由此失去了来自失误和来自发现的快乐（顿悟是快乐的，这是学习和创造的心理动力）。

　　用相邻两条边的长度相乘，这是学生在探求平行四边形面积计算方法时的真实想法，是一种合情推理。在以前的教学中没能出现这样的猜想，主要是由于我们没有给学生"真探究"的时空，学生不是真正的探究者，只是一个操作工而已。再退一步，课堂上万一出现了"差错"，教师也通常会视而不见，置之不理。而今天的课上，面对如此真实的思想，可以将错就错，顺水推舟，将学生带入柳暗花明境地，享受豁然开朗的快乐，我们怎能不悦纳这一宝贵的资源，怎能不露出坦诚的笑脸？

　　郑毓信先生说过：现代教学思想的一个重要内容，即是认为学生的错误不可能单纯依靠正面的示范和反复的练习得到纠正，而必须是一个"自我否定"的过程。又由于所说的"自我否定"是以"自我反省"，特别是内在的"观念冲突"作为必要的前提，因此为了有效地帮助学生纠正错误，教师就应十分注意如何提供（或者说，创造）适当的外部环境来促进学生的"自我反省"和"观念冲突"。

　　今天，我的学生说我"误导"，不就说明了我的学生已经"自我反省"出来了吗？而这"反省"是我促进的，我自然笑得特别开心！

　　学生是成长中的尚不成熟的个体，我们教师要从正面看待学生的学习差错，要从科学的角度理解学生的各种差错，要用发展的眼光理解这些差错，要允许、认同、接纳和利用学习差错！

　　在这上千人的大会上，我的学生敢于喊出来——"华老师，您误导！"，折射了我和学生之间良好的新型关系，多么美妙啊！

　　于是，我微笑着对那位男生说："你说得太好了！不过，我不是误导，而是导误！并且，你的想法是有道理的。你的想法启发了我，计算平行四边形的面积并不一定要用底乘高，用相邻两条边的长度相乘再乘上一个变动的量就可以了，那将来到高中就会学到的！"[1]

---

[1] 华应龙. 我就是数学：华应龙教育随笔[M]. 上海：华东师范大学出版社，2009：81-84.

在这节观摩课中，华应龙老师以"将错就错"的教学行为选择，"允许、认同、接纳和利用"学生的错误，借势"导误"，让学生在真正的事理探究过程中经历"观念冲突""自我反省"而最终"豁然开朗"，实现了对平行四边形面积计算事理的准确表达，也彰显了重推理更重事实、重知识更重方法、重结果更重过程的价值追求和情感、态度。教学意图感是否灵敏、准确，有多灵敏多准确，取决于教师对交际对象即学生学习个性的了解，具体到华应龙的这节观摩课上，还有对观摩教师的了解。学生、观摩教师作为交际对象，是华应龙这节课的教学环境的核心构成部分。当然，说到底，教师的教学意图感还是教师自身生活感受、教学实践体验、教学阅历以及专业洞察力自然流露的结果，生活感受、实践体验、教学阅历越丰富越深刻，专业洞察力越敏锐，教学意图感就越灵敏、越准确。

其二，从事理性来看，教学形式所表达的事理内容是教师与学生交流必不可少的客观实在，它要求教师所采用的每一个教学行为动作之间的意蕴关系，都能够准确地反映事物及其不同属性或不同事物之间的实际关系。这时，凸显意蕴成为教学形式存在的价值所在，教师的意蕴感占主导地位。不论一个教师要教的是什么，只有唯一的一个教学行为动作可供他择用，每用一个教学行为动作都要力求把对象传达得鲜明、生动。因此，教师就得去寻找，直到找到这个教学行为动作，而决不能满足于"差不多"，更不能蒙骗学生——再高明的蒙骗都有破绽，教学行为动作上的戏法只能遮得住一时，而不能永远奏效。教师要想创生精彩的教学活动，就不能回避寻找、选择教学行为动作的困难。在特定的教学形式中，每个教学行为动作单位的意蕴，总是在与它被从中采用的那个聚合群中的其他教学行为动作的比较中得到限定，使之与表达对象之间的实际关系保持一致。华应龙在"角的度量"那一课的教学形式创生过程中采用"滑滑梯的角"的教学行为动作，决定于和体现了它与横轴上其他教学行为动作之间的固有关系。同时，采用"滑滑梯的角"的教学行为动作也在与采用"衣领的角"、牙刷上"非常讲究的角"、椅子靠背"向后倾斜一定的角"等的教学行为动作的比较中显示了它独特的功能，使教学形式整体上因此获得相对的最优化。当然，这种主观能动选择是否能时时如意地实现教学形式的最优化，取决于教师对特定教学形式——特定教学行为动作及其组合的教学意蕴感。

在事理性视角下,教学意蕴感就是教学形式感,就是教学实践感。为了找到那个唯一的教学行为动作,首先,教师会遇到教学行为动作的多义性问题。意蕴项多使一个教学行为动作具有双重能力:一方面,它满足作为教学形式的基础的原则,由于前后的教学行为动作的"上下文"作用的灵活性,它允许从较经济的结构中创造出多种意蕴效果;另一方面,它又完全把教学形式对意蕴的实现变成了一种从"上下文"出发碰运气的理解与阐释工作。对于准确反映事物及其不同属性或不同事物间的关系而言,歧义是绝对要避免的。其次,教师还会遇到教学行为动作之间以及大于教学行为动作的各级单位(如教学行为动作组块、教学环节)之间的关系问题。原江苏南京市北京东路小学校长、语文特级教师、中学高级教师孙双金曾总结出一个观点,即教师备课不能只满足于深入教材,成为文章作者的知音,还要跳出教材、研究学生、设计教法,成为学生的知音。备课,是对教学对象的分析研究,更是对教学行为动作的预设性选择和组合,其物质形式成果就是教案。通过对不同教师的教案,或同一教师教案的不同版本与教学实录之间的比较,常常可以看出并感受到教师为准确表达教学对象而择定某一个(组)教学行为动作的意蕴"推敲"过程。人教版高二语文上册古诗词中有陆游的《书愤》,笔者在指导实习教学期间发现,某教师在教案初稿中拟采用"读""听""说""写""演示""要求"等教学手段来完成教学,以前四种手段为主。"读"又分"教师范读""名家诵读(录音)""学生读"(包括自由读、齐读、个别领读)等。"听"包括倾听个别学生、学生之间相互倾听,和倾听全体学生、全体学生倾听。"说"主要是逐字逐句讲解全诗。"写"主要是在黑板上书写教师和学生所"说"的要点。具体到第二联"中原北望气如山"中的"气"这个字的解释,教师之说沿用教材上的注解"气愤"。……定稿中,则简略为教师"范读"、学生"齐读"、教师逐字逐句"说"全诗——要求学生总结该诗所表达的情感。其中,教师对第二联中的"气",不再沿用教材上的"气愤",也不再是直接按顺序给出解释,而是先存疑,到全诗"说"完后,在"早岁"之于"那知世事艰"与"空自许"之于"双鬓已先斑"的对比中,在尾联"出师一表真名世,千载谁堪伯仲间"的感叹中,明确"气"

之不能解释为"气愤",而应该是与年轻时不谙世事艰难的自信相对应的"豪气"。……课堂教学中,却变成以"提问""讨论""点评""总结"等教学行为动作,来澄清第二句中的"气"应该如何理解、为什么这样或那样理解。相比之下,就"气"的理解来看,教案定稿采用教师"说"的教学行为动作直接纠正教材注解,在表达的准确性上较初稿只采用"读"有明显的进步,但较之实际课堂教学采用了多个教学行为动作组块来帮助学生正确理解教材注释的不恰当,在传达的效果上又显然不及初稿。可见教学行为动作的选择发生任何变动,都会引发教学意蕴传达效果的改变。站在听课的学生和观摩教师的立场来看,教学形式的任何组成部分的变更,都会导致教学意蕴传达的变化。

其三,从情感性来看,教学形式指向学生的主观体验,要求教学形式即教学行为动作及其间各种关系都富于某种神韵、意味,创生成某种氛围、境界。这时,教师的意味感控制一切。与意图感重在教学目标的潜在指导性、意蕴感重在教学形式的意义客观性不同,意味感重在教学情感的审美指向性。教师的意味感"规定"着对其教学形式的意蕴解读向度的范围,从而影响学生的主观体验。有关师生关系的研究表明,师生关系的性质和状况决定教师如何看待学生及其课堂表现,也决定学生对教师教学行为动作"意味"的感觉反应和学习体验,从而决定课堂教学效果。教学是为有效服务学生的学习而存在的,这要求教师必须时时努力确保自己的教学活动的有效性。正像"艺术家关心的不是技巧本身,而是表现他对形式的意味感"[1]一样,教师总是自觉不自觉地对自己所选择的教学行为动作及其间各种关系即教学形式做出富于意味感的调控,以确保教学目标(教育目的)能够实现。要做到这一点,教师就必须在备课时"以学定教",并"因学制宜",在课堂上实时根据学生对自己教学行为动作的反应来审视自己的教学计划,对已经择定的教学行为动作及其间的顺序等或者保持原样,或者做出调整,如增删教学行为动作、调换教学行为动作之间的先后顺序等。而学生对教师教学行为动作的感觉反应如何,一方面取决于学生本身的感觉力是否敏锐、是否具有相应的理

---

[1] 林洪桐.表演美学手册:奏出天堂和声[M].北京:中国电影出版社,2010:234.

解力，另一方面取决于教师的教学行为动作是否准确传达了对象事物（学习内容），是否同时带给学生以亲切的意味，即情感上的激发、唤醒和慰藉。在人类发展史上，最初是靠单纯的行为动作传递信息的，尤其是情感信息，但原生行为动作的瞬息性有明显的局限。语言的产生在很大程度上克服了这种局限，但中国古代的"言意"之辩又突出了语言自身的局限，即"言不尽意"。为了克服新的局限，中国古人提出"立象以尽意""象以征意"。"象"有抽象的符号之象，更有具体的生活场景、生活行为动作之象。历史表明，无论是符号之象还是原生之象，在交际中都有各自的局限性。因而，自语言产生以来，在现实生活中就不存在绝对纯粹的符号交际，如语言交际或原生行为动作交际。《毛诗序》中早就有"情动于中而形于言，言之不足故嗟叹之，嗟叹之不足故永歌之，永歌之不足，不知手之舞之，足之蹈之也"的说法，人们的情感表达往往要借助语言和动作的"综合"形式。如果不借助于语言而全靠动作，人们的信息传递就会出现偏误，这种偏误可能小到毫厘之差，也可能大到谬以千里。现今电视台娱乐节目中经常出现的"动作传递信息"游戏就是很好的例证。教育发展到今天，任何教师的任何教学行为动作都是与语言或者其他交际符号关系密切的存在，教师在课堂上的一举一动、一言一语、一颦一笑，都会作为教学形式，被"综合"地、"整体"地理解、解读、诠释，从而充满"意味感"。

教师的意味感水平也有高低、深浅、广狭之别。教师不同水平的意味感，往往引发学生对其教学行为动作产生不同的主观体验。教师的任何一个教学行为动作，都只是作为一种外在的抽象形式出现在学生眼中的，其赖以产生的意蕴、情感都只是潜在地存在着，不能为学生直接感知，因为同一个教学行为动作作为形式可以生成于多种意蕴、多种情感，也可以用来表达多种意蕴多种情感。这就是说，学生不解、误解教师的教学行为动作的现象、教师误解学生的课堂表现的现象是不可避免的，会成为影响教学效果的重要方面。而且，这种影响会具体到某个学生的主观体验，严重者可能会改变甚至毁掉学生的人生。例如，某语文教师对笔者说，她在初二时特别喜欢物理，上课的是一位57岁的男老师，眉宇间很慈祥，可在他面前学生没有说话的余地，学生被他误解了也因此从来都得不到辩白。一次物理测验时，因后座同学的橡皮掉到她面前,她什么都没想就弯腰去拣起并半回着头交给了后座同学。这恰好让物理老师逮了个正着,说她有作弊嫌疑,让她到教室外面如实交代好了再回来做题。自尊心极强的她感觉到自己受了极深的侮辱,拒绝所谓的交代,并放弃继续测验,收拾书包离开了教室要回家。在操场上遇到了教导主任,问她怎么没放学就回家了,是不是身体不舒服什么的。她一下子哭了……教导主任把她送回教室,要她继续测验,并对物理老师做了解释。但那天物理老师不知怎么了,特别自信,一口咬定自己的观察不会错——她一定是想作弊,还想偷看后座同学的答案,因为后座同学的物理比她学得好。……后来上初三,新来的物理老师很是负责,对所有的同学都是鼓励多于批评,但一周六天最少也有五天搞物理测验,她对物理的兴趣在题海战术中逐渐消散了,她只有时间做物理测验没有时间来进行什么物理思考了。高一到高二前三个学期的物理学习中,她终于及格了一次,物理老师说她是抄同桌的,……终于,高二下学期分文理科时她选择了文科,最后成了语文教师。很显然,在她心里,物理教师对她拣橡皮的行为动作这一客观形式的错误解读,作为教学形式在事实上改变了她的人生选择。如果学生在课堂上误解了教师的教学行为动作,教师觉察到了并积极对待了,学生是很幸福的。如果教师没有觉察到学生的迷惘,甚至学生明说了"没懂",教师仍然没能有效应对,学生所受的伤害往往不止于成绩问题。在这样的案例中,我们发现,教师对学生的"关爱"情感,常常因其太过偏执或太过于理性化和表现方式过于武断,而很难为学生接受,致使师生关系很紧张。在这样的教师心里,仿佛只有知识——事理内容需要传递,其教学行为动作的整体即教学形式,似乎从来都没有为情感表现留下空间。可人毕竟是情感动物,人的情感就是人的内在生命,"而且还应当说人就是他的内在生命。人的内在生命必须有它的客观对应物,人才是完全的人,完整的人"[1]。学生和教师一样,都是有血有肉有灵魂的活生生的个体,学生的学习过程不是无意志、无情感、无价值观的理想化的中立化的纯认知过程,而是学生认知结构的发展过程,是学生意志行动、情感陶冶、情感体验、人格完善的过程。教学在根本上是教师"以神相感"的生命示范,本身包括教师内在的情感生命。教学过程是一个认

---

[1] 王尚文. 语感论[M]. 上海:上海教育出版社,2006:270.

知过程，更是一个情感过程。教师没有关爱学生的情感，就不可能有真正的教学。正如卢家相先生所指出："教师作为成熟的个体，其情感也相对成熟和稳定，各种高级情感，诸如道德感、理智感和审美感都达到相当水平。这对教师在教学活动的重要情感地位上发挥积极作用提供了现实的可能性。"①也正如汪刘生指出："如果全面考察人类的教学活动，我们便不难发现，教学活动无不是由师生的认知因素和情感因素这两条经纬线交织而成。""从一定意义上说，没有教学情感就没有师生交流，轻视教学情感的作用，必然使教学枯燥无味，教学气氛压抑沉闷。"②而且，这样来看，教师缺乏足够好的教学意味感，严格说来还不能算是真正的教师。真正的教师只有"人师"。教师是作为人成为教师的，就应该不断创造可以表现自我的打上教师职业烙印的情感生命即教学情感的教学形式，让自己的教学行为动作富于意味感，既"规范"自己也"规范"学生，不仅要传达知识，而且还要"漂亮地"表达出自己作为教师更作为人的丰富的情感世界。

教学意味感的规定性，要求教学形式能准确表达教师教学情感的审美指向性，这时，最重要的是必须富有节奏感。"某种节奏总能激起人们相类的情绪，如舒缓、紧张、轻快、凝重、高昂、低沉等"，"节奏可以说是情绪的形式"③。在这一意义上，可以说，学生在教学活动中的主观体验，就是教师教学行为动作的节奏激活的。"情感促成节奏；情感愈强烈，节奏愈便分明"④，反之亦然。美学家陈本益指出："节奏是事物运动的普遍现象"，"节奏是在一定时间间隔里的某种对立性特征的反复"，"是事物在时间中的一种存在形式"。"广义的节奏还可以指某些抽象的东西，例如由词语意思的连续和反复所形成的意义节奏，由情绪的强弱起伏所形成的情绪节奏"，"事物在空间中的一种对称、对比或均衡关系"。⑤在教学形式这里，"节奏包括两方面内容：节奏的时间范畴和节奏的空间范畴。时间指的是节奏存在于客观事物的运动过程之

---

① 卢家相. 情感教学心理学［M］. 上海：上海教育出版社，2001：71.
② 汪刘生. 现代教学论研究的新视域［M］. 长春：吉林人民出版社，2006：95-96，100.
③ 王尚文. 语感论［M］. 上海：上海教育出版社，2006：278.
④ 洪深. 戏的念词与诗的朗诵［M］. 上海：大地书屋，1946：73.
⑤ 陈本益. 探索汉语诗歌节奏的一个思路［J］. 汉语言文学研究，2011（1）：11-16.

中，空间指的是节奏是客观事物运动必须具有的规律、秩序。"[1]教学形式的节奏，也即教学节奏，是指单位课时内教学过程中一定时间间隔里的教师教学行为动作的对立性特征的反复。意大利教育家蒙台梭利早已指出："行动的节奏，并不是一个可以随意改变的旧观念。它几乎就像一个人的体形，是一个人特有的特征。当别人的行动节奏与我们接近时，我们就会感到高兴，而当我们被迫去适应别人的节奏时，就会感到痛苦。"[2]教学节奏是教师的教学行为动作的节奏，是由教师创造和调控的，是由教师的教学情感促成的，但其目的是激发、唤醒、鼓励学生学习。因此，教学节奏创造和调控的依据，除了所采用的教学手段固有属性的要求，最重要的就是学生对教师教学行为动作的课堂反应，关键在于学生的反应节奏是否接近。教学形式也因为有了节奏而能表现或塑造教师的教学情感，从而"以情感情"地影响学生的学习情感，并营造出富于亲切意味的美好课堂氛围。教师教学行为动作是教学手段的物质载体与教师运用教学手段的形体动作、内心体验及其紧张程度的统一体，因而，由一系列教学行为动作组成的教学形式能以其节奏将无声无形的意味转化成可以直接感受的对象，叩击学生的心扉。由于教学意蕴的参与，教学形式所表现的教学情感得以具体化，使教学形式本身变成了一种形式化了的情感，或者一种感情化了的形式。我们观摩一节课，首先感受到的是教师教学行为动作的某种对立性特征（如强与弱、快与慢、长与短、疏与密、起与伏、静与动、有与无等）的反复所形成的节奏，学生听一堂课亦然。人凭借感官能感知到的节奏不胜枚举，如听觉上的节奏有自然界中的鸟啼虫吟、海啸雷鸣、钟鸣鼓响，以及音乐的节奏；视觉上的节奏有日升月落、光亮明灭、人行走时手的前后摆动与脚的起落，以及舞蹈动作的节奏；触觉上的节奏有人的心跳、脉动以及肌骨分布规律的节奏，等等。教师的教学行为动作作为教学形式的基本语汇，主要是听觉的或视觉的，或者兼听觉与视觉于一体的。教师在教学进程中规律性地流露出来的期待、疑问、深邃、严肃的目光——眼神等，脸上甜蜜、温和、满意、苦涩的笑容等，自然安详的、柔软舒缓的、

---

[1] 吴洪成. 现代教学艺术的理论与实践 [M]. 石家庄：河北人民出版社，2009：149.
[2] 蒙台梭利. 蒙台梭利早期教育法 [M]. 祝东平，译. 天津：天津社会科学院出版社，2010：108–109.

急剧有力的手势，一段声情并茂的诗文朗诵，一场逻辑严密的分析论证，都以其鲜明的可感性，传递着教师的心声，会以无穷的意味感染学生，会激起学生的情感体验，营造出一种情境和氛围，对学生之于学习内容的记忆、感知和理解，起到积极的促进作用。

总之，教学形式感是教学活动作为一种自觉、自由实践的流波，也是教师"沿波讨源"形成教学实践感的客观中介。在这个意义上，教学形式感甚至也是教学实践感的基本形式，在教学实践感的生成、发展中处于特别重要的地位。我们实际上总是把教学形式作为一种整体来感受，不可能在感受到它整体上体现出来的教学意图时，却忽略某个教学行为动作的教学意蕴，以及教学形式整体上的丰富意味或者某一个教学行为动作的特别意味，只是在不同的感觉主体、不同的感受情况下各有偏重。教学意图感、教学意蕴感和教学意味感，都是教学形式感的向内具体化，都离不开教学形式，是教学形式感在不同感受情形下的具体形式；同时，三者的灵活性及其统一程度直接决定教学形式感的深度，影响教学实践感的敏度。

第六章

教学实践感的培养构想

教学实践感作为教师的一种理性化的感觉思维能力，在不同教师身上存在个体差异，但是只要具备先天的生理基础，就可以在后天培养和发展。因而，在教师教育领域，教学实践感是教师对教学的可培养、可发展的理性化的直觉思维能力。既然已意识到并且明确了教学实践感是教师的理性化直觉思维能力，其生成也有规律可循，即教师作为自然人的感觉的生理机制，即神经活动习性化，和以之为基础的教师作为社会人的社会性机制，即实践思维意志化与小群体交往，那么，我们就可以自觉地遵循其生成规律进行教学实践感培养的探索，以期为教师教育提供新的理论参照。

第一节 培养原理

从某种意义上说，人的成长过程就是人的感觉发展的过程。人的感觉是可以改善的。对于感觉的发展，人的幼年时期是最重要的，可即便过了幼年时期，人的感觉仍然是可以改善的，需要的只是培养，针对性的、实践性的培养，且由于社会分工的客观存在，还需要有职业针对性的培养。教育学是在尊重人的个性心理特征的基础上，"实验性"地确定促进人的自我发展的手段和方法的学问。长期以来，教师教育偏重教师的理性思维能力，而对教师的感性思维能力缺少应有的关注。在教师教育视域下，教学实践感培养的最重要内容，就是对教师感觉的培养，就是充分利用其生成机制，根据社会对教师能力的要求和期望，对教师的包括教学主体、教学中介、教学对象、教学环境条件等"社会器官"的专门感觉培养。经过培养后，教师作为人的感官经验能改进并增强其感知觉的专业性，为教师进一步的专业发展奠定感觉上的基础。感官感觉提供的对象信息可以帮助教师做出感觉定向，并据以做出教学行为动作以表达自我作为回应。培养教学实践感，最终是要提高教师的教学实践感能力。教学实践感的培养和迅速发展，最明显的好处就是扩大教师的感知范围、深化教师的感知深度、提高教师的感知敏度，以及升华教师的感知美度，进而启发教师创造性开展教学活动，发展教师专业探索创新能力。

人的感觉发展最初是自发的，教学实践感培养则是对教师作为人的感觉的自觉发展。教学实践感培养只是想矫正既有教师教育偏重理性化的偏差，而非对已有教师教育的全盘否定，更不是革命。教学实践感的培养是一种特殊的感觉培养。感觉培养，即有计划、有步骤地培养、提高感觉能力的活动，原是对智力落后儿童进行补偿教育的一种方式，后被法国特殊教育学家谢根、意大利幼儿教育家蒙台梭利发展应用于正常儿童教育，是通过培养和示范相结合的游戏方式有针对性地为幼儿提供更丰富的刺激，改善、提高其视觉、听觉、皮肤感觉、动觉、平衡觉的能力。[1] 蒙台梭利还提出："职业工作总是要求人类利用周围的环境，所以技术学校就需要返回到教育的最开始阶段，也就是感觉教育。"[2] 在她看来，让小时候感觉培养不足的人去从事责任重大的职业是不道德的。教师教育虽然不是技术教育，但同样需要回到感觉教育，这种感觉教育不只是一般生理感官感觉教育，还是针对教学实践这一"社会器官"的感觉教育，是一种社会性的职业感觉教育，即教学实践感教育。吸取既有教师教育传统的精华，用于探索如何培养教学实践感，充分突出教师的理性化的对象性直觉思维能力，可以和理性思维能力形成互补，促进教师教育更健全地发展。

任何自觉发展都得遵循自发的发展中呈现出来的规律才能实现，教学实

---

[1] 朴永馨. 特殊教育辞典［Z］. 北京：华夏出版社，1996：128.
[2] 蒙台梭利. 蒙台梭利早期教育法［M］. 祝东平，译. 天津：天津社会科学院出版社，2010：108-109.

践感培养也不例外。人是认知主体,客观规律的"客观"是作为认知主体的人的"客观",离开了人,任何规律都无从谈起。马克思指出:"只有当物按人的方式同人发生关系时,我才能在实践上按人的方式同物发生关系"[①]。客观规律也是人的一种主观认知,即作为主体的人换位在"客体"立场上的认知。规律就是机制、原理,人把自我站在"客体"立场上的主观认知结果即客观规律完整地表述出来,就形成原理。原理作为人类自觉实践的直接依据,就是人反映客观规律的主观方式。教学实践感的培养也有其原理依据。这依据,如果只停留在第四章中有关教学实践感生成机制的层面,那不免太过抽象,不便于落实。我们必须进一步在具体层面阐明教师作为自然人的感觉的生理机制,即神经活动习性化,和以之为基础的教师作为社会人的社会性机制,即实践思维意志化与小群体交往。

前面说过,人的感官系统就是神经系统,感觉过程就是神经系统活动过程,感觉作为人的一种能力的发展就是感官及其活动方式的发展、就是神经系统活动方式的一种习性化发展,教学实践感作为实践感的一种,是教师作为人的一般感觉发展的高级形态,是对教学实践的自觉性感知,源于神经系统活动的习性化这一生理机制,和以之为基础的实践思维意志化和小群体交往这一社会性机制。考虑到教师的感觉活动从能力、对象到感知行为过程离不开以感官感觉为基础的思维发展,而教师又都只有在其处身其中的职业活动及同行交往即社会关系的规定和指引下,于教学实践展开过程中感知的同时也建构着、反思着教学实践本身,才发展出了教学实践感这一高级形态,我们认为,教学实践感的培养原理依据即其生成机制,可具体分为三种,即感性思维与理性思维互补发展原理,感官感觉之间的叠加代偿、互渗互扩、互核互证原理,感知目标孤立化与对象要素、属性呈现多元化互补原理。

一、感性思维与理性思维互补发展原理

感性思维和理性思维是人类的两种基本思维方式,形成了两种相对稳定的思维能力。感性思维的基本途径是感觉,其次是知觉,再次是表象,再其

[①] 中共中央马克思恩格斯列宁斯大林著作编译局. 马克思恩格斯全集:第42卷[M]. 北京:人民出版社,1972:124.

次是体验,最后是想象。感觉是人体感官对对象事物的选择性反应,感觉是感性思维的基本单元;知觉是心灵对感觉结果的有机整合;表象是心灵对知觉结果的记忆反映即对对象事物的客观形象的观念复原;体验是心灵通过感觉对感觉进行捕捉的实时验证过程;想象是以表象为基础对未感知对象的感知觉推想。感觉、知觉、表象和想象一起构成感性思维。作为一种思维能力,感性思维有水平高下之分。任何感觉没有形成表象就不可能进入意识,因而表象是感性思维达到初级水平的标志。想象则是感性思维的高级水平,它以表象为基础通过推想突破了表象固有的局限,拓展了感性思维的广度。人的实践创造了人,赋予人以思维能力。如果承认感觉是人凭借身体所能有的最原始最基本的实践方式,那么,在感性思维中,感觉就是永远的基本形态,知觉的过程、表象的过程、体验的过程和想象的过程,都得以感觉为思维单元,都必须通过感觉本身来实现,都可以还原为具体的感觉过程。如前所述,感觉的发展是随着实践的发展而发展的,实践方式、实践内容的发展直接决定感觉的发展,不同的实践活动以不同的方式赋予感觉以不同的内容,决定感觉发展的实践化。与人类实践方式超越感觉发展相应,高水平的实践方式意味着实践化发展了的感觉即实践感是感觉的最高级形态。然而,无论任何实践感,始终是感觉,始终离不开表象来思维,这就是感性思维的局限所在。理性思维是人类克服感性思维固有局限的产物,以概念、判断、推理为基本途径。概念是心灵对感性思维结果的综合归纳,是一种直指对象本质的属性选择、淘汰,也即抽象的结果,以反映对象的本质为能事。判断是以概念为思维单元,对一个或多个对象是否存在,或者具有不具有某种或某几种属性做出肯定或否定的思维过程。推理是由一个或几个已知的判断(前提),推导出一个未知的结论尤其是不可能通过感觉经验掌握的未知知识的思维过程,主要有演绎和归纳两种方式。归纳,如培根所说,作为"寻求和发现真理的道路","是从感觉与特殊事物把公理引申出来,然后不断地逐渐上升,最后才达到最普遍的公理"[①]。无论是简单枚举归纳、科学归纳,还是完全归纳,抑或类比归纳,都是感性思维发展提升为理性思维、从思维具体到思维抽象的

---

① 北京大学哲学系外国哲学史教研室.十六—十八世纪西欧各国哲学[M].北京:商务印务馆,1975:10.

实现方式,是从许多个别的事物中概括出一般性概念、原则或结论,即从特殊到一般。正是凭借归纳思维,人类才突破了狭隘经验的束缚而能够智慧地认知世界、改造世界。演绎则是从思维抽象到思维具体的实现方式,是从一般性概念、原则或公理(前提)出发,运用逻辑证明或数学运算,推出个别性或特殊性的结论,得出特殊事实及其中蕴藏的它本身应遵循的规律,即从一般到特殊。归纳与演绎"两者既相互区别、对立,又相互依存、转化",以其"辩证本性""自然而然地形成了对立统一"[1],互补构成了理性思维。

每一种思维方式都有其优势和局限性。"感觉是模棱两可的:它既进入我们内部又把我们和事物区分开来。感觉是我们进入事物之门,同时又是我们走出事物之门"[2],而"理论本身能指示发现的途径"[3]。在感性思维和理性思维的关系上,人脑科学的研究成果从逻辑学和心理学角度表明,以人类大脑左右半球既有各司其职的高度专门化特点又有功能互补合作的特点为基础,感性思维和理性思维二者组成了某种程度上类似生物学中的DNA双螺旋结构,形成互补的辩证运动关系。人的思维活动就是这二者互补的辩证运动。在具体思维活动中,它们有主辅之分,依主体的思维凭借而定。如果凭借是对象的本质,就是理性思维;如果凭借是对象的形态,就是感性思维。任何创造性的思维过程都会多次发生主导方面的变化,在否定之否定的循环中形成认识的螺旋式上升。在思维运动中,虽然主导思维代表主要矛盾,但与其相对应的辅助思维仍潜在地运动着,起着应有的作用。创造性思维正是感性思维和理性思维互补辩证运动的结晶。

理性思维和感性思维的互补不只是在人类个体身上存在,也存在于人类群体中,因为人们的社会交往决定人们思维交流的必然性、普遍性。思维交流实现的思维互补,可以克服、弥补个人、少数人思维的局限性,从而发挥群体思维的整体优势,全面正确地把握对象事物,更有效地认识对象世界和

---

[1] 夏甄陶,李淮春,郭湛. 思维世界导论——关于思维的认识论考察[M]. 北京:中国人民大学出版社,1992:523,525.
[2] 潞潞. 准则与尺度:外国著名诗人文论[M]. 北京:北京出版社,2003:420.
[3] 托马斯·库恩. 科学革命的结构[M]. 金吾伦,胡新和,译. 北京:北京大学出版社,2003:55.

改造对象世界。思维互补包括思维内容、思维结果、思维能力三个方面互为因果、互为表里的互补,思维内容的交流互补可借助他人的思维成果扩展自己的思维领域,能够了解和掌握更多自己不能亲身实践获得的知识内容,能够相互镜鉴自己认识的缺漏和不足、片面性或错误,能够借鉴他人的认识得到启发进而创造新的思维成果,能够使群体的智力"叠加"成合力而诱发出新的想象力、创造力,增强思维力。恩格斯指出:"什么是人的思维?它是个人的思维吗?不是。但是,它仅仅作为无数亿过去、现在和未来的个人思维而存在。"[1] 任何个人的思维都是在思维交流中互补辩证发展的。

感性思维和理性思维的互补辩证发展构成人之为人的主观条件。现实表明,任何个人所从事的活动,都与其主观条件关系密切。主观条件对实践的限制与实践对主体的规训都不排斥理性思维,只是更加注重感性经验的积累。教学实践是人类自觉的实践之一,教师是教学实践的主体。教学实践是教师的主体性实践,教师是从事教学实践的教师,教学实践和教师二者不能分离,否则教学将不成其为实践,教师将不成其为实践主体。教师的感性的教学实践经验的积累,与其对教学实践的理性思考相辅相成,互补互证,一起帮助教师在其教学实践展开的过程中确认自己作为人的本质。

就实践对主体的规训来看,所有教师的教学活动都是在对历史上的教学活动有所继承的基础上生成的,历史上的教学实践从一开始就对教师如何开展教学活动有着某种规定,从而对教师作为实践主体形成一种规训。面对历史的继承性使教学实践本身形成的客观规定,教师的继承者身份使教师必须遵守并接受这些规定对其作为实践主体的规训。由于历史上的教学活动不可能原样复现于今,而只能通过教学叙事、课堂实录、教学案例、教学录像等方式呈现出来,其对作为继承者的教师来说已经是"剪辑"过了的,其规训也因此还需要借助于教学理论的概括诠释才能实现。然而,在这个过程中,无论教学理论的概括有多全面,诠释有多详尽,终归还是有选择性的,不能也不可能在对教师的规训上取得教师现场观摩教学所能有的效果。与教学叙

---

[1] 中共中央马克思恩格斯列宁斯大林著作编译局. 马克思恩格斯选集:第3卷 [M]. 北京:人民出版社,1972:125.

事、课堂实录、教学案例和教学录像本身剥离了历史的教学现场所带来的不完整相似，教师在现场教学观摩，对一堂完整的课的感知同样是不完整的，跟教学录像相比较，或许还更加不完整，因为教师在观摩过程中对教学活动各方面的感知并不是一样用心一样用力，而必定是有选择性的，有选择必然就有舍弃，所以现场观摩中进入教师意识世界的教学也总是不完整的。因而，现场教学观摩中，教师所受到的规训也是有限的。在这里，我们看到，在教学实践对教师的规训上，教学实践不可能取得"全面胜利"；而且，教学理论通过概念、判断和推理唤起教师的教学想象所起的规训作用也是不能忽略的，任何教师对教学实践的继承都或多或少得益于教学理论的启示，因此不能排斥教学理论的参与。当然，在这种规训中，也不能完全依赖教学理论。

而就主观条件对实践的限制而言，一方面，现实较之历史的发展性又使教学实践必须获得新的主观规定；另一方面，教师要确立其实践主体的地位，又使教师必须突破既有教学实践的历史规定，同时遵循现实性原则创造符合现实需要的教学活动，所以教师就必然要对教学活动进行重新规定。在现实中，不同教师的教学活动有着显著的差异，这种差异源自不同的教师个体有不同的主观条件。一个教师作为实践主体具备什么样的主观条件，直接限制着他如何开展教学活动、能够生成什么样的教学活动。这种限制同时也可以从名师的不同类型上看出。按徐世贵的意见，县区级、市级、省级、国家级等各级骨干教师、优秀教师、特级教师、学科带头人、拔尖人才等都可以称作名师，可其中还能分出劳模型、专家型、育人型等不同类型[1]。这是因为，一个教师的个性特点、从教动机、教学态度、教学使命感、教学理想，以及认识水平、认识能力、认识立场、认识方法和认识结果即观点，更具体一点，教师的学科知识、教育学、心理学知识多少及是否转化为从教能力，如理解和掌握教材的能力、表达能力、板书能力、组织管理能力、社交能力等方面的水平状况，都会在促成他的教学活动的同时，也从某些方面限制着他的教学活动。长期以来，教师教育强调的知识，自然主要是理论知识。然而，有

---

[1] 徐世贵. 教师自主成长——基于名师成长的案例分析[M]. 北京：外语教学与研究出版社，2008：98.

人指出，现实中，大多数新任教师虽然在师范学校里对教育学知识、心理学知识和学科知识都学得很多、记得很牢、考得很好，但走上讲台却不能胜任教学工作。这说明，在促成和限制其教学实践的主观条件上，教学理论并不能完全解决问题。反之，虽然真正的名师多是通过自己多年的教育教学实践打拼出来的，一个人从一般教师成长为名师最主要的是自主成长，但也有许多教师打拼了一辈子，他的教学仍然没能取得突破性的进步。很显然，单纯的教学实践打拼，和单纯的教学理论学习，都不是教师成长的唯一依靠。

由上可知，无论是教师主观条件对实践的限制，还是教学实践对教师主体的规训，都不能只靠教学理论学习，也不能只依靠教学实践磨炼。事实表明，任何一个胜任教学工作的教师的成长，都是既不完全依赖也不排斥理性知识。教学实践的自觉性，使教师对教学的认识成为教学实践自觉化的前提。教师常常致力于从教学理论认知教学实践，但以教学理论为具体形式的理性思维只能解决认识问题，而不能解决现实的教学实践问题。况且任何理论问题，又只有回到实践中才能真正得到解决。这就注定教师须在教学实践中更加注重教学实践的感性经验的积累。理论来源于实践，理性思维由感性思维发展而成。没有感性经验就没有理论，但反过来，一旦理论生成了就有其相对独立性，就"是理论决定我们能够观察的东西……只有理论，即只有关于自然规律的知识，才能使我们从感觉印象中推论出基本现象来"[①]。人类思维的发展史就是理性思维与感性思维循环交替互补发展的历史。在一个教师的成长中，感性经验的生成最初得力于身体感官的感觉，之后就是在感性思维与理性思维的互补推动下向前发展。通常情况下，人们总是根据过去的经验来感知眼前的事物，长期生活实践所养成的感觉方式和知觉特点，能帮助我们较完整地客观地反映对象事物，教师也不例外。教学实践感作为感性思维能力，在教学实践感性经验的获得和积累上发挥着理性思维不可取代的重要作用，正好可与理性思维相互补充，而且，这种互补还可以在有组织的集体研究、讨论、协商、对话、决策的训练中突破个人界限，实现教师群体内部的感性思维互补、理性思维互补以及整体的教学思维互补，并在交流互补中发

---

① 爱因斯坦. 爱因斯坦文集：第1卷［M］. 许良英，范岱年，译. 北京：商务印书馆，1976：211.

展，更好地促进教师的专业成长。

二、感官感觉之间的叠加代偿、互渗互扩、互核互证原理

绪论和第一章中已提到，由于人的每一种感官，都是作为整体的人的感官，代表着人本身在整体地感觉世界，因此，任何一种感官感觉都不是孤立的，而必然是相互联系的，这"相互联系"，具体说来有不同水平层次，即初级水平的叠加代偿、较高水平的互渗互扩、高级水平的互核互证。这里所谓感官感觉之间的叠加代偿，就是指人们对某一事物的正确认识总是某一种感官多次感觉的或几种感官联动多次感觉的叠加或互补积累的结果。首先，某一种感官感觉的发生或运动，会带动或引发另一种感官感觉；其次，后面的感觉叠加在前面的感觉之上，某些时候还直接代偿前面的感觉；最后，某一种感官感觉结果会对另一种感官感觉结果形成叠加和代偿。比如，形容小姑娘长相时会用"甜美"一词，"甜美"就是味觉和视觉互通叠加的结果，其中的"甜"显然是味觉结果，而"美"又往往不只是视觉结果，而可能是多种感觉叠加甚至有经验和想象参与的多重性综合结果。在人们的日常生活感受中，看到杨梅，如果是青色的，就会产生酸味的联想；如果是红色或者乌黑色的，就会做出甘甜的判断，这里就有视觉与味觉的叠加。也正因此，色彩常常能传递出酸、甜、苦、辣、咸等味道，和炎、凉、冷、暖等温度感，和光滑、滞涩与软、硬等触感，尽管这时不同感官之间很可能只建立了暂时的神经联系，但不同感觉的叠加代偿却是不容置疑的。这种感觉的叠加代偿，还可以更具体地描述成：神经系统利用后面传入的其他感官感觉或运动模式代替前面的感官感觉，从而获得对感知对象事物的新的也"更加正确"的认识。

不同感官感觉之间的叠加代偿一旦习性化，就可能相互渗透。所谓感官感觉之间的互渗互扩，比叠加代偿更进一步，指不同感官感觉之间会相互渗透，一种感官的感觉内容和另一种感官的感觉内容相互形成扩展，使人在一种感官感觉过程中直接获得或利用其他感官的感觉内容——不同感官感觉的这种相互渗透、相互扩展，也可理解为多种感官感觉的融合、综合或整

合——从而直接获得对对象事物的更全面、更深刻的认识。当然，这种类似于"通感"的感知现象，也会由于误用感官而导致错误的感知结果，如人们常常用以光感为主要职责的视觉来完成对事物物质感的感知，当事物物质感与其光泽感不一致时就会导致错误结果。这时就需要对感知结果进行核实验证。而所谓感官感觉之间的互核互证，较互渗互扩更高水平地体现着主体感知追求正确的自觉性，指一种感官由于其反应对象事物属性的选择性所带来的固有局限，会对对象事物的属性形成错误感知，这时需要人调用其他感官感觉来进行核实验证，以确保对对象事物认知的正确性。

感官感觉之间的叠加代偿、互渗互扩、互核互证是人类思维发展逻辑的具体体现。中国人民大学哲学系教授夏甄陶指出："人类的思维发展表明，前一代人的思维所达到的水平，是后一代人的思维继续向前发展的基础和起点，同时也是一种能源。愈是往后，这种基础就愈广，起点就愈高，能量也愈强，人类思维掌握外部物质世界的范围程度就会愈广泛、愈深刻，在速度上也愈快速。这是人类思维的基本逻辑。"[1]恩格斯把这种基本逻辑称为"获得性遗传"，指出由于承认了它，"它便把经验的主体从个体扩大到类；每一个体都必须亲自去经验，这不再是必要的了；它的个体的经验，在某种程度上可以由它的历代祖先的经验的结果来代替"[2]。这是一个使人的思维结构的更替周期越来越短、思维能力的提高越来越快、加速了思维成果即精神文化发展的逻辑。这一逻辑也是感性思维发展的逻辑。教师教学实践感作为一种高级形态的感性思维，也不例外。

感官感觉之间的叠加代偿、互渗互扩、互核互证昭示我们，对于任何事物，人都必须通过自身的各种感官感觉才能够全面感知。一个完整的对象事物总是多侧面、多层次、多环节的，并且是在一定的空间或时间中发展变化着的，而人类的每一种感官都存在着局限性，这决定人们不可能仅靠一次感觉就获得对某一对象事物全面的、正确的认识，而必须对该事物进行多侧面、

---

[1] 夏甄陶，李淮春，郭湛. 思维世界导论——关于思维的认识论考察[M]. 北京：中国人民大学出版社，1992：24.

[2] 中共中央马克思恩格斯列宁斯大林著作编译局. 马克思恩格斯全集：第20卷[M]. 北京：人民出版社，1971：610-611.

多层次、多环节的全面、连续的感知——这感知可能是一种感官感觉完成的，也可能是几种甚至全部感官感觉一起完成的。比如蛇的皮肤，光凭视觉感知，人们往往以为它是光滑的，可一经触觉感知，就会发现它很粗糙。这时触觉感知既叠加在视觉感知上，对视觉感知的错误结果形成了验证，又代偿了视觉感知，帮助人们把蛇的皮肤的光泽感和物质感区分开来，形成"蛇皮粗糙"的观念。

在教学实践中，教师对教学对象即学生的感知、对教学环境的感知、对教材的感知等，都存在着感知的叠加和互补代偿。例如一个教师在对一个学生一无所知的情况下，常会以貌取人对这个学生的其他方面如学习态度、学习能力等作出预设性评判——即第一印象，而在后来的多次接触中发现了这个学生在学习态度、学习能力上完全不同于其预设时，新的感知结果就验证了过去凭单纯视觉所获得的第一印象的错误，并叠加、代偿了第一印象。联系第一章所述教学实践感的"社会感官"形态，我们可以肯定，教师教学实践感的培养，离不开其不同形态的感官感觉之间的叠加代偿、互渗互扩、互核互证。

三、感知目标孤立化与对象要素、属性呈现多元化互补原理

所谓感知目标孤立化，就是将对象事物的多种要素、属性抽象化出来，在感知时分别加以具体化的集中呈现。如果承认感知是初级的为理性所渗透的思维形态，那我们就可进一步说，感知目标孤立化是分析思维的结果。有学者指出："分析存在不同的层次，一种是抽象思维层次的分析，一种是具体思维即辩证思维层次的分析。""在抽象思维的层次上"，"把对象的整体分解为各个部分，把复杂的现象或事物分解为简单的要素，然后具体地考察这些部分或要素在思维对象这个整体中各具何种性质、各占何种地位、各起什么作用等，从而了解这些部分、要素各自具有的特殊本质，为了解思维对象的整体提供充实的根据。"[①] 也就是说，要深入认识感知目标即对象事物的多种要素、属性的特殊本质，就得把作为感知目标的对象事物的要素、属性先孤立

---

① 夏甄陶，李淮春，郭湛．思维世界导论——关于思维的认识论考察[M]．北京：中国人民大学出版社，1992：505-506．

起来、静止地观照，这"在从感性认识上升到理性认识之初是不可避免的"。当然，这种孤立的感知结果不可避免地带有片面性。而对这种片面性的发现和警惕，要求人们必须进一步扬弃抽象思维层次的分析，上升到具体思维即辩证思维层次的分析——尽管切入点始终是在局部，但必须坚持整体是部分的整体、部分是整体的部分，确认整体与部分之间既矛盾对立又和谐统一，既要关注每一种要素、属性的相对独立性，又始终不忘它是对象事物整体的一部分；反之亦是。如此一来，人的思维运动就由感性思维转到理性思维，又由理性思维转到感性思维，在部分与整体之间循环往复，对于对象事物的认识逐步螺旋提升，愈来愈完整、全面、深刻。

具体到教学实践感的培养中，就是将教学实践的各种要素、属性抽象出来，以教学理论的形式形成一个个目标，感知目标本身作为抽象的刺激，必须得到有效的具体呈现。在抽象思维层次上，教学作为一种人类自觉实践，至少可分出主体即教师，中介即课程、教学等，对象即学生三大要素，主体教师作为一个类概念，又可分无限多的教师个体；中介、对象亦然。而回到具体思维层次，教师总是作为现实的、感性的个体存在的，每一阶段的若干次教学感知，无论教学录像观看、现场观摩、案例分析之类的哪一种形式的感知，都只需要确定一个目标，将受教育教师个人的注意力集中到该目标上，比如教师的主体性，或者教学环境，教学中介，或者教学形式等，逐个实现。每个感知目标都会呈现教学活动的一个要素或者属性，当所有感知目标全部实现时，教学实践的方方面面都会得到有效呈现，并对受教育教师形成一个整体的实践刺激。每一个感知目标的实现，都会使受教育教师特定的感知能力得到迅速发展，从而使其整体的教学实践感得到进一步拓展和提高。由于教学实践的要素和属性本身抽象出来后，在感知上存在难易之别，因此可以根据受教育教师的既有感知水平，在将感知目标孤立化的同时，根据对象特殊性、困难程度等将感知目标本身进行细分，由易到难地进行，以利于受教育教师教学实践感的秩序化发展。这时的感知目标孤立化也同时是感知困难程度的孤立化。适度、正确、精准的困难度正是激发受教育教师使其感知能力获得更新的基本条件。任何感知目标的孤立化都是教学环境中的孤立化，受教育教师常常会把自己完全孤立于整个教学环境之外，而沉浸在对具体目标对象的某种属性的感知活动中，以至于轻微的教学环境变化也不会引起他们的注意。而这种专注，无疑有助于他们对目标对象属性的深入掌握。

感知目标的确立过程就是对象事物要素、属性抽象化的过程。感知培养的目标化本身就意味着要对特定对象事物要素、属性进行研究性感知，通过分析和理解形成自己的观念，并在教学中以教学行为动作予以表达。教学本身是一种将对象事物教学行为动作化的过程，这个过程是认知性、准确性和艺术性的结合。教学思维活动中对教学行为动作的选择、转换乃至决定表现的方式，必须具备对处理对象的属性的研究能力。特别需要注意的是，这种属性研究并非单纯物理性质的，而是建立在文化意义和感性认识基础上的研究。同时，研究对象事物的属性也包括了它本身的属性和事物间的关系。在教学形式的创生过程中，教师将对有关对象的感觉印象与大脑概念联系在一起，因此他面对的是对象事物、表象和属性分析结果，将属性分析结果转化为教学行为动作，就创造了一个更新更高的感觉体验过程——"为了达到真正的培养目的，教师与其进行各种宣传活动，不如用自己的一举一动来感化学生"[①]。选择哪一种对象事物作为我们的培养主题非常重要，因为特定的对象事物决定感知活动的社会属性，而教学实践感的培养是要培养具有教师职业针对性的感性思维方法。受教育教师在培养过程中基本上有两个倾向：（1）正面地表现对象事物属性；（2）以逆向思维表现对象事物属性的反向作用。不管用什么途径，这些观念的沉淀和结论最终都将以教学行为动作的形式呈现出来。受教育教师们在回顾自己的感觉过程时，会发现教学思想的形成与自身的思考方式和思考能力具有紧密关系。事实上，教学创新正是建立在这样的思维基础上的。每一个教学亮点都是一项属性研究的结果。

当然，任何对象事物的要素、属性是一体存在的，不能任意割裂，否则永远不可能形成正确、完整的对象事物观。但如果扬弃单纯抽象思维层面的分析，回到具体层面辩证地分析又综合地思考，将每一个要素、每一个属性的研究性感知都纳入对象事物的整体中进行，则可以由一到多、由部分到整体地逐渐实现对对象事物的完整感知。同样，教师生命的各个感官虽然牢牢

---

① 第斯多惠. 德国教师培养指南[M]. 袁一安, 译. 北京: 人民教育出版社, 2001: 146.

相系，无法实际地加以孤立或让它们互相脱离，但却可以凭借感知目标的孤立化，将部分的感官构造与功能、本质、特指"规范"，"定向"地集中激发，使部分感官在感知实践时将其功能发挥到极致，达到对实践对象事物的最佳感知能力水平；再由部分上升到整体，使整个生命感觉得到实践性发展。这就是感知目标孤立化与对象要素、属性呈现多元化互补的原理。

第二节 培养内容与目标

只有与感觉培养任务相关的对象事物，才会被受教育教师注意和记录。教师教育中的教学实践感培养，总的目标是改善教师感觉的品质，提高教师教学实践感能力。但仅止于此，就显得抽象笼统，因此，还必须将它分解为更加具体的内容和目标，才具有可操作性。如前所述，教学实践感在根本上是一种对象感，对象本身是作为"人用来感知对象和自我"的"社会器官"在起着中介作用，教学实践感有其丰富的"感官形态"。也就是说，作为教学服务对象的学生的教学需求，必须经过对象化感知，才能转化为教学目的的构成要素，教学环境、教学条件、教学职业理想、教学评价、教学效能等，也必须经过对象化感知才会成为教学实践感生成、发展的影响因素，教师自我职业角色、教材教学仪器设备等教学中介亦然。根据上述原理，尤其是感知目标孤立化与对象要素、属性呈现多元化互补原理，教学实践感作为一个整体或者系统，就会分化出若干种"感官形态"，如教学对象感、教学需求感、教学目的感、教学条件感、教学环境感、教学理论感、教学中介感、教师职业角色感、教师职业理想感、教学评价感，以及教学主体感、教学过程感、教学行为动作感、教学形式感，等等。它们就是教学实践感培养的具体内容，虽有分化，但彼此之间有机相交结合，形成多层次的互补。

为了便于操作，我们还需要参照一般教师成长的感知历程，将教学实践感培养内容及其目标集中进行逐层具体分解。宏观层面的择要分解，一是从实践活动内部结构即"主体—中介—对象"的内在要素结构上，分解为教学主体感、教学对象感、教学中介感三种感官形态，中介涵括的范围极大，此仅略说教材感、教学环境感；二是实践活动的外部结构即"教育目标—教学活动—教育效果"的外部要素结构，决定不能不对教学目的感、教学形式感和教学理论感进行培养，其中，教学形式感和教学理论感的培养不可或缺，因为教学目的只能由教学形式来表现，教学目的感和教学过程感、教学行为动作感可以纳入教学形式感培养，而教育效果往往通过教学评价来确定，教学评价的标准又必然根源于某种教学理论。于是，微观层面的分解，就是教学实践感的各"社会感官形态"及其"感觉能力"发展目标。

一、教师角色感

教师角色意识，是教师对自我承担的社会职业角色的相应规范的认知、体验和期望，是教师自我主体意识的最重要的内容。只有明确的职业角色意识才能帮助教师群体形成符合社会要求的职业行为规范，才能帮助教师个人不断地调节、完善自己的职业行为，以取得社会的全面认可。鉴于一般受训者的感觉没有显示出教师职业实践特性，或者职业实践特性不够明显，所以我们把教学主体感纳入教师角色感培养，并强调教师讲台感的特别地位。一个人选择成为教师，是以他对教师角色的感知为基础的。因而，教学实践感的培养最宜从教师角色感知开始。对教师角色有正确的认识和深刻的理解，是教师专业成长的"根本大法"。教师角色感培养就是让受训者在教师理论学习的基础上，根据教师角色的社会期望，观察不同教学情景中的教师角色表现，体验教师角色的职业情感，明确教师角色期待的内容，从而使他对自我及其人际关系（师师关系、师生关系）的实然状况和应然状况有所领悟，并做出自我改变以适应教师角色。培养的主要目的是强化符合教师角色期望与要求的心理与行为，确立教师职业实践的主体地位。

具体培养目标为：

（1）能够鉴别适应教师角色规范的教学行为模式。例如，如果出现一个教师对学生偏心、与学生接触硬碰硬、教学过程缺乏节奏感等情况时，能对之做出非适应性的分析、判断。教师角色是一种社会职业角色。一个职业角色的社会期望是以规范或观念的形式存在于社会之中的。这些规范或观念就是角色行为赖以产生的客观基础和标准。而社会常常通过改变其对不同角色的期望，对各种社会角色的具体行为模式加以调整和改变。因此，一方面，当社会期望随社会文化变迁发生变化时，人们必须及时调整自己的角色行为以符合新的社会期望；另一方面，准备获得某一角色资格的人也必须了解该角色的最新社会期望并据此塑造自我。角色行为对社会期望的适应，从根本上说是一个动态发展过程，教师角色也不例外。在当今新课程改革的新形势下，社会对教师提出了更高要求，人们对教师角色的传统期望正在发生变化。有的人直接主张教师应该具备"学生的诊断师""学习的指导者""学生生活与心理的辅导者""评价者与激励者""学生的管理者""研究者""教育共同体的协调员"和"不断进取的人"8种角色[1]；有的人认为教师在学校教育中主要充当"知识的传授者和教学过程的组织者、引导者、促进者""学生的楷模""严格的管理者""心理健康的维护者""学生的知己与导师""学生家长的代理人"和"反思者、学生、研究者、课程开发者"等角色[2]；有的人认为教师角色至少需要产生"由实践者转向研究者""由管理者转向引导者""由知识传授者转向知识批判性分析者""由课程实施者转向课程开发者""由教案的执行者转向教学智慧创造者"五个方面的变化[3]；有的人认为教师应该扮演好"家长的代理人""知识分子""教育研究者""学生的朋友"这4种角色[4]；还有的人认为教师还应当是"行为示范者""集体领导者"[5]，等等。面对不断更新的角色期望，已成为教师的人和想当教师的人都必须准确理解新的教师角色期望的具体内涵，及时调整和提高自身以适应新的形势。而通过鉴别出别人的或自我的教学活动中的适应性教学行为模式与非适应性教学行为模式，无疑是形成明确的教师角色规范、自我教师角色意识、确立自我教师角色观的最便捷也最有效的方式。

---

[1] 钟祖荣. 现代教师学导论：教师专业发展指导［M］. 北京：中央广播电视大学出版社，2002：47-51.

[2] 成云. 心理学（本科）［M］. 成都：四川大学出版社，2004：251-252.

[3] 郑金洲. 教育的思考与言语——一位教育学者的演讲录［M］. 福州：福建教育出版社，2007：58-67.

[4] 周瑛，李晓萍. 教育学［M］. 沈阳：辽宁大学出版社，2008：157-159.

[5] 赵刊，鞠廷英. 今天如何当教师［M］. 成都：西南交通大学出版社，2009：137-138.

（2）能够拓展和选择一种新的教学行为模式。既有的适应性教学行为模式固然可以被直接模仿，但世界上没有两堂完全相同的课，因而每一个教师都和别的教师有这样或那样的不同，再好的教学行为模式都不可能直接复制。任何教师对一种新的教学行为模式的学习，都会融进自己的个性因素，使之真正成为自己的。但这种自发性的教学行为模式改造，有可能因教师学习时在理解上有缺失而变成失败的改造，不成其为创造。而在培养之初就明确提出要求，使教师带着自觉的创新意识去学习一种新的教学行为模式，虽然不能保证其学习结果是创新了那种教学行为模式，但这种有意识会提高创新的概率。而把"能够拓展和选择一种新的教学行为模式"作为目标明确提出来，一则给了受教育教师明确的努力目标，二则会给受教育教师以不达目标培养就没完成的紧迫感，使他们能更用心地在教师角色感培养中进行自我教育，从而有利于拓展其教师角色感的深广度。同时，这样一个目标的确立，还有助于教师的教学实践主体身份的自觉建构。教师对既有适应性教学行为模式的学习尽管是主动性的"受动"学习，但其教学实践主体地位的确立还需要通过他自己创造教学行为模式来体现。

（3）能够批判性地审视自我教师角色，能够划清自我角色和所缺乏的教师角色技能之间的界线。没有经过批判性审视的教师角色感知活动是毫无价值的。批判性审视使对象自我化，为审视主体所占有。感觉自己是自己行为的主人，这一点对于教师尤其重要。否则，教师将不会真正成为其教学实践的主体，也就不成其为真正的教师。受教育教师只有学会了批判性的思维方式，能够批判性地审视自我教师角色感知活动，准确判断自我教师角色意识水平，通过与所观摩教学活动中的教师形象进行如实比较，能够划清自我教师角色和所缺的教师角色技能之间的界线，才有望进一步深化自己的教师角色感知，丰富自己的教师角色感，为自己教师角色成长准确定位和找到新的努力方向。

（4）能够将新的适应性教学行为模式有效地迁移到自我的日常教学（包括模拟教学）活动之中。教师角色感知培养，是一种旨在形成正确、深刻的教师角色观的培养，是一种偏重于"学"即"悟"的培养，但只有相应的"习"即教师角色实践，才能证明一个受教育教师是否真正形成了教师角色观。因此，将新的适应性教学行为模式有效地迁移到自我的日常教学活动（包括模拟训练）之中非常必要。当然，为了确保受教育教师能将培养中学习的新教学行为模式、新教师角色技能迁移到其教学工作中，必须使受教育教师在工作情境中有运用训练中所学教学行为模式、新教师角色技能的机会。同时，由于对好的教学行为模式、教师角色技能的强化有助于受教育教师将其迁移到自己的教学工作中，所以培养者还得创造一定的气氛，以显示所获得的教学行为模式、教师角色技能是有价值的。

此外，对新教师或者实习生而言，还可以增加教师讲台感的培养。优秀教师凭着长时间的讲台实践和自己的直觉判断摸索出最准确的讲台定位，通过声、形、情、神的相互结合把教学做得富有魅力、圆满、完美。这就是作为教师的职业感觉的教师讲台感，它是教师必不可少的基本专业素质。良好的讲台感觉离不开平时严格的专业培养。第一，要注重平时的训练。最好将每次训练当成现场教学，严格按照正式教学的要求进行试教。教师如果不能在平时的训练教学中有意识地去体验、去感悟，在正式讲台上是绝对不会有完美表现的。第二，利用好每次上课机会。正式的讲台氛围有助于刺激教师的表现欲望，捕捉讲台感觉。学生在感受教学时，注意力不仅在教学内容上，还在教师的神情举止上，细致到每一种眼神、每一个手势，甚至转身时的姿势、转身后的背影。丰富的讲台经验有助于教学实践感的培养和积淀。教师的美不只体现在学识渊博上，更不会只体现在穿着打扮上，最重要的是讲台上的那种气势，一种让学生不得不注目的气质，可以将时间和空间"凝固"在讲台上的独特魅力。第三，大胆发挥想象。没有想象力就没有创造。新教师要将自己的教学练习置于想象中的讲台上和学生面前，伴随着教学内容的展开，想象自己在讲台上的形象，变换着教学的节奏，更要想象着面前的学生和他们的从大到小的反应，包括注意力集中情况，每一个学生的眼神、动作……渐渐进入教学状态。经过长期练习，有助于新教师找到讲台感觉。第四，要积极主动丰富自己的阅历，尤其是专业阅历。丰富的想象力是建立在丰富的阅历之上的。增加个人阅历，应尽可能多地接触美好的事物。人自出生后就开始不断地接触新事物，好奇心促使人们去接触和了解更多自己不知道的事情，这些经历就是人们回忆和想象的资本。因此，要尽可能多地观摩名师教学。最后，要经常进行思维想象训练。新教师可以每天进行想象训练，可以设想情境、教材、教学场面等内容。这样，他们在正式教学过程中，就可以通过姿态、眼神、表情而将教学内容表现得生动自然。

总的来说，教师职业角色感的培养，重在帮助受教育教师建构起必要的教师职业角色观念，形成鲜明的教师职业角色意识。这一培养所能获得的效果，还需要在教学对象感、教学环境感等方面的培养中得到充实和具体化。

二、教学对象感

这里的对象特指教师教学服务的对象，即学生。任何一个教师都必须有强烈的对象感。这是因为，教学总是针对具体服务对象的教学。中国自古主张的"因材施教"，强调的就是教师要有鲜明的教学对象感。任何教学活动的成功，都以教学目标的选择和呈现、教学内容的选择和组织、教学方法运用及其教学过程的节奏等适合服务对象为前提。在新课程改革背景下，作为教学对象的学生对知识的理解和接受状况、对技能的掌握程度，对知识技能生成过程、学习方法的领悟程度，以及学生在情感态度与价值观是否有积极变化，是评价教学活动的一般标准。教学对象总是有具体教学需求的学生，教学需求感涵括在这一培养内。教学对象感，就是指教师在教学过程中必须感觉着教学对象即学生的现实存在和现实反应，必须从感觉上意识到学生的知识基础、心理、要求、愿望、情绪等及其动态变化，并据此生成、选择、调整自己的教学行为动作，以更好地服务于学生的学习，从而更好地实现教学目标。更具体一点，如程家明所说：

> 可以从三个方面去理解：第一，从定义上看，对象感是指教学的主体对教学客体的了解、顺应、趋动和超越。所谓了解，是指教师对学生的情况的熟悉，知道他们的需要是什么，他们的兴趣是什么，他们的知识背景的情况怎样；所谓顺应，是指教师在讲授时，除了保证知识的准确和完整外，还要保证这种讲授适合学生的知识基础、直接经验和心理状态；所谓趋动，是指这种顺应绝不是一种消极被动的适应，而是在顺应的同时，采取各种方式引发学生主动地向所讲授的知识接近和理解，

形成教与学在思想和心理上的共振；所谓超越，是指这种趋动有助于学生在向知识接近和理解的基础上，创造性地运用知识，主动地向原有的知识提出疑问并力图在更高基础上予以解答，提出自己新的理论和观点。第二，从表现上看，对象感给人一种教师心里装着学生的印象，使听课的学生的心里觉得教师是在给每一个学生恰到好处地谈心说理，犹如春风化雨，点滴入土。第三，从结果上看，对象感使整个教与学配合默契，教师心里装着学生，学生主动地学习教师讲授的知识、方法和技能。[1]

在教学活动中，教学对象感"犹如架设在学生的个体认识和人类总体认识之间的一座桥梁，有助于加速个体认识向总体认识的逼近"，"有助于及时了解学生心态，抓住时机，育德启智"，"有助于优化教学过程，提高教学效果"[2]。

具体培养目标为：

（1）能够鉴别那些能适应教师教学活动的学生反应和教师的适应性回应。教师角色是相对于其对象即学生角色而存在的，教学对象感的培养是对教师角色感培养的充实和具体化。教师的教学活动由一系列教学行为动作组成，只有适应学生的教学行为动作才能称为成功的教学活动。但这不是以教师的主观意志为转移的，而主要取决于学生对教师行为动作做出的反应。

学生适应教师教学行为动作的反应，首先是学生能够理解教师的一言一语、一举一动以及教师一个眼神、一个表情，而没有任何消极反应如反感、厌倦等；其次是学生能够从教师的教学行为动作得到激发、唤醒和鼓励，形成了积极的学习姿态和积极的学习气氛；再次是学生能够而且愿意对教师教学行为动作做出敏锐的有效信息反馈，并能够对教师针对性的积极回应予以表态，形成有利于提高教学有效性的互动交往；最后是教师要能够随时根据学生在课堂上的动态表现调整自己的教学行为动作，以引领、调控学生的学习情绪和心理态势，使学生认知思维、学习情感态度等保持良性发展变化，

---

[1] 程家明. 关于增强教学中的对象感的思考和体会[J]. 山东教育科研，1994（3）：29-30.
[2] 程家明. 关于增强教学中的对象感的思考和体会[J]. 山东教育科研，1994（3）：29-30.

以确保教学过程顺利而有效。这几个方面是统一呈现的,任何学生对教学行为动作的不适应,任何不适应学生的教学行为动作,都可能影响整个教学活动。

学生总是一个个具体的学生,教师的教学行为动作有的是针对某一个或某几个学生的,有的是针对全班的,但所有教学行为动作是作为一个整体发挥作用的。这就需要教师具有随机应变的能力,能敏锐地捕捉学生的动态变化信息并据以对自我教学行为动作进行及时调整。因此,在教学对象感培养中,那些反映教师课堂应变能力的教学行为动作及其间的结构关系,作为一种适应性反馈,是教学对象感培养中非常重要的部分,和与之俱生的学生反应一样,是受教育教师必须鉴别的。否则,教学对象感的培养就会有缺失,达不到预期效果。

(2)能够想象一些新的学生需要和学生课堂反应并创生用以回应的教学行为动作。作为观摩对象的教师的教学行为动作体现的是作为观察对象的教师的教学对象感,并不能替代受教育教师的教学对象感。观摩本身不是目的,观摩的目的是体悟其他教师的教学对象感,从而建立自己的教学对象感。既有的适应性教学行为动作作为一种形式是可以模仿的,但任何一个动作形式一旦离开具体的动作者,其内容就会发生变化,其实质上的功用就得重新估量。我们可以模仿任何名师的适应性教学行为动作,但如果不理解这些教学行为动作实质上的教学意蕴,不理解它们为什么会生成为什么要在那种时候呈现,就可能在生搬硬套地运用中感到不适并抛弃它们。好的适应性教学行为动作朴素而实诚,能带给学生以真的启迪、善的熏陶、美的享受。受教育教师在训练中对某种或某几种新的教学行为动作的选择,也会自然而然地烙上他自己的个性痕迹,在实际上对所选择的教学行为动作构成某种自发性的改造。任何教学行为动作都是针对具体的学生学情而创生的,每一个教师都不可能有两个完全相同的教学行为动作。受教育教师对教学行为动作的选择或创生,实际上都是根据学生学情及学生的课堂反应来进行的,但观摩教学现场的学生反应不可能原样地进入受教育教师的感知视界,这就是说,受教育教师在观摩教学时会自发地想象自己的学生学情和学生的课堂反应。利用这一心理反应规律,将想象一些新的学生反应和创生回应的教学行为动作明确规定为培养目标,是要借此将受教育教师的学生想象推向自觉发展。基于现场教学观摩感受的自觉的学生想象,再加上创生用以回应的新的教学行为动作,能有效地拓展受教育教师的教学对象感。

(3)能够批判性地审视自我的教学对象观,也即学生观是否健全,能够划清自我的学生观和缺乏教学对象感的学生观之间的界线。马克思主义哲学告诉我们,人之所以为人的普遍本质即"类本质"是自由自觉的实践,"实践是分化自然,也是统一自然的活动;同样,实践对人来说是自身肯定,也是自身否定即超越自我的活动","类"原则是把握人之本性的特有逻辑理念[①]。学校教育的产生,是人类教学活动自觉化的划时代成就,意味着自觉学习的普遍化。学生之所以为学生,就在于他们的学习是自由自觉的学习。教师对学生的感性把握在"类"的原则下发展的结果,就是形成学生观。学生是学习的主体,是教师教学的服务对象,健全的学生观首要的就是尊重学生的主体性,只有尊重学生的主体性,才可能充分了解、理解学生的主体性学习需要,进而才会自觉地满足学生的主体性学习需要。现实中教师所具有的学生观并不都是健全的,这就需要受教育教师有意识地加以批判性的鉴别。教师缺乏教学对象感的学生观,常常表现为教师不是从学生作为学习主体的实际学习需要出发来设计教学活动,而是一厢情愿地给出一系列教学行为动作,满足于自我表演,形式主义地完成教学任务。这无形中忽略了学生的学习主体地位,也违背了教学实践的服务性要求。结果就是,一方面学生不愿意听课,或想听课而听不到想要听的课;另一方面教师也丧失了自己的教学对象。教师教学对象感不足的学生观,常常表现为教师对学生的了解与学习需要无关,或者很自觉地注意了学生的学习需要,却要么没有明白学生真正的学习需要所在,要么高估或低估了学生的学习需要层次而设定了过高或过低的不适当教学期望,要么以某个或某几个学生的具体需要代替全班学生的学习需要,并由此给出了错位的教学行为动作。要特别注意的是,教师对学生的学习需要的注意和把握,同样是以"类"为原则的,必然表现为学生学习需要类型和课堂反应模式,加上教学时间的有限性,也必然是有选择性的,但不

---

① 高清海. 哲学的奥秘[M]. 长春:吉林人民出版社,1997:21.

能也不可能有求必应。选择有求必应,一则使教师无暇无力,二则导致教师的教学主体性丧失。一个教师的教学如果长期不能让学生感受到自己被尊重,不能让学生从中获得鼓舞,就可能直接走向反面,即引起学生的反感甚至厌恶,进而导致学生对教师教学的整体性拒斥,最终形成低效、无效甚至负效教学。批判性地审视自我的教学对象观也即学生观,划清自我的学生观和缺乏教学对象感的学生观之间的界线,有助于深化受教育教师的教学对象感。

(4)能够把新的学生学习需要类型和学生课堂反应模式有效地迁移到自我的日常教学(包括模拟教学)中,作为自己设计教学活动,选择和创生教学行为动作的现实依据。尽管教师的每一次教学面对的学生都是变化了的不同于前的学生,受教育教师观摩的现场教学所面对的学生所具有的学习需要和课堂反应也不可能在他们自己的教学活动中再次出现,但"类"的把握原则昭示我们,学生学习需要的类型、课堂反应的模式是相对稳定的,它作为先在的认知结构必然以迁移的方式影响教师对新的学生学情的感知。还有,思维发展的"社会性遗传"和感性思维发展中感觉叠加代偿、互渗互扩、互核互证的原理也昭示我们,这种迁移本身不是以把握到了的学生学习需要类型和课堂反应模式去代替教师在教学现场对学生学情的感知,而是以之为先在认知"图式",对学生现场表现出来的学习需要类型和课堂反应之间形成或"同化"或"顺应"的关系。同化,则既有学生学习需要类型和课堂反应模式因加入了新的内容而得到丰富;顺应,则既有学生学习需要类型和课堂反应模式因发生了整体质变而获得全面更新。明确要求受教育教师能够把新的学生学习需要类型和学生课堂反应模式有效地迁移作为自己教学的现实依据,也因此显得极其必要。

当然,教学对象感的培养并不是纯粹的感性认识训练,而是要借助教师的教育理论学习,尤其是教学理论和学习理论的学习。只有拥有渊博的教育理论知识和较高教育理论素养的教师,才可能对教学对象有足够宽广的、深入的、发展性的感知,才可能对学生作为教学对象的状态和变化及时做出"诊断"以辨明其作为学习主体的主体性表征,才可能成为学生学习的真正引路人,其教学活动才可能真正成为服务于学生学习的自由自觉的实践。因为,真正"使教学活动能够被人理解的是,一组互相联系的活动和赋予这些活动的价值所组成的更为广阔的图景"[1]。

三、教材感

教材感作为教师教学实践感的"感官形态"之一,也可称之为课程内容感。教学总是一定学科专业课程的教学。各学科内容上的差别使各学科教师的教学之间的差异显著。这说明,教学中介里的学科课程内容在根本上决定教师如何生成教学活动。学科课程内容一般以教材为形式呈现出来,通俗地说,学科课程内容就是教材。教材在教学活动中的地位很重要也很特殊,特殊到大多数时候成为教师教学和学生学习的中心,并导致出现"教材中心论"的教学模式。新课程背景下对教师"教教材"的批判很强烈,与之相对的是对"用教材教"的大力呼吁,和设法引导教师树立"用教材教"的观念。2001年6月,教育部印发的《基础教育课程改革纲要(试行)》开辟了"教材的开发与管理"专题,"教材开发"观念突破了传统的"教材就是教科书"的狭隘观念,教材内容选择更强调人文精神与科学知识的协调,教学资源利用更强调校内外各种资源的搭配[2]。教材之于教学活动不可或缺,一方面,教学是教师"以神相感"的生命示范,不存在抽象的教学,没有了教材,教师的教学活动无从开展,无形神不显,教师"以神相感"的示范就无从谈起;另一方面,虽然对学生来说最好的教材就是教师自身,但如果没有教材这个中介,教师的生命和学生的生命将无处相遇,无处相遇自然无法相感,教师也就没法产生教材功用。当然,学生的学习对象是教材知识,但那是人的类生命中的教材知识,教师个人的生命在学生那里是作为类的生命在起作用的。教师对学生学习的中介性影响并不能替代学生对教材知识的学习,学生对教材的自主学习和掌握是其人生成长的关键所在。虽然没有教师"以神相感"的示范这一中介,学生并不会永远都无法感知教材内容,教材内容之于学生的生命意义,也可通过学生自学等方式对学生开显出来;但是,有了教师的生命示范,学生对教材的感知会更快速、更具体、更清晰、更鲜明、更生动,

---

[1] 普林. 教育研究的哲学[M]. 李伟,译. 北京:北京师范大学出版社,2008:27.
[2] 卢铁城. 高职高专与独立学院教育改革新探:四川省高职高专与独立学院教育改革发展研讨会论文汇编[C]. 成都:四川科学技术出版社,2007:195-197.

对教材的理解也会更准确、更透彻、更深刻。事实上，任何学科专业的教师也只有具有深厚的课程内容感即教材感时，才可能将自己的生命与学生的生命联系起来，才可能对学生生命形成激发、唤醒、鼓励。因此，教师的教材感培养是不可或缺的。

具体培养目标为：

（1）能够选择某一学科的两三种教材研读、比较，能够鉴别那些能适应学生生命成长特征的教材开发、编制方式。以基础教育为例，从新中国成立初的教学改革到今天的新课程改革，各学科的教材经过多次更换，尤其是新课程改革以来，教材编制权由绝对属于国家转为下放到各省市地区，各学科教材的种类就更繁多了。由于种种原因，我们能看到的教材，并不是都能经得起教学实践检验和教师们反复推敲的，也不可能有哪一种教材十全十美，鉴别其间的差异和优劣，无疑有助于新编教材质量的提升。教材要适应学生的生命成长特征，即教材内容的选择要符合课程标准的要求，体现学生身心发展的特点，反映社会、政治、经济、科技的发展要求，以及其组织要有利于学生探究并提出观察、实验、操作、调查和讨论的建议。教师想了解一种教材究竟如何，最好的方式莫过于研读教材，感知教材具体内容及其编制方式，并以课程目标为参照进行鉴别，明确哪些是真正全面考虑了社会实际、学生生命成长需求的。我们的训练时间有限，限定受教育教师只选择某一学科的两三种教材研读，这只是教材感知训练的一个开头，鼓励教师在训练结束后继续加强教材研究，从而达到精通教学设计和教材的开发方式，以便更好地实现课程目标。强调能对适应学生生命成长特征的教材开发、编制方式加以鉴别，有助于更新教师的教材观，促成教师自觉建构科学的教材观。

（2）能够选择开发一种新的教材并做科学的教学处理。教材总归是人编的，所以不可避免地烙有编制者的主观痕迹。由于长期以来教材统一编制造成的权威性的惯性影响，现实中一线教师发现所用教材的纰漏、错误时，往往表现得情绪愤激，难以忍受，不能冷静处理。而良好教学效果的第一步就是教材的处理[1]。不同学科的教材常常有不同的教学处理，同一教材中不同的

---

[1] 吕朋林. 良好教学效果的第一步：教材的处理 [J]. 琼州大学学报，2002（6）：32-33.

知识点，也常常有不同的教学处理：裁剪（选讲）、全讲或者调整（内容重组整合、创造再生）、拓展（补充直观材料），究竟哪一种好，全看具体学科教材内容和学生学情。一般而论，将教材内容调整为从现象到概念，或补充直观材料，使整个学习由易到难，最能激活学生最佳的学习状态。然而，即使是同一知识点，针对不同的对象、不同的时间，也会有不同的教学处理。我们不用就教材中客观存在的错误、纰漏为编者做任何辩护，但教师想要有效避免陷入"教教材"的泥淖，就必须深入把握"用教材教"的教育原理，在意识上对自己的教材处理进行"实时监控"，就可以联系学生的日常生活巧用那些错误、纰漏，收到正面的教育效果。让受教育教师尝试选择开发一种新的教材并设法做出科学教学处理，是帮助教师设身处地站在编制者的角度来（通过联想、想象）感知教材的生成过程，感知教材本身对教师的"召唤"期待，从而更新教师的教材观，提高教师对教材进行教学处理的能力。

（3）能够批判性地审视自我的教材开发、处理，能够划清自我教材开发、处理和所缺乏的教材开发、处理技能之间的界线。对这一目标的训练，最好在相同学科范围内进行。教材编制者通常会在推广宣传时突出教材的好处和亮点，并从整体上为之辩护。但任何教材总存在这样或那样的不足或局限，而且这些不足和局限总会暴露出来。教师对教材的开发、处理亦然。教材的开发、处理是可以通过技能掌握来改善的，比如"将教材中呈现的内容作为教学资源的提示之一，而不仅仅是作为生活事件的全部""重视教材中的留白""用好教材图例，使之成为展示儿童生活事件的指引和提示"等[1]，而一个教师如果能自觉地批判审视自己的教材开发、处理，能够划清自我教材开发、处理和所缺乏的教材开发、处理技能之间的界线，那就可以有效避免"陷入自我必然存在的局限中却仍然感觉良好"的尴尬，从而不断推动教师对教材开发、处理技能的学习，提高教师教材开发、处理的能力，在根本上有利于教师教材观的科学化发展。

（4）能够将新的教材开发、处理方式有效地迁移到自我的日常教学（包括模拟教学）活动之中，并能够及时捕捉自我教材开发、处理感悟中最有价

---

[1] 关月梅. 奠基从品行开始［M］. 上海：上海教育出版社，2009：159-161.

值的东西形成新的理论发现和理论概括。一方面这是对培养效果的最有力检验，另一方面则是对受教育教师实践感悟能力的一种期望。能划清自我教材开发、处理和所缺乏的教材开发、处理技能之间的界线固然重要，但更重要的是要养成科学的有效地开发、处理教材的实践能力。只有真正具有了实践能力，教师才可能既不"趴在书下教书"，也不"捧着书本教书"，而真正"站在书上教书"[①]。

四、教学环境感

前一章我们说过，教学环境是教师在其中开展教学活动的、对教学活动有影响的各种内外部条件的有机综合。任何教学都是一定环境中的教学，教学环境感是教师与教学环境之间的必要中介，教学环境通过教学环境感起作用。在教学中介中教学环境最具有包容性，几乎能涵括全部教学中介在内。教学环境感的培养是教学实践感培养不可缺少的一个部分。

具体培养目标为：

（1）能够区别对教学活动有利或不利的环境条件或环境构成因素。教学环境整体上包括物质环境和社会心理环境这两个相互渗透、相互补充的部分。物质环境由时空环境、设施环境和自然环境组成，其中时空环境里的教学场所如教室的空间、班级规模等，设施环境中的课桌、教学仪器、设备等，自然环境中的自然地理位置、气候条件等，都对课堂教学有着直接影响。社会心理环境由人际环境、信息环境、组织环境和情感环境组成，其中的师生关系和课堂中的合作、竞争、期望、奖惩等因素及其形成的总体氛围，比物质环境更加有力地影响着教师的教学活动。积极良好的教学环境通常具有六种功能，一是导向功能，"教学环境可以通过自身各种环境因素集中一致的作用，引导学生主动接受一定的价值观和行为准则，使他们向着社会所期望的方向发展"；二是凝聚功能，即良好的教学环境可以通过自身特有的影响力，将来自不同地理区域、社会阶层和家庭背景的学生聚合在一起，使他们对学校产生归属感或认同感；三是陶冶功能，即良好的教学环境可以陶冶学生的情操，

---

① 关月梅. 奠基从品行开始［M］. 上海：上海教育出版社，2009：159.

净化学生的心灵，帮助他们养成高尚的道德品质和良好的行为习惯；四是激励功能，即良好的教学环境可以有效激发师生员工的工作学习热情和工作动机，提高他们工作学习的积极性，从而推进学校教育教学工作的顺利展开，提高学校教学工作的质量；五是健康功能，即卫生条件良好、没有空气和水源污染、远离城市喧嚣、教学设施完备、人际和谐的教学环境对于师生的生理与心理健康状况具有重大影响；六是美育功能，即良好的教学环境有利于激发学生的美感，进而培养学生正确的审美观和高尚的审美情趣，丰富他们的审美想象，提高他们感受美、鉴赏美和创造美的能力。[①]与之相反，消极恶劣的教学环境则会对教学活动产生不利影响。教学环境具有规范性和可控性的特点，且教学环境对教学活动的影响，有时是整体的影响，有时却突出表现为对其中某个构成因素的影响，这就为我们自觉创设积极良好的教学环境提供了可能性。而要创设积极良好的教学环境，首先得区别对教学活动有利或不利的环境条件或环境构成因素。否则，所谓教学环境创设就会沦于盲目。

（2）能够选择、创设一种或几种新的教学环境。教学环境鉴别能力的养成不能只在观念接受中完成，而必须回到实践中才能实现。这一培养目标明确想要受教育教师能够选择、创设一种或几种新的教学环境，可先进行观念的筹划，比如让受教育教师将人类社会自古至今的教学生活条件、方式和可利用科技成果等进行对比，再将心比心，针对观摩现场的学生状况加以大胆的一维线性的联想和多维立体的想象，从观念上拓展、增加环境感；再付诸物质性实践，即自己动手创设。选择和创设本身是训练，其结果是对训练本身的检验。新的教学环境感受、选择和创设，能实际地拓展受教育教师的教学环境感，从而扩展其教学实践感的广度。

（3）能够批判性地审视自我的教学环境观，划清自我的教学环境观和所缺乏的教学环境创设技能之间的界线。教学环境总是相对于具体教师的教学环境。因为教师对教学环境的感知总是受其个人感知力局限，教师对间接教学环境的感知也不同于对直接教学环境的感知，所以感知结果也存在着"无我"与"有我"之差、宏观与微观之别，其中"有我"的、"微观"的教学环

[①] 田慧生. 教学环境论［M］. 南昌：江西教育出版社，1996：18-33.

境感更容易融入教师的经验,形成相对稳定的教学环境观并转化为实践理念。因此,我们要求受教育教师要能够批判性地审视自我的教学环境观,划清自我教学环境与所缺乏的教学环境创设技能之间的界线,择善而学。受教育教师只有从自我出发,真正将教学环境作为自我的教学环境来创设,才可能从实质上增进其教学环境感,进而能一定程度地深化其教学实践感。

(4)能将新的教学环境观和教学环境建构模式迁移到自我的教学活动中。单纯的教学环境选择或创设,最终能够实现的只是观念上的更新,即形成新的教学环境观。而新的教学环境观面对现实教学实践时,能否像我们期望的那样只对教学活动产生积极良好的影响,发挥导向、凝聚、陶冶等六种功能,则取决于教师自我的实践状况。我们规定受教育教师要能将新的教学环境观和教学环境建构模式迁移到自我的教学活动中,就是想在训练过程中把观念更新转化为实践事实。只有事实最能说明问题,最能证明教学环境感培养对于教师教学实践感的重大效用。

虽然从实践活动内部结构看,教学实践感培养必须首先培养教学主体感、教学对象感、教学中介感,这毕竟只是相当宏观的划分,还有待更具体的细化训练来充实。例如,教学主体感的培养不能没有更具体的教学语感培养的充实,教学中介感不能没有教学教具感、教材感等具体训练的充实。这些更为具体的细化项目的训练如何才能最好地落实,都还有待于我们进一步的探索。

五、教学形式感

上一章里,我们把教学形式分解为一个个教学行为动作及它们之间各种关系的有机统一体。对任何一个作为接受主体的受教育教师来说,教学形式感像是一个"召唤结构",需要受教育教师以自身的教学知识、教学生活体验和生命活动、精神活动去加以补充,从而生成教学实践感。与教师角色感培养不同,教学形式感培养不再执着于教师角色期望的客观内涵,而立足于教学实践本身,感知中心在于教师单位课时内的一个个教学行为动作及它们之间关系的意蕴,以及它们怎样有机地构成一次教学活动。

具体培养目标为:

(1)能够判断教学形式的节奏在整体上是否适应学生学习节奏。教学形式的节奏是依据教师所采用的教学手段固有属性的要求和学生对教师教学行为动作的课堂反应而生成，它是否能表现或塑造教师的教学情感，是否能"以情感情"地影响学生的学习情感，从而营造出富于亲切意味的课堂氛围，关键在于学生的反应节奏是否与之相接近。因而，在教学形式感培养中首先要把教学形式作为一个整体来感知。教学节奏感培养，有助于教学实践感在"美度"上的发展。

（2）能够鉴别那些不能表达教学意图的教学行为动作，并给出可替代的教学行为动作。教学形式的生成过程就是在实践意志——教学意图的统帅下，教学实践感基于纵聚合的背景对教学行为动作进行横组合的产物。教学行为动作是教学形式的基本语汇，因而，鉴别教学行为动作自然成为教学形式感培养的重要目标。教学行为动作鉴别训练，有助于增加教学实践感的敏度。

（3）能够识辨重要教学行为动作的教学意蕴及其展现过程，能够拓展和选择一种新的教学形式。从某一个或某几个教学行为动作中辨识教师的教学态度、教学趣味、教学理想，有助于深入理解教学形式的教学意蕴。具体理解得如何，又需要通过教师拓展和选择一种新的教学形式来予以检验。只有教学意蕴丰富、教学节奏适宜、教学意图鲜明的新教学形式，才值得选择。教学意蕴识辨培养，有助于教学实践感的深化。

（4）能够批判性审视自我教学形式和所缺乏的教学形式创生技能之间的差异，并有取长补短的迁移。教学形式作为教学实践感的客观对应物，是教师的一系列教学行为动作及它们之间各种关系的结构方式，从个性层次的教学风格到观念层次的教学策略和教学模式，再到物质层次的教学手段、教学方法等，都可以分解为教师的一个个具体动作，都总是充溢着教师作为教学实践主体在特定教学环境中的某种独特的生命活动、精神活动。受教育教师自我的教学形式审视，必然以所观摩教学形式和教学形式理论为参照，这时只有带着批判性的眼光来过滤，才可能实现取长补短的有效迁移。其中对教学形式创生技能的学习，尤其如此。明确自己的教学形式可能通过借鉴新的创生技能得到改进，有利于激发受教育教师迁移新的教学形式创生技能来构建自己的教学形式的热情，甚或发明新的教学形式创生技能。

六、教学理论感

教学理论对教师教学实践感的生成和发展的影响，主要体现为深化教学实践感对某一实践对象的形式与内涵感受。这是因为，正像"证实一个理论最困难的任务总是，必须把这个理论的推论发展到使它们成为在经验上检验的步骤"[①]一样，教学实践感的成果既要依靠教学实践来检验，也要依靠逻辑思维来完成。教学理论所体现的理性思维的逻辑是沉淀在"程序记忆"中作为背景影响着教学实践感的。这种影响之所以能够发生，是因为"理论是实践的普及。先实践，后科学。教师学习和理解教育学必须和教育实践中的亲自观察紧密联系在一起"[②]。当然，这种影响是通过教学理论感的形式实现的，这是"因为任何一个对象对我的意义（它只是对那个与它相适应的感觉说来才有意义）都以我的感觉所及的程度为限"[③]。教学理论感是一种特殊的理论感。而理论之所以可感，是因为它能够提供可感的"必然性关系中的客体"。这客体在教学理论就是它赖以生成的教学实践活动，教学活动是具体可感的。然而，正如《礼记》中说的"虽有嘉肴，弗食，不知其旨也"，如果没有对教学活动的感觉经验，对教学理论的感知本身也将无从谈起。因为"理论感不同于理论"，"感觉直觉层面的理论感，是一种感觉激活另一种感觉，一种直觉激活另一种直觉"，是"感觉产生感觉、感觉激活感觉的情况"；"从性质上看，被激活的和涌现的其他的感觉直觉，与起激活作用的那个感觉直觉，是同一种性质的感觉直觉。这样的激活和涌现，从性质上说，是同一种感觉直觉的量的扩展"，"这种理论感产生、激活理论感的情况，实际上，还是存在着感觉直觉与分析论证的相互作用，而且，它也只有在这样的相互作用中，才能得到健康、持续的发展。而如果没有这样的相互作用，那么，不但理论感会枯竭，而且，最终，它不可避免地要陷入神秘主义的泥潭"[④]。要有理论感，就得学会理论思维。美学家叶朗指出："理论思维能力表现为一种理论

---

① 爱因斯坦. 爱因斯坦文集：第3卷［M］. 许良英，译. 北京：商务印书馆，1979：382.
② 第斯多惠. 德国教师培养指南［M］. 袁一安，译. 北京：人民教育出版社，2001：53.
③ 中共中央马克思恩格斯列宁斯大林著作编译局. 马克思恩格斯全集：第42卷［M］. 北京：人民出版社，1972：126.
④ 路杰. 领袖的诞生［M］. 北京：中国言实出版社，2003：252.

感……这种理论感是一种理性的直觉。""有没有理论感,是一个人的理论素质高低的重要标志。"[1]换言之,理论在实践者是以感觉形态存在的,或者说,实践者的理论就是理论感。究其原因,一方面,"理论的对立本身的解决,只有通过实践方式,只有借助于人的实践力量,才是可能的"[2];另一方面,真理性的理论总是能给人以强烈的现实感,实践者对理论的选择性感知是以对现实的实践的感知为依据的,那些能为现实的实践带来启示的理论更容易为人感知。人类实践的自由自觉性源生于它总是某种理论支配下的实践。一个实践者具有理论感,就能最先看到实践未来状况的萌芽,能最敏锐地感触到实践发展业已提出的问题而加以理性的沉思。相反,如果没有理论感,就会短视,因为没有理论感的人,不会借助理论对对象进行"类"的把握,从而不会站在前人的肩膀上获得看问题的制高点——就不能站在"类"的高度认知对象,最后就只能是黏着于眼前的现象事实,使视野不能有所拓展。也就是说,有没有理论感,是一个人实践能否发展并取得成功的前提条件。这在教师也不例外。因此,教学理论感本身就是教学实践感的一个重要部分即理性成分。教师如果没有理论感,就不可能将教学实践融入他们的血肉生命。教师从教学理论中感受并获得一切信念,就能凭借教学理论感来确定教学方法和教学方式。如果教师能够不断地增强自己的教学理论感,教学理论也能够面向现实,就将会更进一步丰富和发展教师的教学理论,促成教学的繁荣。总之,教学理论感培养无疑有利于教师教学实践感的深化发展。

具体培养目标为:

(1)能够选读每个时代教育家的经典著作,并能够鉴别那些能给包括自己在内的教师以强烈的现实感的教学理论。美国精神病"现实治疗"倡导者、"选择理论"创始人威廉·格拉瑟说:"欲成为那一种教师,也是每位教师的自我选择。"[3]我们相信,绝大多数教师都会选择做一个富于理论感和实践感的教

---

[1] 叶朗. 说"理论感"[J]. 社会科学家,1989(5):3.
[2] 中共中央马克思恩格斯列宁斯大林著作编译局. 马克思恩格斯全集:第42卷[M]. 北京:人民出版社,1972:127.
[3] 威廉·格拉瑟. 了解你的学生——选择理论下的师生双赢[M]. 杨诚,译. 北京:首都师范大学出版社,2011:推荐序.

师。而要达到这个目标，首先必须重视教学理论，因为漠视理论的人，肯定缺乏理论感也不会获得理论感；而且，正如列宁在《怎么办？》中指出的那样，"轻视理论"的错误"可能引起极其可悲的后果"。其次必须学习教学理论。"非学无以广才，非志无以成学"（诸葛亮语）。学习教学理论的最佳方式是读书。"读书是在别人思想的帮助下，建立起自己的思想"（鲁巴金语）。"不读书的人，思想就会停止"（狄德罗语）。要"培养理论思维能力，没有别的办法，就是多读每个时代大哲学家的经典著作"[1]。教师要读经典著作，尤其要读教育学经典著作，因为"专业阅读是教师专业发展的基石"，"阅读经典，与过去的教育家对话，是教师成长的基本条件，也是教师教育思想形成与发展的基础"[2]。真正有生命力的教学理论，应当是在研究着科学的、一贯的、较常识更高的教学思想的同时，决不忘掉同普通教师保持联系，并在这种联系中，找到需要研究和解决的教学问题的现实来源。可现实的问题恰恰出在：既没有较常识为高的思想，也没有同普通教师保持联系；或者有较常识为高的思想，却没有同普通教师保持联系；或者同普通教师保持联系，却没有较常识为高的思想。因此，教师对教学理论的重视的最好落实，就是研读一定数量的教育学经典著作，并能够鉴别那些能给包括自己在内的教师以强烈的现实感的教学理论。这是教师要获得教学理论感就必须接受并尽力做好的基本训练。

（2）能够选择一种新的教学理论，并据以联想、想象运用该教学理论的教学活动具体情况。理论感作为一种理论思维能力，是指借助理论指引而生成的敏锐、细致的感受能力，其重要体现之一，就是能从理论联想，想象出理论赖以产生的那个实际，并向一切相类的实际尽可能扩展，同时又从相类的新的实际中吸取新的内容来丰富理论、发展理论。时代发展到今天，存在着无数种教学理论，且不断有所谓新的教学理论产生。而哪一种教学理论会被选择，完全取决于教师个人的理性直觉。一个教师如果能够选择一种新的教学理论，并据以联想、想象有效运用该教学理论的教学活动具体情况，就

---

[1] 文池. 在北大听讲座[M]. 北京：新世界出版社，2000：33.
[2] 朱永新. 新教育[M]. 桂林：漓江出版社，2009：78-80.

证明他已经获得了一定的教学理论感。

（3）能够批判性地审视自我教学观，能够划清自我教学实践和所缺乏的教学理论之间的界线。一个教师的教学观的形成，会受对其作为学生时的老师的教学的直观感受和自觉观摩的教学案例的影响，但更多地依赖他对自我的教学实践的反思，这是因为，教师是教学的实践者的同时也是教学的评价者。每个教师总是从自己出发来感知教学实践并做出自己的评价判断，教学理论与教学评价的分家，会使得教学理论远离教学实践的现实土壤，从而导致教学评价缺乏理论的高度，这既无助于提高教师把握教学现实的能力，也无助于造就具有较高接受能力的学生。在无数的教学理论中，任何教师都只会选择他认为自己缺乏的那些教学理论；他进行选择的依据不是别的，正是他对自己的教学实践的理论感评判——这一点，在达成前两个目标之后他一定能够做到。任何教师只要批判性地审视自我教学观，都有助于他进一步认清自己的教学活动的理论性程度；能够划清自我教学实践和所缺乏的教学理论之间的界线，则标志着他找到了自己教学理论学习的新突破口，这对深化其教学理论感无疑是个重要的前提。

（4）能够将新的教学理论有效地运用到自我的日常教学（包括模拟教学）活动之中，并能够做出新的理论发现和理论概括。一个教师的教学理论感，会帮助他在观摩别人的教学活动时把握其中最有教育意蕴的东西，也会帮助他在审视自己的教学活动时迅速发现自己最缺乏的东西；而且，他的教学理论感还会帮助他在开展教学活动的时候实时监控并及时抓住自己教学活动中最有价值的东西，包括那些朦胧的、转瞬即逝的萌芽，从而指引他朝着某个方向深入感知，最终形成新的教学理论发现和教学理论概括。也只有这时，我们才能肯定他是一个获得了教学理论感的教师，我们才会相信他对自己所偏好的教学规范的合理性及其独特魅力所做的雄辩论证。因为，教学理论感在根本上就是指教师对教学理论的需求感、兴趣感及其理解理论的悟性，还有他运用教学理论指导自我教学实践的自觉性。这种自觉性一旦生成，通常就会成为一种思维习惯且保持终生。

第三节 培养策略

明确了教学实践感培养的具体内容和相应目标，还得思考如何实现的问题。好的目标需要好的培养来保障其实现，好的培养不能缺少好的策略，好的策略需要好的方法、好的训练来落实。为此，我们可以从工具掌握、本体追求和培养方式三个层面来对教师教学实践感的培养策略做一个简略探索。

一、工具掌握："三习"交互并举

在工具掌握层面，实施"三习"交互并举。"三习"分别是教学见习、教学理论学习、教学实习。教学见习，指受教育教师到中小学对包括名师在内的有经验教师的课堂教学进行实地考察学习，在感受实战、研究实战中"学"教学，包括参加有经验教师课堂教学的研究性评议、与有经验教师相互切磋，总之是要认真学好有经验老师的每一个精彩教学细节，每一个优秀教学行为动作。通过教学见习，受教育教师还要在感知教学实践的基础上完成鉴别、选择、创设以及自我批判性审视，找到自己的不足和缺陷等目标训练。没有教学活动的感觉经验，教学理论的学习就会空洞而无效。教学理论学习是为了做好知识准备，旨在借助既有教学理论帮助受教育教师更深刻地理解教学活动，从而理性地确立基本的感知框架，主要途径是研读教育学经典著作，以及适合自我的教学理论的选择和观念运演。教学实习，是受教育教师在教学理论学习和教学见习的基础上，将自己选择的教学理论放到自己的日常教学工作中去实际应用和体验，以锻炼教学能力的实践性学习活动。教学实习和教学见习的区别在于学习方式不同：后者只是在考察观摩中学习教学，而前者则是在教中学。教学实习和教学实践的区别在于两者的目的不同：前者是为了锻炼能力，而后者是为了完成特定的任务。教学见习、教学实习和教学理论学习的区别在于学习的内容不同：教学理论学习的是具体的某种教学理论，而教学见习和教学实习学习的是教学实践本身。通过教学实习，主要达成将所学进行有效迁移的培养目标，同时检验迁移所达到的实际水平，为是否继续训练或后续训练提供现实参照。教学见习和教学实习形成教师对教学的"身体化"的感性认识，并为向教学理论提升打下基础；而形成了的教学理论又反过来深化教师对教学的感性认识，使教师能够超越纯粹感觉的局限而获得对教学的更深刻理解。通过"三习"交互并举，在"教学实践感知—教学理论学习—教学实践感知"的循环中，实现教师教学实践感的生成和发展，同时，也在"逻辑—感觉—逻辑"的循环中，实现教师教学思维的发展、教学理论的创新。

值得注意的是，无论国外还是国内，在教学见习、教学实习的指导上强调得更多的仍然是教学理论知识的应用技能，而没有注意到教师的教学实践感在教学见习、教学实习中所起的"链接"作用，以致大多数实习生充满情绪感悟的实习感受谈论，往往因其缺乏理性分析而被视为肤浅且大受指责，并因此更加得不到重视。教学见习和教学实习在各国教师教育中历来都受重视，而且在英国、美国、德国、日本等发达国家的教师教育中，教学见习、教学实习所用的时间都较长，都把教学实习作为取得教师资格证书的必要条件之一，强调教学见习、教学实习在教师成长中的重要作用。新课程改革以来，我国的教师教育也逐渐增加了教学见习、教学实习、教育研习等各教育实践环节的时间，2021年11月24日发布的《师范类专业核心监测指标及内涵说明》（教师厅函［2021］28号）规定"教育实践一学期指18周"，与过去最多4周相比较，明显更有利于师范生在实践过程中感知教学实践，从而更有利于其教师专业化成长。教师专业能力的养成，不能没有教学实践感体验。我们不排斥教学理论、教学反思，也认为教师个人应对其教学实践过程进行思考，但在基点意义上，在教学实践感培养中，我们更强调教师的教学实践感之于实践反思的前提性。

二、本体追求："四化"同步升华

在本体追求层面，将"四化"作为自觉目标追求，力争以实现教学实践感发展的升华为标准倒逼式地驱动受教育教师的教学实践感发展。"四化"分别是教学个性化、教学艺术化、教学思想化和教学审美化。

"教学个性化"常常被理解为根据学生个性进行教学即"因材施教",而本书主要探讨的对象主体是教师,因此"个性"在这里是指受教育教师的个性。教学个性化,是"教师个人在教学实践活动中逐渐形成的具有个人(个性)特色性的教学能力"①、独特的教学认知结构和教学风格,是教师个人气质、性格、知识修养等与教学理论方法在教学活动中的反映和表现,是教师的独特"自我"在教学中的体现。之所以追求教学个性化,一则因为"我们每一位教师都不是教育思想的抽象体现者,而是活生生的个体"②,"他们各自的'个性'都会在教学中体现出来"③,这必然使他们的教学不会千篇一律地遵循着任何既定规则;二则因为在教学中"教育的力量只能从人的个性这个活的源泉流露出来"④,正是教师的个性塑造着学生的个性,"一个精神丰富、道德高尚的教师,才能尊重和陶冶自己学生的个性,而一个无任何个性特色的教师,他培养的学生也不会有任何特色"⑤。也就是说,真正的教学本来就应该是集中体现教师的个性、灵性的有特色的教学。新课程的实施鼓励教师自由施展创造才华,大胆突破既有教学范式中的清规戒律、框框套套,走自己的路,上自己的课。教师的教学个性不是形成之后就不再变化,而是在教学实践中不断发展的。教师的教学个性化常常体现在教学行为动作上,教师对教材内容的处理利用,教师的教学语言、教学体态等教学手段的运用和教学程序,乃至更深层的教学理念、教学设计和课堂指导等,都反映着教师的个性特征。而一个教师从开始从事教学活动到实现其教学个性化,需要长期的实践努力。教学个性化在一定程度上标志着教师教学风格的形成。当然,我们追求教学个性化,并不是要走与教学社会性相反的极端。教师教学的个性和社会性是辩证统一的关系,具体一点就是:"教学个性化是指教师在教学活动

---

① 郭恒泰. 试论教学个性化 [J]. 上海教育科研,2000(2):47.
② 瓦·阿·苏霍姆林斯基. 给教师的建议 [M]. 杜殿坤,译. 北京:教育科学出版社,1984:433.
③ COMES A W. The Professional Education of Teachers [M]. Chicago:Rand McNally,1965:23,145.
④ 李春秋. 教育伦理学概论 [M]. 北京:北京师范大学出版社,1993:329.
⑤ 苏霍姆林斯基. 和青年校长的谈话 [M]. 赵玮,等,译. 北京:文化教育出版社,1983:93.

中的独特性和创造性,在于教师运用自己的个性去激发和培养学生个性,使之朝向良性的方向发展;教学社会化是指随着社会的发展,教学方式的现代化和教育形式的多样化,改变学校仅能让教师在有限的空间进行教学,扩展教学时空,使教学从课堂从学校走向更广阔的社会,在于把学生的个性放在丰富多彩的社会环境中培养。其统一性表现为个性化是社会的个性化,脱离社会的个性化是不存在的;社会化是个性的社会化,社会化总是在各具差异的个体中进行,脱离个性的社会化同样也是不存在的"[1]。换言之,追求教学个性化是教育自身发展的内在要求。教学个性化升华对教师教学实践感的培养有着重要的意义。

教学艺术化追求,简单地说,就是要教师使自己的教学成为一种艺术。可教学艺术究竟是什么呢?近三十年来的代表性观点有如下几种:第一种认为,"现代教学艺术,是把现代心理学、现代行为科学、现代学习科学和现代美学有机地融入教学过程而形成的教与学这一系统工程的辩证化合体。其内核,是教与学的辩证统一。'化合体'表明教学艺术是一个跨越多学科的有机而统一的整体艺术"[2];第二种认为,"教学艺术是使用富有审美价值的特殊的认识技艺进行创造性教学活动"[3];第三种认为,"教学艺术是以教学、美学基本原理为指导,遵循教学和美学的规律,娴熟地运用艺术手段、教学技能和技巧来表达教学内容,协调教与学的各种关系,最大限度地调动学生的主动性而进行的独创性的教学实践活动"[4];第四种认为,"教学艺术乃是教师娴熟地运用综合的教学技能技巧,按照美的规律而进行的独创性教学实践活动"[5],这是在将既有观点归纳为"技巧说""创造说""审美说""规律说""素养(才华)说""特征说""交流说""整体说"[6]并予以批判的基础上提出的;第五种认为,"教学艺术是指为了完成教学任务、实现教学目标、优化构建教学活

---

[1] 张兆来. 教师个性与个性化教学[J]. 江苏教育学院学报(社会科学版),1998(3):15.
[2] 崔含鼎,梁仕云. 现代教学艺术论[M]. 南宁:广西教育出版社,1992:6.
[3] 张武升. 教学艺术论[M]. 上海:上海教育出版社,1993:14.
[4] 罗林. 教学艺术[M]. 成都:成都科技大学出版社,1992:2.
[5] 李如密. 教学艺术本质新探[J]. 教育评论,1990(1):35.
[6] 李如密. 教学艺术论[M]. 济南:山东教育出版社,1995:81-84.

动中涉及的各种因素、遵循教学规律和艺术逻辑,创造性地运用和安排教学活动中的各种条件,使教学活动取得预期结果。它是人们长期的教学实践活动中创造性的经验的组合,它是源于实践、源于方法的科学,但又具有宽广性、综合性和启发意义",并对教学艺术进行了广义和狭义的区分[1];第六种认为,"教学艺术,就是教师(在课堂上)遵照教学法则和美学尺度的要求,灵活运用语言、表情、动作、图像组织调控等手段,充分发挥教学情感的功能,为取得最佳教学效果而施行的一套独具风格的创造性教学"[2]。这六种观点的不同,正好显示了教学艺术认识不断地丰富发展,尤其是强调教学艺术的整体性、把教学艺术归结为独创性的教学实践活动,是我们讨论教学艺术的可贵思想资源。艺术是一种表现,艺术作品就是"如何表现"的结晶,分析艺术作品能"沿波讨源"地探清艺术家是"如何表现"的,在作家是"怎么写"的,在演员是"如何演"的,在演奏家是"如何演奏"的。教学艺术作为一种实践活动艺术,其作品即教学活动本身,就是教师"如何教"的结晶。一个作品是否能称为艺术、艺术成就如何是从整体上看的。教师的任何一次教学活动中的"如何教"能否堪称艺术,也只有将其作为一个整体才能予以评判。教学艺术是教师个性生命的表现,"如何教"相对于"教什么""为什么教",更能够表现教师作为教学主体的个性生命,因为教学正是教师借助各种手段表现自我个性生命而以神相感,即以教师个性感发、塑造学生个性的实践活动。当然,追求教学艺术化,并不意味着每一次教学都能达到艺术的境界,即使是获得了艺术称誉,艺术水平也还有高低之别,因为教师的教学"和教师的个人特点,和他的个人品质、经验、威信相联系。同样的一些教育方式,在一个教师的手里是好的,而到了另一个教师的手中就可能是完全不能采用或者是效果很差的。在教师劳动中机械地运用别人的经验,通常是不能达到目的的"[3]。但这样一种自觉的教学艺术追求所体现出来的主观意志力量,会形成教学实践感培养的强大动力,推动教师将其教学实践活动融入生命、表现

---

[1] 刘鸿锋. 教学艺术新论[M]. 北京:军事谊文出版社,1995:2.
[2] 王北生. 教学艺术论[M]. 开封:河南大学出版社,2001:27.
[3] 契那葛卓娃,契尔那葛卓夫. 教师道德[M]. 严缘华,盛宗范,译. 上海:华东师范大学出版社,1982:78.

生命。

　　教学思想化之"思想"可以作三个层次的理解，一是"可以表现为通过概念的联系，概括地说明现象的本质和规律的理论原理，也可能表现为观点的综合的理论体系"[①]；二是一种思维方式或思维模式；三是一种思维过程或状态。这样，所谓教学思想化，就是教师借助于教学理论与自身实践感觉经验相结合的思维方式来开展教学实践活动，使教学活动的生成过程既富于理论感，又在整体上体现着某种教学思想的精神。由于教师的教学思想研究与教育专家学者的教学思想研究的区别在于，前者的教学思想研究成果不一定以逻辑的、系统的理论成果表现出来，而可能始终附丽于教学实践活动，离开其教学实践活动就无法谈论，因为其教学思想研究只是为了有更好的实践；而后者的教学思想研究则是以创新教学思想为目的，必须有系统的、逻辑的理论成果。因而，教师教学活动的思想化，就是把每一次教学活动作为一次思想表达，既是学科思想的表达，又是自我教学思想的表达，在表达、探索中孕育新的思想，生动地体现出教师教学行为动作及其选择、创造和组织方式上的思想化。当今社会对教育的要求是要培养能思想的人才。有学者指出："主张教育要培养能思想的受教育者，就是要把如何学、学什么、为何学、何处学、何时学等方面统摄起来，使受教育者的学习知识能力和知识学习的目的发生变化，达到有学者提出的目标：(1)知能建构学习能力：包括知识的记忆、理解及综合、分析与技能操作练习；(2)沟通学习能力：人与人之间经过互动、观点分合及省思的沟通学习，达到观点转化，知识技能进展及观点更新；(3)批判思考能力：不仅在知识、理性、技能学习时具有批判质疑的精神，并进行深层思考，也对社区、社会、制度等进行批判、参与集体行动以解决问题，改造社会。"[②]教师是教育的直接承担者，所以教师必须首先是能思想的人。因此，自觉追求教学思想化，旨在促进教师不仅能够借助教学理论知识去决定选择或创生什么教学行为动作构建自身的教学活动，而且能够借助教学理论知识去思考为什么要采取这些教学行为动作来这样教学，培养教师自

[①] 中国大百科全书编委会. 中国大百科全书：哲学：Ⅱ［M］. 北京：中国大百科全书出版社，1987：832.

[②] 舒志定. 教育哲学引论［M］. 北京：中国社会出版社，2003：123–124.

主学习教学理论的能力,自主思考教学的专业品质,进而促成教师的思想化。因为教学是以教师个性感发、塑造学生个性的实践活动,而"思想是根基","思想成全人的伟大"(帕斯卡尔语),"一个能思想的人,才真是一个力量无边的人"(巴尔扎克语),所以教师的个性只有是富于思想性的个性,才可能成为"一种能激发每个受教育者检点自己、反省自己和控制自己的力量"[①]。要言之,教学思想化的自觉追求是对教学个性化和教学艺术化的深化。

当然,教学思想化的实现不会仅凭提供或认同一个理念就会自动实现,而必须以教师个人对自我教学实践的充分感知为基础,才能以思维过程的个性化形式慢慢生成。一位一线特级教师曾有过这样的感悟:"思想根植于实践的土壤上,生长在思考的王国中。我们每天的教育实践虽然平凡、琐碎,但是只要我们在实践中思考,在思考中实践,那么每一件小事都会富有价值和意义,这是教育家区别于教书匠的根本所在。我们只有勤于思考、善于思考,才能使自己的思维始终处于年轻活跃的状态,才能不断产生新的思想,才能点燃学生心中那求知的欲望。反之,一个不会思考或者懒于思考的教师,他只能机械地搬运现成的、僵化的知识来讲授、来说教,而这,在充满好奇、渴望探索的学生面前,自然显得那样乏味,没有任何学习的魅力。学生会滋生出失望、不满和懈怠,甚至也会像教师那样懒于思考。失去了思考,也就失去了学习的兴趣和探索的乐趣,也就没有了活的灵魂,没有了个性。书本上的知识只有在思考者的手中才能活化为真正的智慧,教师的思考使书本上的知识增加了'附加值',增加了'情感的力量'。"[②]教学思想化的自觉追求基于教师个人个性化的教学实践感知,又反过来深化着教师教学实践感的个性化发展。

教学审美化在"四化"中处于最高层次。在这里,教师和他的教学活动之间的关系,是教师以教学活动来确认自我作为人的本质力量。如果教学活动作为教师借以实现自我确证的中介首先对象化了,正如费尔巴哈所指出的那样,"人是在对象上面意识到他自己的""对象是人的显示出来的本质,是

[①] 苏霍姆林斯基. 培养集体的方法[M]. 安徽大学苏联问题研究所,译. 合肥:安徽教育出版社,1983:203.

[②] 薛法根. 悄悄地长大[J]. 人民教育,2009(9):42.

<<< 第六章 教学实践感的培养构想

人的真正的、客观的'我'"[1]，这时教学活动就是教师，教师就是教学活动，教学活动真正成为教师生命的客观形式。然而，要达到这一层次并不容易，对"审美"这一概念的理解也还需要厘清。一般说到教学审美化，大多数人就会想到，审美化教学主要是培养作为学习主体的学生主动发现美、感受美、创造美的能力，也就是培养学生的审美眼光。但在事实上，教师自身才是学生最真实、最生动也是最好的教材。如果教师自身没有审美能力，那么就谈不上教学审美化，更谈不上培养学生的审美能力。因此，我们所谓的教学审美化，主要是指教师审美地开展、对待教学活动。既有研究中常常出现将"审美化教学"与"教学审美化"等同使用的现象。实际上，按照汉语的习惯，二者是有区别的："审美化教学"中"审美化"是对中心词"教学"的限定，只表明一种状态或者性质；而"教学审美化"中的"审美化"则是中心词，强调一种趋势，更富于动态性。当然，若将"审美化教学"中的"审美化"作状语理解，二者就可以等同使用了。例如，有这样一个定义："审美化教学，指将所有的教学因素转化为审美对象，使整个教学过程转化成为美的欣赏、美的表现和美的创造活动，使整个教学成为静态和动态和谐统一、内在逻辑美和外在形式美高度和谐统一的整体从而大幅度提高教学质量，减轻学习负担，使师生都充分获得身心愉悦的一种教学思想理论、操作模式和方法。"[2]这一定义里，虽然没有指明审美主体，也没有明确是"谁""将所有的教学因素转化为审美对象"，但整体来看，显然就是教师。审美对象就是人能借以实现自我确证的人、事物或实践活动。"审美"过程就是指对于美的对象的观照、考察、鉴别和判断的过程。而"审美判断的规定根据只能是主观的，不可能是别的"[3]。如果"美感在本质上首先是人的自我确证感，而且首先是在劳动中、在工具的制造和使用中产生出来的"[4]，那么，自我意识中的人——作为类的人的本质，即作为类的自我的本质，这类本质由于审美活动本是人类

---

[1] 北京大学哲学系外国哲学史教研室. 十八世纪末—十九世纪初德国哲学 [M]. 北京：生活·读书·新知三联书店，1975：547-548.

[2] 赵伶俐. 审美化教学论 [J]. 西南师范大学学报（人文社会科学版），2000（5）：108.

[3] 康德. 判断力批判（上）[M]. 宗白华，译. 北京：商务印书馆，1964：39.

[4] 易中天. 艺术人类学 [M]. 上海：上海文艺出版社，1992：51.

自我实现的一个重要方面,实际上表现为一种实现自我的力量而成为本质力量,就是"审美判断的规定根据"。如此一来,我们就可以说,审美是一个发现美,确证自我作为人的本质力量,欣赏美,欣赏作为人自我的类的本质力量的过程。据此,教学审美化作为一个策略,就要求教师对教学活动执行一种"实时监控"型的审美观照,以便能一直通过它来确认教师作为人的本质力量。也可说,教学审美化要求教师既要有一种审美态度,即教师时时以美的标准作为观照、评价对象事物的一种心理和神经的准备状态,包括认知、情感和行为的倾向;也要"按照美的规律"来筹划(设计)、生成教学活动;还要根据"美的尺度"来对教学活动进行整体的"实时监控"和评判。长期以来的教学现实告诉我们,一个教师要真正实现完全意义上的教学审美化,是极其不易的。但只要教师付出艰辛的努力,把教学审美化变成自觉的追求,就有希望实现。席勒指出:"要使感性的人成为理性的人,除了首先使他们成为审美的人,没有其他途径。"[①] 任何教师选择成为有思想的教师,就必须自觉努力于教学审美化,先把自己塑造成一个富于美感的教师。

总之,"四化"齐升华,意思是受教育教师一方面要用个性化、艺术化、思想化和审美化四种富于生命性的眼光来审视既有的教学实践活动以鉴别其优劣、评判其效果,另一方面要以个性化、艺术化、思想化和审美化为标准建构自我的教学活动,实现教学活动的生命化转变。"四化"相辅相成、互促互渗,共同促进受教育教师教学实践感的生成和发展。作为一种培养策略,自觉的"四化"追求,是对感知目标孤立化培养的整合和升华。

三、培养方式:"五步"螺旋优化

在培养方式层面,我们可以遵循并充分利用教学实践感的生成机制,在常见的课堂教学观摩、教学案例分析、教学反思这三种最基本的培养教学实践感形式,也是新教师从旁观感知教学实践到自行开展教学实践的"三大步"之外,借鉴最初在篮球训练中创生,进而广泛用于体育训练中的视-动行为演练法(VMBR),再加上岗位实践,"五步"达成对教学实践感从无到有、

[①] 席勒. 美育书简[M]. 徐恒醇,译. 北京:中国文联出版公司,1984:116.

从有到好，乃至常态化递进的螺旋优化。

（一）课堂教学观摩

观摩课堂教学对培养教师教学实践感有着无可替代的特殊作用。人类通过行为动作形式去感知外部世界，最容易形成无障碍沟通。对于教师来说，行为动作表现手段的高低优劣决定了感觉结果传达的畅通性和合理性。在这里，教师的实践意志活动决定了教师教学行为动作表现的动机、手段和方式。因此，我们的"教学实践感培养"着重强调带有研究性的感觉培养，而不仅仅是条件反射式的无意识的动作方式。为了能够证明这一点，我们打算让受教育教师首先进入课堂观摩教学。课堂教学观摩的方式不止一种，受教育教师可以通过观看教学录像——剪辑过的教学录像或者未加剪辑的自然教学录像——进行观摩，也可以进入教室做实地课堂教学观摩。对于准教师和新教师来说，课堂教学观摩最好是开展全方位的观察、揣摩学习。然而，观看教学录像只能观摩镜头下的课堂教学，更多的是剪辑者要突出的教学环节或者某种技能训练，没法观摩课堂教学活动全貌。因此，最好的做法是让受教育教师进入课堂观摩教学。我们也注意到，事实上，对任一堂课做全方位的观察、揣摩，都只能是一种理想，准教师和新教师即使有这个意识，也往往有心无力，过分追求面面俱到，反而会适得其反。

为此，要培养教学实践感，受教育教师的课堂教学观摩作为一种自觉行动，必须每一次都有其明确的观摩目的和具体计划、观摩任务乃至实施步骤，以确保他们能够运用教育教学知识和学科专业理论知识，职业性地描述、说明和解释课堂教学活动，尤其是要能对所观摩教师课堂教学行为表现做出职业性的描述、说明和阐释，为他们设身处地就自己的教学或结合已有课堂教学进行实践反思打好基础。当然，准教师在职前教育阶段的课堂教学观摩，可以开展单独见习，也可以和教育实习相结合，但至少必须观摩教学流程完整的课堂教学，且熟手教师的课堂教学都不能低于一定数量，观摩结束后要进行观摩口头报告、集体研讨，学期末提交观摩记录和课堂教学活动分析。与准教师不同，新教师的课堂教学观摩，如果是"老带新"制度下的，自然主要是观摩老教师的课堂教学,但也不能仅止于观摩老教师的课堂教学。观摩之后,除了向老教师做口头报告或书面报告外,最好能结合自己的课堂教学,展开深入研讨、分享、交流。

受教育教师进行课堂教学观摩向老教师学习,最终目的是学会自己教学,这在培训过程中就是试教。为确保、检验课堂教学观摩的效果,我们建议:一方面要增加教学见习和教学实习的时间,加强教学理论学习与运用的指导;另一方面要将感知目标动作化,也就是说,把感知目标落实到教师的教学行为动作上,将目标感知具体化为感知、理解教师的教学行为动作。如观摩老教师如何制定课堂规范、明确教学进度和教学要求,如何处理教材,如何教学重点、难点课程内容,如何安排课堂学习活动,如何处理课堂上的突发性事件,如何与学生展开有效互动,如何对学生的课堂反应进行反馈,如何对待学生犯错,如何控制教学时间与课堂秩序,以及老教师的课堂语言、手势及体态语使用,等等。对这样的"教学行为动作"的观摩,可以帮助受教育教师在以先进教学模式为参照的前提下保持思路清晰,在感性的教学形式建构中获得教学意蕴感,进行理性的职业性分析,并将观摩成果有选择性地融入自己的教学设计。尽管不同受教育教师对同一堂课的教学观摩,可能因为关注点不同使得感受各异,但只要从观摩中获得一定教学意蕴感,在一定程度上达成了观摩目的,就是成功。在一定意义上,将教学意蕴感有效地加以教学行为动作化处理,并使之具备足够的感染力,是每一个教师的基本素养。我们选择教师教学实践感中的角色感、对象感等来进行教学行为动作化表现的观摩训练,是为了提高受教育教师以教学行为动作传达的基本能力。换个说法就是,教学实践感培养是要把教师的各级感官感受转换成一个个教学行为动作以及由它们有机构成的教学形式表现出来,这种观摩训练以教师真实的内心体验来促成其教学行为动作和教学技能及至教学艺术的自然生成。

(二)教学案例分析

与课堂教学观摩相比,教学案例分析更能帮助受教育教师整体地感知老教师教学实践的个性。教学实践感培养的目的在于通过反复训练,使教师对教学过程中出现的各种对象的差别感觉得到改善，使教师能以持久强烈的新鲜感对待教学、感受教学，并且善于用自我教学行为动作来表达自己所获得的感觉。而老教师教学实践的个性表现越是鲜明、突出，受教育教师就越能专注地投入对老教师个性化的教学行为动作的感受中去。也可以说，在教学实践感培养的起始阶段，教学案例分析是教师把握更多教学行为动作和教学技能，乃至上升到教学艺术高度的关键。

教学案例分析是一种个性研究，却可以通过对一个个特殊的教学活动的研究，发现教学活动的普遍性规律，给受教育教师一把"手术刀"或者说"钥匙"，帮助他们懂得如何去寻找、发现和解剖教学案例，并通过对具体教学案例的职业性分析，丰富自己的教师专业理论知识，深化自己的教学实践感，提高自己的教师专业理论水平和工作能力。一个教师要做教学案例分析，离不开一定的教学实践感，尤其是教学理论感。

唯物辩证法强调，共性存在于个性之中，没个性就没共性；普遍存在于特殊之中，没特殊性就没普遍性。教学案例作为特定教学活动的记录，虽然没有现场感，却具有强烈鲜明的个性特征。每一个教学案例中，都蕴藏着丰富的教学思想，这种思想具有普遍性，这种普遍性倍受教育理论界关注。教学案例分析的意义，就在于通过对教学活动个案的特殊性剖析研究，以果溯因，以案明理，揭示教学活动的一般原理，以个性体现共性，以特殊体现普遍。教学案例分析，是具体教学实践活动升华到教学理论的中介。

辩证唯物论不仅强调理论来源于实践，更强调通过实践发现真理，又以实践为唯一标准检验真理、发展真理，即感性认识发展到理性认识，理性认识又能动地指导感性实践，改造现实世界。教学案例是教学活动的反映，而每一次教学活动，对于教学实践整体都是一次感性认识。这种感性认识一旦上升为理性认识成为教学理论，又反过来能动地指导教学实践。而教学理论对教学实践的指导，得有一个中间环节，即教学案例分析。教学案例分析过程，实际上就是用一般教学理论指导教学实践的过程。教学案例分析，是沟通、连接教学实践与教学理论，使二者有机结合的桥梁。

同时，教学案例本身就构成事实性知识，在一定意义上具有"引而不发"的示范功能，给作为分析者的受教育教师提供丰富的教学实践知识和教学理论知识，最终帮助受教育教师将知识转化为实际教学工作能力。然而，知识并不是能力，知识也无法直接赋予人能力。任何教学案例几乎都不可能重演，其示范功能的发挥，只能依靠分析。通过大量的教学案例分析，可以帮助受教育教师从外在地了解教学案例慢慢发展到内在地掌握教学案例，对整个教学案例的教学活动过程不但"知其然"，而且"知其所以然"，由"举三反一"到"举一反三"，触类旁通，将自己的知识转化为发现问题、解决问题开展教学活动的实际能力。教学案例分析是知识转化为能力的媒介。

要特别注意的是，教学案例分析无论是作为具体教学实践活动升华到教学理论的中介、教学实践与教学理论有机结合的桥梁，还是知识转化为能力的媒介，都得以教学案例文本为最大依据和出发点，都得"活化"文本中的教学活动恢复其感性形态，并最敏锐地加以最广、最深、最美的感知，才可能与分析、判断的标准融为一体，自然地生成。而这一过程中，教学实践感作为教师职业生存的最小生命单元和把握教学实践的主要方式，本身又是教学理论的存在形态，也会自然而然得到加强和深化。

要使课堂教学观摩和教学案例分析这两种形式的训练收到最好的效果，必须反复训练，以便有针对性的查缺补漏。其中任何一种形式的培养，都要求受教育教师首先要自觉地捕捉自己最初的感受，并尽可能写出全部感知点；其次对捕捉到的感知点进行品鉴，根据培养目标做出增删换移，感悟其中的教学意蕴；再次，对有所感悟的内容进行符号标示，并诵读传达与受训同学交流；最后，写出训练日记，对自己的教学活动进行反思并写出书面报告。

(三) 视觉—运动行为演练法（VMBR）

在通往教学反思的路上，受教育教师可进一步采用视觉—运动行为演练法（VMBR）对所观摩、分析的教学活动进行观念性实践训练。

VMBR（Visual — Motor Behavior Rehearsal）是从体育训练办法中借鉴过来的辅助训练形式。VMBR是一种在主体头脑中摹想各种教师角色、教学情景的心理训练方法，它是一种"内心学习"的"观念性实践"过程。在VMBR训练中，让受教育教师根据优秀教师的心理形象进行重复的内心模拟。

模拟的对象,既可以是名师,也可以是自我对理想的教学活动、教师形象的建构。前者要通过对名师具体教师形象的崇高教育情操、道德品质、坦率诚恳态度和文明举止、生动简洁的教学行为动作等的不断模拟,达到习惯成自然,形成教师个性特征。并在此基础上,有意矫正不符合教育、教学实践要求的个性特征,使受教育教师的教学个性更趋完善化、典型化,以利于教师角色感、对象感等的深化。后者则主要是以VMBR这种"观念性实践",观念性地"检验"证明自己对理想的教学活动、教师形象之建构的"真理性",经得起检验的就可以进一步在岗位实践中躬行落实。

VMBR法训练要求:

1. 必须首先进行放松训练,为内心演练储备身心能量基础;

2. 在内心演练中应以教师个性特征的正面形象为主,使内心演练成为挖掘个性优势的动力,决不能重现个性劣势,以免先入为主;

3. 对教师个性的内心演练应先从具体事例开始,以典型一路领先诱发个性优势;

4. 在已掌握此种训练方法后,可以由演练具体个性特征事例过渡到整个个性面貌的演练,使教师正面个性结构在脑内形成并得到巩固;

5. 训练应结合教师实际工作进行,即在内心演练取得效果之后,运用到教育工作中去,然后再根据实际情况重新进行内心演练;

6. 内心演练时间不宜太长,一般控制在20~30分钟;

7. 内心演练应以自我训练为主,他人训练为辅,但在初期最好先从他人辅导训练开始。[1]

笔者在二十余年的教师教育实践中所做的探索试验表明,一方面,按要求展开VMBR法训练过的准教师,至少在一开始的岗位工作"实战"中,能表现出较高的专业化水平;另一方面,有志于自身教师专业发展的在职教师采用VMBR法进行训练,能加速其专业水平的提升。当然,岗位实践远不只是对VBMR法训练成果的检验,其感性现实性决定它有着更加丰富深刻的教学实践感生成价值。

---

[1] 高长梅,欧阳慧. 教师素质培养手册(上册)[M]. 北京:九州图书出版社,1998:310-311.

（四）岗位实践

想象再美好，也怕经不起现实的逻辑推敲。VBMR法训练的成果作为一种观念性存在，只有在岗位实践中才能真正得到体现。在教学实践感培养中，岗位实践主要是教学实习，尤其是顶岗实习。在教师教育者，关键是切实抓好教育实习的指导，但"教是为了不教"，指导必须鼓励实习教师忠实于自己的教学实践感，"跟着感觉走"。在作为实习教师的学习者来说，关键是在模仿中学会教学，并在模仿中超越模仿，切实学会如何教学。而世界上没有两堂完全相同的课，每一堂课如何操作才有效，得具体情况具体分析具体筹划，此不赘述。

值得特别注意的是，所谓在模仿中学会教学，常常得不到正确对待：有人以模仿为耻，根本不屑于模仿，因此失去了许多学习机会；有人以模仿为目的，以模仿为能事，见什么好就模仿什么，却又始终只是在模仿，不模仿就无所适从，因此陷入不能"自立"的窘境。我们在第一章中说过，人类最初对任何事物的学习模仿都是自发的，其动力机制是无意识自身中心化的直接生存需要。模仿是人类最基本的，也是我们凭借感觉开始的最原始的学习方式，是人终其一生也不能完全抛开的学习方式——因为这种学习方式恰恰体现着我们对祖先、先贤前哲创造成果的继承，没有继承，就没有发展。哪怕是对某种错误的继承，也同样能发挥促人醒悟催人进步的作用——反面教材的使用即一例。当然，最好的情况自然是选择正确的模仿对象，少走弯路。对此，江苏省特级教师薛法根的一线体会和总结或许是最为感性的现实例证。薛法根在教育随笔《悄悄地长大》中写道：

> 和许多老师一样，以前我只知道整天埋头于上课、批改作业，很少抬头正视现状、思考问题，更少"站在巨人的肩膀上"俯视课堂、洞察教学，终日忙忙碌碌却又一直碌碌无为。1998年，刚到而立之年的我被评为小学语文特级教师，然而，我的课堂教学水平并没有随着"特级教师"的名声高起来，反而越来越感到缺乏新意，似乎处在了教学研究与实践的"高原期"。从哪里突围？困惑中，我翻阅《人民教育》，不经意

间看到凡·高的一句话,当即就抄了下来:"当我想不出题材来画时,就仿米勒的作品,这给我带来很大的快乐。"这使我眼前一亮:模仿别人,借他山之石来攻自己的"教学之玉"。于是我犹如孩童学习说话、走路,从模仿开始起步。

模仿,关键是要敏于发现别人的长处,尤其是要虚心学习和用心研究名家的教学艺术和教学思想。对于杂志上刊登的教学案例,我细细地揣摩每一个精彩的段落,发现独具匠心的构思,获得教学的灵感,积累成功的经验。

模仿,不是邯郸学步,而是要善于把别人的经验、"巨人"的理论移植到自己的教学实践中来,为我所用,融化成自己的东西。模仿,最终是要学会自己走路,走自己的路。

模仿,求的不是"形似",而是"神似",是在模仿、借鉴、融化的过程中凝结出自己的智慧之花、实践之果。

……

倾听《人民教育》深情的呼唤,我怀揣生命的激情做着教育的精神之旅:不在起点多高,而在能跑多快;不在跑得多快,而在能跑多远!我始终扎根在那一片属于自己的土地上——悄悄地长大。[1]

"为我所用,融化成自己的东西"——只有这样的模仿才能帮一个教师"借他山之石,攻教学之玉";"求的不是'形似',而是'神似'"——只有达到了"神似",一个教师才能最终"学会自己走路,走自己的路";一旦达到了"神似",一个教师就超越了模仿,就能"在模仿、借鉴、融化的过程中凝结出自己的智慧之花、实践之果"。而对模仿的超越,只能在模仿中实现,实现超越的同时,模仿也结束了。无论是自发性的模仿,还是自觉性的模仿,模仿在根本上都是为了不用再模仿就能独立实践。模仿只能在对模仿对象的感知基础上发生,感觉作为人最原始的实践方式支撑着模仿,模仿作为一种特别的实践又推动着感觉的发展,包括感觉的各种职业实践性发展。正因为

---

[1] 薛法根.悄悄地长大[J].人民教育,2009(9):41-42.

此，我们要充分认识到，顶岗教学实习中"顶岗"二字改变了，或者说"顶岗"丰富了教学实习的性质，使锻炼教学能力和完成特定教学任务合为一体，从而更好地利用教学实习培养教师的教学实践感。当然，对实习教师而言，完成特定教学任务主要是一种培养其教学实践感的手段。

（五）教学反思

课堂教学观摩、教学案例分析、VMBR 训练的收获再丰富，岗位实践的提升再喜人，对于教师教学实践感培养来说，都还不够。因为，教学实践感的生成机制，尤其社会性机制中实践思维的意志化，注定教学实践感的深化发展不能没有教学反思。教学反思，是教师作为教学实践主体，以自己的教学实践活动过程为对象，对其构成要素，如教学目的、教学内容、教学方式方法以及整个教学活动过程及其评价方式评价理念等，所做的全面、清晰、客观的批判性返身观照。

就教学实践感的培养来说，在教学反思中，以受教育教师对教学的实践感受为基本内容的教学反思，最应该得到大力突出，因为"感觉是这样一种专利，它只给予感觉实践的主体"[①]。让受教育教师在各种方式的训练中对作为对象的教学活动有所知固然有难度，但让受教育教师对教学活动有所感也同样不容易。而教学反思，尤其教学中反思，要及时捕捉这感觉，就不能不内在地具有及时性。教学反思作为对教学实践的自觉返身观照，有其内在的能动性。教学反思要求教师作为教学主体要发现教学实践中的问题、审视自己的教学结果并究明其原因，有其内在的科学研究性。三者要求教师以旁观者的立场客观冷静地对教学活动过程及时做出事实判断、价值评估，并对教学中的错误与失当或失佳之处提出调整、改进的具体举措，以促成教学效果的提升。而对教学实践活动的事实判断，要求教师作为教学主体，不能只停留在眼、耳、鼻、舌、身等外在感官的"感受记忆"和口头汇报上，而必须留下"物理痕迹"，如写教学反思日记，进行教学行动研究、收集分析学生意见、同行讨论等，其中，对教师个人教学实践感发展最有帮助的，是撰写教学实践感随笔。凡是自己在教学现场观摩、教学案例阅读、自我教学回顾中

---

① 王尚文. 语感论 [M]. 上海：上海教育出版社，2006：438.

有所感触，哪怕点点滴滴，都可以作为教学实践感随笔的内容。通过持之以恒地撰写教学实践感随笔，让受教育教师在自觉地感觉实践中提高其教学实践感能力，是足够他们享用一生的财富。而且，撰写教学实践感随笔，在帮助教师更深入、更细腻地感知自我教学实践活动的同时，还有利于帮助教师实现"'四化'同步升华"。且就教学实践感培养"四化"同步升华的本体追求来说，在"坚持做实践与思考的'体操'"中"悄悄地长大"的薛法根亦是鲜活的例证：

> 多年来，我坚持做实践与思考的"体操"——写教育日记（或教育随笔），将实践的点滴做法和体会及时地记录下来，积累起来。或许，你真正闪光的教育思想就蕴藏其中。《给教师的建议》就是一本教育日记，而它折射出了苏霍姆林斯基教育思想的光辉！平凡孕育了伟大，平凡的教育日记不也能孕育出伟大的教育思想吗？[1]

笔者在与一线教师的交流中发现，有人担心撰写教学实践感随笔一旦常规化，会找不到写的。这种担心不无道理。但是，只要我们的感觉，只要我们作为教师的教学实践感没有钝化，只要我们不想让它钝化而天天更新它，就不用担心找不到写的，因为，你的教学会因你的教学实践感而"日日新，又日新"。薛法根在一篇文章中写道：

> 教书匠与教育家的区别就在于是否重复自己。有的人教了十年，其实只有一年的水平，因为他简单地重复了九年，熟是熟了，却失去了教学的激情与创造。而有的人教了一年，却有了别人十年的水平，因为他每天都有创新、有发展、有进步。如果你听到别人的言论感到新鲜，看到别人的课堂产生惊叹，那只能说明你已经落后了。为此，我常常有种紧迫感，时时告诫自己：不要重复昨天的自己！就是教同一篇课文，每

---

[1] 薛法根. 悄悄地长大 [J]. 人民教育，2009（9）：42.

次也都要有新的发现,都要有新的创意。这样,面对不同的学生、不同的环境、不同的心境,教学就有了不同的状态,常教便能常新。①

"重复自己"有可能是源自职业伦理道德方面的不足,也可能是源于对既有自我的某种满足,而不知不觉间让这满足钝化了自己的感觉,钝化的结果是难有新发现,最终导致"失去了教学的激情与创造"。从发展的观点来看,教师每节课面对的学生都是新的,只要我们忠实于自我"感觉器官"的现实感知,而不迷恋或囿限于过去感知的记忆,就会真切地体验到"每一次发现都是新感觉",正是"新感觉"作为新的现实,使"有的人教了一年,却有了别人十年的水平,因为他每天都有创新、有发展、有进步"。这样的教师就只可能会常常为自己写不及而遗憾,而不可能会愁没有东西可写,也必定会在教学实践感随笔的撰写中获益良多。

要言之,教学反思以追求教学实践合理性、优化教学实践为动力,无论教学前的教案反思,还是教学中的即时反思、教学后的回顾反思,也无论是教学技术及其运用有效性的反思、教学理论实践应用的反思,还是教学规范、教学伦理的反思,都同时是一个被教学实践感实时监控的发现、探究、解决教学问题的过程,更是一个推动教学实践感进一步深化发展的过程。

需要说明的是,教师教学实践感的培养并不限于以上五种方式,而且,以上五种方式的先后顺序也并非固定不变的,每一种方式都可以在特定情况下成为第一步。例如,当课堂教学观摩、教学案例分析为教师带来的不是"第一印象"而是一定程度的反复感知时,教学反思就不必硬要作为第五步实施,而可伴随观摩、分析、VMBR训练和岗位实践全过程,充分发挥其深化教学实践感、促进教师专业化成长的作用。

总之,到目前为止,教学实践感还没有引起足够的注意和重视,对教学实践感的培养也还没有进入教师教育课程规划者的视野,以上还只是本书关于教师教学实践感培养的构想。这一构想的实际效果如何,还需要进一步付

---

① 薛法根. 不做重复的自己 [J]. 语文建设, 2010 (10): 67.

诸实施，通过更多训练实践的结果来检验。教学实践感的训练在教师专业成长中有特别重要的意义，还有待更多更深入的探索。但愿这一构想能起到抛砖引玉的作用。

第七章

教学实践感：教师教育的新路标

本书提出"教学实践感基点论"作为教师教育的新路标，旨在补救传统教师教育的"知识中心论"造成的偏弊。知识本身就有理论性意味，知识系统化的结果就是形成理论。因而，通常所说的教学知识，实际上就是教学理论知识。"知识中心论"的教师教育秉持"实践是理论的应用""知识就是力量"的信念，关注的重心是知识的客观的社会意义，认为教师的教学能力是由教育教学理论知识转化而成的，把"教学理论知识"置于教师之上，从而以教学理论知识为屏障，既隔断了教师作为现实的感性的活生生的人与教学理论知识创造者的精神联系，也隔断了他们与优秀的教育传统之间的精神联系，还隔断了他们和真实的充满生机和活力的教学世界的血肉联系，强制他们按照所谓教学规律来从事教学实践。"知识中心论"是在知识经济社会、终身学习等背景下产生的。越来越快的知识增长速度让人们感到无所适从，使在教师教育中追求一种稳定的、普遍的结构成了许多学者终生奋斗的目标。于是，加强"基础"就简化成了"加强教育教学理论知识的学习"，并成了许多教师教育研究者和实践者的选择，从而实际地支持了教育教学理论知识在教师教育课程中的中心地位。这样，尽管"知识中心论"的持论者本意并不是为了进行驯化教育，但其实践却比较容易陷入或趋近驯化教育，从而不自觉地把教师作为手段来为贯彻教学理论知识服务，再怎么乐观地想，最终也只会把作为人的教师培养成教育教学理论知识的奴隶，即某种意义上的"经师"。

与此相反，我们提出："教学实践感基点论"应该成为教师教育的新路标。我们不是排斥也不是反对教学理论知识的学习，而是认为教师教育不应该以教学理论知识为中心，因为教学实践并不是教学理论的应用，教师的教学能力也不是教学理论知识的直接转化。马克思指出:"理论只要彻底,就能说服人。所谓彻底,就是抓住事物的根本。但人的根本就是人本身。"[①]教学理论也不例外,必须真正"抓住""人本身",包括作为人的教师,和同样作为人的学生。教育的出发点是人,目的也是人,实现目的的主要中介还是人。是人,就必定是现实的、感觉着生存的、发展的人。"教学实践感基点论"力求遵循教师作为人的成长规律,尊重感觉在教师作为人的生命成长中所起的决定性的基础作用,突出教学实践感作为人类感觉的最高级形态在教师专业成长中的基点地位,强调教师教育首先得承认教师是现实的、感性的人,通过教学活动把教师培养成人,其次才可能培养出"人师",因为只有"人师"才可能培养人,才可能实现教育作为人类自由的、自觉的育人实践的本质。

第一节 教师教育的"知识中心论"现实审视

教师问题是世界各国教育改革共同的问题。教师教育要解决的是教师问题中的核心问题,即教师教学能力的生成问题。所有教师教育工作,都是为了解决这一问题展开的。霍姆斯协会1986年的报告《明天的教师》中明确承认:"近两年的共同工作中,我们发现了师范教育中许多值得批评的问题,同时也发现了我们要求彻底改革的愿望。改革是存亡攸关的。因为没有教师质量的大幅度提高,学生的成绩就不会有多大提高。没有师范教育的显著改进,教师质量也不会有多大提高。"[②]教师教育改革和基础教育改革一样,其课程的改革、教师教学行为的改变、受教育者学习方式的变革,无不是以先进的教育观念、教学观念、学习观念的更新为先导,否则,所谓改革就会要么以不变应万变而蜕化为保守,要么激烈偏颇而沦为盲动,要么只动皮毛不动筋骨

---

① 中共中央马克思恩格斯列宁斯大林著作编译局. 马克思恩格斯全集:第1卷[M]. 北京:人民出版社,1956:460.
② 霍姆斯协会. 霍姆斯协会报告:明天的教师(1986)(上)[J]. 范宁,编译. 杨之岭,林水,校. 外国教育资料,1988(5):1-9.

而流于应付。然而，屡次教师教育改革对教师教学能力培养这一问题的具体解决，一直没有令人满意过。尽管自20世纪30年代起，"教育评价之父"泰勒等人进行教学评价时，就接受了当时心理学的新观点，以全面发展人的才能为主要目标，而不再将教学等同于知识灌输，但直到今天，就教师教学能力的培养来看，综观既有教师教育的理论与现实，我们仍可以概括地说，"知识中心论"是长期以来教师教育的主导思想。这一概括与许多学者对传统教师教育的批判相吻合。学界对传统教师教育的批判，集中体现为三个问题：一是重理论、轻实践，不能有效地培养教师教学能力；二是重专业知识（包括学科专业知识、教师专业知识，以及新近多有强调的人文知识）的系统性，忽视知识与具体教学任务的联系；三是从基础理论课到专业课再到实践课（且实践课程所占课时比例极少）的课程开设次序，一方面增加了理论课程的学习难度，另一方面也不利于理论与实践的整合。正如人只有在游泳的过程中才能学会游泳，教师只有在教学实践中才能真正学会教学。尽管传统教师教育也呼吁要重视教师教学能力的培养，但在实际培养过程中教学实践一直处于最弱势的地位，与之相比，知识学习始终是中心，不是理论知识，就是实践性知识，仿佛知识是教育的唯一。

传统教师教育的"知识中心论"，还可以从以下几个方面来进一步剖析。

一、囿限于"知识中心论"的指导思想

之所以说传统教师教育的指导思想是"知识中心论"，最主要的原因是教师教育一直都是围着基础教育转，以基础教育的改革方向为方向，长期以来基础教育现实中一直没有得到实质性改变的"知识中心论"严重地影响了教师教育。回顾近百年来的教师教育，我们不难发现，教师教育似乎从来都只指基础教育教师的教育，因而从师范教育改革到教师教育改革都是以基础教育改革的指导思想为指导思想。2001年6月8日，《基础教育课程改革纲要（试行）》（教基〔2001〕17号）指出：

> 师范院校和其他承担着基础教育师资培养和培训任务的高等学校和培训机构应根据基础教育课程改革的目标与内容，调整培养目标、专业

设置、课程结构,改革教学方法。中小学教师继续教育应以基础教育课程改革为核心内容。

地方教育行政部门应制订有效、持续的师资培训计划,教师进修培训机构要以实施新课程所必需的培训为主要任务,确保培训工作与新一轮课程改革的推进同步进行。

2004年2月2日,《教育部关于进一步加强基础教育新课程师资培训工作的指导意见》(教师〔2004〕1号)指出:

> 明确培训内容,突出培训重点,增强新课程培训的针对性。新课程师资培训,要坚持通识培训与具体学科培训相结合。首先进行通识培训和学科课程标准培训,然后开展教材培训。要组织广大教师认真学习《基础教育课程改革纲要(试行)》,帮助教师深入了解课程改革的背景、指导思想、教育观念、改革目标及相关政策、措施等,增强实施新课程的自觉性和责任感;要组织广大教师认真学习研究相关学科的课程标准,重点学习课程目标、具体内容和评估要求等,使教师通过教学实践逐步掌握实施新课程的教学方法、手段和不同版本教材在设计思想、结构、内容和要求等方面的特点,胜任新课程的教学工作。

2010年7月29日,《国家中长期教育改革和发展规划纲要(2010—2020年)》指出:"加强教师教育,构建以师范院校为主体、综合大学参与、开放灵活的教师教育体系。深化教师教育改革,创新培养模式,增强实习实践环节,强化师德修养和教学能力训练,提高教师培养质量。"2011年10月8日,《教育部关于大力推进教师教育课程改革的意见》(教师〔2011〕6号)指出:"以'三个面向'为指导,构建体现先进教育思想、开放兼容的教师教育课程体系。适应基础教育改革发展,遵循教师成长规律,科学设置师范教育类专业公共基础课程、学科专业课程和教师教育课程,学科理论与教育实践紧密结合,教育实践课程不少于一个学期。按照《教师教育课程标准(试行)》的学习领域、建议模块和学分要求,制订有针对性的幼儿园、小学和中学教师教育课程方案，保证新入职教师基本适应基础教育新课程的需要。"上面几个文件中的"应根据基础教育课程改革的目标与内容""胜任新课程的教学工作"和"适应基础教育改革发展"等表达，和1996年9月12日原国家教委副主任柳斌在《在全国师范教育工作会议上的总结报告》中说的"国家设置各级各类师范院校，目的是培养培训数以百万计的中小学教师，离开了这个目标，师范院校就失去了存在的意义"一脉相承，都证明教师教育是为基础教育改革的顺利进行服务的。教因学而生，教师为教育而存在。但教师作为教育的保证，要能教，教师本身就必须是受教育的，而且是因受教育而独立成长为人的。值得深思的是，"遵循教师成长规律"的教师教育还一直闪耀在理想之中，没有回到现实。尽管《全球教育发展的历史轨迹：国际教育大会60年建议书》中提出"必须确保未来中学教师在大学的学院或其他高等教育机构受到安排良好的科学培训，……这种科学培训必须具有一定的专门化"[1]的观念得到了广泛的认同，教师教育的现实仍然没有实质性的改观。长期以来，基础教育中教师的教学任务是将各门学科的知识传授给学生，学生的任务是掌握预先为他们准备好的各门学科的知识。与此相应，职前教师教育中知识形态的学科专业课程占有绝对比重，而教师教育课程仍多是普通心理学（或者教育心理学）、教育学、教学法（或学科课程与教学论）"老三科"，实践课程（教育实习）往往只有4周时间；在职教师培训的具体内容仍然主要是"新课程改革的指导思想、教育观念、改革目标、相关的政策措施以及各学科课程标准解读等，使教师深入了解各学科改革的突破点以及对教学的实施建议"；而且，绝大部分教师，尤其是农村学校教师，连法定的继续进修权利也常常得不到保障，所谓继续教育学时登记也常常是造假以应付上级检查而已。正如有人指出："教育部关于新课程师资培训的主要内容，更多的是指向新课程本身，实际上是在'知识中心论'教育思想指导下设置教师教育内容。这种内容的呈现方式往往有利于实行注入式、满堂灌的教育方式"[2]。

值得一提的是，近二十来年，教师教育界比此前任何时期都重视教学实

---

[1] 全球教育发展的历史轨迹：国际教育大会60年建议书[M]. 赵中建，主译. 北京：教育科学出版社，1999：25-28.

[2] 周冬祥. 校本研修：理论与实务[M]. 上海：华中师范大学出版社，2007：167.

践，并贡献出了大量的教学实践研究成果，这对教学实践争取更高的课程地位有特别重要的现实意义。如福建师范大学的校长、长江学者特聘教授王长平、教师教育学院副院长吴文哲撰文《新时代师范人才高质量培养的若干思考》指出："当今师范生的三笔一画、教学设计、说课评课等教学基本功总体偏弱的情况普遍存在，甚至成为人们怀念当年中师教育的一大理由。高等师范院校应通过建立教师教育教学实训中心，建设师范技能训练考核平台，制定师范生教学能力考核与技能测试标准体系，开展师范生教学能力考评与技能测试，严格执行'不过关不实习不毕业'等多措并举，尽快扭转这一现象。"[①] 而且，国家教育行政部门出台的文件也显示了空前未有的力度。如《教育部关于大力推进教师教育课程改革的意见》（教师〔2011〕6号）提出："遵循教师成长规律，科学设置师范教育类专业公共基础课程、学科专业课程和教师教育课程，学科理论与教育实践紧密结合，教育实践课程不少于一个学期。"《教育部等部门关于进一步加强高校实践育人工作的若干意见》（教思政〔2012〕1号）提出："强化实践教学环节""各高校要结合专业特点和人才培养要求，分类制定实践教学标准，增加实践教学比重，确保……师范类学生教育实践不少于一个学期，专业学位硕士研究生不少于半年。"《教育部 国家发展改革委 财政部关于深化教师教育改革的意见》（教师〔2012〕13号）提出："实行5年一周期不少于360学时的教师全员培训制度""切实落实师范生到中小学（幼儿园）教育实践不少于一个学期制度。"《教育部关于加强师范生教育实践的意见》（教师〔2016〕2号）提出："在师范生培养方案中设置足量的教育实践课程，以教育见习、实习和研习为主要模块，构建包括师德体验、教学实践、班级管理实践、教研实践等全方位的教育实践内容体系，切实落实师范生教育实践累计不少于1个学期制度。"《教育部办公厅关于师范类专业办学条件和质量监测数据核验的通知》（教师厅函〔2021〕28号）中《师范类专业核心监测指标及内涵说明》里，"指标1.教育实践时间"规定："教育实践包括教育见习、教育实习、教育研习等环节，教育实践一学期指18个教学周。"《教育部办公厅关于进一步做好"优师计划"师范生培养工作的通知》

---

① 王长平，吴文哲.新时代师范人才高质量培养的若干思[J].教育研究，2022（4）：144-149.

（教师厅函〔2022〕22号）的附件《"优师计划"师范生培养方案特色内容指南》中"教师教育（含教育实践）"模块规定："组织城乡'双实践'：包括优质中小学校教育教学观摩与实践，以及欠发达地区教育调研与实践等""不少于18周"。如此等等对教学实践的重视，显然促进了人们把教学实践当成是作为人的教师的教学实践来对待。

然而，我们还须警惕，教师实践性知识在诸多教师教育实践研究中倍受欢迎，表明教师教育至今仍然没能完全摆脱"知识中心论"的囿限，教师作为人的感性的一面，尤其教学实践感，仍没有得到足够的重视和关注。

二、游离于教师成长规律的"知识中心论"课程观、教学观

传统教师教育中盛行的课程观、教学观是"知识中心论"的体现。既有课程研究表明，知识与学生、社会是课程的三个必要来源，课程发展的一个重要基础就是人类知识的增长。课程是在人类整体的历史经验知识的基础上进行选择、分类组织而成，离不开人类知识的传播和增长。教育理论家柏克·赫斯特曾把知识分成科学的、数学的、宗教的、道德的、历史的、社会的和审美的七种形式，认为以课程为知识的形式结构连接这七个领域的知识，就可以使受教育者分辨不同的知识形式而得到心灵的发展，并能以不同的方式认知世界。课程将各个学科的知识结构化，并按照各学科知识内在的逻辑，如独有的概念和程序、独特的逻辑建构，以独特的技法及其叙述方式安排成为教材呈现给受教育者，形成数学、哲学、物理、化学、文学等学科。从人类认识发展史来看，这样对知识进行分类和以分科形式进行教学是有利于教育的。任何知识不管以何种方式传达，总是客观存在的，没有了知识，教育就形同无源之水。但分科却造成了一种极端认识，即把知识作为课程的全部。而课程最初以生存知识为核心内容，后来知识反过来构成课程的全部，就造成了人性理念的缺失，于是形成了与儿童中心论课程观、社会中心论课程观完全相悖的知识中心论课程观。

这种课程观也因此流行于现实学校教育中并一度占据统治地位。具体表现就是，一方面，课程体系建构上呈现出鲜明的"知识中心论"倾向，即理论知识课程占有绝对多的课时，实践课程不仅课时少，而且常常形同虚设，

如许多学校的物理、化学课程的实验部分常常只有教师的实验演示，甚至以实验视频代替；另一方面，教师教育中流行的教学观是"知识中心论"的。教师教学观上的"知识中心论"，即教师往往认为课程是独立于教师和学生的客观存在，只要将知识以分科的形式呈现在各学科教材中，通过教师在课堂上讲解，而学生只进行接受的学习，就可以实现教育目的。换句话说，这种知识中心论课程观使人们以为教师的任务就是使受教育者掌握各教材中的知识，教师只要把知识讲清楚就算完成任务；还给人造成错误的学习观，即认为学生到学校来接受教育就只是要学会那些教材中的特定的知识并完成被动的知识内化；同时，知识的接受和掌握程度也相应地成为衡量学生发展的标准，其极端之一是以掌握道德知识的多少表示学生的道德行为品质，以致是否掌握这样一个知识体系成为判断一个人是否受过教育的重要标志。至于知识本身的发展历程，知识与学生现实生活的关系，知识是否进入了学生的活动和经验，知识对学生的"个人涵义"与"社会意义"是否一致，都不在考虑之列。换言之，在课程学习中，学生只需要掌握既定知识，只需要把外在的知识内化和把相应的思维方式占为己有，而不用管所学知识与人类整体经验的关系，只强调所学知识作为力量如何控制外部世界，而不管知识与自我的关系，只有知识的认知，而没有对知识意义的理解和反省，更没有对知识形成促进自我精神生长的革命性生命感悟。同时，一定社会的知识价值取向往往在学校教学中得到直接的体现。现代社会日趋精细化的专业化分工，也要求学校课程提供分化的知识和技能，突出知识的工具价值，以适应专家导向的、效率至上的社会需要，并加以社会道德知识的灌输来造就符合社会规范的学生行为。[1] 改革开放以来一度流行的豪言壮语"学好数理化，走遍天下都不怕！"典型地表达了那个时期人们重理轻文的知识价值取向，可为明证。只是这样一来，知识成了课程的全部，甚至于成为教育的全部，学生也和他们接受的知识一样异化为工具，即各种实用性的技术人才和技术社会的技术工具，并且不再有精神发展从而不再成其为人。

前面刚刚说过，近百年来的教师教育一直都是以基础教育改革的指导思

---

[1] 金生鈜. 理解与教育：走向哲学解释学的教育哲学导论 [M]. 北京：教育科学出版社，1997：157.

想为指导思想。这种基础教育现实中的"知识中心论"的课程观和教学观，也因此浸润了教师教育，并且又通过师范生直接传递到基础教育甚至高等教育中，形成恶性循环。自20世纪80年代以来，人们反复强调"教育不在于获得有用的知识或技能，而在于发展求知能力，不在于学习而在于达成理解，不在于获得信息，而在于完成智慧"[①]的教育观念，呼唤实施素质教育，但仍然没有能从根本上终止这种恶性循环，其表现之一就是高师院校课程比例失调：

> 学科课程占到65%以上，基本上和综合性大学差不多，大大高于其他国家学科专业课程的比例；而教育类课程的比例都在10%以下，和其他国家的差异过大，不能体现师范性的特色，对教师教育的教师技能和教育专业的培养力度不够。[②]

同时，学术性和师范性之论争也是在知识中心论基础上展开的。不少高师院校在课程观念上盲目向综合性大学的学术性看齐，认为突出师范性就会降低师范院校的办学水准，这导致大部分高师院校教育类课程内容陈旧僵化、课程设置呆板，公共基础课程门类单一，缺乏综合性课程；学科专业课程比例大却内容庞杂，门类多又缺乏内在逻辑联系，主干课程不突出；在教学实践中重视抽象的、深奥的专业理论课讲解而忽视学生的实际操作，专业实践时间短到只有4~6周而且实效性差，侧重于传统教育文化知识而忽视教育前沿文化知识，既脱离基础教育需求实际，也脱离高等师范院校自身特点。于是，有人指出，由于人的缺席严重地背离了激活受教育者生命价值的教育改革的方向，"知识中心论的课程观已经成为我们课程改革的严重阻碍。这种课程观的错误就在于，认为知识自身的价值就是课程的全部依据，课程就在于为学生的学习提供知识材料，学生的学习不过是对知识的认知与掌握，只把

---

① BLEINKIN G M, KELLY A V. The Primary Curriculum [M]. London: Harper and Raw, 1981: 91.
② 汪青松. 科学人文教育融合与复合型教师能力培养国际研讨会文集 [C]. 合肥：合肥工业大学出版社，2007：222.

课程视为知识承传工具"①。于是,又有人进一步指出:

> 知识中心论课程观的错误就在于将知识视为必然的、超越时空的、客观的真理,认为知识自身的价值就是课程的全部依据,课程就在于为学生的学习提供知识材料,教育过程就是所谓的特殊的认识过程,学生的学习不过是对知识的认知与掌握。从而否定了课程的其他的价值依据与来源。显然,这种课程观缺乏充分的合理性依据。任何课程所选择的知识、经验都应有其教育内部与外部社会两方面的合理性依据,完全是由所谓的中性知识或客观真理构成的课程是不现实的、不存在的,即便是由标榜"价值中立"的现代科学知识所建构起来的学校课程也同样是在知识之外寻找、确立其合法化及恰切性依据的。②

总之,在教师教育中,无论是职前培养还是职中教育,"知识中心论"课程设计始终占据统治地位,职业专业本位论课程和教师本位论课程,仍只存在于教育专家学者的理想之中,未能得到实施。这一切,都源自游离于教师成长规律的"知识中心论"课程观、教学观。

所幸的是,这种情况在近十多年开始有了好转。《国家中长期教育改革和发展规划纲要(2010—2020年)》的制定,以及《教育部关于大力推进教师教育课程改革的意见》(教师〔2011〕6号)对"遵循教师成长规律,科学设置师范教育类专业公共基础课程、学科专业课程和教师教育课程,学科理论与教育实践紧密结合,教育实践课程不少于一个学期"的强调,《教育部 国家发展改革委 财政部关于深化教师教育改革的意见》(教师〔2012〕13号)对"健全教师教育标准体系","落实教师教育课程标准","优化课程结构,强化教师教育课程"的突出,还有《教育部办公厅关于进一步做好"优师计划"师范生培养工作的通知》(教师厅函〔2022〕22号)的附件《"优师计划"师范生培养方案特色内容指南》的强调"课程体系是人才培养的载体","在合理

---

① 苏小平,刘丙辛. 首都教育战略与学校发展 北京市校长高级研修班研究论文集[C]. 北京:红旗出版社,2005:247.
② 郝德永. 课程与文化:一个后现代的检视[M]. 北京:教育科学出版社,2002:380.

设置通识教育、专业（领域）教育、教师教育（含教育实践）课程结构的基础上，围绕培养目标和毕业要求，结合中西部欠发达地区教育实际"，"专业（领域）教育"规定要"结合专业（领域）特点，丰富特色专业（领域）教育内容，设置跨学科（领域）课程"，以"重点体现""特色课程内容"，等等，以及教育研究界"打造基于促进教师核心素养教育胜任力发展的课程体系"的呼吁，为教师教育从根本上改变以往普遍存在的或以传授理论知识为主，或以具体方法、技能传授为主的培养模式带来了希望，也有望终结教师作为现实的、感性的人的成长规律的"被忽视状况"。

三、偏于知识人培养的"知识中心论"教师学习评价观

传统教师教育中教师学习评价的主导倾向也是"知识中心论"的。这主要缘于教师培养为基础教育服务的目的。教学总是教师的教学，教师因其从事教学而成其为教师。因而，教学评价可以暂时"悬置"教师，但教师评价却一刻也不能离开教学，教师评价中，教师的教育教学能力，无论在管理层还是在教师群体中，都是首要的内容，说到底，教师评价主要是教师教学能力评价。现实中任何教师的教学能力的评价都离不开其教学活动，并受其教学活动效果的制约。"以学生为本"的"以学论教"正在取代"以教师为中心"的"以教论教"成为教学评价的主流。"以学论教"即以学生之"学"衡量教师之"教"，也就是根据学生的学习参与自觉程度、知识掌握程度、能力形成程度、思维发展程度、行为自律程度等，来评定教师的教是否有效和效果如何。"以学论教"的教学评价的倡导，原本旨在纠正从教师的角度出发来设计和评定教学活动自觉不自觉地忽视了学生成长规律而"以教论教""以教论学"的偏颇，符合教以学立、教为学立的原则，在现实中也确实起了作用。但是，"以学论教"侧重教师教学效能的核定，又不知不觉地忽视教师作为人的成长规律，走向了另一种偏颇，从而也在很大程度上成为制约基础教育质量提升的桎梏。究其原因，虽然观念意识上现代教学论的价值取向正在从过去的知识中心论转向能力中心论，教学评价也正从知识中心论转向能力中心论，但现实中仍如五十多年前《学会生存》所指出，"很久以来，教育的任务就是为一种刻板的职能、固定的情境、一时的生存、一种特殊行业或特定的职位作

好准备,教育灌输属于古旧范畴的传统知识。这种见解至今仍然十分流行"[①],"以教论教"也罢,"以学论教"也罢,两种教学评价也还没有真正摆脱"知识中心论"的陷阱。

首先,教学评价的育人目的、标准始终没有脱离塑造"知识人"的定位。无论是"高分低能"普遍存在的过去,还是大力倡导素质教育、知识经济的今天,"学校教育培养有知识的人,这是无可非议的事,过去是这样,现在是这样,我想以后也会是这样。只要有学校的存在就离不开知识的学习和传授,这也是大家所公认的。但是,引起当今学校教育重重危机的绝不在于它承担了传授知识的任务,而在于它致力于塑造一种知识人"[②];"塑造知识人是一个根深蒂固的教育信条。这一信条的人性设定是把知识、求知看作是人的唯一规定性,它颠倒了知识与生活的关系。科学的范式是知识人所设定的知识界限,不在这一界限之中的经验和意识都被排斥在知识范围之外,由此,知识人的知识也就脱离了人的生活世界。在这样的知识观的主宰下,知识人的世界是一个意义缺失的世界。塑造知识人的教育信条应当在理论与实践的批判中逐渐解构"[③]。然而,这信条不是几位先觉的专家学者说要解构就会自然解构的。既然要塑造知识人,那作为塑造者的教师应该首先是有知识的人。教师成长评价也就自然不会在知识人的范围之外。

其次,教学评价的教学内容标准难以摆脱"教材知识中心论"。无论是"教什么"还是"用什么教",这里的"什么"即课程内容都是一切教学活动的附丽所在,既无法设想没有任何内容的教,也无法想象没有任何内容的学。课程内容的改革是每一次教学改革如期实现的关键。课程内容最基本的载体是教材。而长期以来,教材所体现的课程内容,也就是通常所谓的教学内容,都是以知识的类别来组织结构的,它强调知识的类别性,注重学科内部的逻辑性。比如语文教材,通常等于由文字知识、语言知识、修辞知识、逻辑知识、文章知识、听读说写知识、文学鉴赏知识等构成的"语文知识",是培

---

① 联合国教科文组织国际教育发展委员会. 学会生存:教育世界的今天和明天[M]. 华东师范大学比较教育研究所,译. 北京:教育科学出版社,1996:98.
② 鲁洁. 一个值得反思的教育信条:塑造知识人[J]. 教育研究,2004(6):3.
③ 鲁洁. 一个值得反思的教育信条:塑造知识人[J]. 教育研究,2004(6):3.

养学生的言语能力和思维能力的基础；再如物理教材，通常就是力、热、电等知识体系和知识的内在联系形成结构，把从"自然"中分离出来的"物理"作为培养学生感知物理现象和物理事实、分析解决物理问题的物理思维能力的基础。这本是无可厚非的，即使是人们在观念上正以"用教材教"取代"教教材"的今天，任何一门学科课程的教材都应当包含基础知识和基本技能两个方面，其中基础知识又包含理论知识（基本结构、基本原理）和一般知识。在理论知识、一般知识和基本技能三者的关系处理上，仍应以理论知识为逻辑线索，这与布鲁纳的"结构课程论"和赞科夫的"以理论知识为指导的原则"基本一致。问题在于，虽然"知识在教材中应以'生命化'的方式存在"[①]，但教材知识毕竟是脱离其建构主体和编制主体因而丧失了主动性的客观、静态的存在，它能否为学生掌握并转化为学生的精神财富，全靠教师怎么"用"和如何"教"、学生怎么"学"和如何"用"。而现实中，大多数教师从来没有遇到过"教材编订问题"，即如何确定具体学科课程教学内容及其应该达到什么程度、什么样的编排最为合适、学校所发教材中哪些是基础知识、为什么这些就是基础知识而那些不是等问题，而以"钻研教材"为首要任务，以"教教材"为满足，甚至还有些所谓的专家，在评课时指责授课教师不应该讲授教材没有的内容，或者没有按教材上的讲授。这种"唯教材知识是举"的教学评价，在实质上造成了教师对教材的无条件遵从，自然也会反过来渗入教师教育中的学习评价。

再次，教学评价的教学效果标准的核心仍然是学生知识掌握程度，而不是学生的能力水平。能力是内隐性的，"总是和人完成一定的活动相联系在一起的。离开了具体活动既不能表现人的能力，也不能发展人的能力"[②]。学生是否形成某种能力，只有通过相应的行为活动表现出来才能为人感知，可是，"能力本身有很大的创造性和伸缩性，究竟在多大的程度上，通过什么方式客观地表示出来，至今仍无理论上和实践上的充足依据"[③]。这为教学评价中判断学生能力水平造成了相当大的困难，即便是皮连生教授等人大力倡导的行

---

① 郭晓明，蒋红斌. 论知识在教材中的存在方式[J]. 课程·教材·教法，2004（4）：3.
② 鲍钢. 中国基础教育论文集：第2卷[C]. 北京：中国人事出版社，2002：122.
③ 鲍钢. 中国基础教育论文集：第2卷[C]. 北京：中国人事出版社，2002：122.

为主义教学目标制,也没法包打天下,因为人的能力有很多种,有些能力根本不会在行为活动上表现出来,或者暂时不能通过行为表现出来。而知识掌握程度则较容易考核,抽象性知识、事实性知识、技能性知识和经验性知识,都可以通过复述法、再现法、板演法、测验法、回示教法、测验、考试等方式完成。或许正因如此,现实中人们虽然都认同教学不是仅学习知识(实质教育),也不是单限于发展智力、培养能力(形式教育),而是在学习知识的过程中发展智力、培养能力,因而主张教学评价应该是知识掌握与能力养成相统一的评价,可在行动上却难以摆脱传统教育的影响,难以协调知识演播与智力发展、能力培养的关系,走不出知识教学的圈子,仍然是以知识掌握评价为主,甚至唯一。最让人痛心的是,教学评价在实际上很单一,常常单一到只有局限于知识掌握程度的考试一种测量方式,不光家长只问孩子考试成绩,教师也把考试成绩当成对学生学业成就的完整评价,当作自己的教学活动有效与否的主要甚至唯一依据,据以判断学生学业进度和调整教学内容与方法。教师教育培养出来的教师必须能适应现实教学环境,必然不能无视在职教师的教学评价实际。

然后,教学评价的教学过程标准是知识点讲解是否深刻、透彻,是否便于学生理解、掌握。新中国成立初期有中小学教师热烈讨论过知识讲解是否应该讲深讲透的问题,有人坚持也有人反对。这种观念之所以长期存在,既有观念陈旧的原因,即还认为"教师是知识的权威而学生只能学习接受知识",也有实践感知片面化的原因,即将在现实教学中把基础知识讲正确、讲明白以使学生能举一反三且学会学习和获取知识的必要性和科学性夸大到全部知识,而忽略了这必要性和科学性本身是有条件的。语文特级教师窦桂梅指出:"这种讲深讲透的思路,实际就是一种完全科学化的路子,学习数学、物理、化学的路子。学数理化等理科课程,讲深讲透一个例题,后面就附着相当数量的习题;学生学会一个例题,就会做数量相当多类似的习题。这种总体思路,对语文教学来说有效但无大效,几十年来中国语文教育一直在少慢差费中徘徊,原因在此。"[①]事实上,即使是数理化等理科课程也不能不讲条件地一味讲深讲透,如小学生"万以内数的认识"一课的教学中,有教师遵

---

① 窦桂梅. 讲深讲透与扩展积累[J]. 小学教学参考,2003(12):6.

从讲深讲透原则,不适当地把教学要求提高到认识一万和万以内的数,要求学生能够熟记最初五个数位的顺序,即"个、十、百、千、万",结果学生对这五个数位先入为主,印象很深。表面看这样的教学很成功且很超前,实际上却把认识万以内的四位数变成了认识一万和万以内各数,所学数中的最大数就是最小的五位数了,从而破坏了读数写数中数位、数级知识之间的内在联系,为此后教学多位数的认识及其读写人为地增设了困难。[1] 客观地看,必要时才讲深讲透,是让学生面向知识形成过程去获取知识,要求学生主动创造性学习,[2] 能促进学生的发展,最宜倡扬;而巨细无遗地讲深讲透是让学生直接面向知识结果去获取知识,这使得学生学会的只是接受模仿性学习,不利于学生的发展,因而该避免。有几个问题必须直面:一是教材知识内容如课文需要讲深讲透吗?[3] 把教材中所有内容巨细无遗地讲深讲透,势必造成教学以教师为中心,完全忽视了学生通过自己努力理解、掌握知识的可能,把学生当成知识容器而剥夺其思考和参与的机会与权利、压制其个性发展;二是"讲深讲透"可能吗?即使教师够水平,有限的课堂时间也不允许,加上"深""透"都是主观标准,伸缩性极大,"讲深讲透"是不可能的[4];三是教师讲深讲透了就等于学生学深学透了吗?答案是显而易见的。此外,我们认为,在坚持科学性、知识性、趣味性相结合的原则的同时,能用准确、优美、清晰而层次分明的语言言简意赅地把知识讲解得精彩绝伦,是课堂教学成功的基础。但是,如果为讲解而讲解,不论是否疑、难、关键的知识点,都一讲了之,把讲解变成了教师个人讲解能力的展示甚至表演,或者认为只要讲就能讲深讲透,讲深讲透了学生就理解深刻、透彻了,那就危险了。教师教育中教师学习注重讲解能力训练,必然有个"为讲解而讲解"的阶段,但把这种特定阶段旨在训练讲解能力的做法误解成在现实教学中必须讲深讲透的做法,就可能贻害难遏。

最后,教学评价的主体主观标准仍然主要是对"知识就是力量"的无条

---

[1] 陈今晨. "讲深讲透"弊端例析 [J]. 江苏教育, 1985 (23): 42.
[2] 钟以俊. 面向知识形成过程的教学策略 [J]. 中国教育学刊, 1995 (5) 20–23.
[3] 石景章. 课文需讲深讲透吗? [J]. 教育科研论坛, 2006 (9): 54.
[4] 谷沛. "讲深讲透"是不可能的 [J]. 文汇报, 1964 (16): 3.

件信奉。培根16世纪提出的"知识就是力量"这一口号之所以长期受到推崇，既与当时科学技术迅速发展带来知识更新加速的社会文化背景直接相关，也因为自此以后知识始终是以超历史的速度在生产和更新。但在事实上，人类任何时候对知识都是有选择的，否则，对"知识就是力量"的信奉就是不科学的，因为此处"力量"这个概念决不能在通常的抽象意义上去理解。要言之，教学评价的知识中心论取向主要体现在内容评价上以教材为中心，具有极大的局限性。知识中心论取向的理念导致教学评价过分看重知识体系，而忽视了学生作为人的实际发展。和教师教育的指导思想及其课程观、教学观在为基础教育服务的目的指引下沦为"知识中心论"一样，基础教育教师评价的这种知识中心论倾向也使教师教育中的学习评价长期以知识考核为主。简而言之，只要知识性仍然被看作是教师工作的首要特征，知识仍然是教学的核心要素，知识掌握问题就仍然是教学评价的关键性问题。基础教育是这样，教师教育自然也这样。

需要特别注意的是，在知识中心论的主导倾向外，教师教育中还出现了"去理论化"的主张。按照一般理解，知识在一定程度上系统化地呈现出来，就是理论。那么，"去理论化"在实质上就是"去知识化"。我们在这里探讨的教师的教学实践感及其重要性，一是主张教师对教学理论知识的学习要"感觉化"，而不是"不要"，更不是"去理论化"；二是反对把教学理论知识学习当成教师教育的目的，反对把教师学习只看成学习教学理论知识；三是反对"教学理论知识无用论"，同时主张教学理论知识只是培养教师教学能力的手段；四是教师教育需要知识，教师专业成长既需要学习教学理论知识，也需要通过教学理论知识学习，以形成分析理性思维，教师教育更需要积极探索新的教学理论知识、教学方法和教学途径。更重要的是，我们在承认知识的作用和地位的同时，要始终牢记教育哲学家怀特海的告诫："要使知识充满活力，不能使知识僵化，而这是一切教育的核心问题。"[①]而要做到使知识充满活力，就必须时时刻刻警惕离开感觉来解决知识掌握问题。这是因为，知识的构建生成过程"是由永恒客体进入感受的新颖确定性之中的流变所构成的，

---

① 怀特海. 教育的目的[M]. 徐汝舟，译. 北京：生活·读书·新知三联书店，2002：9.

而这种感受则把现实世界吸收到新颖的现实性之中"[①]。

第二节 "教学实践感基点论"诠释

在人类教育史上，长期以来一直重视受教育者的感觉，并利用感觉训练来实现教育目标。在中国，古代《礼记·学记》中"虽有嘉肴，弗食，不知其旨也；虽有至道，弗学，不知其善也"，就是强调感觉在认识上的基点作用。在西方，拉伯雷为进行教学而绘制过直观的艺术图画；夸美纽斯在教学论史上第一个明确提出并从理论上分析论证了直观性原则；卢梭的《爱弥儿》中专门论述了"感觉训练"；裴斯泰洛齐"确立了一个最高的教学原则，即感觉印象是一切知识的绝对基础"[②]；第斯多惠主张以直观性原则为"革新课堂教学的主要的原则"[③]；乌申斯基强调根据"学生是以感觉来进行思维"的规律进行教学，蒙台梭利倡导并实践了"感觉教育"；……可以说，直到今天，强调感觉之基点地位的直观教学仍然是公认的基本教学法。然而，迄今为止，重视感觉在教师的专业成长过程中的基础作用的人却极鲜见，国外只有蒙台梭利曾自信地提出，她的儿童感觉教育若能适当扩展开来，将会适合任何教育阶段的受教育者；国内只有山东省威海市文登区大众完全小学校长王月玲、吉林省抚松县抚松镇第二小学校长李瑞艳，明确提出要"让每一位教师都找到感觉"。因此，我们有必要对教学实践感基点论予以更详尽的阐明。

一、"教学实践感基点论"的内容

我们提出以教学实践感为教师教育的基点的主张，概称之为"教学实践感基点论"。有两点必须说明：其一，与既有的"知识中心论"一样，教学实

[①] 怀特海. 过程与实在：宇宙论研究[M]. 杨富斌，译. 北京：中国城市出版社，2003：81.
[②] 裴斯泰洛齐. 裴斯泰洛齐教育论著选[M]. 夏之莲，等，译. 北京：人民教育出版社，2001：141—142.
[③] 第斯多惠. 德国教师培养指南[M]. 袁一安，译. 北京：人民教育出版社，2001：118.

<<< 第七章 教学实践感：教师教育的新路标

践感基点论是作为一种教师教育指导思想，而不是作为一种操作手段或者技能提出的；其二，"教学实践感基点论"不是"教学实践感中心说"，这是因为：第一，它不突出教学实践感的中心地位，只强调必须承认教学实践感在教师专业成长中的基点地位并切实予以确立；第二，在教学实践感这一基点之上，教师素质至少包括教学案例的积累、教学理论知识的积淀、教学理论的建构与更新、教学思维的形成和发展、教学艺术的创造以及教学潜能的蓄积等方面。教学实践感虽然只是基点，但如果没有基点或有错误的基点，必然导致教师教育整体上的低效、无效，甚至负效。

教学实践感基点论包括以下几个方面的内容：

第一，与知识相比，教学实践感是教师教学能力生成的更基本的起点和来源。这是因为，一方面，"感觉是认识的开端和起源"，"一切知识均来源于感觉"，教师的一切关于教学实践的知识只能来自他对教学实践本身的感知，而且起决定作用的主要是在从事着教学实践的同时对教学实践本身的感知，即教学实践感；另一方面，任何教学理论知识只能以感觉形态存在才能发挥作用。任何知识在某种意义上都是一种"过去"。在多元动态生成的视野下，以"内容的整体性、意义的建构性、生成的转化性与表现形态的实践性"为特征的教学理论知识，包括"为什么教学即意义性知识，教学什么即本体性知识，谁教谁学即主体性知识，怎样教学即策略性知识，教学结果如何即反思性知识"[1]，以及按什么顺序教学即过程性知识，教成怎样即形式性知识，这些都只是教学实践本身的知识形态，都是一种"过去"。而正如罗森诺夫所指出："我们的过去则不再行动，但有可能行动，并且会通过将自身插入一个当前感觉而从中借取活力。的确，从回忆借助于这种方式将自己现实化的那一刻起，它就不再是回忆，而再次变成感觉了。"[2] 这些知识必须"感觉化"才能起作用。我们尽可以依靠从知识到知识的推理来形成新的知识，从理论到理论的推理来创造新的理论，但知识和理论要能够付诸现实而有效，还得经过感觉化这一环节。事实上，根本没有什么纯粹的从知识到知识、从理论到理

---

[1] 朱德全，杨鸿. 论教学知识 [J]. 教育研究，2009 (10).
[2] 南希·罗森诺夫. 跟着直觉走 [M]. 杨炜，杨春丽，曾冰颖，译. 广州：花城出版社，2004：218.

论的推理，因为，任何人在推理的时候虽然没有面对物质性的现实，但却必然以对知识、理论所提供的"必然性关系中的客体"的丰富想象为真实对象，否则，所谓推论将无从谈起。与这种想象不同，"一切从实际出发"的知识、理论的生成所依靠的根据，是对事实的回忆感知。

第二，一个立志做教师或者选择做教师的人，在接受教师教育之前，他们已经具有了相当程度的教学实践感——最合理的解释是，尽管其整体素质还有待提高，但他们已从自己的老师的教学中感受到了教师生命的魅力，并忠实于自己的感觉择善跟从，教学实践感造就了他们做教师的志向和选择。这是教师自身的一笔财富，也是教师教育必须加以开发利用的精神资源。这在许多优秀的代课教师和民办教师身上都有体现，他们没有像正式教师那样先系统学习教育教学理论又经历教育实习后才做教师，而是由于种种机缘首先进入教师岗位以"无理论教学"开始其教师生涯的。但他们以原始的方式即感觉，忠实地探索着决定其生存的教学实践，就像年轻农民慢慢知悉了季节时令与耕作之间的规律性关系一样，他们忠实于自己对学生和既有教学条件、教学要求的现实感受，逐渐形成了教学实践感，并"享受"地以"读书"方式不断予以丰富、发展，以优秀的教学实绩转为正式教师，甚至成为全国名师。1969年7月16日到农村小学报到当教师的魏书生，就是一个典型的例子。作为"一个既无教学经验更无教育思想的孩子头"，"那时他简单地认为，干好教师工作的标志，只不过是让学生听你的话，好好听课好好写作业，减少打架骂人和其他的是是非非。为了能让学生听话，他也喊也叫也发脾气，只是因为喊叫和发脾气都收效甚微，而通过借鉴母亲对他和弟妹们的教育方式，他才形成了和风细雨的恳谈式解决矛盾的风格。为了能让学生好好听课好好写作业，他也曾把'有文化的劳动者''共产主义接班人'那一类的大道理挂在嘴边，可说着说着他自己也觉得太大而无当了，他才总结出了他的商量教学法及从培养学生爱好兴趣等细微处着手的其他工作方法。"于是，"在念《毛主席语录》的过程中，他仍然惊异地发现，原来已经被'革命'革得臭不可闻的教育这门学问，其实充满了深奥的玄机和无穷的魅力，他从中看到的是一个新鲜而又广阔的世界。"于是，他开始"日复一日、年复一年地钻研有关教育的知识，常学到食不甘味、寝不安席的地步。即使身患重病，也还是不愿间断"[①]。……正是忠实于自己"教书之后才发现学生们心灵天地的广阔"的感受，正是像农民愿意和庄稼一起生长一样，他忠于学生学情现实地"和学生一起商量、讨论"的课程学习[②]，终于让他成长为特级教师（1984年）、功勋教师（1995年），名满天下。

第三，教师教育应从以教学理论知识为主转向以教学实践为主，以鲜活的现实教学活动吸引教师（包括师范生和接受继续教育的教师），点燃他们作为人的感知、想象、情感和思维，广化、深化、美化、敏化他们的教学实践感，通过他们作为教学主体的听、看、讲和动手实践，使他们大步走向现实的教学生活，并不断发现自我、展示自我，使他们成为真正的人，进而成为真正的"人师"。说到底，教师教育可以尽量利用教学理论知识，乃至现代科技成果的帮助完成其工作，但它自身不会变成一门知识科学或者技术科学，而只能是通过教学实践育人的人文科学。一个人只有在从事教学实践的过程中感觉着教学活动、从事教学活动，才能成长为真正的教师，教学理论知识、教学技能、教学素养只是其躯体，而凭借教学实践感对自己作为人的自身完善的关注和追求，才是他的灵魂。

第四，教学实践感的生成、发展和丰富最能体现教学与教师的生命之一体性关联。有人说，教学是一种育人工具，教师也是一种工具，教师教育就是制造教师这种工具的专门教育。这是有一定道理的。但必须进一步说清楚的是，教学作为一种教育工具，它与一般工具不同，这不同在于其核心构成不是别的任何东西，而只能是教师自身整体的生命存在。一般来说，"工具在人之外，人和工具之间总是保持着一定的距离，不能把工具和使用工具的人混淆起来，正如不能把笔和用笔写出来的字混淆起来，把车和由车运载的东西混淆起来一样"[③]。当然，"工具是人对自然物的精神性改造"[④]。教学是教师"以神相感"的生命示范，就是教师用自己的生命，用自己个性鲜明的生命才能去感动、激活、唤醒学生的个性生命，在实质上就是教师对自我生命的一

---

① 于月萍. 魏书生评传［M］. 桂林：漓江出版社，2000：21-23.
② 王伟. 当代中学语文教育专家研究［M］. 北京：教育科学出版社，1992：46-53.
③ 王尚文. 语感论［M］. 上海：上海教育出版社，2006：359.
④ 韩民青. 人类论——一般人类学大纲［M］. 北京：中国广播电视出版社，1988：197.

种自我开发、改造和利用。因而，教学作为一种知识可以在教师之外，但作为一种实践只能在教师之内，是教师职业生命的全部。教学是教育的工具，但它首先得是教师作为人的生命活动、精神活动，才能成为教育的工具。教师是工具，但更是与其功能对象即学生一样有生命的人。离开教学，教师将不成其为教师，但他仍然是人；离开教师，教学则会沦为空洞的形式而不能成其为教育工具。想要看到教学是教师作为人的生命活动、精神活动这一真相，要把握教学本身的人文内涵，就应该在教师教育过程中关注并追求教师作为人的自身完善，从而以教学实践感为基点，在教学理论知识学习、教学技能训练之外，强调教师凭借教学内容展示自我鲜活的生命对学生的熏陶、感化，开发利用教师在学习过程中对教学实践的涵泳、体验和感悟，帮助教师在具体教学活动中形成、提高其教学能力。

第五，教师教育应当聚焦于教学实践，以教师的教学实践感为基点，以教学活动过程激活教师感觉，以提高教师感觉素质、丰富和发展教师作为人的职业化生存感觉即教学实践感为首要任务，在此基础上辅以教学理论知识的学习、建构以及有关的技术训练，发展教学思维，培养教学能力，生成教学理论，乃至形成教学思想。

二、"教学实践感基点论"的哲学、心理学和教育学诠释

（一）哲学诠释

教育是人类自觉加速自我建构的主要方式，人是教育的对象，也是教育的目的。作为教育根本途径的教学活动和其他人类实践的不同，就在于其主体和对象都是人。对实践对象的认识是实践本身获得成功和发展的前提。教学有效的前提，是对人有正确而全面、深刻的认识。哲学作为关乎全局的人文科学，是人类通过自己的经验和理性来认识人的世界的总结概括，其中心任务是认识人，其特点是从高度抽象概括的角度来考察人。[①] 马克思实践哲学的核心概念是人和实践，正如"自然研究家尽管可以采取他们所愿意采取的态度，他们还是得受哲学的支配"，我们为教师教育提出教学实践感基点论的

---

① 杨适. 人的解放——重读马克思[M]. 成都：四川人民出版社，1996：56–57.

指导思想，自然不能无视一个基本的事实，即对于人本身的认识总是时时渗透在教师教育活动中。

"教学实践感基点论"源自于教师教育的人文性，主张通过广化、深化、美化、敏化教师的教学实践感，促进教师作为人的成长和发展。"各个人自由发展是一切人的自由发展的先决条件"[①]，真正的人是全面自由发展的人，而"每个人的全面和自由发展"就是"人终于成为自己的社会结合的主人，从而也就成为自然界的主人，成为自己本身的主人——自由的人"[②]。所谓自由，就是人具有独立人格、自由精神、自觉的责任感和行为自主的能力。教师要通过教学实现育人目的，他自己就必须首先成为人，成为自由的人，只有这样才能成为"人师"。人之成长为人，是一个由自然人"人化"为社会人的过程。"人化"必然首先是感觉的人化。人是通过自己的实践造就自己、肯定自己的。而感觉是人的最原始最基本的实践方式，是人类肯定对象世界从而也是肯定自身的基本方式。同时，感觉的人化也是以人本身的对象化为前提的。马克思指出："社会的人的感觉不同于非社会的人的感觉。只是由于属人的本质的客观地展开的丰富性，主体的、属人的感性的丰富性，即感觉音乐的耳朵、感受形式美的眼睛，简言之，那些能感受人的快乐和确证自己是属人的本质力量的感觉，才或者发展起来，或者产生出来。"[③] 如果说语感是人类最主要的、最典型的实践感，因为人只有在语言中才能真正地展开属人的本质的丰富性，才能确证和实现人的本质力量；那么，教学实践感就是由教师群体来体现的人类自我建构赖以实现的最重要的实践感。教师作为人，其感觉是在发展中经过教学活动的塑造而成为教学实践感的。教学活动是教学实践感的外化，教学实践感是教学实践的对象化。就具体的教师个人来讲，作为实践的教学和教学实践感，既相互分离、相互对立，又相互依存、相互转化。而就整个教师群体来说，教学活动依存于教师个人的教学实践感。如果没有

---

① 中共中央马克思恩格斯列宁斯大林著作编译局. 马克思恩格斯全集：第4卷 [M]. 北京：人民出版社，1958：491.

② 中共中央马克思恩格斯列宁斯大林著作编译局. 马克思恩格斯全集：第19卷 [M]. 北京：人民出版社，1963：247.

③ 马克思. 1844年经济学—哲学手稿 [M]. 刘丕坤，译. 北京：人民出版社，1979：79.

教师个人的教学实践感，那么，所有的教学知识都没有实践价值，更遑论理论价值。前面说过，任何知识、理论只有经过感觉化成为感觉，才能"有所行动"，才能对现实实践起作用。

　　实践活动是人之所属，也是人心之所属，更是实践感之所属。教学实践感是教师整体生命之所属。作为主体的人与作为对象的教学实践之间似乎存在着一条"非此即彼"的界线，教师是教师，教学只是教师的教学。但在教学实践感中，教师却与教学活动"亦此亦彼"、一体存在。如果说，人可以定义为具有实践感的存在，实践感的世界就是他生存的世界，他生存的境界就是其实践感的境界，那么，教师就是具有教学实践感的特殊存在，教学实践感的世界就是他的职业生存世界，他的生存境界就是他教学实践感的境界。同时，"人只有凭借现实的、感性的对象才能表现自己的生命"[①]，而且"只有当对象对人说来成为人的对象或者说成为对象性的人的时候，人才不致在自己的对象里面丧失自身。只有当对象对人说来成为社会的对象，人本身对自己说来成为社会的存在物，而社会在这个对象中对人说来成为本质的时候，这种情况才是可能的"[②]。人是通过自己的实践活动来建构自我而成长为人的。一个人一生可以从事若干种实践活动，但真正在其自我建构上起决定作用的，是职业实践活动。教师教育经由教学活动而将教师培养成人，必须致力于教学实践感的培养，即以教学实践感为基点，使教师的教学实践感"由片面而全面、由肤浅而深刻、由贫乏而丰富、由迟钝而灵敏"[③]。

　　如前所述，教学实践感不仅是对教学实践活动的感知和有关正误的判断，而且是"包括认识、情感在内的对教学实践的全方位的感知的判断"，因而教学实践感是教师作为社会人的感觉，教学实践感就是教师本身。从哲学上讲，人本身就是目的，教育必须以人的成长与发展为目的。"教学实践感基点论"将教师教育的基点确定在教师的教学实践感，正是以人为目的，尊重教师的

[①] 中共中央马克思恩格斯列宁斯大林著作编译局. 马克思恩格斯全集：第42卷 [M]. 北京：人民出版社，1972：168.

[②] 中共中央马克思恩格斯列宁斯大林著作编译局. 马克思恩格斯全集：第42卷 [M]. 北京：人民出版社，1972：125.

[③] 王尚文. 语感论 [M]. 上海：上海教育出版社，2006：403.

主体地位、主体意识，尊崇教师独立的人格、个性和创造精神，力求使作为人的教师真正成为人，成为"人师"。

（二）心理学诠释

心理学是以认识人的生命成长、发展的内在机制为主要任务的人文学科。亚里士多德说："人的心灵就是一个人的能力的总和。"[1]康德进一步指出："一个存在者按照自己的表象去行动的能力就叫作生命。"[2]人的生命的成长和发展，实质上就是人的能力的成长和发展。人的能力，包括从事任何活动都必需的一般能力，还包括从事某种专业活动所必需的特殊能力。在分工社会，人的特殊能力往往表现为职业实践能力，对人的生存和发展具有决定性，因为正是"人的实践能力，构成了人的类特性"[3]。如前所述，教师因从事教学活动而成其为教师，教学实践能力水平决定一个教师的生存和发展。如果说一般高校教师的实践能力的核心是通过教学活动培养和发展学生创造性解决问题的能力[4]，那么，教师教育的主要任务就是通过教学活动培养和发展教师创造性解决教学实践问题的能力即教学实践能力。

教学实践感基点论认为，教学实践能力是以教学实践感为基本表现形式的。心理学研究昭示我们，任何能力都是实践性的心灵能力，心灵能力本质上"是用意志进行控制的能力"[5]，主要通过两种具体形式即感性思维能力和理性思维能力表现出来。人先天获得的只是感性思维能力。思维的发展，缘于大脑的记忆功能使之具有累积性。先前的感性思维成果自然成为新感性思维的基础，感性思维发展到一定程度后发生质变，就成为理性思维。理性思维作为感性思维发展的成果，没有抛弃感性思维及其成果，而是在心灵的指挥下有选择性地将感性思维成果扬弃在自身之内，作为自身的基础。换句话说，理性思维是心灵对感性思维成果的对象化占有。这样，理性思维就既是

---

[1] 鲁珀特·伍德芬，朱迪·葛洛夫. 视读亚里士多德 [M]. 张严，译. 合肥：安徽文艺出版社，2009：110.
[2] 康德. 康德著作全集：第6卷 [M]. 北京：中国人民大学出版社，2007：211.
[3] 江峰. 青年马克思评传 [M]. 长沙：湖南出版社，1991：166.
[4] 潘懋元. 高等学校教学原理与方法 [M]. 北京：人民教育出版社，1995：335-336.
[5] 包丰源. 决胜右脑 [M]. 北京：朝华出版社，2006：49.

由感性思维发展而成，又必须通过感性思维才能实现出来。更通俗地说，能力作为人赖以顺利、有效地完成某种活动所必需的主观个性心理特征，是内隐的概括化、系统化了的个体经验，它只能在实践活动中形成、发展和表现出来，并受实践活动及其广度和深度、现实动态性的综合影响，具有鲜明的实践性特征。这注定了教学能力只能在教师的教学实践活动中形成、发展和实现出来，只能通过教师个人的亲身实践才能形成和发展，而不能像教学理论知识那样可以通过语言符号在不同教师之间传递。教学实践能力的实践性特征，在结构上可以从认知心理因素角度分析为："首先，教学能力作为一种特殊能力，其'特殊性'可以区分为不同层次，即教学能力的智力基础→一般教学能力→具体学科教学能力，其特殊性依次升高"；"其次，教学活动是由一系列性质不同的具体活动构成的，每种活动都对应一种特定的能力，因此，教学能力是由多种成分构成的一种综合体"；"第三，教学活动是一种有目的、有计划、有组织的活动，实施活动过程中不仅有活动的执行成分，还应有保证活动顺利进行的调控成分"。而各种能力总体上又可归纳为三种一般教学能力，即教学监控能力、教学认知能力和教学操作能力。三种能力互为关联，教学认知能力与教学操作能力的联系又往往是通过教学监控能力而实现的；但教学认知能力是整个结构的基础，它直接影响到教师教学准备的水平，影响到教学方案设计的质量[①]。但要特别注意的是，这三种能力只有实践地表现出来，才能为人感知。教学监控能力既是教学活动的控制执行者，又是教学能力发展的内在机制，它作为教学能力中最高级的部分，在具体教学中表现为教学意图感和教学形式感、教学环境感以及教学动作意蕴感等有机构成的整体即教学实践感对教学活动进行的实时监控。教学认知能力本身就以教学实践感为基础和主要表现形式。教学操作能力作为教师在教学过程中解决实际教学问题的能力，其实现同样主要靠教学实践感，例如，言语表达能力中语言表达的准确性、条理性、连贯性，都不可能靠理性知识来完成，而只能凭借语感自然而然地实现；对传统教具（包括现代教学媒体）的运用，虽然离不开对教具知识的学习，但真正要在教学中运用自如，靠的却是那种

---

① 林崇德，申继亮，辛涛. 教师素质论纲［M］. 北京：华艺出版社，1999：207-211.

教具与教师自身合一不二的感觉；对教材内容的呈现虽然离不开事先备课时的筹划设计，但在教学过程中却只有根据教学实践感对教学对象、教学环境等的反馈来调整执行才能成功；对学生学习动机的激发、教学行为动作的选择与组织，虽然离不开关于学生的"类"的知识，但在教学过程中都取决于教学实践感对学生课堂动态、教学行为效果的即时反馈，以及教学实践感对教学进程中学生学情表现的整体预见；教师进行教学评价虽然离不开评价工具（如试卷、问卷、量表等）的编制知识，但评价的内容对象本身主要由教学实践感提供，而且，立足于反思的评价过程，就是教学实践感对教学过程进行再感知的过程。总之，作为人最原初的实践，感觉是一切实践能力表现的基本形式。感觉能力是一切能力形成和发展的基础，教学实践感则是教学实践能力的基本表现形式。自觉培养教学实践感，意味着教师需要"以一种全面的方式，也就是说，作为一个完整的人"，自觉、自主地感知教学实践的方方面面，"通过自己的对象性关系"，即自己同作为对象的教学实践的关系，"占有"教学实践，"占有"自己作为"人的现实性的实现"，即"占有自己的全面的本质"，从而使自己在对象即教学实践面前的"人的受动"，作为"按人的含义来理解的受动"，转化成"一种自我享受"。

从教学实践感基点论来看，教学实践感是教学实践能力之智力基础的核心。在上面引鉴的教学能力结构中，具体学科教学能力以一般教学能力为基础，一般教学能力表现为具体学科教学能力；一般教学能力是在教学能力的智力基础上生成的。教学能力的智力基础就是一般能力。教学实践能力"是以一般能力（智力）为依托，通过特殊能力表现出来的一般能力与特殊能力的结合"，"它既要以个体的一般能力（或智力）作基础，又要借助于特殊能力来体现"[1]。一般能力包括感知觉能力、观察能力、记忆能力、注意能力、抽象概括能力、想象能力等。这些一般能力作为人从事任何活动都必需的能力，在人们的职业实践活动中不但不会消失，还会随着职业实践能力的提高而提高。可以说，作为特殊能力的任何实践能力，实际上都是心灵对一般能力进行整合形成的综合性、整体性的能力。正如有学者所指出，"除了实践能力，

---

[1] 申继亮，王凯荣. 论教师的教学能力[J]. 北京师范大学学报（人文社会科学版），2000（1）：64-71.

任何其他能力都不是人的整体功能",因为"实践能力既要依赖于人的肢体和工具,同时也要依赖于人脑"①。林崇德先生等人认为,教学能力的智力基础中最重要的是分析性思维、创造性思维和实践性思维②。其实,实践性思维显然包含理性的分析性思维在内,而创造性思维既可以是理性思维也可以是感性思维,或者渗透了理性思维的感性思维即直觉思维。在一般能力的构成中,最基本的是感知觉能力,更高的任何一级都只是将它扬弃在自身之内,而不是抛弃它,否则就有沦于空洞之虞,因为"只有有感觉能力的东西才能在外部表现出自己的现实感觉"③。前面说过,任何能力在根本上都是实践性的。一般能力构成特殊能力的内部条件,特殊能力使一般能力得到提高。感觉能力作为人的最基本的一般能力,在一般实践活动中实践地发展着,并获得更高级的形态,乃至最高级形态即直觉。正是直觉这种渗透了理性思维的感性思维,以作为能力主体的人的整体身体为中介,构成了一般能力的核心基础。在职业实践活动中,人的一般能力发展为特殊能力并把一般能力扬弃于自身之内的同时,一般感觉,无论是感官感觉还是直觉,都同样得到了发展和提高。而且,在特定的职业实践活动中,感官感觉和更高级的知觉、直觉等再次互相渗透,融合生成具有特定内容的实践感。人的各级感觉在教学实践活动中的融合发展生成了教师的教学实践感。不管是教学操作能力还是教学监控能力,都离不开教学实践感,甚至可以说,教学实践感是教学认知能力的直觉形态。因此,教学实践感是教师教学实践能力的智力基础的核心。当然,在认定教学实践感为教学能力的智力基础的核心的同时,我们永远不会忘记理性思维能力的巨大作用。

教学实践感基点论很清楚,教学理论知识在教师教学实践能力的形成和发展中具有特别重要的作用,这种作用是通过教学实践感的中介作用实现的。教学实践能力固然只能在教学活动中形成,但"感性认识有待于发展到理性认识"的规律决定了教师教学能力的发展和提高只依靠纯粹的教学实践是不可能实现的,必须靠超越具体教学实践上升到对教学实践的"类"的把握才

---

① 韩民青. 人类论——一般人类学大纲[M]. 北京:中国广播电视出版社,1988:188.
② 林崇德,申继亮,辛涛. 教师素质论纲[M]. 北京:华艺出版社,1999:208.
③ 黑格尔. 自然哲学[M]. 梁志学,等,译. 北京:商务印书馆,1986:493.

能实现。教师实现教学"类"的把握的最佳途径，是学习教学理论知识。教学理论本身蕴含着作为"必然性关系中的客体"的教学事实，学习教学理论就是对这些教学事实的"回忆"。正是通过学习，它们"将自身插入一个当前感觉而从中借取活力"而"再次变成感觉"，汇入教师自身的感觉经验，增加教学实践的"个"并使之类化，对教学实践感形成广度、深度上的拓展，并以其理论形式本身的逻辑力量，带领教学实践感超越现实而进入未来。换句话说，教学实践感的发展是以感觉化的教学理论知识为依托的，可以运用理性的教学理论知识去提高教学实践感的品质——理性的教学理论知识可以"感觉化"地"渗透"或"溶解"于教学实践感之中。当然，一个教师要实现这种"渗透"或"溶解"，必须有大量的教学事实对象化地作用于他的感觉，同时他也自觉地将所获得的感受与有关知识相互印证才有可能。教学理论知识其实是对教学实践感的理性说明，教学实践感往往只知其然，而教学理论知识则力求说明其所以然。由于"理解了的东西可以更深刻地去感觉它"，学习必要的教学理论知识，批判地继承、借鉴既有教学认识的成果，吸收间接经验丰富自身，正是使教学实践感得以广化、深化、美化和敏化的重要途径。教学实践感和教学理论知识之间不存在绝对的对立。我们提出教学实践感基点论，是从教师教育中教师学习的角度来考虑，教师教育必须"遵循教师作为现实的、感觉着生存的人的成长规律"，不能把传授教学理论知识作为教师教育的目的，而应该明确：教育教学理论知识的教学必须首先是服务于教学实践感的培养。

教学实践感基点论绝不是排斥和轻视教学理论知识，而是认为教学理论知识学习"必须以个人涵义为中心，客观意义的理解应当服务于个人涵义"，即教学理论知识应该服务教学实践感的生成和发展，因为任何教学理论知识的意义不在于它是教学理论，而在于它能否跻身于教师个人既有教学感觉经验"获得活力"，对教师开展教学活动提供启示。另外，根据克伯屈的学习动力理论，教师学习的动力也有"内部动力"和"外部动力"两种类型。"内部动力"是"只要他内心觉得该做，他就会不顾一切外界干扰而坚持下去"的心理倾向，是出自学习者自身生活的内部需要的冲动，是一种为达到心目中清楚而确切的某一目标的强烈的思想倾向，以及为达此目的而不顾一切地努力的自觉性。比如某个女孩请求母亲让她"独立地"做条裙子，和一个儿童决意要做一架飞机玩具，等等，这时他们就有不顾障碍、坚持下去的心理定势，使头脑中有关的机制都做好行动准备，所有可能干扰的机制都会明显地处于不行动准备状态，使他们可以思考、计划、行动、协调一致地"组织"他们的行动。学习由效果律而来，使他们成功的每一步骤（如习惯技能和记忆）、各步骤之相互关联，甚至全体"组织"，都在他们脑中深刻地确定下来，融入他们的"程序记忆"。因此，内部动力意味着更自觉的、更好的学习的可能。所谓"外部动力"来自外部的要求、命令。一个人靠外部动力时，一有机会就会放弃，任何干扰只要出现，就可能会成为他停止行动的借口。出于"内部动力"的学习即"内部学习"，所学内容称作"内在的内容"，即生活中"个人要克服困难所必需的重要日常活动"。出于"外部动力"的学习即"外加学习"，所学内容是"外加内容"，即"由某个外部权威人为地引入学习者的生活中来的"内容。[①] 在外加学习中，学习者愈是感到自己是人，他就愈是痛恨自己的学习，因为他感觉到这种学习是被迫的、对他自己说来是没有目的、没有意义的。据此，教师教育中教学理论知识的学习是否有效，就取决于该学习能否介入教师生命活动、心灵活动，其关键不在于教师对教学理论知识的客观意义的理解，而在于它有没有生成教学理论知识关于教师生命的"个人涵义"，有没有能够渗透、融入教师的生命意识，有没有为教师的教学实践感所把握。正如皮亚杰指出："学习从属于发展，而非相反。"[②] 江苏省语文特级教师管建刚在电子邮件中回复笔者说："我读理论书，是我有了实践的方向，是我实践到某个地方，想不通，这个时候，理论或许能对我有帮助。很多一线老师没有实践的方向，没有研究的方向，读几本理论书，那只能是枯燥乏味，浪费时间。"这就说明，只有教师自身发展的"意志"，更准确地说，是"实践意志"，才能统率其教学理论知识的学习。这也可以说明，绝大多数教师在职前学习中对教学理论根本不感兴趣，或者入职之初就生出"师范所学的大都纸上谈兵"，甚至于"在师范时学的教育理论根本没用"的感叹，

---

① 克伯屈. 教学方法原理教育漫谈［M］. 王建新，译. 北京：人民教育出版社，1991：57-63.
② 皮亚杰. 皮亚杰教育论著选［M］. 卢濬，译. 北京：人民教育出版社，1990：32.

根本原因就在于，传统的教师教育没有能够很好地生成教学理论知识关于教师生命的"个人涵义"，没能"帮教师找到感觉"，没能帮教师培养起教学实践感。

教学实践感基点论也承认，教学实践感并不能保证它的每次工作成果都是正确可靠的。教学实践感作为教师特有的对象性感觉思维能力，是在教学实践经验基础上建立的一种感性思维认识形式，其关键基础之一是要积累尽可能丰富的教学经验，因为"一个人的经验越丰富，他的直觉或预感也就越准确"；但它更是一种"必须站在逻辑思维的肩膀上"，通过"已往的知识和已有的逻辑程序"得到深化又自由无拘，从而获得某种突破性的理性化的感觉能力，因为"一个专家解决问题有时并不必经过每一个逻辑步骤，而是常常不自觉地依靠他内在的知识"。但教学实践感不是万能的，它不能取代教学理论学习，更不能取代备课和教学反思。因此，虽然"直觉可以把你带入真理的殿堂，但如果你只停留在直觉上，也可使你陷入死角"[1]。"理性思维无能为力之处"，才是教学实践感的用武之地。

教学实践感基点论主张，教师教育必须以成功的教学案例分析作为培养教师教学实践感的中介。因为，教师作为人的教学活动，必定是教师作为主体与现实生活世界联系的中介，它一头连着作为客体的现实生活世界，一头连着作为主体的教师，本身就是主体和现实生活世界的关系的实现。任何成功的教学案例都展现着作为实践主体的教师鲜活的生命个性、非凡的人格魅力、新奇深刻的人生体验、亲切动人的情感节奏、宽阔引人的专业视界……无不让教学理论知识通过"插入"自身的"感觉"而在"生命示范"中"获得活力"，为作为学习者的教师个性的和谐发展带来榜样，潜移默化地感发的内部动力，使他们能保持满怀信心、积极向上的学习状态，使他们能在有关教学活动中，通过自己发出的声音听到自己，通过自己的眼睛看到自己，通过自己的感觉在感觉活动中感觉到自己，使他们在感觉自己的过程中规划理想的自我，并在对自己的实践的感觉活动中建构自我，从而享受到自我生命

---

[1] 周道生，陶晓春. 实用创造学[M]. 南京：南京师范大学出版社，2000：80.

成长的愉悦。

（三）教育学的诠释

教学实践感基点论认为，我们的教师教育应该是"解放教育"，而不是"驯化教育"，应该是促进教师成长为人的教育。

在教师教育中，教学实践感基点论必定以教师为学习主体，因为教学实践感并不是"东西"，也不是知识、观念、教条或者其他物质性的客观存在物，而是教师作为人的身体在教学实践活动中形成的、富于主观个性特征的一种感觉，"因而不能给予，不能灌输，不能移植"，也不能传递。譬如甜的感觉，你不能通过命令让任何人吃同一种食物时感到甜，因为一个此前没有吃过甜食或是吃过苦食的人会感觉到很甜，而另一个刚刚吃过甜食的人则可能感觉不怎么甜。教学实践感基点论必须承认、尊重人作为感觉主体的地位，使教师在与教学实践活动中的各种因素之间"对话"时能够"收获"专属于他的"个人涵义"。同样的教学实践作为对象在不同教师眼里具有不同的意义，是因为每一个教师都有"个人存在上的'前理解'和个人经验"[①]。"每一个学习者的确是一个非常具体的人。他有他自己的历史，这个历史是不能和任何别人的历史混淆的。他有他自己的个性，这种个性随着年龄的增长而越来越被一个由许多因素组成的复合体所决定，这个复合体是由生物的、生理的、地理的、社会的、经济的、文化的和职业的因素所组成的，而这些方面对于每一个人来说，都是各不相同的。"每一个"进入教育过程的个体"都是一个"具有文化遗产的"的人，"他具有特殊的心理特征"[②]。他所具有的"文化遗产"就是他生长于其中的传统。任何个人都无法不生存在传统之中，即使他意识到自己身处其中的传统在根本上对自己形成了束缚甚至迫害而自觉地奋起反抗，他也只能在传统中反传统，甚至必须较先前更全面地融入传统，并以传统本身作为反传统的主要武器。正是他的传统赋予了他特定的文化心理结构，造就了他的"前理解"，并积淀于他的生命感觉之中。教师也不例外，教师总是生活于一定的教育传统之中，教育传统造就了他对教学实践的

---

① 殷鼎. 理解的命运：解释学初论 [M]. 北京：三联书店，1988：137.
② 联合国教科文组织国际教育发展委员会. 学会生存：教育世界的今天和明天 [M]. 华东师范大学比较教育研究所，译. 北京：教育科学出版社，1996：196.

"前理解",积淀在他的教学实践感中。

教学实践感基点论认为,在教师教育中,教师作为学习主体是根本前提,教学理论、教育思想和教学案例等的意义,不是由任何人提取出来传授给他们的,而是他们作为理解者的发现与创造,而且只能是他们靠自身不可替代的感觉实践而获得的发现与创造。教师教育应该充分认识到并遵循理解活动自身的规律,促进作为学习主体的教师在教学理解中的"同化"与"顺应"不断趋于平衡,从而使其教学实践感品质不断得到提高。教师教育的任务不是教导作为学习者的教师,或者控制他们,而是要通过教学案例向教师提供一个使教学实践感"更为活跃、更为开阔的空间",促使他们成为真正的教学理解者,即有创造性的教学理解者。

教师教育应该是教师学习的组织者、服务者、帮助者、参与者和参谋者。一位"教师的教师",必然能尊重教师的学习主体地位,能激发教师自身理解和发现教学的愿望与激情,能洞察到教师作为学习者在"同化""顺应"过程中"可能遇到的困难,可能跌入的陷阱",能诱发他们作为理解者的创造与发现。他是一位向导,带领教师由教学案例走向新的天地,他的教师教育活动可以解放教师的发现力、创造力;"他深知感觉本身是不能通过告诉、教导、训诫而获得的,只能提供对象",从而引发教师"作为感觉主体去感觉"教学案例,"更重要的也更艰难的是启发"教师"去感觉自己的感觉,以对新的对象的感觉或对对象的新的感觉去发现原来感觉的缺失与浅陋,发现新的感觉的充实与丰富,从而享受这种感觉"[1]。

在教师教育中,作为学习者的教师必须是他们自己的感觉的享受者,因为他有着实现自我的需要和潜能,他作为人的最突出的固定心理特点是"具体地实现他的潜能和认为他自己和他的命运是协调一致的想法",他"把自己视为一个完善的人"[2],他能通过"对象性关系"实现对自我感觉的对象化占有;相反,如果作为学习者的教师感觉自己是个苦行僧,那他就是被教师教育异化了,他就不是按照他自己的愿望,按照他自己作为人的方式在学习在理解,

---

[1] 王尚文. 语感论[M]. 3版. 上海:上海教育出版社,2006:397.
[2] 联合国教科文组织国际教育发展委员会. 学会生存:教育世界的今天和明天[M]. 华东师范大学比较教育研究所,译. 北京:教育科学出版社,1996:193.

他总担心自己所做的一切会不符合"外来的"教师教育标准。而事实上,"感觉没有标准,更没有唯一标准"①。

现代社会正循着民主与法治的轨道运行,其中任何人作为学习者都应该拥有受到教师尊重的学习主体地位,从而充分展示自己人性中的美好而成长为一个真正的人。《学会生存》中指出:

> 在驯化教育的实践中,教育工作者总是受教育者的教育者。在解放教育的实践中,教育工作者作为受教育者的教育者必须"死去",以便作为受教育者的受教育者重新"诞生"。同时,他还必须向受教育者建议:他应作为教育者的受教育者而"死去",以便作为教育者的教育者而"重生"。这是一个往来不绝的连续过程。这是一个谦逊的和有创造性的运动,在这里教育者与受教育者都必须参加。②

而这一切,更应该首先发生在教师教育领域,而且必须首先在教师身上得到实现。

教学实践感以教学实践为对象,教学的主要中介又是教师的生命整体,教师又必然是生活着的教师。因而,教学实践感基点论的教师教育必然是开放的,向生活世界开放,向心灵世界开放,向历史世界开放,向未来世界开放。教学实践感基点论的教师教育主张以生活为大课堂,把课堂当成是通向生活的窗口,是生活世界的一个有机部分,课堂里的教师生命展现的是"最有滋味的生活",生活中的教师生命展示则是"课堂的自然延伸"。教师感悟教学,就是感悟生活——经过选择、改造过的典型生活。一个教学实践感品质较高的教师,总是对教学事实饶有兴致,总能从中收获"个人涵义";即便作为对象的教学事实有异样,他也能迅速感知;他对于驯化教育、专制教育也有一种本能的反感。教学实践感基点论的教师教育允许并鼓励教师"按照他自己及其同伴所应该发展的方面去发展","以一切可能的形式去实现他自

---

① 王尚文. 语感论[M]. 3版. 上海:上海教育出版社,2006:397.
② 联合国教科文组织国际教育发展委员会. 学会生存:教育世界的今天和明天[M]. 华东师范大学比较教育研究所,译. 北京:教育科学出版社,1996:176.

己，使他成为发展与变化的主体、民主主义的促进者、世界的公民、实现他自己潜能的主人"[1]。

教学实践感基点论主张，教师教育课程应以经验课程为主。以上论述表明，教学活动的功能性、情境性、过程性、复杂性以及思维具体性和任务逻辑性、实践性特征，决定了教师教育课程必须以实践为中心建构实践导向的教师教育课程。在课程建构上，与"知识中心论"的学科课程相对的，是"生活中心论"的经验课程。学科课程是"以文化遗产和科学实验为基础组织起来的学科最传统的课程形态的总称"，"各门学科各具固有的逻辑和系统，是独立地、并列地编成的"。这种课程便于学生系统地授受文化遗产，逻辑地发展学生智力，"容易组织教学，也容易进行评价"，但也造成"重记忆而轻理解""偏重知识的授受""教学方法划一，不能充分实施适应能力、能倾（能倾，心理学术语，指以实践意志为内在驱动力的动机、意向或倾向的总和。）的个别化教育"[2]。教师教育课程显然不应以学科为主，因为：

第一，教师教育的根本目的不在于帮助教师掌握系统的教学理论知识，而在于培养教师的教学实践能力。知识如果不能直接转化为能力，就在教师教育中不具有目的意义。在教师教育中，知道什么是教学规律没有任何实质意义，能够有效地开展教学活动才是教师教育的追求所在，其终极指向只能是教师个体的教学实践能力。

第二，教师教育课程的主要内容只能来自教学实践本身，而不是教育教学理论知识，或者心理学、哲学、社会学等其他学科知识。即便是教学理论知识进入教师教育课程，也是因为它能"提供必然性关系中的客体"即它赖以从中产生的教学事实。现实的教学实践是教师教育课程内容的活水源头，到教学实践之外或者其他学科中去寻找课堂内容，付出再多的努力也是徒劳。

第三，教师教育的教学过程不是引导教师去认识、理解和接受教学理论教材知识的过程，讲解教学理论知识、弄清教学理论概念、推导教学原理，

---

[1] 联合国教科文组织国际教育发展委员会. 学会生存：教育世界的今天和明天 [M]. 华东师范大学比较教育研究所，译. 北京：教育科学出版社，1996：194，197.

[2] 钟启泉. 现代课程论 [M]. 上海：上海教育出版社，1989：185-186.

然后教会教师运用知识去解决实际教学问题才是它的主要任务。一句话，教师教育课程应以经验课程为主。

经验课程是"以儿童的主体性活动的经验为中心组织的课程，也叫作生活课程、活动课程和儿童中心课程"。它的目标是"提高主体的人同客体的环境之间的相互作用的连续发展的质"，"开发与培育主体内在的、内发的价值"，"培养丰富的具有个性的主体"。它的教学"以自律性学习的指导为重点"，强调"从做中学"，突出学生从实践活动中学习获得的直接经验、实践能力[1]。教师教育课程的教学过程，是教师作为学习主体通过教学经验学习教学经验的过程。显而易见，教师教育的宗旨决定了其课程以经验课程为主。教师的教学能力只能在教学实践活动中才能形成，这决定教师教育课程本就应该主要是教学经验课程、教学活动课程，而不是教学理论知识课程。当然，教学理论知识课程作为"过去"的教学实践的抽象概括，无疑在教师教学能力培养中具有重要作用。

此外，"经验"之"经"有标准、根本的意思；"验"有证实的意思，"人的根本就是人本身"[2]，人首先是感觉着生存的人，因此，"经验"本身就有以亲身感觉去验证的含义。教师教育以教学实践感为基点，必然以教师自身的教学观摩和教学实践为中心。"实践与训练的本质区别在于：实践以生活为本位，指向人的素质；训练以知识为本位，指向人的技能。实践可以包容训练，训练却不能替代实践。"[3] 否则，"为了训练的目的，一个人的理智认识方面已经被分割得支离破碎，而其他方面不是被遗忘，就是被忽视；不是被还原到一种胚胎状态，就是随它在无政府状态下发展"[4]。当然，教师教学实践能力需要通过一定的教学技能实现，因此，教学技能的训练必不可少。而且，通过足够的"身体化"训练，如板书、讲解等技能训练，也有望最终转化为教师

---

[1] 钟启泉. 现代课程论［M］. 上海：上海教育出版社，1989：186-187.

[2] 中共中央马克思恩格斯列宁斯大林著作编译局. 马克思恩格斯选集：第1卷［M］. 北京：人民出版社，1995：9.

[3] 王尚文. 语感论［M］. 上海：上海教育出版社，2006：398.

[4] 联合国教科文组织国际教育发展委员会. 学会生存：教育世界的今天和明天［M］. 华东师范大学比较教育研究所，译. 北京：教育科学出版社，1996：193.

的精神性生命活动。总的看来,在经验课程思想指导下,实践导向的教师教育课程开发即目标、门类、结构、内容、组织、实施、评价的开发,以及如何从"实践性"的角度将实践性渗透其体系,都还有待进一步的探索。

最后,教学实践感作为一种"认识性的感觉",以审美为最高境界。因为教学实践感的培养,必然是从教学的角度对人的全方位的培养。教学实践感基点论的教师教育必然是素质教育。终身学习的时代已经到来,教师是学生学习的榜样,自然应当有终身性的教师教育。从选择做教师的那一天起,教师就在不断地培养自己的教学实践感。教师教育无论是培养教师的教学情感,还是培养教师的教学能力,都必须把"立人"这一教育的总目标贯穿始终。为此,教师教育由"知识中心论"转向"教学实践感基点论"是非常必要的。教学实践感基点论是对"知识中心论"的科学扬弃,是教师教育的一个新方向。

第三节 教学实践感基点论与教师教育

一、教师教育:一个创造教学实践感的工程

(一)教学实践感是可以创造的

"立人"的教育需要"人师"。在通往"立人"这一教育的总目标的道路上,教师教育是其他一切教育的基本保证。教师教育培养"人师"的过程,是一个特殊的"立人"的过程,它必须通过教学实践——教学实践感这一中介,培养教师对教学世界深刻、全面而丰富的感觉。教学实践感居于教师教学能力的核心,是教师教育的着眼点和归宿。教师教育的最大困难,不在于使教师拥有教学理论知识,而在于必须"创造"教师高品质的教学实践感。教学实践感可以"创造"吗?马克思主义哲学告诉我们,人的感觉的发展最初是自发"形成"的,而不是"创造"的。"所谓形成,不是人有意识地根据一定

目的和计划进行培养的结果,而是在不知不觉间自然而然出现的"[1]。"创造"的根本属性是自觉、自主。感觉的自觉发展,开始于人类洞悉了感觉发展的机制。这种机制用马克思的话说就是:

> 任何一个对象对我的意义(它只是对那个与它相适应的感觉说来才有意义)都以我的感觉所及的程度为限。所以社会的人的感觉不同于非社会的人的感觉。只是由于人的本质的客观地展开的丰富性,主体的、人的感性的丰富性,如有音乐感的耳朵、能感受形式美的眼睛,总之,那些能成为人的享受的感觉,即确证自己是人的本质力量的感觉,才一部分发展起来,一部分产生出来。因为,不仅五官感觉,而且所谓精神感觉、实践感觉(意志、爱等),一句话,人的感觉、感觉的人性,都只是由于它的对象的存在,由于人化的自然界,才产生出来的。[2]

也就是说,只要提供能作为人的"一种本质力量的确证"的对象,就可以实现感觉的创造。人身上保留的植物性,使得"创造性、自发性、个性、真诚、关心别人、爱的能力、向往真理等,全都是胚胎形式的潜能,属于人类全体成员的,正如他的胳臂、腿、脑、眼睛一样""是人自己的萌芽或胚胎的形态具有这些潜能"[3]。因此,"所谓创造,不是无中生有,而在原来的基础上开拓,使之广化、深化、美化和敏化,达到新的水平,臻于新的境界"[4]。教学实践感的创造首先是使教师作为人原有的感觉"对象化",即"教学实践化"成为教学实践感,其次是要提高教学实践感品质,使之适应于教师职业素质,和教学世界的全面丰富性。教师教育要实现由"知识中心论"到"教学实践感基点论"的转向,就要不断提高广大教师的教学实践感品质,并同时彻底转变旧的教学观念,以教学实践感的品质提高为首要任务。

---

[1] 王尚文. 语感论[M]. 上海:上海教育出版社,2006:401.
[2] 中共中央马克思恩格斯列宁斯大林著作编译局. 马克思恩格斯全集:第42卷[M]. 北京:人民出版社,1972:126.
[3] 马斯洛. 人的潜能和价值[C]. 林方,译. 北京:华夏出版社,1987:80-81.
[4] 王尚文. 语感论[M]. 上海:上海教育出版社,2006:401.

（二）高品质的教学实践感是教师素质的核心

总的来看，传统教师教育的教师素质教育只在"知识"世界里转圈，要么着力于探索"知识向能力的转化"即"教学理论的应用"，要么着力于教学技能的训练研究，但由于没有找到关键的中介即教学实践感，结果是研究越努力，反而越糊涂。"教学实践感基点论"的教师教育不仅对一般的教师素质要求甚高，而且对教学实践感品质要求更严格。教学实践感"是一种感觉，没法假装，有则有，无则无，深则深，浅则浅，无不可能假装为有，浅不可能假装为深，想装也装不出，起码装不像。又不可能'移植'或'粘贴'，只能从心灵深处慢慢生长出来"[1]。只有具有高品质的教学实践感的教师，才可能真正成为好教师。

高品质的教学实践感常能造就教师与教学对象即学生的默契共鸣、与教学环境的和谐共存。教师与学生的共鸣，集中地体现在师生对日常的人性表现的看法趋于一致。比如，教师把作为学生的孩子首先当孩子来看，再认他是学生；学生首先把教师当成人来看，然后再认他是教师。而在"人皆可以为尧舜"的教育中，"扬弃了的错误或异在，本身即是达到真理的一个必然的环节"[2]，教师则更宽容、更尊重学生并将学生所犯的错误作为教学资源，"将学生差错中的不利及消极因素转化为有利的、积极的、合理的因素，多给学生'尝试—差错—完善'的机会"[3]。他们知道并且承认"孩子永远是孩子，课堂是允许孩子们出错的地方，出错是他们的权利，应该反思的却是我们这些成人"，作为教师"不能像'茫茫然'的宋人一样做出拔苗助长的傻事，而应像郭橐驼种树那样'能顺木之天以致其性'，'不害其长'，'不抑耗其实'，使'其天者全而其性得'"，"因为人不是一件东西，他是一个置身于不断发展过程中的生命体。在生命的每一时刻，他都在成为却永远尚未成为他能够成为的那个人"[4]。这种教育方法的"一致"则体现出教师是作为人在主导，他不强下"种子"而只是"幼幼"育人，学生的"真诚、关心别人、爱的能力"

---

[1] 王尚文. 语感论［M］. 上海：上海教育出版社，2006：401.
[2] 黑格尔. 小逻辑［M］. 贺麟，译. 北京：商务印书馆，2019：399.
[3] 华应龙. 我就是数学：华应龙教育随笔［M］. 上海：华东师范大学出版社，2009：45.
[4] 华应龙. 我就是数学：华应龙教育随笔［M］. 上海：华东师范大学出版社，2009：8-9.

等种子也自然会实现出来,惠于教师,呈现出一种和谐的良性循环。当然,在人性看法趋于一致的基础上,师生之间就具体教学内容产生共鸣的效果就更明显,但这种效果只能在前一种共鸣的基础上才能产生。教师与教学环境相和谐,则常常是教师教学实践感积极参与教学环境"软件"部分建设的结果。教学环境有"硬件"部分和"软件"部分,前者如校园建设、教学场地、教学设备等,后者如教育制度、人际关系等。缺乏教学实践感或教学实践感品质不高的教师,常常怨天尤人,把教学环境不好作为借口,为自己不成功的教学进行辩护,仿佛教学环境专门与他作对似的。而与之相反,任何拥有高品质的教学实践感的教师,不论到什么地方,都会积极主动地去感知教学环境的方方面面,以尽可能快地调整自我感觉以提升教学环境感的适应力品质,充分利用既有教学环境为自己的教学服务,确保自己的教学能真正帮助学生获得学业成功。教师与教学环境的协调,实际上是教师教学实践感创造的结果,因为面对不易改变的"硬件"环境,最容易改变的是教师自己。而"软件"的动态变化较明显,但教师自己也是其中的一个部分,如果能积极发挥好自己的优势,将心比心,以真诚换真诚,以关爱换关爱,教学环境自然会表现得和谐。

教学之所以被称为一种艺术,最重要的一个原因,就是教学和艺术一样,在创造过程中是以感觉为主要思维方式的。如果教师可以被称为艺术家,那么教学实践感就是教学艺术的主要思维方式。当然,在更深层次上,"教学之所以能够进入艺术的门槛,在于教学的本质是促进人的自由、全面的发展,它是人的解放,而非对人的束缚;它给人以自由,而非迫使人就范;它点燃人的创造、革新之火,而非诱人'入我彀中',更不是'请君入瓮'"[①]。解放取向的教师教育作为培养人类灵魂工程师的艺术,自然会尊重作为人的教师,也会关爱作为学习者的教师。"他深知,作为心灵,他未必比学生高尚;作为人,他未必比学生高贵"[②],作为实践主体,他未必比学生高明。正如美国人本主义心理学家马斯洛所指出:"人最终不是被浇铸或塑造成人的,或者教育成

---

① 王尚文.语感论[M].上海:上海教育出版社,2006:403.
② 王尚文.语感论[M].上海:上海教育出版社,2006:404.

人的。环境的作用,最终只是容许或帮助他使自己的潜能现实化,而不是实现环境的潜能。环境并不赋予人潜能或智能,是人自己的萌芽或胚胎的形态具有这些潜能,正如他有胚胎形式的胳臂和腿一样。""人有使自己现实化的倾向","人既是他正在是的那种人,同时又是他向往成长的那样的人"[①]。一个人在任何时候选择作为教师,都源于他有向自我实现的方向成长的需要和能力。教师教育所要做的,就是为教师提供文化"食物",作为文化"阳光"照耀教师,帮助他们发挥他们的潜能。这种照耀只能是心灵的交汇。在教学实践感基点论的教师教育中,作为教育者的教师总是通过教学过程艺术地呈现自我心灵,因为他首先是与教学内容创造者进行心灵对话,然后通过教学行为动作与作为学习者的教师形成心灵交流。这一过程中,人性的真、善、美不断地通过他实现出来,使教师教育成为教学实践感对教学实践感的发现过程、心灵对心灵的提升过程,从而形成"一个受教育者和教育者都在精神上不断地丰富和更新各方面的过程"[②]。正是教学实践感对教学实践感的发现,以及这种发现的循环往复和循环往复中的广化、深化、美化、敏化,在促成教师作为学习者的主体性的同时,也真正促成了教师对于教学实践的主体地位之确立。正是在这个意义上,我们说,教师教育是一个创造教学实践感的工程。

二、教师教育贯彻教学实践感基点论的原则

教学实践感基点论要求教师教育要遵循如下四个原则:

(一)教师中心原则

教师教育转向"教学实践感基点论"的前提,是以作为学生的教师为中心。基础教育喊出了"学生为本"的口号,强调"一切为了学生""为了学生的一切",以及"为了一切学生"。这同样适用于教师教育。在教师教育中,教师作为学生,既是一切教育事务的出发点和根本依据,也是教师教育课程建构与教学实施的归宿所在。作为学生的教师和基础教育面对的学生相比,是年龄心理特征和孩子有显著不同的成人,但作为成人,作为向教师方

---

① 马斯洛. 人的潜能和价值[C]. 林方,译. 北京:华夏出版社,1987:80,81.
② 苏霍姆林斯基. 给教师的建议[M]. 北京:教育科学出版社,1984:464.

向成长的成人,教师也有其成长的规律。其中最重要的是,教师和所有人一样,不能离开感觉而生活,因为丧失了感觉的人是不可能承担任何职业角色的。而且,感觉,感觉的"教学实践化"发展及其结果即教学实践感,不仅内在地支撑着教师的专业成长,而且将教师之为教师的潜能实现出来。按照"学生为本"的原则,在教师教育中首先要做的是尊重教师作为人的人性本质的丰富性,其次要做的是将教师职业要求根据教师专业成长的需要和可能来进行系统安排,以把他们造就成作为教学实践主体的"人师"。

要言之,如果教师教育不以作为学生的教师为本,就可能退化为"驯化教育",就不可能转向"教学实践感基点论"。

(二)教学对象化原则

对象化是一切实践活动的前提,感觉实践也不例外。人的感觉总是对象性的感觉。教学实践感是对教学实践的感知。感觉因为其对象存在而产生和发展。对象的存在及其刺激是产生相应的感觉的前提。承前所述,教学实践感的创造只能是感觉能力在原来基础上的拓展。而"要拓展一个人的感觉能力,除了给他提供新的感觉对象之外,别无他途"[①]。为此,教师教育应该为作为学习者的教师提供成功的教学实践案例来作为他们感知的对象。但是,任何成功的教学案例作为教材只为贯彻对象性原则提供了一种可能,创造了一种条件而已。对象必须对象化于主体,教师教育必须将教学案例中的教学活动对象化于教师的最初的感觉,和之后的教学实践感。教学实践感是教学实践作为对象在教师身上的实现。

教学对象化的原则,要求教师感知的对象必须是教学活动,可以是现场的,或者案例中的教学活动,且只能是教学活动,而不能是其他。不同教师感知教学活动的侧重点必然不同,可以着眼于它的内容,也可以着眼于它的形式——成功的教学案例,其教学活动的内容与形式都是具体而独特的。着眼于内容,旨在揣摩其"教了什么";着眼于形式,旨在整体地感悟其"如何教的"。无论如何,教师没有教学活动就不成其为教师,教师生命的职业性感知对象始终是教学活动,"绝不能绕开这个重点,避开这个难点,化具体为抽

---

① 王尚文.语感论[M].上海:上海教育出版社,2006:414.

象，化独特为一般"[①]。为达到培养教学实践感的目的，应当始终把教学活动当作对象，即聚焦于案例中的教学活动，同时努力促进教师作为学习主体与案例中的教学活动之间相互转化、相互渗透，尤其要尽可能以教学活动去丰富、更新教师的教学实践感。而对教学理论知识、教学方法等的学习，首先应当回到教学活动，回到教学活动的对象化环节，服务于教学实践感的培养。

（三）感性发展与理性提升同步原则

我们探讨教学实践感的重要性及其特殊意义，但并不完全依赖教学实践感，也不排斥理性，只是强调其作为感性思维的基点地位。无论是感性还是理性，都不能成为我们全部的依靠。因为作为人的两种心灵能力，感性和理性从来都不是孤立工作的。而且，理性自形成之时起，其发展就是和感性的发展同步向前的。因此，只有在教师教育中贯彻"教学实践感基点论"要遵守感性发展与理性提升同步原则，才符合人类思维发展的客观规律。

感性发展与理性提升同步的原则具体包括：

1. 教学实践感的广化、深化、美化和敏化必须与教师的思想感情的广化、深化、美化和敏化同步。教师的每个教学行为动作实质上无一不是对象化活动，一个眼神、一个手势、一种步伐、一次板书、一句感叹、一句表扬等，都是把对自己的对象即学生作为客体的认识、感情物化在教学行为动作之中了。而对象化就是客体的主体化，教师将学生对象化于自己的过程，同时也是将自己对学生的感知体验、认识、情感对象化于每一个教学行为动作的客体化过程。教学行为动作作为教师主体思想情感的表现形式，是主体化与客体化的统一。这样，教师教育要培养教师的教学实践感，就必须促进教师思想感情的同步发展。

2. 人的感觉必须与人的本质力量的对象化同步，教学实践感的创造必须与思想情感的对象化同步。教师教学行为动作的生成过程，就是教师本质力量的丰富性展开的过程。由于"从主体方面来看：只有音乐才能激起人的音乐感；对于没有音乐感的耳朵说来，最美的音乐也毫无意义，不是对象，因为我的对象只能是我的一种本质力量的确证，也就是说，它只能像我的本质

[①] 王尚文. 语感论 [M]. 上海：上海教育出版社，2006：417.

力量作为一种主体能力自为地存在着那样对我存在"[①],教师作为人的本质力量决定其对象的生成,"感觉为了对象而与对象发生关系",是"人的现实的实现"。人的本质力量又只能通过感觉在与对象的关系中才能得到表现。只有能够确证人的本质力量的感觉才具有与人的本质客观地展开的对象相适应的丰富性,只有适应人的本质力量的丰富性的感觉,才可能变得全面而深刻。创造教学实践感就是使教师对教学活动的感觉成为作为人的教师对教学活动的感觉。如果人的感觉与人的本质力量的对象化不同步,教学实践感的创造与思想情感的对象化不同步,那结果必然是"体验的贫乏、认识的浅薄、情感的麻木",必然导致教学实践感的迟钝,教学的不理想。教学实践感仿佛船只,"只能浮在体验、认识、情感的水平面上",水涨船高。

3. 在创造教学实践感的过程中,有关教学各方面的知识,特别是那些丰富教学行动的具体知识,应当与之同步。不能把认识、情感与教学实践感等同起来,以之替代教学实践感的创造。因为教学实践感毕竟是人对教学活动的感觉、领悟和判断,有关教学活动的理论知识素养毕竟对它只起着深化的作用。教学实践感作为"认识性"感觉,既以理解为目的,又以理解为基础,教学理论知识作为教学实践的理性认识成果,有助于深化理解。人总是先有所"感"而后才有所"知",而"知"后确能"感"得更深更切。"感"与"知"之间的关系是,"感"决定"知","知"又反作用于"感"——深化"感"。值得注意的是,"知"的反作用往往显得比"感"的力量强大。"知"是知识向教学对象"移植"的结果,教学理论知识能推动教师作为主体跨入教学的门槛。这就表明,教学实践感的创造,必须有中介,这中介就是成功的教学活动的对象化。教师只能根据自身作为人对教学活动的"感觉"实际,一边学习有关教学的种种知识,一边培养教学实践感。

(四)实践主导原则

贯彻"教学实践感基点论",教师教育的课程教学还必须遵守实践主导原则。教学实践感是教师作为主体对教学实践即对象的感受积淀的结晶,教师

---

① 中共中央马克思恩格斯列宁斯大林著作编译局. 马克思恩格斯全集:第42卷[M].北京:人民出版社,1972:126.

作为感受主体是精神的主体。由于感受只能产生于感觉的实践，教师同时又是实践的主体，正如马克思所指出的，感觉是"通过自己的实践直接变成了理论家"的，所以对教学实践感的创造只有在教学主体反复不断的感觉实践中才有可能。只有对象性实践活动才能创造与对象相适应的感觉。教师教育要达到创造教学实践感的目的，首先必须创造教师感受教学活动的实践机会。教师要培养自己的教学实践感，就必须自觉、主动地创造教学活动，感知教学活动，将教学活动"我化"为体验、认识和思想情感，并依靠自己的感受这一实践，不断地丰富、发展自己的教学实践感，同时将所感受的对象即教学活动转化为教学实践感的实践，在"感觉（实践）—对象（教学活动）—教学实践感（实践）—对象（教学活动）—教学实践感（实践）"的循环往复中，谋求教学实践感的品质提升与优化。

前面多次说到，在教师教学实践感的培养中，对教学理论知识的学习不仅重要，甚至在某些时候还是必不可少的。如果任何教学理论知识，根本上都源于作为教学主体的教师对教学实践的感知实践；如果任何教学理论知识的学习，或者说，任何教学理论知识对于作为学习者的教师的意义，都必须以教师的感觉所能感受到的程度为限，任何教学理论的功能都必须经过"感觉化"环节，以教学实践感的形式实现出来，那么，简要地说，没有对于对象即教学实践活动的感觉实践，就无从培育教师的教学实践感。因此，我们完全可以认定：教师教育的课程教学，应该坚持实践主导的原则。

结语

展望走向基于教学实践感的教师教育

教育作为人类自身的再创造过程,就是人自主建构意义世界的过程,就是人的生成和自我实现的过程,就是"人以理想的自我为目的、以现实的自我为对象的一种自我改造、自我建构、自我发展的实践活动"[①]过程,教育过程因此就具有自足性的价值。教育要解决的根本问题,是人的生成、发展问题——不是自发的自然成长,而是自觉地加速其成长,加速其心智的成长——认识世界,认识自我,从而自主的能力。解决这一问题的任务是由教师具体承担的,是由教师的自由自觉的教学实践活动来完成的。马克思指出人的类特性就是"自由的自觉的活动"。但就具体个人而言,任何自觉的活动并非一开始就同时是自由的活动。只有当个人真正具备了这种自觉的活动所需要的活动能力,和其他相应的主观条件如意向、信念、角色等规定性意识,以及环境等相应的客观条件时,他才可能是自由的。即使这"自由的"指的是不像动物受自然条件和本身尺度的限制,也没有哪个人是天生就超越了自己的自然生命而获得了精神生命和社会生命的,只要他的精神生命还没有成长到能使他超越其自然生命,他就不是自由的,教师也不例外。"教育者本人一定是受教育的"[②],"教师只有先受教育,才能在一定程度上教育别人","教师只有诚心诚意地自我教育,才能诚心诚意地去教育学生"[③],而且,教师"他自己受了多大程度的教育和培养,在多大程度上使这种教育和教养成为他自

---

① 姜文,黎明. 从高等教育现代化的本质反思教育的功能[J]. 湖南文理学院学报(社会科学版),2006(3):119-121.

② 中共中央马克思恩格斯列宁斯大林著作编译局. 马克思恩格斯选集:第1卷[M]. 北京:人民出版社,1972:17.

③ 第斯多惠. 德国教师培养指南[M]. 袁一安,译. 北京:人民教育出版社,2001:24.

己的财富,他就只能在这样大和这样多的程度上对别人发生培养和教育的影响,而且必然会发生这种影响","事实上再好的教科书也代替不了教师本人的思想和卓识"[1],因此,"一个要教育别人的人,最有效的办法是首先教育好自己"[2],"凡是不能自我发展、自我培养和自我教育的人,同样也不能发展、培养和教育别人"[3],"教育者和教师必须在他自身和在自己的使命中找到真正的教育的最强烈的刺激;对他来说,把自我教育作为他终身的任务乃是一种双重的和三重的神圣责任"[4]。因此,教师教育要使教学实践活动具备"自由"和"自觉"特质,真正成为教师作为人的类本质特性,在根本上只有通过教师的自我教育来实现。正是基于这样的认识,本书立足于当前基础教育课程改革深化和教学创新之迫切的现实需要,发现了教学实践感以及教学实践感在教师自我教育中的独特地位。

一、回到教师本身:教师教育转向的时代态势

本书将教师教学实践感研究作为对新课程改革现实需要的一次尝试性的理论回应,源自对教师教育转向的时代态势的思考和体认。我们在第七章已经指出,传统的教师教育是"知识中心论"的,既在指导思想上囿限于"知识中心论",也在课程观、教学观上游离于教师的成长规律,还在教师学习评价观上偏于知识人培养。教师教育本身始于对教育和教师本身的自觉,教师教育的进步也同样建立在对教师认识的不断深化上。随着"知识中心论"的传统教师教育的弊端日益暴露出来,教师教育也慢慢出现了新的转向。概括来说,教师教育转向的时代态势,就是"我们必须把教师看作是教师"[5],就是要回到教师本身。这可以从以下四个方面来理解:

首先,在世界范围内,教师职业的专业化发展已成为教师教育改革的核心问题,已使改革教师教育和提高教师教育的有效性、重视加强教师的"职

---

[1] 第斯多惠. 德国教师培养指南[M]. 袁一安,译. 北京:人民教育出版社,2001:57.
[2] 笛福. 鲁滨孙漂流记[M]. 徐霞村,译. 北京:人民文学出版社,1979:111.
[3] 第斯多惠. 德国教师培养指南[M]. 袁一安,译. 北京:人民教育出版社,2001:24.
[4] 张焕庭. 西方资产阶级教育论著选[M]. 北京:人民教育出版社,1979:350,351.
[5] 第斯多惠. 德国教师培养指南[M]. 袁一安,译. 北京:人民教育出版社,2001:200-201.

业感"成为世界各国的共同选择。教师专业化虽然仍强调教师对系统知识的掌握在教师教学能力培养中的重要地位,但更强调要为教师发挥教学才干提供最充分的条件,赋予教师更多的课堂教学自治权以充分发挥教师本身的专业潜能和创新能力,给教师提供专业发展机会,为教师创造有效的知识更新途径,……这些无疑催生了对教师教育有效性的自觉追求,使教师教育在呈现出终身化特征的同时从"训练模式"转向"发展模式"。教师专业化发展,不只表现为高学历化,或者职前培养、入职教育和在职培训统一化或一体化,也不只表现为教师教育转向综合化的格局,还突出地表现在教师教育中对教学实践环节的重视,如我国《教育部关于加强师范生教育实践的意见》(教师〔2016〕2号)等文件明确落实师范生教育实习不得少于1学期即18个教学周等;对教师职业角色的重新定位,如强调教师要从技术人员转变为专家等。教师的性别、个性、思维、语言等方面的特征与教学的关系,教师个人知识的形成过程,新老教师在教学行为上的差异,教学生活中的教师,乃至教师生命成长,正日益为教师教育研究和实践改革所重视,教师教育观照体现出鲜明的人性立场。正是人性的观照,使对教师的关注成为教育研究中极其重要的部分,教师成了"教育改革与教育研究的焦点"[1],同时,人们也越来越清楚地认识到,教师教育的有效性取决于作为完整的人的教师本质的丰富性的展开,必须回到教师本身才有可能实现。

其次,我国教师教育政策的最新变化也呈现出了回到教师本身的态势。过去很长一段时间里,国家政策从教师法到基础教育改革纲要,都是侧重从社会需要、教育管理的角度出发,强调应该建设什么样的教师队伍,教师应该具备什么样的条件、养成什么能力和达到什么样的要求,而不是从作为现实的人的教师立场出发去关注教师条件、能力的生成过程及其主体内在机制。这种情况直到2010年7月29日颁布的《国家中长期教育改革和发展规划纲要(2010—2020年)》(以下简称《纲要》)仍然没有改变(详见《纲要》第四部分"保障措施"第十七章"加强教师队伍建设"第五十三条"提高教师业务水平")。与此相应,国内教师教育在很长一段时间里主要是由独立的师范院

---

[1] 佐藤学. 课程与教师[M]. 钟启泉, 译. 北京: 教育科学出版社, 2003: 384.

校承担，其教育方式基本上是对国家政策的贯彻执行，这种照章执行在一定程度上强化了"知识中心论"取向，客观上对教师"工具化"的机械主义认识起了推波助澜的作用。教育的出发点和目的都是人，教育的主体和服务对象都是人。教师工具化是对教师的强制性异化，这种强制性异化一旦为政策导向所印证，在教师教育现实中的负效应是极其严重的，直接影响着现实教育中教师的身份角色意识、职业生活体验、教学理念以及职业生存理想。教育与其他人类实践活动的不同，在于其实现途径主要是教学，即教师遵循并利用人的天赋学习能力及其发展规律，通过呈现与自然、与社会、与自我三重关系中的自我个体生命，即"以神相感"的生命示范，激发、引导、促进学生的主体性学习，助其成长为人。也就是说，教育的实现，取决于教师对自我生命的一种自我开发、改造和利用，取决于教师个人的生命成长是否个性鲜明且生动。作为培养教师的特殊职业教育，教师教育必须遵循教师成长规律，即教师作为人的天赋学习能力及其发展规律。这样的认识并不新，但在政策导向对教师教育发展起着决定性作用的情况下，这样的认识要被纳入政策并不容易。幸运的是，就在《纲要》发布不久，"遵循教师成长规律"就正式出现在了2011年10月8日的《教育部关于大力推进教师教育课程改革的意见》（教师〔2011〕6号）"优化教师教育课程结构"一款中，获得了政策指令性形式。当然，这只是一个开始，从政策性指令到在现实的教师教育真正实现还有一个实践的过程。而随着《教育部办公厅关于师范类专业办学条件和质量监测数据核验的通知》（教师厅函〔2021〕28号）、《教育部办公厅关于进一步做好"优师计划"师范生培养工作的通知》（教师厅函〔2022〕22号）等文件的出台，"遵循教师成长规律"的教师教育已不只是闪耀在理想之中，这一最新变化不仅为教师教育改革指明了方向，即尊重教师作为人的个性、思维、语言等方面的特征与其教学能力养成的关系，尊重教师个体知识形成过程的内在特殊性，尊重新老教师在教学行为之间的差异，尊重教师生命成长的"自然规律"，而且将教学实践作为教师培养的关键环节予以落实，要让教师凭借自己的教学活动实践地自我造就。要言之，就是回到教师本身。

再次，教师教育研究表明，人们对教育中心的认识在经过了教学、课程阶段后已经回到教师本身，并且正促进着教师研究的深化。任何改革都意味着对改革对象的某种自觉,自觉是掌握了对象存在规律的结果,对对象存在规律的掌握主要通过对对象的研究来实现,教育也不例外。新中国成立以来,基础教育改革经历了"教学改革"和"课程改革"两个阶段。2001年新课程改革启动之前,有过七次教学改革,围绕基础教育所进行的教材改革、教学改革,始终着眼于从教学实践出发来看教师。在这种视角下,教学仿佛是一种客观存在,有着恒定不变的标准,教师的任务就是按照这个标准教学,大有"教学面前教师人人平等"之势。诚然,任何教育改革都必须通过教学才能实现,但教学改革所体现的教育自觉,却不是作为一种特殊人类实践的教学本身所能呈示的,因为世界上没有两次完全相同的教学,任何一次教学都是即时生成的,其感性现实性本身不能起到符号化作用。换言之,教学活动不是抽象的存在,而只能是具体的教师个人的教学活动,并且必须是作为教学实践主体的教师的教学活动。但是,直到2001年新课程改革开始,教师的实践主体地位仍然没有得到应有的尊重。按理说,课程作为教育的蓝图,是教育活动自觉性的充分体现,课程问题是教育问题的集中体现,教育改革表现为课程体系的变革,是无可非议的。然而,走进新课程改革一线,走近新课程改革中的一线教师,我们发现,新课程改革以来的新课程培训,无论是国家级培训还省、州、县各级的培训,其中所谓的新课程理念,并没有因为培训专家说是理念就直接转化成了教师的理念,绝大多数教师面对所谓的新课程理念,既感到几分新鲜,又感到几分迷惘。可就在他们还来不及消化培训专家们"教"给的新课程理念"知识",甚至来不及反思既有教学理念的情形下,教师评价几乎立即"新课程化"了,于是出现了与改革初衷相悖的诸多现象:或者急功近利地为了保持高考升学率,而在教材内容及其编排形式、教学目标设置,以及月考、期末考的考试形式上,积极主动的新课程化;或者"该给学生引导的不引导,该给学生讲解的不敢讲,怕被别人冠以'理念不新'的帽子"而"削足适履","让教学内容去迎合学习方式,片面追求教学方式的新课程化"[①];或者"很多教师对政策语言非常熟悉,也能举出一些例子证明自己的课堂是多么的新课程化,但很可能,他的实际课堂教学完全不

---

① 王志民. 有效教学应拒绝无度演绎[J]. 教学随笔,2008(5):10-12.

是那么回事"[1]。在教学反思写作常规化到每一节课都得上交书面反思材料等极端做法频频出现的同时，教师对新课程的新鲜感逐渐被在限制时间内完成规定的"教学反思"等烦琐任务淹没了。究其根源，除了改革者太过急切之外，还有新课程改革赖以发动的既有教师研究本身存在的问题，具体而言，就是既有教师研究在总体上还像马克思所批判的费尔巴哈尔唯物主义[2]那样，对教学、对课程，都只是从客体的或者直观的形式去理解，而不是把它们当成作为人的教师的感性活动，当作实践去理解，不是从教师主观方面去理解。这种理解不仅没能把握到教学活动的"革命性"和"实践批判"意义，而且还割裂了教师和教学活动之间的天然联系，剥夺了教师的教学实践主体地位，使教学活动也因此丧失了实践属性。好在新课程改革进入深化、创新阶段的今天，教师研究已经认识到，新课程改革采取自上而下、先实验后推广再普及的方式展开，一旦其节奏明显快于人们尤其是教育实践主体自身观念的正常更新节奏，就会陷入困境。新课程实施二十多年来，教育领域包括政策、制度、理念、目标、内容、结构、评价等发生了相应的变化，且呈现出变化"速度越来越快、幅度越来越大、参与面越来越广"[3]的趋势，但这种发展势必会造成"层级转化导致课程落实越来越难"的问题，因为其实践主体多少盲目的"速度快、幅度大"的课程改革，也意味着多少盲目地对教师的课程教学观念和行为方式提出了速度快、力度大的改革要求。而如果还没有具备"实行全面变革的物质因素"和意识形态尤其是教师群体精神理念更新的条件，还没有形成足以暴露和摧毁旧教育思想理念的个别条件，还没有形成想要而且能够革新旧教育生活、教学生活的教师群体，那么，"尽管这种变革的思想已经表述过千百次，但这一点对于实际发展没有任何意义"[4]。换言之，新课程改革还在继续，但其不尽如人意已非常明显，究其根源，就是本应作为教育

---

[1] 夏雪梅. 四十年来西方教师课程实施程度研究的回顾与评论[J]. 全球教育展望，2010（1）：21—26.

[2] 中共中央马克思恩格斯列宁斯大林著作编译局. 马克思恩格斯选集：第1卷[M]. 北京：人民出版社，1995：93.

[3] 王健. 当代课程改革的合理性审视：基于"中庸理性"观[J]. 教育发展研究，2008（22）：16—20.

[4] 中共中央马克思恩格斯列宁斯大林著作编译局. 马克思恩格斯选集：第1卷[M]. 北京：人民出版社，1995：58.

变革主体的教师的主体性精神这一必要条件还不够充分。与此相应，教师研究界已经认识到，新课程改革的成功推行、深化和教学创新既不能停留在对新课程之"新"的宣讲和强调上，也不能盘旋于对教学活动的技术性探索上，而必须回到作为教学实践主体的教师本身。因为，每一次教育变革都意味着要现实化一种新的教育文化理想，但任何教育理想、课程理想、先进新理念自身都不会自动转化为教学实践和自动服务于学生的发展，它必须要得到广大一线教师的认同、理解并以之为中介逐渐引发教学实践的变革，才能获得其现实性。教学活动从来不是完全被动地等于理想课程的现实化，而必须依靠作为教学活动主体的教师，以内化了课程理想的主体性努力来创生。课程改革必须与教学变革协同推进、互促共进，才有可能实现课程改革的预期目标。这就必须首先尊重教师、研究教师，赢得教师群体的主体性支持。教师虽然不是一种教育文化生成的唯一因素，但教师的主体性却直接影响着课程理想付诸实施的成败。教师真正的专业成长，首先是教师主体性的确立和发展。所以，真正的教师研究，必须是回到教师本身。以教师主体性为根本出发点的探索，只有回到教师本身，研究借鉴国外先进教育文化观念而创生的新课程该如何作用于教师并通过他们对整个中国教育的变革产生现实意义的问题，才可能得到圆满解决。为此，就"必须有新型的教师教育的模式，以促进教师的精神成长与创造性的觉醒"[①]，让教育改革的理想在回到教师本身的过程中变为现实。

最后，一线教师的专业成长体验也昭示我们，教师教育要真正收到实效，就必须回到教师本身。1999年被国务院表彰为有突出贡献的教育科学研究专家孙云晓说："因为我是学生的学生，我才能成为教师的教师。"[②] 做"学生的学生"，就是以学生的学习姿态掌握学生作为人的成长规律，包括教师作为学生的成长规律。这虽然是孙云晓的现身说法，但仍不免给人抽象感。而笔者在访谈中所了解到的一线教师的专业成长体验，却历历在目。某初中语文教师告诉笔者：

---

① 钟启泉. 现代课程论：新版 [M]. 上海：上海教育出版社，2004：195.
② 孙云晓. 我眼里的健康教育 [M]. 长春：时代文艺出版社，2008：133.

和许多人一样，我师范三年的学习中，虽然学校开设了教育学、心理学和中学语文教材教法等课程，我自己也参加过4个星期的教育教学实习。可是，一学期的教育学学习，根本没有留下任何让我心动的记忆；一学期的心理学学习，根本没有一次带我回到自己的内心世界；一学期的中学语文教材教法学习，我唯一记住的就是自己首次试讲不到五分钟就被老师赶下讲台的尴尬，而自己却不知道为什么会那样；实习4周上了13节课，却是在第一节课被老师简单地断以"死板"就再无下文之后，完全回到自己、回到学生才找到了些微感觉。但就是这些微的感觉，让我意识到，为什么自己一早上就背完笔记还考了82分的教育学却仿佛从未与我发生过一点关系，心理学、教材教法为什么在现实教学中帮不上半点忙，为什么在现实教学中根本想不起曾经背得很熟的教育学、心理学和教材教法理论知识，……

而另一位历史教师的感受，恰能对此形成一个补充说明：

曾经的教育学、心理学和教材教法在教科书上是知识，从老师嘴里讲出来听写成笔记并且写到试卷上也是知识，最要命的是，它们作为知识始终未曾与我们感觉到的现实的东西有过关联，也不曾以它们为依据，……我们是要做教师的师范生，我们作为师范生的心理，我们自己所接受的教育，我们学习的所谓教材教法，一样也没有回到我们自身。

相似的体验还可以列举出很多，但更重要的是对这些体验所暗示出来的希望要有所认识，那就是回到教师自身，让教育学、心理学和教材教法在教科书上的知识，真正经过教师的自我"感觉性""经验性"的重新建构，切实融入并转化为教师生命的血肉，作为教师生命的自然成分自然地发挥作用。新课程改革以来，教师校本培训、有计划的国家培训、教师参加教育科研、撰写教育叙事、参与开发课程、编写教材等不断进入教师教育的考虑范围，可从实际情况来看，这些多数时候被"形式主义"了，没有真正起作用。德国哲学家狄慈根曾指出："只有以现实的东西、感觉的东西、自然的东西为意识的对象的思维才叫做认识","认识只有与某个一定对象发生关系时,只有以外界事物为依据时,才能是真实的"[1]。既是如此,那么教材只有回到教师、学生的"感觉的"生命之中,才能被充分激活,教学只有回到学生的生命并以学生的生命"感觉"为依据时才会真实有效,教师教育也只有回到教师的生命并以教师的生命"感觉"为依据时才会真实有效。

总之,教师教育要"回归自身内部""遵循教师成长规律",就是要回到作为人的教师本身,回到作为教学实践者的教师本身,尊重教师作为人"只能感觉着并在感觉中超越感觉而实现职业化生存"的生命成长规律。这就是教师教育在现时代转向的发展态势。

二、基于教学实践感的教师教育:教师教育发展的必然趋归

立足于当今基础教育课程改革推广、深化和教学创新之迫切的现实需要,在对教师教育转向"回到教师本身"的时代态势有所体认的基础上,本研究认为,基于教学实践感的教师教育,是教师教育发展的必然趋归。

回到教师本身,就是要把教师当作整体的人来看待,尊重教师作为人的人性的完整性。如前所述,新课程改革的推广、深化与教学创新呼唤有效的教师研究,有效的教师研究要求我们首先把教师作为人来看待,尊重教师作为人的完整人性,不但要尊重教师的理性能力,还必须尊重教师的感性能力。康内利和克兰笛宁也曾提醒过我们,在实践的视野中看教师,教师就是整体的人,不能割断教师的历史与未来,也不能把教师肢解为知识的、情感的、技能的教师。[2] 我们在第七章指出,"知识中心论"的传统教师教育,对教师教学实践能力的生成过程认识流于简单化,致力于教师的知识掌握,在知识与能力之间画等号,实际上是过分注重了教师的理性能力而极端轻视教师的感性能力,是一条腿走路。之所以会这样,一是因为很长时间以来,"虽然对于可感觉的现实的反感早已从思想上和行为上消失,但是人们今天依然继续

---

[1] 许征帆,李鹏程,成保良,等. 马克思主义学说史:第3卷[M]. 长春:吉林人民出版社,1987:436.

[2] CONNELLY F M, CLANDININ D J. Teachers as Curriculum Planners: Narratives of Experience[M]. Columbia: Teachers College, 1988.

走这条老路",仍然"惯于轻蔑地谈论物质的、感觉的、肉体的等可腐坏的东西";二是因为"我们还缺乏理论上的解决、媒介和证明,以表明精神的东西就是感觉的东西,感觉的东西就是精神的东西"①,不清楚"每一精神作用要么是和身体的某一器官相联系,要么就和这些器官的特性相联系,精神作用只能通过身体器官而达到活动"②。只靠理性一条腿走路,显然是教师教育长期以来既不能很好地满足教师个人成长需要,又不能实现符合素质教育要求的教师队伍建设目标的主要内在原因之一。

教师教育要回到教师本身,就不能唯理性独尊,而要同时尊重教师作为人所具有的两种心灵能力即理性和感性。教师教育要回到教师本身,就既不能"只从经验中寻找原因",因为"作为因果关系的前提的必然性和普遍性,表明是一种不可能的经验";也不能只凭理智"寻求经验所无能为力的原因",因为"虽然只有精神才能发现那种不可感觉的、抽象的普遍性,但是,只有在某一既存的感觉现象范围以内才有可能",理智自身的"这种寻求不能先天地而只能后天地进行,只能以经验的既存的结果为基础"③。

教师教育要回到教师本身,就必须充分认识到理性和感性两者之间的辩证关系,既尊重理性能力对于感性能力的提升、推动作用,也尊重感性能力之于理性能力的在先性和基础性,没有感性能力就没有理性能力。而且,我们还要充分认识到,即使是在理性能力"独立主持工作"的情况下,感性能力也始终"在场",因为理性能力本身是将感性成分扬弃于自身之内,而不是消灭式的取代感性。

由此,根据"以学生为本"的教育原则,我们在教师教育中首先必须做到的,就是尊重教师作为人的人性本质的丰富性,其次是根据教师专业成长的需要和可能来系统安排教师职业要求,以把他们造就成作为教学实践主体的人师。人师首先是人,然后才是人师。也就是说,既然教师专业发展是教师作为"人"的发展,就要尊重教师在专业发展中的主体性,承认教师有个人历史及其在教师专业发展中的作用。教师是因其从事教学实践活动而成其

---

① 狄慈根. 狄慈根哲学著作选集[M]. 杨东莼,译. 北京:三联书店,1978:60.
② 第斯多惠. 德国教师培养指南[M]. 袁一安,译. 北京:人民教育出版社,2001:87-88.
③ 狄慈根. 狄慈根哲学著作选集[M]. 杨东莼,译. 北京:三联书店,1978:59.

为教师的。教师作为人的感性能力的最基本单位就是感觉，就是感觉在其教学实践的"规范"中发展而成的教学实践感。教师教育要实现教师主体性的建构，就必须尊重教师作为人的完整人性，就必须以教师作为人的感觉为基础，尤其要以教学实践感为基础。

"教学实践感基点论"的教师教育，坚持把教师的教学实践感确定为教师教育的基点，正是要以人为目的，尊重教师的主体地位与主体意识，尊重教师独立的人格、个性和创造精神，力求使作为人的教师真正成为人，成为"人师"。教师教育只有充分重视并培养、利用好教师的教学实践感，才真正能"促进教师的精神成长与创造性的觉醒"，推动新课程改革的理想变为现实。

要言之，教师作为人的人性完整性在教师教育中的基础地位和教师教育必须遵循教师作为人的职业生命成长规律，都决定了教师教育的发展应以基于教学实践感的教师教育为必然趋归。

三、基于教学实践感的教师教育展望

那么，基于教学实践感的教师教育究竟怎样呢？

首先，如果能做到"眼高手低"，就能实现教师教育实践重心下移。如果认同"'眼高手低'这一成语，反映了各行各业的一个普遍规律"[①]"是一种常态"，"眼高"本身"是一种不满足现状的积极态度"，"代表着……修养和境界"，就知道我们此处对"眼高手低"是贬词褒用，是希望教师教育者"要敢于面对现实，正视自己的不足，看到自己的差距"，同时"要有高的眼界"，要"心存高远"，"以'眼高'来改变'手低'的现状"[②]。换句话说，做人视野要高阔，目标要远大，标准要高，同时姿态要低，做事情要脚踏实地，要从最基本的小事踏踏实实地做起。在这个意义上，"大志向的人一定眼高手低"。教育部《面向21世纪教育振兴行动计划》提出"具备条件的地区力争使小学和初中专任教师的学历分别提升到专科和本科层次，经济发达地区高中专任教师和校长中获得硕士学位者应达到一定比例"以来，我国由中等师范学校、

---

① 吴硕贤. 成语新解与杂谈 [M]. 广州：华南理工大学出版社，2012：67.
② 吴连增. 书法雅言 [M]. 乌鲁木齐：新疆文化出版社，2016：72-74.

师范专科学校和本科师范院校构成的旧三级教师教育体系中,中师、师专萎缩殆尽,教师教育体系的重心已经上移,逐步构建起由专科、本科、研究生构成的新三级教师教育体系,教师学历教育的层次正逐步提高,不久将形成以本科和研究生教育为主体的教师学历教育格局。这就是教师教育的"眼高"的自觉表现。但是,前面所指出的"知识中心论"仍将在相当长一段时期内存在,仅仅停留在"眼高"的观念意识层面,新的教师教育格局可能沦为空架子。如果我们在"眼高"的同时,能自觉地"手低","遵循教师成长规律",站定"教学实践感基论"的立场,将教师教育实践的重心下移到教师作为教学实践主体的感性能力培养,抓好教师作为人的感觉教育,抓好教师作为教师的教学实践感培育,那么,新的教师教育必将更加坚实,更加有效,能更切实地服务于基础教育,促成新课程改革理想的实现。

其次,如果将教学实践感培育课程化,就可以构建感性与理性一体化的教师教育课程体系。自1999年中共中央、国务院在《关于深化教育改革全面推进素质教育的决定》中提出"调整师范学校的层次和布局,鼓励综合性高等学校和非师范高等学校参与培养、培训中小学教师的工作,探索在有条件的综合性高等学校中试办师范学院"以来,我国教师教育就在全面实施教师资格制度的基础上,建构以大学为先导、师范院校和其他举办教师教育的高校为主体的教师教育体系,但在新的教师教育体系中处于核心地位的教师教育课程,仍然主要是"知识中心论"的,仍然偏于重视教师的理性能力而忽视教师的感性能力,不利于培养人性完整的"人师",所以其对新课程改革的服务能力极其有限。如能改革传统教师教育相对封闭的"知识中心论"课程体系,建立符合教师作为人的成长规律的、适应新课程改革需要的、开放灵活的新教师教育课程体系,将教学实践感的培育纳入教师教育,赋予其基础地位,就可能通过自由、自觉的感觉教育,催生、支持、提升大学教师教育学科优势和多学科综合的理性优势,培养感性的、现实的又同时富于理性力量的高素质教师。教师教育大学化是世界各国教师教育改革和发展的基本走向之一,也是我国从"师范教育"向"教师教育"转型,从传统走向现代的新趋势。这就需要针对既有教师教育中存在的忽视教师作为人的感性能力、轻视教师教学实践感等违背教师成长规律的现实问题,积极推进教学实践感培育的课程化，建立感性与理性一体化的教师教育课程体系，将之作为未来教师教育发展的方向。通过调整、合并既有教师教育课程，使课程内容能够兼具教师感性能力和理性能力的培养，教学实践感培育与专业理论思维能力培养的一体化，能够建立教师教育课程中感性内容与理论内容的协调机制，推进教师教育课程体系的人性化形成与完善。

再次，如果能找到教学实践感的有效考查办法，从测评上使教学实践感"客观化"并将它纳入资格考核范围，就可以推进教师资格制度的进一步完善。与传统教师教育的"知识中心论"倾向相应，迄今为止，中国教师入职的资格标准偏低且过于简单化，高师生只要修过教育学、心理学和学科课程教学论（或者学科教材教法）并参加过4周的教育实习，综合性大学毕业生只需要参加极短时间的教育学、心理学理论培训并参加简单的考试，就可以获得教师资格证书，因而他们没有真正的教学实践感做支撑就可以入职上岗。这必然造成教师的专业素质低下，教育教学的质量也就无法保证。如果要适应教师职业专业化的要求，就必须逐步提升教师入职的资格标准，不断改革与完善教师资格证书制度。我国虽然1995年年底就颁布了《教师资格条例》，但教师资格认证制度实施至今仍没有统一的、完备的认证标准。针对传统教师教育主要依靠教师的理性能力"一条腿走路"所造成的不足，我们可在推进教学实践感培育的课程化，建立感性与理性一体化的课程体系的基础上，探索教学实践感的有效考查办法，通过测评使教学实践感"客观化"，并纳入资格考核范围，把教学实践感水平作为获得教师入职资格考查指标之一，推进教师资格制度进一步完善，无疑有助于建构更合乎人性的教师教育评价指标体系和教师教育课程鉴定制度，加强教师教育质量评估，切实提高教师教学能力发展的专业化水平，更好地适应和推动我国教师教育的发展。

参考文献

一、中文文献

（一）著作类

[1]包丰源. 决胜右脑［M］. 北京：朝华出版社，2006.

[2]蔡勇强，黄清，李建辉. 基础教育学［M］. 厦门：厦门大学出版社，2006.

[3]曹日昌. 普通心理学（上册）［M］. 北京：人民教育出版社，1980.

[4]曹岫云. 稻盛和夫成功方程式［M］. 北京：中国大百科全书出版社，2006.

[5]陈桂生. "教育学视界"辨析［M］. 上海：华东师范大学出版社，1997.

[6]陈良运. 跨世纪论学文存［M］. 上海：上海远东出版社，2003.

[7]陈萍. 教师专业发展之道：我的教育叙事与生命感悟［M］. 北京：人民教育出版社，2008.

[8]成云. 心理学（本科）［M］. 成都：四川大学出版社，2004.

[9]崔含鼎，梁仕云. 现代教学艺术论［M］. 南宁：广西教育出版社，1992.

[10]代蕊华. 课堂设计与教学策略［M］. 北京：北京师范大学出版社，2005.

[11]邓晓芒. 哲学史方法论十四讲［M］. 重庆：重庆大学出版社，2008.

[12]方与严. 陶行知教育论文选辑［M］. 北京：生活·读书·新知三

联书店，1947.

［13］高长梅，欧阳慧. 教师素质培养手册［M］. 北京：九州图书出版社，1998.

［14］高清海. 哲学的奥秘［M］. 长春：吉林人民出版社，1997.

［15］高伟. 生存论教育哲学［M］. 北京：教育科学出版社，2006.

［16］关月梅. 奠基从品行开始［M］. 上海：上海教育出版社，2009.

［17］管建刚. 不做教书匠［M］. 福州：福建教育出版社，2007.

［18］管建刚. 我的作文教学革命［M］. 福州：福建教育出版社，2010.

［19］韩民青. 人类论——一般人类学大纲［M］. 北京：中国广播电视出版社，1988.

［20］郝德永. 课程与文化：一个后现代的检视［M］. 北京：教育科学出版社，2002.

［21］何克抗，李文光. 教育技术学［M］. 北京：北京师范大学出版社，2002.

［22］洪深. 戏的念词与诗的朗诵［M］. 上海：大地书屋，1946.

［23］胡家祥. 文艺的心理阐释［M］. 武汉：武汉大学出版社，2005.

［24］胡军. 知识论引论［M］. 哈尔滨：黑龙江教育出版社，1997.

［25］华应龙. 我就是数学：华应龙教育随笔［M］. 上海：华东师范大学出版社，2009.

［26］贾洛川. 罪犯感化新论［M］. 桂林：广西师范大学出版社，2009.

［27］江峰. 青年马克思评传［M］. 长沙：湖南出版社，1991.

［28］巨瑛梅，刘旭东. 当代国外教学理论［M］. 北京：科学教育出版社，2005.

［29］柯永河. 习惯心理学［M］. 台北：张老师文化事业股份有限公司，1998.

［30］孔凡哲，曾峥. 数学学习心理学［M］. 北京：北京大学出版社，2009.

［31］乐伟感，梅妙聪. 新课程小学英语教学叙事研究［M］. 宁波：宁波出版社，2007.

[32]李秉德. 教学论[M]. 北京：人民教育出版社，1991.

[33]李伯聪. 选择与建构：大脑和认知之谜的哲学反思[M]. 北京：科学出版社，2008.

[34]李春秋. 教育伦理学概论[M]. 北京：北京师范大学出版社，1993.

[35]汉语大字典编辑委员会. 汉语大字典[Z]. 武汉：湖北辞书出版社，1996.

[36]李如密. 教学美的价值及其创造[M]. 广州：广东高等教育出版社，2007.

[37]李如密. 教学艺术论[M]. 济南：山东教育出版社，1995.

[38]李新旺. 生理心理学[M]. 北京：科学出版社，2008.

[39]李燕杰，郭海燕. 教师论赞[M]. 北京：北京理工大学出版社，1995.

[40]李镇西. 听李镇西老师讲课[M]. 上海：华东师范大学出版社，2005.

[41]林崇德，申继亮，辛涛. 教师素质论纲[M]. 北京：华艺出版社，1999.

[42]林家栋. 教育教学改革实践与探索：第5集[M]. 北京：中国农业大学出版社，2009.

[43]刘鸿锋. 教学艺术新论[M]. 北京：军事谊文出版社，1995.

[44]刘克兰. 现代教学论[M]. 重庆：西南师范大学出版社，1993.

[45]刘少杰. 当代国外社会学理论[M]. 北京：中国人民大学出版社，2009.

[46]柳中权. 简明妇女儿童百科辞典[Z]. 长春：北方妇女儿童出版社，1989.

[47]卢家相. 情感教学心理学[M]. 上海：上海教育出版社，2001.

[48]鲁迅. 鲁迅全集：第3卷[M]. 北京：人民文学出版社，1981.

[49]路杰. 领袖的诞生[M]. 北京：中国言实出版社，2003.

[50]潞潞. 准则与尺度：外国著名诗人文论[M]. 北京：北京出版社，

2003.

［51］罗林. 教学艺术［M］. 成都：成都科技大学出版社，1992.

［52］毛泽东. 毛泽东选集：第1卷［M］. 北京：人民出版社，1991.

［53］苗东升. 系统科学大学讲稿［M］. 北京：中国人民大学出版社，2007.

［54］欧阳超. 教学伦理学［M］. 成都：四川大学出版社，2008.

［55］潘懋元. 高等学校教学原理与方法［M］. 北京：人民教育出版社，1995.

［56］彭聃龄. 普通心理学（修订版）［M］. 北京：北京师范大学出版社，2004.

［57］钱冠连. 语言：人类最后的家园［M］. 北京：商务印书馆，2005.

［58］秦启文，周永康. 角色学导论［M］. 北京：中国社会科学出版社，2011.

［59］全国九所综合性大学《心理学》教材编写组. 心理学［M］. 南宁：广西人民出版社，1985.

［60］任平. 交往实践的哲学：全球化语境中的哲学视域［M］. 昆明：云南人民出版社，2003.

［61］沙莲香. 社会心理学［M］. 北京：中国人民大学出版社，2002.

［62］上海文艺出版社. 文艺论丛：第十六辑［M］. 上海：上海文艺出版社，1982.

［63］沈丽萍. 故事中的教师角色转变［M］. 福州：福建教育出版社，2008.

［64］施良方，崔允漷. 教学理论：课堂教学的原理、策略与研究［M］. 上海：华东师范大学出版社，1999.

［65］十二院校《心理学》编写组. 心理学［M］. 哈尔滨：黑龙江教育出版社，1984.

［66］宋太庆. 知识革命论［M］. 贵阳：贵州民族出版社，1996.

［67］苏静. 麻辣学生酷老师［M］. 福州：福建教育出版社，2005.

［68］孙云晓. 我眼里的健康教育［M］. 长春：时代文艺出版社，2008.

[69] 孙中山. 孙中山全集：第6卷［M］. 北京：中华书局，1981.

［70］陶行知. 陶行知全集：第2卷［M］. 长沙：湖南教育出版社，1985.

［71］陶行知. 陶行知全集：第3卷［M］. 成都：四川教育出版社，2009.

［72］田慧生. 教学环境论［M］. 南昌：江西教育出版社，1996.

［73］汪刘生. 现代教学论研究的新视域［M］. 长春：吉林人民出版社，2006.

［74］王北生. 教学艺术论［M］. 开封：河南大学出版社，2001.

［75］王策三. 教学论稿［M］. 北京：人民教育出版社，1985.

［76］王长俊，王臻中. 美学基础［M］. 南京：江苏教育出版社，1988.

［77］王夫之. 船山遗书：第4卷［M］. 北京：北京出版社，1999.

［78］王夫之. 船山遗书：第5卷［M］. 北京：北京出版社，1999.

［79］王南湜. 追寻哲学的精神——走向实践哲学之路［M］. 北京：北京师范大学出版社，2006.

［80］王尚文. 语感论［M］. 上海：上海教育出版社，2006.

［81］王书会，任新红，李志辉. 大学生社会学［M］. 成都：电子科技大学出版社，2009.

［82］王伟. 当代中学语文教育专家研究［M］. 北京：教育科学出版社，1992.

［83］王永昌. 实践活动论［M］. 北京：中国人民大学出版社，1992.

［84］魏源. 魏源集（上）［M］. 北京：中华书局，1976.

［85］文池. 在北大听讲座［M］. 北京：新世界出版社，2000.

［86］吴洪成. 现代教学艺术的理论与实践［M］. 石家庄：河北人民出版社，2009.

［87］吴立岗，夏惠贤. 现代教学论基础［M］. 南宁：广西教育出版社，2001.

［88］吴文侃. 比较教学论［M］. 北京：人民教育出版社，1996.

［89］夏甄陶，李淮春，郭湛. 思维世界导论——关于思维的认识论考察［M］. 北京：中国人民大学出版社，1992.

［90］夏甄陶. 认识论引论［M］. 北京：人民出版社，1986.

［91］谢利民，郑百伟. 现代教学理论基础［M］. 上海：上海教育出版社，2003.

［92］徐长福. 理论思维和工程思维——两种思维方式的僭越与划界［M］. 上海：上海人民出版社，2002.

［93］徐长福. 走向实践智慧——探寻实践哲学的新进路［M］. 北京：北京师范大学出版社，2008.

［94］徐继存，赵昌木. 现代教学论基础［M］. 北京：北京大学出版社，2008.

［95］徐世贵. 教师自主成长——基于名师成长案例的分析［M］. 北京：外语教学与研究出版社，2008.

［96］许征帆，李鹏程，马绍孟，等. 马克思主义学说史：第3卷［M］. 长春：吉林人民出版社，1987.

［97］杨适. 人的解放——重读马克思［M］. 成都：四川人民出版社，1996.

［98］杨思寰. 审美心理学［M］. 北京：人民出版社，1991.

［99］杨心德，徐钟庚. 教学设计中的任务分析［M］. 杭州：浙江大学出版社，2008.

［100］叶澜. 新编教育学教程［M］. 上海：华东师范大学出版社，1991.

［101］易中天. 艺术人类学［M］. 上海：上海文艺出版社，1992.

［102］殷鼎. 理解的命运：解释学初论［M］. 北京：生活·读书·新知三联书店，1988.

［103］于月萍. 魏书生评传［M］. 桂林：漓江出版社，2000.

［104］余文森，林高明，陈世滨. 有效教学的案例与故事［M］. 福州：福建教育出版社，2008.

［105］张楚廷. 教学论纲［M］. 北京：高等教育出版社，2008.

［106］张广君. 教学本体论［M］. 兰州：甘肃教育出版社，2002.

［107］张红兵. 感觉教育理论与实践［M］. 北京：北京理工大学出版社，2007.

［108］张焕庭. 西方资产阶级教育论著选［M］. 北京：人民教育出版社，

1979.

[109] 张良田. 教学手段论 [M]. 长沙：湖南教育出版社，1999.

[110] 张曙光. 生存哲学：走向本真的存在 [M]. 昆明：云南人民出版社，2001.

[111] 张伟胜. 实践理性论 [M]. 杭州：浙江大学出版社，2005.

[112] 张武升. 教学论问题争鸣研究 [M]. 天津：南开大学出版社，1994.

[113] 张武升. 教学艺术论 [M]. 上海：上海教育出版社，1993.

[114] 张志勇，刘锟. 为建设创新型国家而奠基：创新教育研究10年 [M]. 济南：山东教育出版社，2009.

[115] 赵昌木. 教师成长论 [M]. 兰州：甘肃教育出版社，2004.

[116] 赵捷. 艺术感觉·直觉·潜意识 [M]. 南宁：广西人民出版社，1990.

[117] 赵刊，鞠廷英. 今天如何当教师 [M]. 成都：西南交通大学出版社，2009.

[118] 郑金洲. 教育的思考与言语——一位教育学者的演讲录 [M]. 福州：福建教育出版社，2007.

[119] 中国大百科全书编委会. 中国大百科全书：哲学：Ⅱ卷 [M]. 北京：中国大百科全书出版社，1987.

[120] 中国教育报社基础教育部. 捕捉最佳教育时机 [M]. 大连：辽宁师范大学出版社，1995.

[121] 钟启泉. 现代课程论（新版）[M]. 上海：上海教育出版社，2004.

[122] 钟启泉. 现代课程论 [M]. 上海：上海教育出版社，1989.

[123] 钟祖荣. 现代教师学导论：教师专业发展指导 [M]. 北京：中央广播电视大学出版社，2002.

[124] 周春生. 感性的荒野——寻找人的存在根基 [M]. 上海：学林出版社，1995.

［125］周道生，陶晓春. 实用创造学［M］. 南京：南京师范大学出版社，2000.

［126］周冬祥. 校本研修：理论与实务［M］. 武汉：华中师范大学出版社，2007.

［127］周瑛，李晓萍. 教育学［M］. 沈阳：辽宁大学出版社，2008.

［128］周作云，罗好裕，刘笃诚. 教师心理学概论［M］. 成都：成都科技大学出版社，1988.

［129］朱德生，冒从虎，雷永生. 西方认识论史纲［M］. 南京：江苏人民出版社，1983.

［130］朱光潜. 朱光潜全集：第10卷［M］. 合肥：安徽教育出版社，1993.

［131］朱光潜. 朱光潜全集：第7卷［M］. 合肥：安徽教育出版社，1991.

［132］朱永新. 新教育［M］. 桂林：漓江出版社，2009.

［133］祝智庭，钟志贤. 现代教育技术——促进多元智能发展［M］. 上海：华东师范大学出版社，2003.

［134］邹尚智. 有效教学经典案例评析［M］. 北京：开明出版社，2009.

［135］邹有华. 教育科学论丛［M］. 北京：人民教育出版社，2001.

［136］鲍钢. 中国基础教育论文集：第2卷［C］. 北京：中国人事出版社，2002.

［137］刘德龙，包心鉴. 山东省第十八次社会科学优秀成果奖获奖成果文集（下）［C］. 青岛：中国海洋大学出版社，2005.

［138］卢铁城. 高职高专与独立学院教育改革新探：四川省高职高专与独立学院教育改革发展研讨会论文汇编［C］. 成都：四川科学技术出版社，2007.

［139］全国辩证唯物主义研究会. 真理问题论集［M］. 上海：上海人民出版社，1987.

［140］苏小平，刘丙辛. 首都教育战略与学校发展北京市校长高级研修

班研究论文集［C］.北京：红旗出版社，2005.

［141］汪青松.科学人文教育融合与复合型教师能力培养国际研讨会文集［C］.合肥：合肥工业大学出版社，2007.

［142］顾明远.教育大辞典（增订合编本·上）［Z］.上海：上海教育出版社，1998.

［143］顾明远.教育大辞典［Z］.上海：上海教育出版社，1990.

［144］关世雄.成人教育辞典［Z］.北京：职工教育出版社，1990.

［145］朴永馨.特殊教育辞典［Z］.北京：华夏出版社，1996.

（二）译著类

［1］中共中央马克思恩格斯列宁斯大林著作编译局.马克思恩格斯全集：第1卷［M］.北京：人民出版社，1956.

［2］中共中央马克思恩格斯列宁斯大林著作编译局.马克思恩格斯全集：第2卷［M］.北京：人民出版社，1957.

［3］中共中央马克思恩格斯列宁斯大林著作编译局.马克思恩格斯全集：第3卷［M］.北京：人民出版社，1960.

［4］中共中央马克思恩格斯列宁斯大林著作编译局.马克思恩格斯全集：第4卷［M］.北京：人民出版社，1958.

［5］中共中央马克思恩格斯列宁斯大林著作编译局.马克思恩格斯全集：第8卷［M］.北京：人民出版社，1961.

［6］中共中央马克思恩格斯列宁斯大林著作编译局.马克思恩格斯全集：第19卷［M］.北京：人民出版社，1963.

［7］中共中央马克思恩格斯列宁斯大林著作编译局.马克思恩格斯全集：第20卷［M］.北京：人民出版社，1971.

［8］中共中央马克思恩格斯列宁斯大林著作编译局.马克思恩格斯全集：第23卷［M］.北京：人民出版社，1972.

［9］中共中央马克思恩格斯列宁斯大林著作编译局.马克思恩格斯全集：第25卷［M］.北京：人民出版社，1974.

［10］中共中央马克思恩格斯列宁斯大林著作编译局. 马克思恩格斯全集：第26卷：第一册［M］. 北京：人民出版社，1972.

［11］中共中央马克思恩格斯列宁斯大林著作编译局. 马克思恩格斯全集：第42卷［M］. 北京：人民出版社，1972.

［12］中共中央马克思恩格斯列宁斯大林著作编译局. 马克思恩格斯全集：第46卷下［M］. 北京：人民出版社，1980.

［13］中共中央马克思恩格斯列宁斯大林著作编译局. 马克思恩格斯选集：第1-4卷［M］. 北京：人民出版社，1972.

［14］马克思. 1844年经济学—哲学手稿［M］. 刘丕坤，译. 北京：人民出版社，1979.

［15］马克思，恩格斯. 马克思恩格斯书信选集［M］. 刘潇然，译. 北京：人民出版社，1962.

［16］中共中央马克思恩格斯列宁斯大林著作编译局. 列宁全集：第38卷［M］. 北京：人民出版社，1959.

［17］中共中央马克思恩格斯列宁斯大林著作编译局. 列宁选集：第2卷［M］. 北京：人民出版社，1995.

［18］列宁. 唯物主义与经验批判主义［M］. 曹葆华，译. 北京：人民出版社，1956.

［19］列宁. 哲学笔记［M］. 中共中央马克思恩格斯列宁斯大林著作编译局，译. 北京：人民出版社，1993.

［20］康德. 康德著作全集：第6卷［M］. 北京：中国人民大学出版社，2007.

［21］康德. 判断力批判（上）［M］. 宗白华，译. 北京：商务印书馆，1964.

［22］黑格尔. 精神现象学（上）［M］. 贺麟，王玖兴，译. 北京：商务印书馆，1979.

［23］黑格尔. 精神哲学——哲学全书·第三部分［M］. 杨祖陶，译. 北京：人民出版社，2006.

[24] 黑格尔. 自然哲学[M]. 梁志学,等,译. 北京:商务印书馆, 1986.

[25] 黑格尔. 美学:第一卷[M]. 朱光潜,译. 北京:商务印书馆, 1979.

[26] 费希特. 全部知识学的基础[M]. 王玖兴,译. 北京:商务印书馆, 1986.

[27] 谢林. 先验唯心论体系[M]. 梁志学,石泉,译. 北京:商务印书馆, 1979.

[28] [古希腊]亚里士多德. 尼各马可伦理学[M]. 廖申白,译. 北京:商务印书馆, 2003.

[29] 狄慈根. 狄慈根哲学著作选集[M]. 杨东莼,译. 北京:生活·读书·新知三联书店, 1978.

[30] 伽达默尔. 诠释学Ⅰ:真理与方法——哲学诠释学的基本特征[M]. 洪汉鼎,译. 北京:商务印书馆, 2007.

[31] 卢梭. 论人类不平等的起源和基础[M]. 李常山,译. 北京:商务印书馆, 1962.

[32] 让·雅克·卢梭. 爱弥儿[M]. 李平沤,译. 上海:上海人民出版社, 2001.

[33] 庞蒂. 行为的结构[M]. 杨大春,张尧均,译. 北京:商务印书馆, 2010.

[34] 康·德·乌申斯基. 人是教育的对象——教育人类学初探[M]. 郑文樾,等,译. 北京:人民教育出版社, 1989.

[35] 夸美纽斯. 大教学论[M]. 傅任敢,译. 北京:教育科学出版社, 1999.

[36] 拉尔夫·泰勒. 课程与教学的基本原理[M]. 罗康,张阅,译. 北京:中国轻工业出版社, 2014.

[37] 达马西奥. 感受发生的一切:意识产生中的身体和情绪[M]. 杨韶刚,译. 北京:教育科学出版社, 2007.

[38] 托马斯·库恩. 科学革命的结构[M]. 金吾伦,胡新和,译. 北

京：北京大学出版社，2003.

［39］西奥多·M.米尔斯. 小群体社会学［M］. 温凤龙，译. 昆明：云南人民出版社，1988.

［40］皮亚杰. 发生认识论原理［M］. 王宪钿，等，译. 北京：商务印书馆，1996.

［41］列昂节夫. 活动·意识·个性［M］. 李沂，译. 上海：上海译文出版社，1980.

［42］维果茨基. 维果茨基教育论著选［M］. 余震球，译. 北京：人民教育出版社，2004.

［43］戴维·伯姆. 论对话［M］. 王松涛，译. 北京：教育科学出版社，2004.

［44］怀特海. 过程与实在：宇宙论研究［M］. 杨富斌，译. 北京：中国城市出版社，2003.

［45］鲁珀特·伍德芬，朱迪·葛洛夫. 视读亚里士多德［M］. 张严，译. 合肥：安徽文艺出版社，2009.

［46］休谟. 人性论［M］. 关文运，译. 北京：商务印书馆，1980.

［47］北京大学哲学系外国哲学史教研室. 十八世纪末—十九世纪初德国哲学［M］. 北京：生活·读书·新知三联书店，1975.

［48］北京大学哲学系外国哲学史教研室. 西方哲学原著选读（下卷）［M］. 北京：商务印书馆，1982.

［49］北京大学哲学系外国哲学史教研室. 古希腊罗马哲学［M］. 北京：生活·读书·新知三联书店，1957.

［50］费尔巴哈. 费尔巴哈哲学著作选集（上卷）［M］. 北京：商务印书馆，1984.

［51］爱因斯坦. 爱因斯坦文集：第1卷［M］. 许良英，范岱年，译. 北京：商务印书馆，1976.

［52］爱因斯坦. 爱因斯坦文集：第3卷［M］. 许良英，赵中立，张宜三，译. 北京：商务印书馆，1979.

［53］席勒. 美育书简［M］. 徐恒醇，译. 北京：中国文联出版公司，

1984.

[54] 罗宾·乔治·科林伍德. 艺术原理 [M]. 王至元, 陈华中, 译. 北京: 中国社会科学出版社, 1985.

[55] 全球教育发展的历史轨迹: 国际教育大会60年建议书 [M]. 赵中建, 主译. 北京: 教育科学出版社, 1999.

[56] 联合国教科文组织国际教育发展委员会. 学会生存: 教育世界的今天和明天 [M]. 华东师范大学比较教育研究所, 译. 北京: 教育科学出版社, 1996.

[57] 普林. 教育研究的哲学 [M]. 李伟, 译. 北京: 北京师范大学出版社, 2008.

[58] 佐藤学. 课程与教师 [M]. 钟启泉, 译. 北京: 教育科学出版社, 2003.

[59] 佐藤正夫. 教学原理 [M]. 钟启泉, 译. 北京: 教育科学出版社, 2001.

[60] [瑞士] 裴斯泰洛齐. 裴斯泰洛齐教育论著选 [M]. 夏之莲, 等, 译. 北京: 人民教育出版社, 2004.

[61] 威廉·格拉瑟. 了解你的学生——选择理论下的师生双赢 [M]. 杨诚, 译. 北京: 首都师范大学出版社, 2011.

[62] 西蒙. 现代决策理论的基石 [M]. 徐立, 杨砾, 译. 北京: 北京经济学院出版社, 1989.

[63] 小林利宣. 中学教育心理学 [M]. 杨宗义, 金竞明, 刘世龙, 译. 成都: 四川辞书出版社, 1991.

[64] 第斯多惠. 德国教师培养指南 [M]. 袁一安, 译. 北京: 人民教育出版社, 2001.

[65] 富兰. 教育变革新意义 [M]. 赵中建, 陈霞, 李敏, 译. 北京: 教育科学出版社, 2005.

[66] 马克斯·范梅南. 教学机智——教育智慧的意蕴 [M]. 李树英, 译. 北京: 教育科学出版社, 2001.

[67] 斯蒂芬·J. 鲍尔. 教育改革: 批判和后结构主义的视角 [M]. 侯

定凯，译. 上海：华东师范大学出版社，2002.

［68］克伯屈. 教学方法原理教育漫谈［M］. 王建新，译. 北京：人民教育出版社，1991.

［69］克雷奇，克拉奇菲尔德，利维森，等. 心理学纲要（下册）［M］. 周先庚，译. 北京：文化教育出版社，1981.

［70］马斯洛. 人的潜能和价值——人本主义心理学译文集［M］. 北京：华夏出版社，1987.

［71］梅雷迪斯·D. 高尔，沃尔特·R. 博格，乔伊斯·P. 高尔. 教育研究方法导论［M］. 许庆豫，译. 南京：江苏教育出版社，2002.

［72］南希·罗森诺夫. 跟着直觉走［M］. 杨炜，杨春丽，曾冰颖，译. 广州：花城出版社，2004.

［73］斯蒂芬·杰·古尔德. 熊猫的拇指：自然史沉思录［M］. 田洺，译. 北京：生活·读书·新知三联书店，2001.

［74］托马斯·戈登，诺埃尔·伯奇. 顶好教师［M］. 陈雷，张杰，王宇红，译. 北京：

［75］г.и.休金娜. 学校教育教学观与《中小学教育学》选读［M］. 北京师联教育科学研究所，译. 北京：中国环境科学出版社，2006.

［76］彼德罗夫斯基. 普通心理学［M］. 朱智贤，伍棠棣，卢盛忠，等，译. 北京：人民教育出版社，1981.

［77］契尔那葛卓娃，契尔那葛卓夫. 教师道德［M］. 严缘华，盛宗范，译. 上海：华东师范大学出版社，1982.

［78］瓦·阿·苏霍姆林斯基. 给教师的建议［M］. 杜殿坤，译. 北京：教育科学出版社，1984.

［79］瓦·阿·苏霍姆林斯基. 和青年校长的谈话［M］. 赵玮，译. 北京：文化教育出版社，1983.

［80］瓦·阿·苏霍姆林斯基. 培养集体的方法［M］. 安徽大学苏联问题研究所，译. 合肥：安徽教育出版社，1983.

［81］伊·阿·凯洛夫. 教育学［M］. 沈颖，南致善，贝璋衡，等，译. 北京：人民教育出版社，1950.

［82］蒙台梭利. 发现孩子［M］. 刘亚莉, 邱宏, 译. 天津：天津社会科学院出版社, 2010.

［83］蒙台梭利. 蒙台梭利早期教育法［M］. 祝东平, 译. 天津：天津社会科学院出版社, 2010.

［84］爱德华·德·波诺. 首要能力：追求卓越的思考技能［M］. 汪凯, 王以, 译. 北京：企业管理出版社, 2004.

［85］安东尼·吉登斯. 社会学［M］. 4版. 赵旭东, 译. 北京：北京大学出版社, 2003.

［86］笛福. 鲁滨孙漂流记［M］. 徐霞村, 译. 北京：人民文学出版社, 1959.

［87］怀特海. 教育的目的［M］. 徐汝舟, 译. 北京：生活·读书·新知三联书店, 2002.

［88］迈克尔·J.贝克. 市场营销百科［M］. 李垣, 译. 大连：辽宁教育出版社, 1998.

［89］乌尔韦克. 人文主义社会哲学［M］. 黄卓生, 译. 高雄：复文图书出版社, 1984.

［90］中国社会科学院文学研究所. 文艺理论译丛（下）［M］. 北京：知识产权出版社, 2010.

［91］赛弥·莫尔肖. 读懂孩子的身体语言［M］. 陈国鹏, 黄丽丽, 译. 北京：国际文化出版公司, 2007.

（三）论文类

［1］实践性知识与教师专业发展［J］. 北京大学教育评论, 2008（1）.

［2］蔡伟. 论教学形式系统［J］. 课程·教材·教法, 2005（5）.

［3］陈本益. 探索汉语诗歌节奏的一个思路［J］. 汉语言文学研究, 2011（1）.

［4］陈今晨. "讲深讲透"弊端例析［J］. 江苏教育（小学版）, 1985（11）.

［5］陈琦, 张建伟. 信息时代的整合性学习模型：信息技术整合于教学的生态观诠释［J］. 北京大学教育评论, 2003（3）.

［6］陈向明．实践性知识：教师专业发展的知识基础［J］．北京大学教育评论，2003（1）．

［7］程家明．关于增强教学中的对象感的思考和体会［J］．山东教育科研，1994（3）．

［8］窦桂梅．讲深讲透与扩展积累［J］．小学教学参考，2003（12）．

［9］浮云．"程门立雪"并非立于门外［J］．传奇故事：百家讲坛下旬，2010（7）．

［10］高良槐．"程门立雪"立何处［J］．咬文嚼字，2011（9）．

［11］葛广英．实时监控技术的发展历程和发展趋势［J］．电视技术，2000（10）．

［12］管建刚．我经历了三重境界［J］．教育科学论坛，2002（10）．

［13］管建刚．享受作文［J］．江苏教育，2004（12A）．

［14］郭恒泰．试论教学个性化［J］．上海教育科研，2000（2）．

［15］郭丽玲．学习型社区中社区妈妈终身学习的内容［J］．社会教育学刊（台湾师大），1999（28）．

［16］郭晓明，蒋红斌．论知识在教材中的存在方式［J］．课程·教材·教法，2004（4）．

［17］郝森林．教学过程本质的再认识［J］．教育研究，1988（9）．

［18］何启贤．也说"教""育"二字［J］．教育研究，1995（12）．

［19］洪宝书．教学过程本质若干问题之我见［J］．教育研究，1984（11）．

［20］黄达卿．教师的角色意识［J］．四川理工学院学报（社会科学版），1990（1）．

［21］黄甫全．当代教学环境的实质与类型新探：文化哲学的分析［J］．西北师大学报（社会科学版），2002（5）．

［22］吉标，徐继存．困惑与抉择：当前教学论研究三问［J］．教育理论与实践，2007（2）．

［23］姜文，黎明．从高等教育现代化的本质反思教育的功能［J］．湖南文理学院学报（社会科学版），2006（3）．

［24］巨乃岐．试论人类社会器官的形成与发展——人与自然的新对话

[J]. 科学技术与辩证法，1999（6）.

[25] 李秉德. 对于教学论的回顾与前瞻[J]. 华东师范大学学报（教育科学版），1989（3）.

[26] 李娟，刘立德. 对教育史学科发展几个问题的探析[J]. 河北师范大学学报（教育科学版），2009（3）.

[27] 李巧林，梁保国. 论教师的教育智慧[J]. 合肥工业大学学报（社会科学版），2004（3）.

[28] 李如密. 教学艺术本质新探[J]. 教育评论，1990（1）.

[29] 李瑞艳. 帮助教师找"感觉"[J]. 人民教育，2010（21）.

[30] 李树德. 教师应读报刊[J]. 中小学教师培训，1998（C1）.

[31] 林一钢. 教师信念研究述评[J]. 浙江师范大学学报（社会科学版），2008（3）.

[32] 龙宝新. 教师文化：基于生活世界的概念重构[J]. 当代教育与文化，2009（5）.

[33] 鲁洁. 一个值得反思的教育信条：塑造知识人[J]. 教育研究，2004（6）.

[34] 吕朋林. 良好教学效果的第一步：教材的处理[J]. 琼州大学学报，2002（6）.

[35] 马晓凤. 在交往中发展——教师成长的审思[J]. 中小学教师培训，2004（2）.

[36] 任永泽. 教育实践工作者应该如何看待自己的教育知识[J]. 国家教育行政学院学报，2009（1）.

[37] 申继亮，王凯荣. 论教师的教学能力[J]. 北京师范大学学报（人文社会科学版），2000（1）.

[38] 石景章. 课文需讲深讲透吗？[J]. 教育科研论坛，2006（9）.

[39] 石鸥. 我们如何面对素质教育[J]. 教育发展研究，1999（6）.

[40] 石英，孙多金. 略论教学环境[J]. 甘肃社会科学，1998（3）.

[41] 孙恭恒. 于"细腻"处找寻教师管理的真谛——体味王月玲《让每一位教师都找到感觉》[J]. 中小学校长，2007（3）.

[42] 汪四清, 刘东生. 论现代化教学环境建设 [J]. 安徽师范大学学报(人文社会科学版), 2000 (5).

[43] 王健. 当代课程改革的合理性审视: 基于"中庸理性"观 [J]. 教育发展研究, 2008 (22).

[44] 王鉴. 教学智慧: 内涵、特点与类型 [J]. 课程·教材·教法, 2006 (6).

[45] 王志民. 有效教学应拒绝无度演绎 [J]. 教学随笔, 2008 (5).

[46] 吴德芳. 论教师的实践智慧 [J]. 教育理论与实践, 2003 (4).

[47] 夏雪梅. 四十年来西方教师课程实施程度研究的回顾与评论 [J]. 全球教育展望, 2010 (1).

[48] 谢保国. 教学环境的思考 [J]. 宁夏社会科学, 2001 (4).

[49] 徐长福. 关于实践问题的两个第11条——《形而上学》卷3第11条和《关于费尔巴哈的提纲》第11条钩沉 [J]. 中山大学学报(社会科学版), 2004 (6).

[50] 徐长福. 重新理解理论与实践的关系 [J]. 教学与研究, 2005 (5).

[51] 徐继存. 论教学智慧及其养成 [J]. 西北师大学报(社会科学版), 2001 (1).

[52] 徐义华. 2005年甲骨学殷商史研究综述 [J]. 中国史研究动态, 2007 (3).

[53] 闫旭蕾. 关于教育理论与教育实践阻隔的反思 [J]. 教育理论与实践, 2004 (6).

[54] 严成志. 教学本质的对比研究 [J]. 四川师大学报(社会科学版), 1995 (4).

[55] 杨汉光. 程门立雪 [J]. 湖南教育, 2007 (5).

[56] 杨启亮. 体验智慧: 教师专业化成长的一种境界 [J]. 江西教育科研, 2003 (10).

[57] 叶朗. 说"理论感" [J]. 社会科学家, 1989 (5).

[58] 叶泽滨. 教学组织、教学形式及其分类 [J]. 教育科学, 1993 (4).

[59] 殷晓静. 教育智慧 [J]. 教书育人, 2003 (20).

［60］岳欣云. 西方教师研究发展中的问题及其转换［J］. 外国教育研究，2006（10）.

［61］曾拓. 论教师的教学问题意识［J］. 井冈山师范学院学报，2003（3）.

［62］张继才. 浅谈"感觉误差"及其成因［J］. 学科教育，2000（9）.

［63］张元进. 期待的是"上课"而非"演课"［J］. 教育科学论坛，2007（10）.

［64］张兆来. 教师个性与个性化教学［J］. 江苏教育学院学报（社会科学版），1998（3）.

［65］赵建军. 教学智慧内涵界说［J］. 四川师范大学学报（哲学社会科学版），1999（2）.

［66］赵昆艳. 教学活动的类型与特征［J］. 楚雄师范学院学报，2006（5）.

［67］赵伶俐. 审美化教学论［J］. 西南师范大学学报（人文社会科学版），2000（5）.

［68］郑逸农.《再别康桥》教学案例［J］. 语文学习，2004（3）.

［69］钟以俊. 面向知识形成过程的教学策略［J］. 中国教育学刊，1995（5）.

［70］朱德全，杨鸿. 论教学理论知识［J］. 教育研究，2009（10）.

［71］郁龙余. "通感"，还是"心感"？——兼谈传统学术遗产保护［J］. 中国比较文学，2006（4）.

［72］姜美玲. 教师实践性知识研究［D］. 上海：华东师范大学，2006.

［73］岳欣云. 教师研究的反思与再探究［D］. 上海：华东师范大学，2005.

［74］陈赞周. 实践活动论纲［D］. 北京：中共中央党校，1991.

二、英文文献

（一）著作类

［1］BLAKE W. Poems of William Blake［M］. New York：Boni and Liveright. 1920.

[2] John Thomas Wade. A Measurement of the Secondary School as a Part of the Pupil's Environment[M]. New Hampshire: The Rumford Press, 1935.

[3] JAMES W. Talks to Teachers on Psychology[M]. New York: Dover Publications, 1962.

[4] COMBS A W. The Professional Education of Teachers[M]. Chicago: Rand McNally, 1965.

[5] SINCLAIR R L. Elementary School Educational Environment: Measurement of Selected[D]. Ann Arbor: University Microfilms Limited, 1968.

[6] Campbell W J. Scholars in Context: the Effects of Environments on Learning[M]. Sydney: John Wiley & Sons Australasia PTY Ltd, 1970.

[7] Goldbecker S S. Values Teaching[M]. Washington: National Education Association of the United States, 1976.

[8] BLEINKIN G M, KELLY A V. The Primary Curriculum[M]. New York: Harper and Raw, 1981.

[9] FRASER B J. Classroom Environment[M]. London: Croom Helm, 1986.

[10] JEAN C D. Classroom Practice: Teacher Images in Action[M]. London: Falmer Press, 1986.

[11] CONNELLY F M, CLANDININ D J. Teachers as Curriculum Planners: Narratives of Experience[M]. Columbia: Teachers College, 1988.

[12] LAVE J. Cognition in Practice[M]. Cambridge: Cambridge University Press, 1988.

[13] CREMIN T, BURNET C. Teachers' Professional Learning[M]. London;New York: Routledge, 2018.

[14] ANOERSON L W, RYAN D W, SHAPIRO B J. The IEA Classroom Environment Study[M]. Oxford: Dergamon Press, 1989.

[15] JONASSEN D H, PECK K L. Learning With Technology: A Constructivist Perspective[M]. New York: Prentice Hall, 1998.

[16] PALMER P J. The Courage to Teach: Exploring the Inner Landscape of a

Teacher's Life[M]. California: Jossey-Bass Inc, 1998.

[17] KNIRK F G. Designing Productive Learning Environments[M]. New Jersey: Educational Technology Publications Inc., 1979.

（二）论文类

[1] PAJARES M F. Teacher's Beliefs and Educational Research: Cleaning up a Messy Construct[J]. Review of Educational Research, 1992(62).

[2] WILSON B G. Metaphors for Instruction: Why We Talk About Learning Environments[J]. Educational Technology, 1995(9-10).

[3] BRUSH T, SAYE J. Implementation and Evaluation of a Student-Centered Learning Unit: A Case Study[J]. Educational Technology Research and Development, 2000(3).

后 记

　　硕士研究生毕业走上文学讲台不久，确认自己是否能做一个好教师的问题逼到眼前，我买了第一批以"课程论""教学论"命名的专业书，根本不曾想过要跨专业去攻读教育学博士。就在读这批书的时候，我女儿来报到了。目睹女儿成长的生活细节，我惊异于她这一特殊个体身上所映现出的人的生命力及其生机焕发的奇妙，我开始重新思考人类专司人的生命成长的教育活动；我惊异于自己作为教师竟然从来没有思考过教师的角色内涵，也没有实实在在地感受过教师生命的生动与自然，我开始重寻新路以确认自己的教师身份，我开始从作为学习者的自我出发，感性地观照周围作为他者的感性的一个个教师。终于，带着什么是好教师、怎样做一个好教师的问题，十五年前我重返母校再住杏园攻读博士学位，在教育学世界里寻找关于教师生命专业成长的解答。因习惯于关注教师作为人的现实生存实感，我最终选择了研究教师的教学实践感。最初只打算写十万字的学位论文，在导师严格要求下，经过几番从头来过，到不得不交稿时，字数竟翻了两番多——除了导师徐学福教授指出的"教学实践感的真面目好像还没露出来""用教学论的其他术语来论述它时难免会留下牵强的感觉"，追问过"你研究的是什么？你是怎么研究的？"之外，该探讨的问题还很多，多到我不敢列举，至今亦然。更重要的是，十一年过去了，教学实践感在学界至今仍是一个新的概念、术语或提法，我仍然认为，它更是教师生命中一个鲜活的独特领域，可为教师和教师教育研究带来新的生机。

　　这本书是我博士论文的修改稿。博士毕业后这十多年原是我计划中的沉淀期，我想利用时间的距离，帮我跳出博士论文的框架，站到另一个新高度，重新审视它，给它来一个脱胎换骨的修改。然而，十多年过去，除了念念不忘导师徐学福教授以其对专业问题智慧而敏捷的反应，对我们如何做人、如何治学的谆谆教诲，对我博士论文选题的大胆和倔强所表现的宽容，以及对我论文存在的问题的指正和后续研究的指导，虽几次重读博士论文，我却并没能对它做出什么改进，不是不想，而是深深感受到了学术进取自我超越的艰难，不敢如当年轻易许诺那般轻言超越。于是，我做出一个大胆的决定，将博士论文，除对部分字词句做与时俱进的校改、调整、完善之外，基本保持原貌地出版，希望能从它引起的回应中得到自新的启示。

至此，我要感谢支持、精彩了我四年博士生学习生活的所有人，是他们的深情厚谊温暖着我一路探寻，让我再次认定教师教学实践感对教师专业化成长的基石作用，再次确立教学实践感的学术生长点地位，终于生成将博士论文修改出版的学术勇气！

2023年7月12日于荟文苑